本书是国家社会科学基金项目"中国传统伦理思想中的经权观研究"（批准号：17BZX104）的结项成果

中国传统伦理思想中的经权观研究

赵清文 著

中国社会科学出版社

图书在版编目(CIP)数据

中国传统伦理思想中的经权观研究／赵清文著．—北京：中国社会科学出版社，2023.8
ISBN 978-7-5227-2432-4

Ⅰ.①中… Ⅱ.①赵… Ⅲ.①政治哲学—研究—中国—古代
Ⅳ.①D092.2

中国国家版本馆 CIP 数据核字（2023）第153056号

出 版 人	赵剑英
责任编辑	郝玉明
责任校对	谢　静
责任印制	王　超

出　　版	中国社会科学出版社
社　　址	北京鼓楼西大街甲158号
邮　　编	100720
网　　址	http://www.csspw.cn
发 行 部	010-84083685
门 市 部	010-84029450
经　　销	新华书店及其他书店

印　　刷	北京明恒达印务有限公司
装　　订	廊坊市广阳区广增装订厂
版　　次	2023年8月第1版
印　　次	2023年8月第1次印刷

开　　本	710×1000　1/16
印　　张	21
字　　数	333千字
定　　价	108.00元

凡购买中国社会科学出版社图书，如有质量问题请与本社营销中心联系调换
电话：010-84083683
版权所有　侵权必究

目 录

绪　论 / 1

第一章　"经"与"权"的基本含义及其历史演变 / 7
第一节　"经"的原始含义及其演变 / 7
第二节　"权"的原始含义及其演变 / 18

第二章　先秦时期的"权"论 / 32
第一节　"权"论兴起的背景 / 32
第二节　礼制之内的"权"：先秦儒家的"权"论 / 41
第三节　礼制之外的"权"：先秦墨家、道家、法家的"权"论 / 50

第三章　中国传统伦理思想中的经权关系理论 / 75
第一节　经权关系理论的兴起及其背景 / 75
第二节　汉代"反经为权"的经权关系理论及其流变 / 84
第三节　宋代之后的经权统一理论及其发展 / 104
第四节　清代学者对汉宋经权关系理论分歧的总结 / 128

第四章　道义与经权："经""权"行为正当性的价值依据 / 140
第一节　"道"："经"与"权"正当性的最终来源 / 140

第二节 "义"："经"与"权"正当性的当然之则 / 159
　　第三节 道德准则的普遍性及其限度 / 173

第五章 中庸与经权："经"与"权"的实践尺度 / 189
　　第一节 "时中"："经"与"权"的实践目标 / 189
　　第二节 作为道德实践方法的"中庸" / 200
　　第三节 "中"在不同情境中的实现路径 / 212

第六章 经权观中道德实践的辩证智慧 / 225
　　第一节 道德实践中的客观性与主体性 / 225
　　第二节 道德评价中的道义与结果 / 243
　　第三节 道德生活中的共性与殊性 / 255

第七章 中国传统经权观的总体评价与现代启示 / 270
　　第一节 中国传统经权观的发展逻辑 / 270
　　第二节 经权观对中国传统伦理思想理论特色的彰示 / 280
　　第三节 中国传统经权观的理论缺陷 / 290
　　第四节 中国传统经权观的现代启示 / 300

参考文献 / 316

后　记 / 329

绪　论

伦理思想是中华民族传统文化宝库中的一颗明珠。中国的伦理思想有着悠久的历史，几千年来对于维护中华民族的稳定发展、塑造炎黄子孙的文化性格，都发挥着极其重要的作用。西周初年"德治"理念的提出和"制礼作乐"活动，表明系统的道德理论和伦理道德规范体系已经形成。但是，作为学科的伦理学无论是理论框架还是研究方法，乃至"伦理学"这个学科名称，都属于"舶来品"。中国的伦理学学科是清朝末年学制改革和中西文化交流的结果，至今仅有100多年的时间。中国传统伦理思想的专门而系统的研究，是随着伦理学这门学科在中国的建立而展开的。它既是用伦理学的学科思维和研究方法去审视中国历史上产生的各种伦理道德理论和观念，也是通过对产生于古代并一直延续到今天的伦理道德传统进行梳理，从而一方面为塑造中国人的精神世界提供指导，另一方面为中国特色的伦理学体系的建立构造本土化的基础。

中国传统伦理思想研究的对象，就是中国历史上的思想家对于我们今天从一般意义上所理解的伦理学的研究对象进行思考和探讨的理论成果，具体来说，既包括历史上各种有关德性品质、善恶标准、行为规范、理想人格、人生境界的理论学说和观点，也包括对于道德（以及道德准则）的来源、本质、意义等一般伦理学基础理论问题思考的成果，还包括将体现着善的价值的道德准则和理想转化为现实实践能力、将理想中的"好生活"落实到现实之中的道德实践智慧。

同时，作为具有自身独特性的伦理文化，中国传统伦理思想不仅在具体的价值目标、善恶标准及其论证方式上同西方伦理学相比有着自身鲜明的特色，而且在整体上也有着与西方伦理文化不同的侧重和特征。

中国传统伦理思想的一个重要特征,便是对"行"的重视。当然,中西伦理思想都在不同程度上重视道德行为和道德实践,即"行"的问题,并将其作为伦理学理论的现实意义之体现。在西方,伦理学的鼻祖亚里士多德就将伦理学看作一种实践的研究,这一观点影响深远。正如现代元伦理学的创始人摩尔在批评历史上的各种伦理学理论时所说,在他之前的许多伦理学家都认为,伦理学处理的是这样的问题,"即在人类行为上什么是善的或恶的"。"他们认为,它的各种探究只适当地限于'行为'或'实践';他们认为'实践哲学'的说法包括了和它有关的一切事情。"[①] 弗兰克·梯利也认为,在西方伦理学中,一直以来,"'实践哲学'(practical philosophy)这一术语也作为'伦理学'的同义词使用,或者作为一个更广泛的包括伦理学和政治学的综合术语使用,它之所以被称为实践的,因为它研究实践或行为"[②]。但是,与中国传统伦理思想相比,从总体上说,西方对这一"实践哲学"的研究无论从方法上还是内容上说,都与人类具体的行为实践本身存在着明显的隔阂。在内容上,从古希腊起,西方学者就倾向于将世界进行二元分解,将理念世界或彼岸世界与鲜活生动的生活世界相对立,并从前者中寻找道德的来源或者本质。在方法上,西方伦理学往往重视抽象的思辨,热衷于对善恶问题进行形而上的考察;在现代伦理学中,有些学者甚至沉迷于用语言分析和逻辑分析的方法对伦理学中一些基本的概念或者判断进行研究,不关心对人类应对道德问题的实践提出建设性的直接指导。

中国传统伦理思想重"行"的特征,则体现于从内容到方法的方方面面。这不仅是由伦理学的学科属性决定的,更是中国哲学的整体特色的体现。张岱年在《中国哲学大纲》中谈到中国哲学的特色时,认为其最重要的特征之一就是"重知行"。"中国哲学在本质上是知行合一的。思想学说与生活实践,融成一片。中国哲人研究宇宙人生的大问题,常从生活实践出发,以反省自己的身心实践为入手处;最后又归于实践,将理论在实践上加以验证。即是,先在身心经验上切己体察,而得到一种了悟;了悟所至,又验之以实践。要

[①] [英] 乔治·爱德华·摩尔:《伦理学原理》,长河译,上海人民出版社2003年版,第8页。
[②] [美] 弗兰克·梯利:《伦理学导论》,何意译,广西师范大学出版社2002年版,第3—4页。

之,学说乃以生活行动为依归。"① 伦理学学科的研究对象和目的,再加上中国独特的思想传统,使得重视实践、立足实践在中国传统伦理思想中相对于西方伦理学有着更为鲜明和彻底的体现。

从先秦时期起,中国伦理思想就是直接立足于人类生活世界本身,为指导人的实践服务的。"天道远,人道迩。"(《左传·昭公十八年》)道德准则不是抽象的教条,也不是来自人类生活世界之外的彼岸世界或者理念世界,而是来源于人类生活,扎根于人类情感的。"言顾行,行顾言"(《礼记·中庸》),德行一致,知行统一。"仁义礼智根于心……四体不言而喻。"(《孟子·尽心上》)无论是道德观念和道德知识的获得,还是道德修养或者道德教化的开展,落脚点都在"行"上,只能在人类的日常行为中去理解,去把握。所以孔子说:"君子耻其言而过其行。"(《论语·宪问》)荀子也说:"不闻不若闻之,闻之不若见之,见之不若知之,知之不若行之。学至于行而止矣。行之,明也。"(《荀子·儒效》)实践能力的养成,被视为道德修养最重要的目标;"从心所欲不逾矩"的境界,"可与权"的素养,都是以高超的道德实践能力作为特征的。引导和帮助人们形成这样的能力和素养,达到理想的道德境界,则是伦理道德理论的最终归宿。因此,在中国传统伦理思想中,"行"被置于重要的位置,无论哪一个学派,哪一种理论,都不赞成脱离人生实践而抽象、空洞地谈论伦理道德问题。"在伦理学说的范围内,提出任何主张,必须有一定的行动与之相应,否则就是欺人之谈,毫无价值。"②

既然"行"被作为道德思考乃至哲学思考的中心,学者们也是以"行"的素质和能力作为在道德上进行学习和修养的归宿,那么,在中国传统伦理思想中,除了对德性、规范等善恶准则的讨论之外,与道德实践能力相关的内容也占有相当大的比例。比如,"力"与"命"这对范畴,所讨论的是在人生实践中自由意志、主体自觉同客观必然性之间的关系;"志"和"功"这对范畴,所讨论的是道德实践活动中导致行为产生的初始动机同行为的结果在道德评价中的意义问题;"知"和"行"这对范畴,要解决的直接就是

---

① 张岱年:《中国哲学大纲》,商务印书馆2015年版,第25—26页。
② 张岱年:《中国伦理思想研究》,上海人民出版社1989年版,第9页。

关于善恶的认知或观念同客观的行为实践之间的关系问题。除此之外，中国传统伦理思想中还有着丰富的关于言行、修养、教化等实践方面的内容。

"经"和"权"，同样是中国传统伦理思想中关于道德实践问题的一对重要范畴。从伦理学的角度说，"经"一般是指具有普遍约束力的道德准则，"权"则是依据具体的道德情境对道德准则的灵活运用和合理变通。西周初年"制礼作乐"，作为日常生活中一般性规则并具有权威性、严肃性的礼制被确立下来，成为人们行为正当性判断的标准和道德选择的依据。然而，现实的道德生活是丰富多彩、生动活泼的，具有稳定性、普遍性的一般性道德准则同具体的道德情境之间往往会出现冲突，从而使得一个在道德上严肃并对一般性道德准则烂熟于心的道德实践者面临困境甚至做出不恰当的行为选择。经权理论，正是对这一问题进行思考的结果。

先秦时期，儒家、道家、墨家等不同的学派，都对如何通过"权"的方式来化解道德实践中一般性的道德准则与具体的道德情境之间的矛盾有过论述。其中，尤以儒家阐发最为详尽。孔子认为："可与适道，未可与立；可与立，未可与权。"（《论语·子罕》）在生动鲜活的道德实践中，"权"是比对抽象的"道"深刻领悟要求更高的修养目标和境界。孟子继承了孔子的思想，对"权"与"礼"进行了区分，认为一般情境下需要恪守"礼"的要求，而在非常情境之下则要能够通权达变。在中国伦理思想史上，第一次将"权"与"经"作为一对范畴对举，始于春秋公羊家，《公羊传》中"反经合道为权"的思想为汉代董仲舒、韩婴、赵岐等学者所认同并倡导。一直到北宋之前，这种观点一直都是经权观中的主流思想。宋代的程颐反对将"权"与"经"相对立的学说，在"天理"的思想体系下对汉儒的经权观进行了激烈的批评，并提出了"权即是经"的经权统一理论，认为"反经"之"权"必然流于权诈。朱熹折衷了程颐和汉儒的思想，提出了"经是已定之权，权是未定之经"的观点。宋代之后，经权统一于道德实践的过程的观点整体占据了上风，高拱、王守仁、王夫之等，都从不同的理论出发点和不同的角度对"经"与"权"之间对立统一的关系进行了论证。

"经"和"权"的学说，体现了中国传统伦理思想既尊重道德规则，又直面道德生活，"极高明而道中庸"的态度和方法。尽管在"权"和"经"

4

的含义以及二者之间关系等问题上，不同学者存在分歧，但从总体上说，就道德选择中不能死守教条，应当对善恶准则约束力的普遍性和行为正当性问题进行辩证的、具体的思考和将原则性与灵活性结合起来进行道德判断这点上，却有着基本一贯的共识。这一共识，既反映了中国传统文化对人的生活世界的关心和关注，也是中国传统伦理思想重"行"的特征的体现。所以，在中国传统伦理思想中，既没有西方那样的一味强调道德准则的神圣性和不可变更性的严格的律法主义的传统，也很少有完全排斥先在的道德准则的约束力，在行为中追求绝对自由的反律法主义的主张。这一整体倾向，充满着务实、人本、辩证的色彩，成为几千年来指导中国人道德实践的方法论原则。

20世纪初，伦理学学科在中国落地生根之后，学者们就意识到研究中国伦理思想史的重要性。在《中国伦理学史》这部我国最早的中国伦理思想史著作的"序例"中，作者蔡元培谈到写作的初衷时说："吾国夙重伦理学，而至今顾尚无伦理学史。迩际伦理界怀疑时代之托始，异方学说之分道而输入者，如桑如烛，几有互相冲突之势。苟不得吾族固有之思想系统以相为衡准，则益将旁皇于歧路。"[①] 在他看来，如果不去系统研究我国传统的伦理思想，并以此作为对五花八门甚至相互冲突的外来伦理学说进行评判的尺度，中国的伦理学将失去立足的根本，被湮没于各种各样的"异方学说"之中，因而建立我们本土的伦理学学科，发展我们自己的伦理思想，都将成为空谈。正是基于这种认识，从伦理学学科建立之初开始，对中国传统伦理思想进行发掘整理、阐发弘扬，就成为中国伦理学界的一种自觉的活动。然而，在以往的中国传统伦理思想研究中，学界对德性品质和道德规范等方面关注较多，而对于如何将这些德性品质和规范要求贯彻于复杂生动的现实生活的道德实践理论则研究较少。"道德问题不仅是认识问题，而更是行动的问题。"[②] 在道德实践过程中，如何使抽象的价值准则、善恶标准、道德规范与具体而又多变的生活情境结合起来，是伦理道德能否由观念论证落实为实践活动，将关于道德图景、社会秩序和价值目标的理想转化为现实的关键。中国传统伦

---

① 蔡元培：《中国伦理学史》，商务印书馆2010年版，第3页。
② 张岱年：《中国伦理思想研究》，上海人民出版社1989年版，第9页。

理思想中的经权观所讨论的,正是具有普遍约束力的道德准则与具体的生活情境之间的关系问题。经权观上的不同观点,不但反映着不同学者或学派在道德的社会作用和道德准则的约束力等问题上的看法,而且也体现了他们对道德实践智慧和道德实践方法的理解。

经权观是中国传统伦理思想的重要组成部分,对于理解中国传统伦理思想的特质与属性,以及不同学派或学者之间思想的差别,不同时代伦理思想的损益,都是重要的切入点和理论依据。同时,道德实践问题是伦理学理论的重要组成部分,尤其是在道德选择、道德评价等问题的研究中,具有普遍性、权威性、稳定性的道德准则与丰富多彩的现实道德生活之间的矛盾,是伦理学理论无法回避的问题。中国传统伦理思想中的经权观,也主要是针对这一问题而提出来的。因此,在今天的中国传统伦理思想的研究中,不能把经权观仅仅看作历史的陈迹,也不能把它仅仅作为一个经学问题来进行考察。深入研究和发掘中国传统伦理思想中的经权观,可以拓宽中国传统伦理思想研究的视域,对于从整体上理解和把握中国传统伦理文化的价值,对中国优秀的传统伦理文化进行创造性转化与创新性发展,以及立足本土文化基因,构建具有中国特色的伦理学学术体系和话语体系,都具有重要的理论价值。

与此同时,在现实思想道德建设实践中,为了实现建设的目标,除了论证符合社会现实需要和发展需要的价值观与道德准则,并将其贯彻到人们的思想意识之中,还需要科学的理念和切实的措施,提高人们的践行意识和能力。对于个体来说,合理地处理各种道德困境和道德难题,不但是真正成为一个有道德的人的基础,而且对于道德素质和境界的提升也是必需的。从这个意义上来说,对中国传统伦理思想中的经权观进行研究,厘清道德实践中经与权之间的关系,揭示抽象的价值观念和道德准则同具体的生活实践之间的辩证关系,也有助于思想道德建设实效性的提高,推动社会成员对社会主义核心价值观和公民道德规范的理解和践行;对于指导社会成员个体提升道德智慧,从容地面对道德生活,具有重要的方法论意义。

第一章 "经"与"权"的基本含义及其历史演变

"经"和"权"两个概念在先秦时就已经出现，并被用于伦理学相关的理论之中，但最初它们是分别使用的，一直到汉代，二者才对举，成为用以描述道德实践中关于道德准则的普遍性与道德情境的特殊性以及道德实践主体的原则性与灵活性之间的关系的一对范畴，被大家广泛使用。但是，无论是"经"还是"权"，伦理学含义都不是它们的本义，而是经过长期演变和引申的结果。

第一节 "经"的原始含义及其演变

"经"本来是与纺织有关的一个概念，后引申出常道、常典等含义。而经权观中的所谓"经"，则一般用于指称现实道德生活中具有普遍约束力的道德准则或规范。

一 "经"字来源辨析

东汉许慎在《说文解字》中说："经，织也。从糸，巠声。"清代段玉裁《说文解字注》根据《太平御览》卷826，补了"从丝"二字，变成了"经，织从丝也"，并且说："织之从丝谓之经，必先有经而后有纬。"[①] "从"同"纵"。也就是说，根据段玉裁的理解，"经"原本指的是织布时织机上的纵丝，与横丝，即"纬"相对。段氏此说得到了广泛认同。严可均直言，后世

---

① （汉）许慎撰，（清）段玉裁注：《说文解字注》，上海古籍出版社1981年影印本，第644页。

见到的《说文解字》中之所以说"经，织也"，原因是"此脱'从丝'二字"①。他的从弟严章福又进一步补充说："当作'织从丝也'。见《校议》。按下文'纬，织横丝也'，语例如此。"② 当然，也有人认为，"从丝"二字可以不必补。如，徐灏在《说文解字注笺》中以为："下文云'纬，织横丝也'，则此似当有'从丝'二字，然可勿补也。盖织以经为主，而后纬加之。经者，所以织也。"③ 徐灏的这一见解是有道理的。传世的《说文解字》中的"经，织也"，并不见得像清代之后的学者所确信的一样，"'从丝'二字不可少"，"古本如是"。④ 在东汉之前的文献中，经常可以见到解释为"织"的"经"字。如《韩非子·外储说右上》"吾始经之而不可更也"，王充《论衡·量知篇》"恒女之手，纺绩织经"中的"经"字，都是纺织的意思。由此可见，在许慎编纂《说文解字》的时代，"经"字本来就有"织"的意思，并非只有"织从（纵）丝"一义。

当然，承认《说文解字》对"经"字的解释中"从丝"二字不必补，并非否认"经"字有"织从（纵）丝"之义，甚至是比"织"更原始的含义。事实上，《说文解字》中训为"织"的"经"，仍然是从织纵丝的意思来的。换句话说，许慎《说文解字》中的"经，织也"，采用的是"经"字引申义中的一种。段玉裁等人脱字或者"古本如是"的判断尽管可能不真实，但是从"经"字发展演变的历程来看，织纵丝却是"经"字最原始的含义。

许慎对"经"的解释中还有一个问题，他说"经"字"从糸，巠声"，事实上，"巠"在"经"（經）字中，不仅是声符，而且还是意符。"巠"是作为织纵丝之意的"经"字的最初形式。《说文解字》中也收有"巠"字，解释是："巠，水脉也。从川在一下。一，地也。壬省声。一曰水冥巠也。"

---

① （清）严可均、姚文田撰：《说文校议》卷13上，《续修四库全书》，上海古籍出版社1996年影印本，第213册，第592页。
② （清）严章福撰：《说文校议议》卷13上，《续修四库全书》，上海古籍出版社1996年影印本，第214册，第164页。
③ （清）徐灏撰：《说文解字注笺》卷13上，《续修四库全书》，上海古籍出版社1996年影印本，第226册，第580页。
④ （清）沈涛撰：《说文古本考》卷13上，《续修四库全书》，上海古籍出版社1996年影印本，第222册，第462页。

许慎认为,"巠"字"从川",是一个与水相关的字,一个意思是地表上的水脉,另一个意思是水势很大的样子。然而,根据对金文等古文字的考证,许慎的这一解释是不恰当的。

明末张自烈的《正字通》中,引赵古则和杨枢说:"赵古则《本义》曰:'古从壬作巠。俗用經。'杨枢曰:'經纬本作巠,隶作經。'"① 晚清的吴大澂在《说文古籀补》中,根据西周大盂鼎的铭文,认为:"巠,古文以为'經'字。"② 此后,林义光、郭沫若、孙常叙等学者,均对"巠"字的意义及其与"經"字之间的关系进行了考证、分析和解释。林义光认为:"巠"的古字"皆从'壬'"。"'巠'即'經'之古文,织纵丝也。)))象缕,壬持之。'壬'即'滕'字,机中持经者也,上从一,一亦滕之略形。"③ 郭沫若在《金文丛考》中释"巠"字时,也持类似的观点:"《大盂鼎》'敬䧹德巠',《毛公鼎》'肇巠先王命',均用巠为經。余意巠盖经之初字也。观其字形,前鼎作巠,后鼎作巠,均象织机之纵线形。从糸作之经,字之稍后起者也。《说文》分巠經为二字,以巠属于川部,云:'巠水脉也。从川在一下。一,地也。壬省声。一曰水冥巠也。'说殊迂阔。"④ 孙常叙则在林义光分析的基础上,引申说:"'巠'与'纬'相须而立,都是常用字。'巠'受'纬'的影响,类化为'經'。'經'是'巠'本词本字加'糸'。很显然,'經'的'巠'并不是为了标音而从外借来的表音'声符'——表音字。'巠'本词本字由于'經'行而失用,《说文》以'水脉也','水冥巠也'解之,是不对的。"⑤

由以上考证可见,"经"(經)字从"巠"字而来,是一个表示织机上的纵丝的象形字。因此,段玉裁认为"经"应为"织从(纵)丝"的理解,是符合"经"字的本义的。因为制作纺织品的过程中,总是要从丝线固定在筘

---

① (明)张自烈、(清)廖文英编:《正字通》卷3,董琨整理,中国工人出版社1996年影印本,第307页。
② (清)吴大澂等撰:《说文古籀补·补补·三补·疏证》,中国书店1990年影印本,第40页。
③ 林义光:《文源》,林志强标点,上海古籍出版社2017年版,第52页。
④ 郭沫若:《金文丛考》,人民出版社1954年版,第182页。
⑤ 孙常叙:《假借形声和先秦文字的性质》,载山西省文物局考古研究所编《古文字研究》第10辑,中华书局1983年版,第346页。

中国传统伦理思想中的经权观研究

（即林义光所说的"滕"）上以形成纵向的经线开始，所以古人往往以"经"代指纺织活动，即《说文解字》中所说的"经，织也"之意。由于原义指织机上的经线，因此，"经"字内在包含着直、始等意义，并引申出常、正、法等含义。经权之"经"，也是从织纵线的初始意义引申而来的，并与其他各种引申义之间存在着千丝万缕的联系。

"经"字本义是织机上的纵线，与纬线需要不断回环往复不同，经线是直贯上下的，所以"经"字内含"直"的意思。孙常叙认为，"巠"的本义为经线，"经线径直，巠的词义有直意"。根据他的分析，"泾""径""胫""颈""茎"等与"巠"有关的字，都包含着"直"的意思。因此，他说："这些字所写的词都有径直之义，它们都是'巠'的派生词。它们所从之巠都是词根字——是依以得名的词的书写形式，不是在写词时为了标注词的语音而借字表音的。"① 谷衍奎所编《汉字源流字典》中也说："凡从巠取义的字皆与经直、贯通等义有关。"② 既然以"巠"为词根的字都有径直的意思，那么，直接取代了"巠"的"经"字当然也不例外。

杨树达则从音韵的视角，论证了"经"字所包含的"直"的含义。从《说文》"巠"字"壬省声"出发，他说："求之古训，壬声孳乳之字多训直。"在引用了古籍训释中十多条壬声字都与直有关的例子之后，他得出结论："从丝称经以直得名，从可知矣。"③ 也就是说，在他看来，"经"（巠）字之所以读为壬声，正是由于它是以"形直受名"，可知"经"之义训"恒为直"是没有疑义的。

由于纺织活动总是从经线的测度、梳理和固定开始，所以"经"中又包含"始"的意思，经常用来指称一个活动或一件事的起始或者谋划阶段。《诗经·大雅·灵台》中有："经始灵台，经之营之。"毛亨传曰："经，度之也。"孔颖达疏则谓："经度之，谓经理而量度之。"④ 也就是说，此所谓

---

① 孙常叙：《假借形声和先秦文字的性质》，载山西省文物局考古研究所编《古文字研究》第10辑，中华书局1983年版，第345—346页。
② 谷衍奎编：《汉字源流字典》，语文出版社2008年版，第210页。
③ 杨树达：《积微居小学金石论丛（增订本）》，科学出版社1955年版，第9—10页。
④ （汉）毛亨传，（汉）郑玄笺，（唐）孔颖达疏：《毛诗正义》卷16，《十三经注疏》，中华书局1980年影印本，上册，第524页。

"经",就是工程活动正式开工之前的论证与谋划,其实也就是指这项活动过程的最初阶段。这句诗中有两个"经"字,毛亨传、郑玄笺和孔颖达疏都没有说明"度之也"是两个"经"字共同的义训,还是仅训释其中的一个"经"字。清代马瑞辰《毛诗传笺通释》中认为,这两个"经"字的意义并不是完全没有区别的。"经,度之也",解释的是"经之营之"之"经",而不是"经始"之"经"。"经始"之"经"与"始"同义,"经亦始也"。对于"经""始"同义的观点,他的论证是:"经与基双声。《尔雅·释诂》:'基,始也。'《释言》:'基,经也。'经亦始也。《鬼谷子·抵巇》篇'经起秋毫之末',《注》:'经,始也。'是经、始同义之证。经始犹言经起,起亦始也。《贾子·礼容篇》亦云:'基者,经也。'经始又如《书》言'周公初基',《周语》言'自后稷之始基靖民',韦《注》基训为始,皆二字同义。"① 其实,无论是直接以"始"训"经",还是训"经"为"度","经"字中都包含一项活动或者事务中初始阶段的含义,就如同制作织物的过程中,既要根据织物的幅宽等要求谋划经线的宽度与疏密,又要着手将丝缕固定到机杼上以形成经线。这整个过程都可被视为纺织活动的起始。起始的谋划和着手,也就决定了一项活动的性质、走向甚至结果,对于整个活动来说,具有原则性和根本性的意义。

在织作的过程中,不同于纬线需要往返回还穿梭,经线一经确定便是固定不变的,因此,"常",即固定不变、恒常,是"经"字最重要的引申义之一。在历代古籍之中,以"常"训"经"因而也就成了"经"字最常见的训释。比如,在《故训汇纂》"经,常也"的义项之下,列举了将近80条例证,其中既包括《广雅》《玉篇》《集韵》《广韵》等古代著名的字书,也包括历代学者对儒家五经四书、《庄子》、《管子》、《淮南子》、《国语》、《史记》、《汉书》、《文选》等各类经史子集著作的注疏。此外,在"经者,常也","经训常也","常之谓经","经者,道之常"等义项之下,也各有多少不等的例证若干。② "常"是与"变"相对的概念,由此而进一步引申出的"常

---

① (清)马瑞辰撰:《毛诗传笺通释》,陈金生点校,中华书局1989年版,下册,第857—858页。
② 参见宗福邦等主编《故训汇纂》,商务印书馆2003年版,第1741页。

道""常法""常典"等意义,也是"经"字比较常见的解释,同时也是经权观中"经"字的道德含义的最重要的来源之一。

织机上的经线不仅应当是固定的,而且还应是端正的。如果"经"不正,必然影响织物的观感和质量,因此,"正"也是"经"字较为常见的引申义。在中国古代典籍中,"经,正也","经者,正也",也是屡屡可以见到的训释。比如,宋代李过的《西溪易说》在解释《易经·颐卦》"六二"中的"拂经"二字时说:"拂,逆也;经,正也。"① 王夫之在《庄子通》中,则根据《养生主》中的"缘督以为经",说:"经者裂也,裂者正也。"② 他也认为,"经"和"裂(督)"一样,都有"正"的意思。

此外,"经"字的引申义中还有经脉、(地理上的)经线等,因与本研究无直接关系,不再赘述。

二 作为伦理学范畴的"经"

如果说,伦理学意义上的"权"字体现的是主体在道德实践中的主体性、能动性和灵活性,它反映了主体对日常生活中道德情境的多样性和复杂性的认识,那么,"经"字用以指称的,则是道德准则的客观性、严肃性、先在性和原则性,它反映了主体对于道德准则在道德实践中的普遍约束力的肯定和服膺。因此,在今人著述中讨论经权问题时,往往将经权关系视为道德实践中的原则性与灵活性之间的关系,或者直接将"经"与"权"译为"原则性"与"灵活性"。前者如葛荣晋在《中国哲学范畴通论》中说:"经和权是标志常规(常理、原则性)和权变(变通、灵活性)的一对哲学范畴。"③ 傅永聚等在《儒家政治理论及其现代价值》中谈到"经"与"权"的时候也说:"所谓'经',即常道,就是指一般原则。……经是指一般性、原则性,而权指随机应变的灵活性。"④ 后者如李泽厚《论语今读》中在解释"未可与

---

① (宋)李过撰:《西溪易说》卷6,《影印文渊阁四库全书》,北京出版社2012年影印本,第17册,第698页。
② (明)王夫之撰:《庄子通》,《船山全书》,岳麓书社2011年版,第13册,第498页。
③ 葛荣晋:《中国哲学范畴通论》,首都师范大学出版社2001年版,第621页。
④ 傅永聚、任怀国:《儒家政治理论及其现代价值》,中华书局2011年版,第141—142页。

权"一句时说："'经'与'权'是孔学一大问题，我以为译为'原则性'与'灵活性'最贴切。"① 尽管在不同学派或者学者那里对"经"与"权"所反映的道德实践中的矛盾关系解读的侧重点不同，但从总体上说，原则性和灵活性是这些关系中最重要的一对。

"经"作为道德实践活动中原则性的体现，其伦理学上的含义，是从织纵丝的原始意义逐渐引申而来的，指的是在道德实践中对行为选择起到指导作用的"常理""常道"或者"常法"。这些"常理""常道"或"常法"是行为的道德合理性的内在依据，是道德主体是否"直道而行"的判定标准。同时，对于具体的道德行为来说，它也是引起一定的道德动机的价值指引，是道德行为产生的前提和起始。这些意义，与"经"字从织纵丝的原始含义直接而来的"直""正""常""始"等引申义都有着紧密的联系。

在中国传统伦理思想中，作为一般意义上具有普遍性和权威性的道德准则或者价值标准，体现着主体在道德实践活动中的原则性的"经"，具有不同层次的含义。

首先，从织纵丝的原始意义所引申出的"常"或"常道"，作为道德实践中应当普遍遵从的道德准则，其最初含义是抽象的。关于"经"字的"常"或"常道"之义，一般认为，最早见于《周易·颐卦》"六二"和"六五"之中，这两爻的爻辞中均有"拂经"二字，其中的"经"字，历代的注疏家大多解释为"常"或"常道"。此外，《左传》中也数次出现过可训为"常"或"常道"的"经"字，如《隐公十一年》中的"恕而行之，德之则也，礼之经也"，《宣公十二年》中的"政有经矣"，《昭公十三年》中的"事则不经"，《昭公十五年》中的"王之大经也"，《昭公二十五》年中的"夫礼，天之经也"。这些"经"，指称的都是具有原则性、权威性和普遍性的原则或标准，但这里所说的原则或标准都还只是具有抽象的意义，没有具体化为日常生活中实质的道德规范或要求。而具体的规范或要求，往往是用"礼"这个概念来描述的，如前述《左传》中的"礼之经也"，"夫礼，天之经也"，都是将"礼"与"经"对称，分别指日常生活中应当普遍遵循的规

---

① 李泽厚：《论语今读》，生活·读书·新知三联书店2004年版，第271页。

范或要求，和抽象意义上的准则或标准。这也就是有学者所指出的，《周易》《左传》等著作中具有原则或标准的含义的"经"字，"都是指抽象的'常道'而言，只代表形式方面的意思，还不具有实质上的内容。春秋时期表现人伦常道实质内容的观念是个'礼'字"①。

其次，除了作为抽象的"常道"意义上的"经"之外，也有作为日常生活中普遍使用的实质性的道德规范或者道德要求意义上的"经"。有学者认为，"经"字"在春秋末期开始具有礼的内涵而取代礼字"使用，"经因此就成为一个含有实质内容——礼——的独立伦理观念了"②。然而，虽然"经"字在伦理学上的含义有一个从抽象到具体的过程，但"经"具有了实质性的含义不能简单说就是对"礼"的实质内容的"取代"，具有实质内容的"礼"字一直在整个中国传统社会中继续使用。从时间上说，虽然大致上可以把"经"字具有实质性的内涵确定是在春秋末期，但由于中国传统思想在概念使用上具有模糊性和多义性的特征，作为抽象的原则或者标准意义的"经"字在战国之后也一直被使用。比如，在孟子的著作中，"经"字仍是在这种抽象意义上使用的，如《孟子·尽心下》中有"经德不回"，"君子反经而已矣"。而在《离娄上》中说"男女授受不亲，礼也；嫂溺援之以手者，权也"时，与"权"字相对举的一般性的道德规范或要求，孟子用的仍是"礼"字。在历代的典籍中，"经"字究竟是抽象意义上的还是实质意义上的，只能根据上下文去判断，而不能根据著作的年代简单判定。

《礼记·中庸》中说："凡为天下国家有九经，曰：修身也，尊贤也，亲亲也，敬大臣也，体群臣也，子庶民也，来百工也，柔远人也，怀诸侯也。"所谓"九经"，指的是修身、尊贤、亲亲、敬大臣、体群臣、子庶民、来百工、柔远人、怀诸侯九条在治理天下国家中具有根本意义的具体的法则。这里所说的"经"，就是具有实质意义的准则或要求。汉代之后，"经"往往被用来指代"三纲五常"等与封建社会秩序相适应的道德规范和要求。如清代段玉裁在注《说文解字》中的"经"字时说："织之从丝谓之经，必先有经

---

① 张端穗：《西汉公羊学研究》，台北：文津出版社2005年版，第98页。
② 张端穗：《西汉公羊学研究》，台北：文津出版社2005年版，第99页。

第一章 "经"与"权"的基本含义及其历史演变

而后有纬,是故三纲五常六艺谓之天地之常经。"① 徐灏在《说文解字注笺》中也说:"大经犹言大纲,故经常亦曰纲常也。"② 也就是说,"经"是封建社会中道德规范和要求的统称,它是常道的体现,对于道德实践主体来说具有严肃性和权威性。

无论是抽象的只具有形式方面的意义的"经",还是具体的具有实质性内容的"经",在中国传统伦理思想中,都被认为不但具有约束范围上的普遍性,而且还具有适用时间上的长久性。"经者,常也。"这里所谓"常",既有时常、经常之义,也有经久、恒常之义。前者意味着"经"是贯穿日常生活中的方方面面、时时刻刻的,后者则表明"经"是持久通行、具有恒久的约束力的。熊十力曾经说:"经者常道也。夫常道者,包天地,通古今,无时而不然也。无地而可易也。以其恒常,不可变改,故曰常道。"③ 这里所说的"包天地",指的就是"经"在约束范围上的普遍性,而"通古今",则是指其在适用时间上的长久性。当然,关于"经"的内容是否应随着时代的发展而有所损益,不同的学者有不同的认识,但对于只有具有一定的普遍性和长久性的准则或者规范才可以称为"经"这一点上,却是中国传统伦理思想中一个基本的共识。

此外,"经"不但可以指"常道""常法"或者具有普遍约束力的道德准则和标准,而且还经常用于指称记载"常道""常法"的文字载体。最迟到战国后期,已经有人将重要的典籍著作称为"经"。如《国语·吴语》有"挟经秉枹",一般认为,此"经"字即为兵书之意;《荀子·劝学》篇有"其数则始乎诵经",此"经"字一般认为指《诗》《书》等经典。《庄子·天道》篇有"十二经"、《天运》篇有"六经"等说法,并且明确以《诗》《书》《礼》《乐》《易》《春秋》为孔子所治之"六经",说:"夫六经,先王之陈迹也,岂其所以迹哉!"(《庄子·天运》篇)《天下》篇中又说:"相里勤之弟子,五侯之徒,南方之墨者苦获、己齿、邓陵子之属,俱诵《墨经》,

---

① (汉)许慎撰,(清)段玉裁注:《说文解字注》,上海古籍出版社1981年影印本,第644页。
② (清)徐灏撰:《说文解字注笺》卷13上,《续修四库全书》,上海古籍出版社1996年影印本,第226册,第580页。
③ 熊十力:《读经示要》,上海书店出版社2009年版,第11页。

而倍谲不同，相谓别墨。"另外，后期墨家的著作中有《经》两篇、《经说》两篇，《韩非子》中的《内储说》《外储说》诸篇，均有"经""说"各若干条。由此可见，战国晚期，代指记载具有普遍性或者权威性的法则和道理的文字或者书籍，已经是"经"字常用的含义之一。汉代之后，朝廷设五经博士，"经"作为具有权威性的典籍，其高于一般书籍的地位获得了官方的认可，"经学"也成为中国传统学术中最重要的组成部分。随着"经学"成为主要的学术形式，经典便成为"经"字最通行的含义之一。

关于为什么会以"经"字代指一些具有特殊意义的典籍，刘师培认为，这是直接从"经"字织纵丝的本义引申出来的。他说："许氏《说文》经字下云：'织也，从丝，巠声。'盖经字之义，取象治丝，纵丝为经，衡丝为纬，引申之，则为组织之义。上古之时，字训为饰，又学术授受多凭口耳之流传，《六经》为上古之书，故经书之文奇偶相生，声韵相协，以便记诵。而藻绘成章，有参伍错综之观。古人见经文多文言也，于是假治丝之义而锡以《六经》之名。"同时，他还认为："后世以降，以《六经》为先王之旧典也，乃训经为法。又以《六经》为尽人所共习也，乃训经为常。"① 刘师培此说，貌似有道理，但以其书"多文言"故称"经"，并以为"经"的"法""常"等义是由经典之义进一步引申出来的，却是一种牵强附会的解释。

实际上，"经"的"法""常"等义，远早于"经典"之"经"出现之前。《易经》中的"拂经"，《诗经》中的"匪大犹是经"，《左传》中的"礼之经也"，以及所引《书经》中的"宁失不经"，《孟子》中的"经德不回"等"经"字，大多被训为"常"或"法"。由此可见，"常""法"等义，是早于"经"字到战国后期才出现的"经典"之义的。典籍称"经"，并非由于"多文言"这种形式上的特征，而正是由于它是"常道""常法"的文字载体，是由"经"字"常""法"等引申义进一步引申而来的，而不是相反。因此，刘师培的这一解释，屡屡受到学者的批判。如，吴康在为其所著《经学大纲》系列所做的引言中，引用了刘师培的观点后，评价说："此其为说甚

---

① 刘师培：《经学教科书》，陈居渊注，上海古籍出版社2006年版，第8页。

辩，然准斯以谈，何书不可谓之经？凡成文者皆是也，又岂必限于所谓六经、九经、十三经者哉？"① 他认为，学者们之所以称某些著作为"经"，"盖其尊所崇奉之书，为不刊之常典，乃以经题号之，犹晚世百工技艺亦尊其本师所著书为经也"②。从这一意义上说，被刘师培所批评的《释名·释典艺》中的解释"经，径也，常典也，如径路无所不通，可常用也"③，并非没有道理。古义"经""径"相通。④ "经"既是常道、常法的文字载体，也是通过学习获取常道、常法的路径，自然在各种书籍文字中具有较为尊贵的地位。

由于其中的文字被视为"常道"的载体，经典的文本本身便具有了权威性与神圣性。这样，"经"从形式上便被进一步具体化、形式化，甚至教条化。同时，由于有了文字作为载体，"经"在内容上也就更容易固定化、规范化，甚至有越来越僵化的风险。

以经典作为载体之后，作为"常道""常法"的"经"，与作为文字载体的"经"之间，便产生了相互转化、彼此强化的关系。一方面，某个学派之所以将一些特殊的典籍（如儒家的《诗》《书》《礼》《易》《春秋》等）称为"经"，使其具有了高于其他文献著作的地位，根本的原因，就是在该学派的学者看来，这些典籍中所记载的文字，是"常道""常法"的体现；换句话说，正是由于典籍中记载内容的"真理性"和崇高性，才使得这些典籍能够在浩繁的卷帙中脱颖而出，具有了权威性和神圣性。另一方面，某一典籍一旦被升格为"经"，又使其内容具有了更充分的"合理性"，甚至变得不容置疑。《文心雕龙·宗经》中说："三极彝训，其书曰'经'。'经'也者，恒久之至道，不刊之鸿教也。故象天地，效鬼神，参物序，制人纪，洞性灵之奥区，极文章之骨髓者也。"⑤ 典籍因其记载内容具有普遍性和恒久性的价值而被称为"经"；一旦成为"经"之后，经典的地位反过来又为其中所记载

---

① 吴康：《周易大纲》，商务印书馆1938年版，第4页。
② 吴康：《周易大纲》，商务印书馆1938年版，第5页。
③ （清）王先谦撰集：《释名疏证补》，上海古籍出版社1984年影印本，第309页。
④ 如《韩非子·解老》"邪心胜则事经绝"，王先慎《集解》说："经、径，古通用。"王念孙《读书》杂志解释《荀子·劝学》"学之经"时也说："经，读为径，即下文所谓蹊径。古读径如经，故与经通。"
⑤ （南朝梁）刘勰撰：《文心雕龙》，王志彬译注，中华书局2012年版，第22页。

的内容的权威性提供了背书。"经文本乃是能说明天、地、人之常理者;而它又不只充作文本,本身更进一步化为至道与鸿教,故'经'不只是通向常理常道之途径,而更'化身为'道与'表现出'道,所以才能彰显天地鬼神与物序人纪。作为优秀文本的'经'似乎在此呈现了一种'肉身成道'式的特殊表现作用。"① 两种意义上的"经"相互转化、彼此强化,并最终难分难解,合而为一。

由于经典的文本与其中所载之"道"融为一体,因此,汉代之后,作为"常道"的"经"和作为典籍的"经"便具有了内在的一致性。想要认识"常道",必须通过典籍;学者阅读典籍,最重要的目的就是领悟其中包含的"常道"。因此,宋代理学家程颐在写给方元寀(道辅)的手帖中说:"圣人之道,坦如大路,学者病不得其门耳,得其门,无远之不可到也。求入其门,不由于经乎?今之治经者亦众矣,然而买椟还珠之蔽,人人皆是。经所以载道也,诵其言辞,解其训诂,而不及道,乃无用之糟粕耳。觊足下由经以求道,勉之又勉,异日见卓尔有立于前,然后不知手之舞,足之蹈,不加勉而不能自止矣。"② 在以圣人为楷模和规矩的儒家学者心目中,经典被视为圣人的作品,而其中所记载的道理,也正是通过圣人的所思所想发现的具有客观真理性的规律和原理。"经为道,其发明天地之秘,形容圣人之心,一也。"③ 这样,道、经与圣人便被视为一体,从而使得"经"在人们的道德生活中具有了至高无上的神圣性、权威性和必然性。

第二节 "权"的原始含义及其演变

作为伦理学概念的"权",引申自"权"字的秤锤之意,这一点从古至今没有太大的异议。同时,一般又认为,秤锤也并非"权"字的原始含义。但是,对于"权"字最初的来源和本义,却是一个显得扑朔迷离的问题。

---

① 林维杰:《朱熹与经典诠释》,台北:台湾大学出版中心2008年版,第237页。
② (宋)程颢、程颐:《二程集》,王孝鱼点校,中华书局1981年版,上册,第671页。
③ (宋)程颢、程颐:《二程集》,王孝鱼点校,中华书局1981年版,上册,第463页。

第一章 "经"与"权"的基本含义及其历史演变

一 "权"字来源辨析

在《尔雅》《说文解字》等早期字书中，将"权"释为黄华木。那么，"权"的秤锤之义从何而来？它与黄华木之间存在着怎样的联系？这就成为对"权"的含义演变进行分析时首先需要厘清的问题。

简体字的"权"是从繁体字"權"简化而来的。在中国最早的辞书《尔雅》中，两次出现"權"。在《尔雅·释草》中，有"權，黄华"；《释木》中又有"權，黄英"。关于这两种解释之间的关系，有两种主要的观点。一种观点认为，这两条属于重出。如清代文字学家王筠在《说文解字句读》中说："《释草》曰：'權，黄华。'郭注以牛芸草当之。《释木》：'權，黄英。'郭云'未详'。许君合二条为一，而以'木也'定之，谓即是一物，两篇重出耳。景纯苟读《说文》，则必不云'未详'矣。"[1] 王筠认为，两晋时期的训诂学家郭璞（字景纯）在给《尔雅》作注时，将"權，黄英""權，黄华"当作两种不同的植物来理解，因此只能解释《释草》中的"權"字，而对于《释木》中的"權"指的是哪种植物，却无法进行解释。东汉许慎的《说文解字》中只有一个"權"字，并且将其解释为"黄华木"，正是因为他看到了《尔雅》中两个"權"字属重出，而将其合而为一。"英"和"华"意思相近，都有花朵的意思，因此在有些人看来，《释草》和《释木》中的"黄华"和"黄英"指的是同一种植物。

另一种观点因《尔雅》中将两个"權"字分别列为草和木，认为它们应当属于两种不同的植物。例如，宋末元初的戴侗在《六书故》中说："《尔雅》曰：'權，黄英。'又《释草》：'權，黄华。'《说文》曰：'黄华木。'以草释木，似误。"[2] 他认为，根据《尔雅》，草类的"權"是黄华，而木类的"權"应该是黄英。许慎在《说文解字》中将"權"解释为黄华，又将其归入木类，是矛盾的。因此，戴侗怀疑许慎的解释是错误的。前述王筠所引郭璞对两个"權"字分别进行解释，也正是将其作为两种不同的植物。

---

[1] （清）王筠撰：《说文解字句读》，商务印书馆1936年影印本，第7册，第786页。
[2] （宋）戴侗撰：《六书故》，上海社会科学院出版社2006年影印本，第519页。

由于年深日久，语言文字上的隔阂，无论是作为草还是木，"權"究竟指的是哪种植物，后世的人们往往很难判断。尤其是作为木类的"權"，即使后世有许多学者相信《尔雅》和《说文解字》中的解释，认为"權"字至少可以是一种树木的名字。但是，它究竟指的是哪种或者哪类树，就像郭璞的"未详"的解释一样，从来没有学者给出过确切的考证，甚至哪怕仅仅是可靠的推测。相对来说，对于作为草类的"權"，有些学者则提出了自己的见解，尽管这些见解中也很难有一种能够拿出确切的证据，让所有人信服。

在郭璞的《尔雅注》中解释《释草》中的"權，黄华"时，认为"權"就是他那个时代一种被称为牛芸草的植物，并且认为，这种植物的花是黄色的，叶子像苜蓿（"茇蓿"）。根据郭璞的这一解释，《释草》中的"權"，指的是一种草类植物。然而，两晋之后，"牛芸草"这一名称也已不再使用，因此后世对于郭璞这里所说的"牛芸草"指的是什么，又是众说纷纭。

在宋代邢昺为郭璞《尔雅注》所作的疏中，对郭璞的注释解释说："權，一名黄华。郭云：'今谓牛芸草为黄华。华黄，叶似茇蓿。'《说文》亦云：'芸，草也。似苜蓿。《淮南子》说"芸草，可以死复生"。'《月令》注云：'芸，香草也。'《杂礼图》曰：'芸，蒿也。叶似邪蒿，香美可食。'然则牛芸者，亦芸类也。"[①] 邢昺认为，郭璞所说的"牛芸草"是被称为"芸"的草类植物中的一种，而这种草在宋代叫什么名字，他并没有去考证。稍晚于邢昺的北宋学者王洙之子钦臣所著的《王氏谈录》中，明确说"芸"这种香草，"今人皆不识"。"芸，香草也。旧说为不食。今人皆不识。文丞相自秦亭得其种，分遗公，岁种之公家庭砌下，有草如苜蓿，揉之尤香。公曰：'此乃牛芸。《尔雅》所谓"權，黄华"者。'"[②] 王洙从丞相文彦博处所得种子是否就是郭璞所说的牛芸草，现在已很难考证。但从《谈录》的记载来看，这种植物在当时应当是非常罕见的。

同为宋代学者的郑樵则认为"權"并不是一种罕见的植物，而是常见的

[①] （晋）郭璞注，（宋）邢昺疏：《尔雅注疏》卷8，《十三经注疏》，中华书局1980年影印本，下册，第2629页。

[②] （宋）王钦臣撰：《王氏谈录》，《影印文渊阁四库全书》，北京出版社2012年影印本，第862册，第584—585页。

第一章 "经"与"权"的基本含义及其历史演变

野决明。① 野决明是一种豆科植物，一般为黄花，叶子与荚果同苜蓿都比较相似。清代学者郝懿行赞同郑樵的这一解释。然而，他又认为，《王氏谈录》中所说的芸草也就是郑樵说的野决明，这种观点则有些牵强。他说："今验野决明叶似苜宿而华黄，枝叶婀娜，人多种之，似不甚香。而王氏《谈录》以为嗅之尤香，盖初时香不甚，噀以醋则甚香。凡香草皆然也。"② 王氏说他们庭前所种芸草的叶"揉之尤香"，说明不揉也是香的，只是没有揉过之后香气浓郁。野决明的叶和花纵然符合王氏所说芸草的特征，但它的叶子闻起来并没有香味。郝懿行说野决明的叶子"似不甚香"，喷上醋之后就能闻到香味。事实如何暂且不论，即使真是这样，和《王氏谈录》中所说的"揉之尤香"的香草也并不是一回事。另外，如果只是野决明，《谈录》中也不会有"今人皆不识"的说法。

此外，还有人认为，《尔雅》中所说的"黄华"指的是菊花。宋代陆佃的《尔雅新义》中注"权，黄华"时说："春花正也，菊，秋花，为权焉。《记》曰'菊有黄华'，言'有'者，非其有之时也。"③ 这里所说的"权"，用的是它的引申义"反常"、变通的意思。陆佃认为，正常的花是春天开的，菊秋天开花，是"反常"、变通的表现。并且认为，《礼记·月令》中说的"季秋之月，鞠（菊）有黄华"，之所以用"有"字，正是因为这个季节是正常不该有植物开花之时。古人经常称菊花为"黄华"，这与《尔雅》中对"权"的解释恰好一致。但是，"反常"是"权"字后来才出现的引申义，《尔雅》以及秦汉之前的其他典籍中都没有此义项。④ 因此，陆佃认为菊花秋天开花为"反常"，从而以"权"命名，不应当是《尔雅》中具有的含义。

总之，古人对于"权"的原始含义的解释五花八门，但这些解释大多是推测，很难说哪一种就是确诂。所以明清之际的学者张自烈在《正字通》中

---

① 参见（宋）郑樵撰《尔雅注》卷下，《影印文渊阁四库全书》，北京出版社2012年影印本，第221册，第266页。
② （清）郝懿行：《郝懿行集》，吴庆峰等点校，齐鲁书社2010年版，第4册，第3527页。
③ （宋）陆佃撰：《尔雅新义》卷13，《续修四库全书》，上海古籍出版社1996年影印本，第185册，第429页。
④ 《说文解字》徐铉本"权"字条下最后有"一曰反常"四字，而徐锴本则没有。清代的徐灏认为，这四字应为徐铉所加。马叙伦也认为："此四字本校语。"（《说文解字六书疏证》卷11）

21

干脆说："据诸说，无确诂，今不可考。"① 更为重要的是，在早期的辞书中，并没有一种将"權"字解释为秤锤。尽管后世学者认为作为植物的"權""借为權衡之權，今所谓称锤也"②。在经典注疏中也试图将"權"的秤锤之义溯源到"黄华"或"黄英"上，但以上种种解释中，无论哪一种，我们都很难将其与"秤锤"这一引申义建立起必然的联系。

相对来说，在《尔雅》草与木两种解释中，更容易与秤锤这一物体联系起来的，还是木类。因此，如果承认《尔雅》或者《说文解字》中的解释就是"權"字秤锤之义的最初来源，那么，虽然绝大多数学者都认为《尔雅·释木》中的"黄英"或者《说文解字》中的"黄华木"究竟是哪种植物"未详"，"不可考"，但仍然认为"權"字的"权衡"之意是来自被称为"黄华"或"黄英"的树木的。其中，最为常见的解释，就是认为最早的秤锤是用这种树木制作而成的。例如，王夫之《说文广义》解释"權，黄华木"时说："權，黄华木也。通为'權衡'字者，古以木为称锤，后世改用金石，權木坚重，可为權也。"③ 虽然不知權木是何木，但在王夫之看来，这一可以做秤锤的木头的木质一定是"坚"而且"重"的。是否存在一种王夫之所认为的"坚"且"重"的"權"木，古人可以用它来制作秤锤，这一事实无法考证，既没有充分的证据说一定有，也没有证据说一定没有，所以这里不去讨论。但是，可以质疑的是，根据王夫之的这一理解，从词源上说，以"木"字为部首的"權"可以解释为秤锤的观点可以成立的一个重要的事实依据，就是他所说的"古以木为称锤，后世改用金石"。也就是说，最初的秤锤是木头制作的，后来才改用金属或者石头。这一判断似乎与人类利用工具的历史发展是不符的。赵纪彬认为，秤锤"是作为氏族社会末期的物质文化，标志着人们用工具改造自然的伟大开端"。并且认为最早出现于历史舞台的"秤锤"是"石锤"。④ 虽然我们不知道人类历史上的某一个时期是否用木头做过

---

① （明）张自烈、（清）廖文英编：《正字通》卷3，董琨整理，中国工人出版社1996年影印本，第545页。
② （宋）戴侗撰：《六书故》，上海社会科学院出版社2006年影印本，第519页。
③ （明）王夫之撰：《说文广义》卷3，《船山全书》，岳麓书社2011年版，第9册，第335页。
④ 赵纪彬：《困知二录》，中华书局1991年版，第255页。

第一章 "经"与"权"的基本含义及其历史演变

秤锤,但可以肯定的是,在能够将木头加工成像秤锤这样精致的工具之前,人类是首先需要在金属或者石器加工的技术和工艺上达到相当的高度的。所以,最初出现的秤,更有可能是用石头或者金属为秤锤,而不会是直接用木质的。因此,因以"欏"木制作秤锤,从而以"欏"命名秤锤,并引申出"權"字的秤锤之意的观点,是很难经得起推敲的。

由于"黄英"或"黄华"与"權"字的秤锤之意相去玄远,正如有学者所说:"究竟'權'这个字,如何从一种植物,成为一种度量衡工具,之后愈行愈远,终究完全丧失了本义?其中来龙去脉全无蛛丝马迹可循。"① 事实上,尽管《尔雅》和《说文解字》中对"權"字的释义没有给我们理解其秤锤之义提供"蛛丝马迹",但"權"字秤锤之意的由来也并非全无痕迹可循。既然从"權"字"黄英"或"黄华"的意思上无法找到秤锤之意的起源,那么,就需要从"權"字的字形字义演变上做更深入的探究。在《释权》一文中,赵纪彬提出:"科学的工艺史证明:生产劳动中使用的工具,全是人的生理器官的延长;其见于古籍记载者,不胜枚举。……量度、车制是这样,'秤锤'的起源也应作如是观;亦即应从'權'的字义字形演变的史实中,探求'秤锤'的起源。"② 并且认为,"權"字"字形字义的演变历程是:'拳'(卷、捲)——'攓'——'權'。此一史实证明:'称锤'(權)是人手的延长。《玉篇》以'曲手'为拳,是'權'形作 。正象人拳,三字的字音也相同。这和上述量度、车制之'以人之体为法',事同一律。"③ 赵纪彬认为,秤锤意义上的"權"字是从"攓"字演变过来的,而不是直接来自《尔雅》或者《说文解字》中作为植物名的"權"。这一观点对于摆脱《尔雅》和《说文》的束缚,理解"權"字含义的演变是极有启发意义的。在《释权》中,他从文献的、历史的角度对从"攓"到"權"的演化过程及意义进行了一些论证和阐发,这里不再重复,仅就该文没有展开或者有待商榷的两个方面做进一步的补充分析。

---

① 卢瑞容:《中国古代"相对关系"思维探讨——"势""和""权""屈曲"概念溯源分析》,台北:商鼎文化出版社2004年版,第226—227页。
② 赵纪彬:《困知二录》,中华书局1991年版,第251页。
③ 赵纪彬:《困知二录》,中华书局1991年版,第253页。

23

首先，关于古代字书与文献中的"攈"字。成书于三国时期的《广雅》也是我国古代一部较早的字书，其模仿《尔雅》的体例但取材范围比《尔雅》广。这部字书中，收录了《尔雅》和《说文解字》中所没有的"攈"字，说："秤谓之铨，锤谓之攈。"（《广雅》卷8《释器》）这里所说的"锤"，即秤锤。《广雅》中这一"攈"字，后世的注本中有写作"攈"字者，也有写作"權"字者。① 由此可见注释者要么认为这两个字可以混用，要么已经只知有"權"字，不知有"攈"字，甚至认为写作"攈"字是错误的。唐代释玄应所撰的《一切经音义》中，引用《广雅》中的解释，说："《广雅》：'秤锤谓之攈。'攈，重也。知轻重也。字从手。"清代的庄炘在对玄应《音义》校正时，则引用《说文解字》中"權，黄华木"为依据，对玄应"字从手"的说法直接进行了否定，说："秤锤之權，即用从木之權，此云从手，大谬。"② 但是，在唐代的训诂著作中，认为秤锤之"攈"应"从手"的不止玄应《音义》一例。另一位僧人慧琳所作的《一切经音义》中，引《国语》贾逵注和《古今正字》说："贾注《国语》云：'攈，秉也。'又曰：'平也。'《古今正字》：'攈者，秤也。从手，䕫声。'"③《古今正字》为唐初的张戬所撰，已经失传。从慧琳所引可见，这部著作中也是认为释为秤的"攈"是从手的。贾逵《国语》注中平、秉等义项，都是作为秤的"攈"字的引申义。在张参的《五经文字》中，则指出从手的"攈"字是古"拳"字："權：从手者，古拳握字，今不行。"④ 近人认为秤锤是人拳的象形，"攈"字从"拳"字而来，在此也可得以印证。

语言文字学的研究表明："异体字中有一种类型，即部件讹混而为异体

---

① 如清代钱大昭的《广雅疏义》中，抄录《广雅》原文时写作"锤谓之攈"，而在他自己的疏解中，则使用的是"權"字。王念孙的《广雅疏证》中，则是写作"锤谓之權"。
② （唐）释玄应撰，（清）庄炘、钱坫、孙星衍校正：《一切经音义》卷25，《续修四库全书》，上海古籍出版社1996年影印本，第198册，第282页。
③ （唐）释慧琳撰：《一切经音义》卷17，《续修四库全书》，上海古籍出版社1996年影印本，第196册，第474页。
④ （唐）张参撰：《五经文字》卷上，《影印文渊阁四库全书》，北京出版社2012年影印本，第224册，第255页。

字。这种情况在简帛文献、汉魏六朝碑刻文献、敦煌写卷中很常见。"① 在汉初的张家山汉简等简帛文献、东汉《张迁碑》、三国魏《元绪墓志》、北魏《元昭墓志》等汉魏六朝碑刻文献，以及部分敦煌文献中，都有以"扌"为偏旁的"攉"字出现。有学者认为，这种现象的产生，是由于汉字隶变之后，在偏旁化的过程中，原来的独体字作为偏旁使用之后，使得形体发生了变异，"让两个本来毫不相干的字形变得相似，从而产生了很多混同使用的情况。""扌"和"木"两个偏旁就是其中典型的例子。"'手'在偏旁化后写作'扌'，'木'偏旁化后写作'朩'，两个偏旁字的形体非常接近，其区分的特征不能够在手抄转写的时代得到很清晰地展现，因此从汉魏六朝的墓志中到敦煌写卷俗字一直常常混用。"② 由此可见，至少到唐代之前，"权"字存在着"權"和"攉"两种写法。并且大致可以推断，"權"字的基本含义来自植物名称，而"攉"字则与古"拳"字同，并因形象相近而引申出秤锤之意。但是，由于手抄转写等原因，两个字又常常混用。

其次，关于"攉"字何时为"權"字所完全取代。郑玄《毛诗笺》中，有"鬈读当为權"，清代马瑞辰认为：这里的"權"字应为"攉"，"后人讹写作權"。③ 章太炎《小学答问》中也说："经典權字恐本作捲，后变作攉，隶书手木相溷，故讹作權，未必是假借也。"④ 赵纪彬认为，"權"字出现之后，便代替了"攉"字，后者也就废置不用了，所以一般的字书上没有这个"攉"字，非专门研究的学者也不认识这个"攉"字。同时他又说，"權"字代替"攉"字绝非偶然，不能说它是"讹作"或者"讹写"所造成的。通过分析，他认为，作为秤锤的"攉"引申自人"曲手"为拳的"拳"，最初是"石拳""石锤"之类，出现于氏族社会末期，出于氏族间剩余产品交换的需要。而"權"则是奴隶社会衰微期的物质文化，是奴隶主贵族开始贱视劳动的体现。"正是在这种贱视劳动的没落意识支配下面，逐渐对于与'拳'同音

---

① 吴继刚：《论庄炘等对〈玄应音义〉的研究》，载徐时仪等编《佛经音义研究——第二届佛经音义研究国际学术研讨会论文集》，凤凰出版社 2011 年版，第 512 页。
② 耿铭：《〈玄应音义〉文献与语言文字研究》，上海人民出版社 2016 年版，第 306 页。
③ （清）马瑞辰撰：《毛诗传笺通释》，陈金生点校，中华书局 1989 年版，上册，第 309 页。
④ 章太炎：《小学答问》，殷焕先点校，《章太炎全集》，上海人民出版社 2014 年版，第 7 册，第 482 页。

同义的'攡'字，不屑识别，反而从《诗》的'赋、比、兴'所取譬的'鸟兽草木之名'上，抒发其闲情逸趣。这样，就为'攡'字改写从'木'而成'權'，创造了社会条件。"① 因此，从"攡"到"權"并不是"讹写""讹作"，而是历史的必然。

赵纪彬指出"權"字取代"攡"字并非由于偶然、无意地"讹写""讹作"，而是有历史发展的必然性包含其中，这是一个非常有见地的主张。但是，他认为"權"字在奴隶社会晚期出现之后便取代了"攡"字，则是值得商榷的。《广雅》《古今正字》等训诂著作中都收录有"攡"字，说明"'權'字出现以后，'攡'字就废置不用，在一般字书上，查不出'攡'字"② 的结论是不成立的。同时，一直到唐代，从玄应和慧琳的佛经《音义》可见，"攡"字至少在佛教经典中还是在使用的。尤其值得注意的是，汉魏六朝时期的简帛和石刻文献的出土，让我们可以看到更多在当时仍然被使用的"攡"字，直接证明唐代之前，"攡"字仍然存在并被广泛使用。因此，从时间点上来说，"攡"字完全被"權"字取代，不会早于唐代，而并非奴隶社会晚期就已经完成了的事情。

那么，"權"字究竟从何时最终取代了"攡"字呢？根据上述分析可以得出的结论是，唐代之前，"權"与"攡"曾经长期并用甚至混用。唐宋之后，随着印刷术的出现和用字的日益规范，原来由于手抄转写而造成的许多异体字都逐渐统一。由于"權"和"攡"曾经一度被混用，所以它们也被归入了异体字之列，像其他因偏旁形近而造成的异体字一样，写法上被统一了。结果是，"攡"字被在《尔雅》《说文解字》等经典字书中有收录从而更为大家所熟悉的"權"字取代。由于宋代之后人们读到的书都是唐宋之后刻印的，被"權"字所取代的"攡"字便日渐为人们所遗忘。从这一意义上说，"權"字取代"攡"字不能不说是历史的必然；同时，一度的"讹写"也是"權"字最终阴差阳错地取代了"攡"字的重要原因之一。

因此可知，"权"字的秤锤之意来自"攡"，而"攡者，拳之异体"③。秤

---

① 赵纪彬：《困知二录》，中华书局1991年版，第256页。
② 赵纪彬：《困知二录》，中华书局1991年版，第255页。
③ （清）马瑞辰撰：《毛诗传笺通释》，陈金生点校，中华书局1989年版，上册，第309页。

锤乃"攈"字的引申义,从秤锤之意,又引申出权衡、权变、变通等义项。①权衡、权变、变通运用于人们的道德实践中,便成了与"经"相对的"权"字。

二 作为伦理学范畴的"权"

伦理学意义上的"权",有权衡、权变等义,均由"权"字的秤锤之义引申而来。因此,在历代经典的注疏中,秤锤往往被视为"权"字的本义。例如,朱熹《四书章句集注》中,在解释《论语·子罕》篇中的"可与立,未可与权",《尧曰》篇中的"谨权量";《孟子·梁惠王上》篇中的"权,然后知轻重",《离娄上》篇中的"嫂溺援之以手者,权也",《尽心上》篇中的"执中无权"时,均说:"权,称锤也。"当然,《论语》《孟子》之中的这几个"权"字,均与人的实践活动或者实践能力有关,直接的含义并非秤锤,而是由秤锤引申出的称量、权衡或权变等义。

秤锤作为秤这一用于称量的器具的最重要的部件之一,从"权"字的秤锤之义中直接引申出的动词含义便是"称量"。《汉书·律历志》中解释"权"时所说的"权者,铢、两、斤、钧、石也,所以称物平施,知轻重也"②,所指的正是"权"字的这一意义。先秦典籍中,《孟子·梁惠王上》篇中的"权,然后知轻重",《国语·周语下》篇中的"权轻重",《荀子·非相》中的"不权轻重"中的"权"字,都是动词"称量"之义。称量的目的,是"知轻重""别轻重",也就是对物体的重量进行确定和比较。将这一含义进一步推广引申到日常生活中的一般事务的处理上,便是"权"字的权衡之义。

"权衡"二字,本来是"权"(秤锤)与"衡"(秤杆)的统称,这两个字合成一个词,最初作为名词使用,代指秤。如《吕氏春秋·仲秋》中"平权衡",《庄子·胠箧》中的"为之权衡以称之,则并与权衡而窃之",《管

---

① "拳"字和"攈"字的引申义,除秤锤之外,还有勇壮、勇力等,并由此进一步引申出"權力""權势""權柄"之"權",这个"權"字,也是从"攈"字而来的。参见马瑞辰《毛诗传笺通释》卷9、陈奂《毛诗传疏》卷19和章太炎《小学答问》等。
② (汉)班固撰:《汉书》,中华书局1962年版,第4册,第969页。

子·明法解》中的"权衡者,所以起轻重之数也",《韩非子·有度》中的"权衡,所以称轻重也",这几个"权衡"指的都是作为称量器具的秤。今天我们所使用的作为动词的"权衡",则是从"权"或者作为名词的"权衡"的引申义"称量"进一步引申而来的,指的是在人们的实践活动中,通过对不同行动方案的分析、判断、比较,并最终依据一定的标准作出取舍的过程。"权"字作"权衡"之义解时,指的便是这一过程。在人们的日常生活中,选择取舍无所不在。甚至可以说,人生的历程,就是主体通过自身的认知,运用自己的自由意志,依据一定的价值标准,不断进行选择的过程;人生的走向,正是由一个一个的选择所构成的。这就是《荀子·正名》中所说的"人无动而不可以不与权俱"。

在人们的行为选择中,有些具有道德意义,需要一定的道德准则作为指导和依据,选择出的结果具有善恶价值,有些则不具有道德意义,只是个人偏好的体现。当一个行为本身具有道德意义时,"权",即行为选择的权衡过程,便也成了一个具有伦理含义的概念。

"权"不仅可以用于指称量或者权衡的过程,而且古人也常常从目的或者所追求的结果的角度来理解"权"。如果侧重于行为活动的目的或者结果,"权"往往被视为不拘泥于一般性的规则或者行为方式的选择,甚至意味着对一般情境下普遍适用的规则或者行为方式的变通或者背离。

从"权"字的秤锤之义及其直接引申义称量的角度来说,对物体进行称量的过程,需要将秤锤在标有代表着不同重量的秤星的秤杆上前后移动,秤星是固定不变的,而秤锤的位置则需要灵活变动;最终的目的,是将秤锤的位置停留于一处,依据该处的秤星所代表的重量,从而判定物体的轻重。此刻,如果将秤锤、秤杆以及挂在秤钩上的物体视为一个整体,则恰好处于完全平衡的状态。因此,称量的过程,就是以这种平衡作为追求的结果的过程;在这一过程中,秤锤的位置是灵活的,不能拘泥于或固定于一处,否则便失去了称量的意义。对于称量过程的这一理解,至少可以包含两层意义,对于人们实践活动具有启发价值,同时也影响了人们对于"权"这一概念的理解。

一是,"权",即称量活动,所追求的是作为目的的"平";相对于这一目的来说,过程以及达到目的的方式或手段,则是次要的。因此,在古人对

第一章 "经"与"权"的基本含义及其历史演变

典籍的注疏中，经常将"权"释为"平"，以强调目的或结果的重要性。如韦昭注《国语·齐语》"式权以相应"和"权节其用"时，均说："权，平也。"[1]《尚书·吕刑》中有"轻重诸罚有权"，宋代蔡沈在《书集传》中说："权者，进退推移，以求其轻重之宜也"[2]，清代江声《尚书集注音疏》中说："权者，所以审轻重而酌其平"[3]，都是侧重于从目的或所追求的结果的角度来解释"权"字。这一视角，也常常被用于对"权"字在一般实践活动中的含义进行理解，认为"权"所追求的就是结果上的"有善"。

二是，"权"是灵活应变，不应当在一般情境下所适用的价值标准或者行为方式上固执一点。正如秤杆上的秤星虽是固定的，但秤锤落到哪个星上却没有一定之规，必须依据秤钩上所悬挂物体的重量来决定一样，在现实生活中，虽然存在着与常见的各种各样的情境相适应的价值准则或者行为方式，但由于生活情境的复杂多变性，尤其是在一些特殊的情境之下，主体还应当时时保持清醒的判断，根据不同的情境做出不同的应对选择。因此，"权"就不能"执一"，甚至也不能"执中"，而是应当在行为过程中体现出主体的能动性和灵活性，能够适时变通，以达其宜。必要的时候，甚至要背离一般情境下为人们所普遍遵守的标准或者方式，以作出恰当的行为，不要因为胶柱鼓瑟、死守教条而导致不良的后果。

因此，如果侧重于目的或者所追求的结果，"权"往往被解释为变通或者权变。而变通或者权变，也就意味着不受一般情境下所普遍适用的价值准则或者行为方式的约束，更多地体现的是主体的智慧和能动性的发挥。如果说，我们可以把日常生活中可能会遇到的情境分为两类，一类是一般性的、经常会遇到的情境，一类是特殊性的、偶然出现的情境，前者称为"常"，后者称为"变"。日常生活中具有普遍约束力的常用的准则或者行为方式，一般都是根据前一种情境进行总结和概括的结果，而在后一种情境中，则很少有可以套用的准则或者行为方式被直接使用。因此，在"常"态的情境之中，行为

---

[1] 徐元诰撰：《国语集解》，王树民、沈长云点校，中华书局2002年版，第218、220页。
[2] （宋）蔡沈撰：《书集传》，钱宗武、钱忠弼整理，凤凰出版社2010年版，第253页。
[3] （清）江声撰：《尚书集注音疏》卷10，《续修四库全书》，上海古籍出版社1996年影印本，第44册，第640页。

者恪守具有普遍约束力的常用的准则或者行为方式，他所做出的行为选择一般来说就是恰当的、合宜的；而在"非常"的情境之中，如果打算仍然机械地按照约定俗成的规范来做，则要么根本没有先例或者既定的规则可循，要么陷入进退维谷的困境而不能自拔，要么就会做出错误的行为，导致不良的后果。这时候，就需要主体的"权"，将具有普遍约束力的常用的准则或者行为方式暂时搁置一边，根据对全局的综合判断做出一个恰当的选择，这就是所谓的"权变"。由此可见，权变往往意味着对一般情境下具有普遍约束力的准则或者行为方式的搁置甚至背离，所以《韩诗外传》中说"变之谓权"[①]。

然而，这种侧重于行为的结果的"权"具有极大的道德风险，当行为者的眼睛只盯着结果时，任何的道德准则可能都会对其失去约束力，这种权变就可能演变为"权术""变诈"。其社会性的后果，便是导致钩心斗角、阴谋诡计、为达目的不择手段等现象的横行，并以行权为对这些行为的合理性进行辩护的借口。因此，在中国传统的经权观中，大多试图对权变加以限制，以免对正常社会秩序和道德规范体系造成损害甚至毁灭性的后果。例如，在侧重于从"权变"意义上使用"权"字的汉儒的思想中，一方面，提出"权"并不是可以频繁使用的行为方式，而是只能偶然用于紧急的特殊情境之中。这就是《春秋公羊传·桓公十一年》中所说的："权之所设，舍死亡无所设。"另一方面，权变的行为虽然往往意味着对一般性的价值准则的违背，但这种违背并非逃避道德约束、抛弃道义原则，而是要使行权的行为符合在道德规范体系中比日常生活中的一般性道德标准具有更高的价值优先性的"道"的要求，即所谓"反经合道"。"夫权虽反经，亦必在可以然之域。不在可以然之域，故虽死亡，终弗为也。"[②] 因此，汉儒虽然承认违背一般性的道德规范的权变行为的合理性，但他们都是将"合道"或"有善"作为权变的前提，反对漫漶无依的任意胡为。

在中国传统经权观中，作为伦理学范畴的"权"字，基本都是从权衡或者权变两种意义上进行理解的。例如，在孟子的论述中，"执中无权，犹执一

---

① （汉）韩婴撰：《韩诗外传集释》，许维遹校释，中华书局1980年版，第34页。
② （清）苏舆撰：《春秋繁露义证》，钟哲点校，中华书局1992年版，第79页。

也"之"权",其意义偏重于权衡;而"嫂溺援之以手,权也"之"权",则是权变之义。由于不同时期的不同学者理解"权"字的含义的侧重点不同,并以此来建构各自的经权理论。因此,历史上各种不同的经权观之间在理论上的分歧,往往从基本概念的使用上就开始了。比如,汉儒"反经合道为权"的经权观,"权"字取的是权变、变通之义,而宋代之后程颐等人的经权统一理论,则是从权衡的意义上来使用"权"字,这也就成了两种理论在经权关系问题上尖锐对立的原因之一。

综上可见,同"经"作为伦理学的概念,具有若干不同层面的意义一样,"权"也有权衡、权变甚至权谋等多种含义。因此,在对中国传统经权观进行分析的过程中,除了要考察不同学者之间整体思想倾向上的差异之外,还要看到他们在这些核心概念使用上的视角和侧重点有何区别。只有这样,才能对中国传统伦理思想中关于经权问题的理论分歧有一个准确而系统的认识,对中国传统经权学说的流变有一个全面的理解。

第二章　先秦时期的"权"论

汉代之后所产生的经权关系理论直接来源于先秦诸子的"权"说。春秋战国时期，在各学派的思想中，就已经有了将"权"视为一种高超的实践能力，用"权"来指导行为实践的观点和主张，并对后世产生了深远的影响。只有了解先秦时期的"权"论兴起的背景以及诸子关于"权"的理论，才能够对中国传统经权观进行系统、深入、准确的理解。

第一节　"权"论兴起的背景

在现实的道德生活中，普遍性的规则一旦确立，它与具有复杂性的情境之间就难免产生矛盾。如何灵活地解决二者之间的矛盾，既能维护普遍性规则的严肃性和稳定性，又能保障通过主体能动性和自觉性的发挥，使行为整体上具有最大的合理性和正当性，就成为道德实践中一个非常现实的问题。在中国伦理思想史上，产生于西周初年的系统化的"礼"，从道德意义上说，就是一套普遍性的规则体系；春秋战国时期出现的"权"的观念，就是对"礼"的内在局限和历史困境进行反思的结果。

一　作为普遍性规则体系的"礼"的产生

在人类的道德生活中，关于"善"或者"至善"的理想往往会具体化为若干德性要求或者准则规范，对人们的行为起着指导和约束的作用。这些德性要求和准则规范在社会成员中认同度的高低、约束力的大小，又成为一种道德体系在现实中能否发挥应有作用的基础。因此，古往今来，无论是政治家、教育家还是思想家，为了使道德能够充分发挥其提升人们的境界、维护社会秩序的作用，总是试图将同某种社会秩序要求相一致的标准或者准则描述成具有普遍性、严肃性、权威性甚至先在性的约束力量，以获得人们的普遍认同、深刻笃信和严格恪守。

如果从根源上考察，无论在任何一种道德文化之下，具体的道德要求和准则规范无疑最终都来自人们的生活实践，与人们对"善"的追求和"好生活"的理解息息相关，而并非现实世界之外某种神秘力量强加给人类或者先验地存在于抽象的人性之中的。但是，道德要求和准则规范一旦在人类社会中形成，并沉淀于人们的观念和文化之中，它们本身对人们的现实生活就具有了一种超越性的指导和约束作用，成为一种凌驾于个体生活实践之上的力量；同时，其抽象化的形式与丰富多彩的生活实践之间也会逐渐产生或大或小的背离和隔阂。当这些道德要求或准则规范被理论化之后，各种各样的伦理学说产生了。为了在激烈争鸣的伦理学理论的丛林中显示出自己的优势，吸收更多"信众"的认同，伦理学历史上的各个学派又往往喜欢给自己所倡导的道德观念涂上一层神秘的色彩，赋予其抽象的理论解释，甚至在人类的现实世界之外构造一个更具权威性、主宰性的世界，将这些道德观念的根源置于其中，这样，他们所主张的道德要求和准则规范就具有了绝对的普遍约束力，生活于现实世界中的实践的道德主体，在这些道德观念和要求面前，只有被动地服从，既没有讨价还价的可能，也没有任意选择的余地。这时，道德要求或者准则规范就成为"天经地义"的东西。

然而，在人类历史的发展过程之中，一种道德观念或者道德理论的生命力，归根结底是植根于现实的生活世界之中的，不管在理论上做了何等高明的论证，为其赋予多么神通广大的神秘力量作为加持，为未来描绘如何绚烂的幻景作为诱饵，如果它跟不上社会历史发展的步伐，不能和一定实践生活之内的人们关于"善"的理解相一致，无助于人们"好生活"的实现，甚至成为人们生存和社会发展的枷锁和镣铐，这一道德观念体系终将为人们所抛弃。因此，在一种具有生命力和活力的道德体系之中，为了避免道德观念脱离日常生活，无论多么神秘化的道德理论，总要与现实的道德生活保持适当的张力：一方面，道德要求和准则规范在具体内容上不能完全脱离人伦日用而成为虚空的幻想，或者无法完成的"命令"；另一方面，道德准则的约束力的普遍性设定需要保持在合理的限度之内，避免因过分绝对化、教条化而使其成为与人们的生活实践完全对立的力量。这样，道德理论上所强调的，就不能只有笃信和恪守，还要有智慧和自觉。经权观念，就是道德实践中的智慧和自觉的体现；任何一种经权理论，都是对道德实践中如何处理道德准则约束力的普遍性与道德生活的丰富多彩性、道德准则的严肃性和客观性与道德实践者的能动性和主体性、道德准则的概括性和抽象性与道德情境的复杂性和具体性之间的矛盾关系进行思考的结果和提出的应对建议。简单地说，经权观，是道德生活中的实践智慧的体现。

从源头上说，道德产生于原始社会，以习俗、禁忌等形式，起着对人的行为进行约束和引导的作用。但是，早期的作为行为规范的所谓"道德"观念，都是自发地产生的，与原始宗教和迷信观念融为一体。它们甚至可以说"并不是今天意义上的严格的道德规范"，只是"在氏族公社中，确乎起到了原始道德规范的作用"。[①] 一直到商朝，道德观念上的宗教性、蒙昧性和自发性的特征依然存在。商朝人"尊神尚鬼"，将人和鬼神之间的关系处理作为日常生活中的重点，用于处理人与人之间关系的真正的伦理思想和明确的道德观念则没有在日常生活中成为主导性的规范。

这种同原始宗教相联系的，以某种超自然存在物为来源和保障的观念，当成为决定行为正当性的依据时，被认为来自人类自身之外的命令或规则便成为具有绝对权威性和必然性的力量；主体的能动性、自觉性等意识，在行为选择中也便失去了用武之地。所以说，"殷人的道德观念是一种蒙昧的道德，它要人服从占卜或某种所谓神灵的启示，实际上就是要个人放弃自己的道德能动性，去服从于某块龟甲、兽骨的裂纹，也就是把自然的某种偶然事件变成人类的必然的道德定则。它把对上帝鬼神的敬、信、从抬到至高无上的地位，而又把这种带有某种神圣性的道德引导到个人的去祸得福的目标上。……它大大地加强了奴隶主阶级伦理的权威性，给人间的规范披上了神鬼戒命的外衣，同时也以宗教的方式大大地冲淡了阶级压迫的残酷性和血腥

[①] 罗国杰主编：《伦理学（修订本）》，人民出版社2014年版，第44页。

味"①。对上帝和神灵的虔诚并没有能够挽救商朝灭亡的命运。"周虽旧邦,其命维新。"偏居于西部边陲的周部落不断壮大并最终取代了殷商的位置,让西周的统治阶层对被殷商人奉为圭臬的"天命"的观念产生了怀疑,并对统治策略进行了彻底的反思。反思的结果,就是突出了统治阶层的"德"在长久地保持统治权力、维护稳定的社会秩序中的意义,提升了"人"的因素在统治者行为选择中的意义和价值,从而开启了在中国历史上影响深远的"德治"传统。因此,一般认为,在中国历史上,明确而系统的伦理思想,产生于西周初年。

王国维在《殷周制度论》中谈及殷周之际的政治和文化变革时说:"欲观周之所以定天下,必自其制度始矣。周人制度之大异于商者,一曰立子立嫡之制,由是而生宗法及丧服之制,并由是而有封建子弟之制,君天下、臣诸侯之制。二曰庙数之制。三曰同姓不婚之制。此数者,皆周之所以纲纪天下。其旨则在纳上下于道德,而合天子、诸侯、卿、大夫、士、庶民以成一道德之团体。"② 可以说,西周初年的变革,是由于困惑于被认为有上天庇佑的强大的殷商一战而亡而寻求答案所产生的结果,也是取得了政权之后居安思危期望能够实现统治的长治久安而主动地探索统治方式的必然。因此,变革的着眼点首先是制度上的。而制度的变革,一方面,要以观念的变革为先导。这方面的成果,最重要的便是"天命靡常""以德配天""敬德保民"等观念的产生。统治者思考的重心,由殷商时如何讨好和顺从上天,转到了如何修养好自身的德行;由如何处理好人与鬼神之间的关系,转到了如何处理好统治者和人民之间的关系;行为取舍的标准上,由极端信奉上天转向对人事的关注。西周初年制度的变革,就是上述观念变化的具体化。用王国维的话说:"周之制度典礼,乃道德之器械,而'尊尊'、'亲亲'、'贤贤'、'男女有别'之结体也,此之谓'民彝'。"③ 另一方面,制度不是凌驾于人们的日常生活之上的,更不是游离于日常生活之外,将以"安国家,定民人"为目的确立的制度推行于现实的治理实践之中,就需要与社会各阶层的日常生活结

---

① 罗国杰主编:《中国伦理思想史》,中国人民大学出版社2008年版,上册,第40页。
② 谢维扬、房鑫亮主编:《王国维全集》第8卷,浙江教育出版社2009年版,第303页。
③ 谢维扬、房鑫亮主编:《王国维全集》第8卷,浙江教育出版社2009年版,第318页。

合起来，从而由单纯政治意义上的制度转化为社会和文化意义上的"礼"。西周初年这段制度变革和确立的过程通常被称为周公"制礼作乐"，就是从这一意义上说的。这一过程，当然不是由周公一人完成的，而是西周初年以周公为代表的统治集团集体意志的表达；周礼的形成，也不是凭空创作出来的，而是结合政治和文化变革的需要通过对殷礼进行"损益"的方式而形成的。这样，本来产生于原始宗教活动的"礼"，便"从宗教祭祀之义，推展为政治阶层上代表身分地位之义；在社会社交生活上，具有伦常和习俗的规范义，最后还成为教育的课程"①。因此，西周初年产生的道德、制度和礼制，内在是一致的：在对统治策略反思过程中形成的"德"的观念，落实到政治领域中，具体化为制度；立嫡、宗法、丧服、封建、庙数、婚姻等制度以规范化的形式推行于社会生活之中，便有了"经礼三百，曲礼三千"，成了礼制的基本内容。

二 "礼"作为规则的普遍性要求及其局限

以一定的道德观念为内涵的"礼"的产生，意味着道德作为善恶、好坏、是非的判断依据，不仅表现为一种观念形态，而且具体化为客观的规范和标准。具有普遍而强大的约束力的"礼"的形成和系统化，对于国家治理和个人生活都具有积极的作用。对于国家的治理来说，"礼"明确了各个阶层人们的权利、义务和行为界限，起着"经国家，定社稷，序民人"（《左传·隐公十一年》）的作用，有助于社会和谐、秩序稳定的实现；而对于个体的活动来说，"礼"是个体融入具有一定秩序的社会生活的基础，个体只要严格遵守"礼"的规则和要求行动，就不会与特定的社会秩序产生抵牾，从而为社会所接受、容纳甚至尊重。社会各个阶层学习礼仪制度，熟悉礼仪规范，遵守礼制规定，不但是维护既定的社会秩序的需要，而且是个体立身处世最便捷的方式。从这个意义上说，"礼"就是在一定的社会秩序之下对行为正当性进行判断的最简单和最直接的标准。

但是，"礼"的上述功能的发挥，需要一个基本的前提，就是它必须得到

---

① 林安弘：《儒家礼乐之道德思想》，台北：文津出版社1988年版，第23页。

社会成员的普遍认同和尊重。而要使"礼"渗透到社会生活的方方面面，成为各个阶层所信奉的行为准则，除了借助广泛而有效的教化手段之外，还要为其本身赋予必要的严肃性和权威性，以强化它的普遍约束力。在周代将礼制贯彻于实践的过程中，为了实现这一目的，仍然借助了传统的"天"和"天命"的观念。

西周初年的礼制是在反思殷商极端尊崇天命的基础上产生的，对于"革命"之后的周的统治者来说，"天命靡常"的观念并非完全否定了"天命"的存在。"天视自我民视，天听自我民听"的思想里面，仍然将"天"作为价值判断的最终依据，"民"只不过是沟通己与天的关系的中介；"敬德保民"的根本原因，还是为了要"以德配天"，从而迎合上天的心意，维护统治的长治久安。与殷商不同的是，西周人对"天"与"天命"的宣扬，已经不是完全出于信仰，而是更多地变成了一种统治策略。即使自身已经对"天"或者"天命"产生了怀疑，他们仍然对统治下的人们宣扬"天"是最高的主宰，强调"天命"的可畏。郭沫若曾经分析说，从文献记载来看，周人一面在怀疑天，一面又像殷人一样极端地尊崇天，这表面上似乎很矛盾。但是，如果对这些文献进行仔细的分析就会发现，周人怀疑天的言论是对自己说的，而尊崇天的言论则是对殷的遗民或者属国说的。因此，他得出结论："这就表明着周人之继承殷人的天的思想只是政策上的继承，他们是把宗教思想视为了愚民政策。自己尽管知道那是不可信的东西，但拿来统治素来信仰它的民族，却是很大的一个方便。自然发生的原始宗教成了有目的意识的一个骗局。"[①] 在"天"这面幌子之下，不但可以使自己的统治具有不容置疑的合理性，而且也为世间的秩序和规范赋予了至高无上的权威性和神圣性。

因此，在对"礼"进行阐释和辩护时，"天"便成了其最终的来源和合理性的依据。"礼，上下之纪，天地之经纬也，民之所以生也，是以先王尚之。"（《左传·昭公二十五年》）原本只是与周初的特殊的社会结构和秩序要求相一致的典礼制度、礼仪规范，同周人对自身统治的长治久安的期望一样，也便被视为具有了绝对的永恒性、普遍性、不容变更性的特征，成了"天之

---

① 郭沫若：《青铜时代》，科学出版社1957年版，第20页。

经，地之义"的体现。同时，在当时人们的世界观中，"天"不仅是善恶准则的来源，而且对人类具有监督、主宰和赏罚的权力。在这种观念之下，人们遵守礼制的规定，便成为与自身的福祉和命运息息相关的理智选择。

然而，当道德观念一旦以具有规范化的形式和客观性的标准的"礼"作为主要载体之后，其产生的后果是具有两面性的。除了有利于道德教化和道德观念的传播，提升道德观念的普遍化程度，有助于道德调节、引导和约束功能的发挥等积极作用之外，对于现实的道德生活来说，也有着明显的消极影响。其中最重要的，就是具有一定的客观性特征的"礼"有僵化、工具化和外在化的可能，对于道德主体来说，甚至会成为一种异己的力量，与他们对于"善"的理解产生背离。尤其是当道德沦为政治的附庸的时候，本应以道德或"善"为本质的规范便有可能完全成为维护某种特定的政治秩序的工具，从而蜕变成一种阻碍社会发展进步和个体生命价值实现的顽固力量。再加上传统社会中，为了增强"礼"或者其他形式的道德规范的普遍约束力和权威性，统治者又往往会借重于天命、鬼神、上帝等超自然的力量，为人类社会中的规范披上神秘的外衣。在这些主宰着人类命运的神秘力量面前，作为实践主体的人只有敬畏和服从，人在道德生活中的自由和能动性从根本上受到压制。

三 "礼"的困境与"权"的兴起

社会毕竟是在前进的，社会现实和人们的观念处于不断地发展变动之中。基于西周初年的社会结构和德治需要建立起的一套礼制规范系统，随着时间的推移，其僵化性的缺陷逐渐显现。春秋战国时期，生产关系、政治关系的变化，日益使得礼制规定与社会生活需要产生了脱节，不但不能使其普遍化的约束功能得以发挥，甚至让人们对"礼"本身的严肃性和权威性产生了怀疑。这是礼乐文化自西周初年形成之后面临的第一次重大的挑战。尤其是到了战国时代，礼制的这一尴尬处境变得越来越明显，产生了所谓"礼崩乐坏"的局面。"由于社会变迁更为剧烈，'礼'做为大家所遵从的社会'常规'，它的绝对性（不可动摇、不可取代）、它的普遍性（适用范围）、它的恒久性（一旦制定就不可改变）、它的形式意义及实质意义孰重……等等，在在都已为有识者所怀疑。"①

春秋战国时期,"礼"所遇到的困境,主要体现在以下几个方面。第一,随着时代的发展,生产关系和社会结构发生了变化,原有秩序的瓦解导致建立在旧秩序上的制度难以维持,相应的典礼、规范自然也就失去了根基。随着周王室的衰落和一些诸侯国的强盛,以周天子为中心的血缘宗法等级秩序被完全打乱,"礼乐征伐自诸侯出""陪臣执国命"的"无道"现象比比皆是;由礼制所规定的身份权利和义务不再被视为严格的、不容逾越的规定,各种违礼、僭越行为层出不穷;周天子与各诸侯国之间同心同德、"宗子维城"的向心力和凝聚力一去不返,贵族之间离心离德,相互倾轧,并吞强食。这时候,原有的礼制已经难以维护社会的和谐与稳定,更不用说收拾乱局,重新建立起新的秩序。

第二,随着生产力的发展和人们实践能力的提高,社会生活越来越复杂化,导致教条式的礼制规定对社会生活领域涵盖的局限性越来越凸显,在遇到新的问题或非常情境时,礼制的规定显得捉襟见肘,需要主体根据自身的判断做出恰当的行为选择。"礼"作为确定性的规范,一经制定出来,便具有了保守性。一方面,礼制的规定无论多严密,都不可能涵盖丰富多彩的生活世界中的所有可能,尤其是在社会迅速变革和快速发展时期,原有礼制规范的鞭长莫及之处会变得越来越多。另一方面,具有明确的程序化和系统化特征的礼制无法随着社会的变迁和生活领域的扩展而随时更新,而社会的发展和人们的实践能力的提高是必然的,在这种客观的变化过程中,当礼制的规定落后于时代的要求或者无法提供行为的指导时,主体就需要不断地在原有礼制的范围之外灵活因应。这样,"礼"的普遍性就出现了缺口。

第三,随着人们认识能力的提高,对礼制的合理性产生了怀疑,不再拘泥于对规则的教条式的服从,甚至在主体选择的意志自由面前,将礼制视为羁绊。春秋时期,对"天"和"天命"的至上性的怀疑进一步发展,并产生了"民,神之主也""吉凶由人"等颠覆性的观念。这样,"礼"的神圣性和

---

① 卢瑞容:《中国古代"相对关系"思维探讨——"势""和""权""屈曲"概念溯源分析》,台北:商鼎文化出版社2004年版,第238—239页。

权威性基础从根本上受到侵蚀，从而进一步导致对"礼"的不容变更性的质疑。尤其是随着"王官失守"，文化下移，周王室对文化的垄断被打破。私学的兴起造就了大批的新兴知识分子，更多的人具有了对自然秩序、社会秩序的解释权，"百家争鸣"的局面之下，新思想、新观点层出不穷，原来对"礼"的自上而下的单一的教化渠道被多元化的阐释取代，对"礼"的理解也变得多元化。

英国学者鲍曼在分析现代社会所面临的困境时曾说，由于"环境总是如此变化多端，没有定势"，"现今，被宣扬为最符合个体利益的品德不是服从于任何规则（无论如何衡量，既定规则总是少之又少，而且常常互相矛盾），而是灵活性，即时刻准备着在短时间内更换人生策略和生活方式，时刻准备着毫无悔意地背弃承诺和忠诚（根据现时的可行性来寻求机会，而不是坚持自己一贯的行为准则）"。① 事实上，鲍曼所描述的这种困境，并非现代社会所独有，任何社会转折或者变革时期，都会出现所谓"礼崩乐坏"的局面，从而使得既定的规则无法满足实践的需要，人们不得不求助于"灵活性"，去寻找自己生活的道路和行为选择的标准。因此可以说，西周之后，以"礼"为载体将道德准则规范化、明确化和客观化是历史的必然，春秋战国时期对"礼"的普遍约束力和权威性的怀疑和反思也是历史的必然。

先秦时期"权"的思想，正是在这样的背景下产生的。这时候，对"礼"作为行为准则的约束力进行彻底检讨和反思，成为诸子百家不得不面对的一个时代课题。面对着以严肃性和权威性为特征的"礼"，如何寻求变通以适应社会变迁的要求和道德情境的多样性的"权"的思想，因此也就应运而生。尽管各个学派对于变通的限度和方式、"权"与"礼"的关系、"礼"的社会价值等问题上的观点各异，但在"权"和变通的观念之下，主体在道德选择中的自由度和能动性都受到了更多的关注。

因此，整体来说，"权"说产生于礼制的普遍约束力下降的大背景之下，先秦思想家们对"权"的思考和讨论，都直接或间接地同"权"与"礼"之

---

① [英] 齐格蒙特·鲍曼：《流动的时代——生活于充满不确定性的年代》，谷蕾、武媛媛译，江苏人民出版社2012年版，第4页。

间的关系有关。由于基本立场和核心观点的差异，各个学派在谈论"权"时的目的和重心也各不相同。在先秦诸子中，尤以儒家对"权"的理论关注最早，阐述最多，并成为后世经权观的直接的理论来源。

第二节 礼制之内的"权"：先秦儒家的"权"论

早在先秦时期，儒、墨、道、法家等学派就已经注意到了道德实践中情境的多样性与准则的普遍性之间的矛盾，并引入了"权"的概念，试图通过主体能动性的发挥，在复杂的道德生活中能够始终选择出恰当的道德行为。尤其是儒家，从孔子起，就将"权"视为道德生活中一种高超的实践能力，并成为秦汉之后各种经权理论的最重要的源头。总体来说，儒家学者关于"权"的主张，是在对礼制的整体认同和充分尊重的基础之上的，并试图以"权"的方式来增强礼制的生命力和活力。

一 孔子关于"权"的观点

一般认为，孔子是中国思想史上第一个将"权"引入哲学、伦理学领域的思想家。孔子认为自己的思想与周公一脉相承，在他的伦理思想体系中，"礼"具有重要的地位，被视为具有普遍约束力的行为法则和人立身处世的根本，强调在人们的日常生活中，应当"非礼勿视，非礼勿听，非礼勿言，非礼勿动"（《论语·颜渊》）。但是，在孔子对于"礼"的理解中，主体性的色彩更加浓厚了。"礼"在形式上尽管表现为具有普遍约束力的仪节规范，但作为德性的"仁"才是它的核心和实质。他说："人而不仁，如礼何？"（《论语·八佾》）如果没有内在的"仁"作为精神实质，外在的仪节规范方面再完美，也是没有意义的。因此，在具体的规则和烦琐的仪文面前，主体根据自己的生命体验和对"道"这一至高原则的领悟，运用理智和意志对具有外在性和形式化的规范进行判断取舍不仅是合理的，有时甚至是必要的。这种取舍，并不意味着对规则的简单背离，而是主体在具体的情境之下对规则的适用性和普遍性限度的一种权衡判断；判断的结果，最终选择的方案可能是对一般情境下具有普遍约束力的规则的继续遵守，也可能是因情境的特殊性而背离既有规则,选择另外一种与原则性的"道"或"义"更为契合的行动方案,即所谓"无可无不可"(《论语·微子》),"无适也,无莫也,义之于比"(《论语·里仁》)。

孔子把这种将"道"的原则性要求与具体的生活情境有机结合起来的能力称为"权"。《论语》中记载孔子曾经三次提到"权"字,其中,与经权理论最为直接并且对于理解孔子"权"说最有帮助的,是《子罕》篇中的"子曰:'可与共学,未可与适道;可与适道,未可与立;可与立,未可与权。'"这一章中,孔子用三个"可与""未可与",依据学者所达到的层次的不同,划分出相互衔接而又不断超越的四种不同的境界:"共学""适道""立"和"权"。其中,"权"被视为学者为学的最高境界和目标。元代学者许谦在解释本章中的"可与立,未可与权"时说:"'立'字如'建'字,谓守圣人所制之法,循其规矩准绳,皆有所成立,然犹能应事之常尔。或事变之来,前无定制,固当随时处中。如称之称物,必以锤移前却后以取其平,所谓权也,权非大而化之者不能,故以是终焉。"[1] 一般来说,一个人能够谨守礼法,在行为实践中便可以保证主体能够遵循正道而行,而不至于出格、越轨,走到邪道上去。然而,由于现实情境的复杂性,即使能够达到"可与立"的层次,能否在复杂的现实面前权量轻重做出合理的选择,仍然是一件不确定的事情。因此,在学习的过程中能够"立"虽然表明已经达到了一定的境界,但还不是学者的最终目标。儒家追求"治国、平天下"的实事实功,而实事实功的取得,是将"道"付诸复杂的实践活动的结果。同时,对于人生历程来说,"道"具有抽象性,对于现实的道德生活只能起到宏观上的指导作用,无法为生活中的方方面面、细枝末节都赋予确定的规则,而现成的"礼"又具有僵化性、保守性的特征。因此,现实生活中大量的行为选择是需要将一般性的原理和规则同具体的生活情景相结合才能够做出恰当判断的。这就不但要求学者能够对"道"有所持守,同时还要追求能够在各种行为选择面前"随时变通权量其轻重之极"[2]。也就是说,"权"既是理精义熟的结果,又是理义

---

[1] (元)许谦:《许谦集》,蒋金德点校,浙江古籍出版社2015年版,上册,第240页。
[2] (三国魏)何晏注,(宋)邢昺疏:《论语注疏》卷9,《十三经注疏》,中华书局1980年影印本,下册,第2491页。

在现实实践中的纯熟运用,从而被视为学者之"终事","造其极之学"。① 行为主体达到"可与权"的境界,也就意味着在道德生活中能够"时中",使行为能够在不同的情境之下与"道"这一终极性的价值准则的要求始终保持一致。

由此可见,孔子对于"礼"中所包含的精神实质的强调,并不是否定了礼制的必要性和权威性,而是为了纠正西周之后在长久的发展中作为行为准则的"礼"逐渐背离了其道德本质的弊端。当完全外在化、工具化之后,准则作为行为正当性判断的标准,很容易成为压制人的自由、束缚人的本性的异己的力量,从而引起人们的反感和抵制。重新将重视程序化、规范化的"礼"引导到与人的道德需要相一致的道路上,并用体现着主体性的"权"作为对其弊端的补救,这不但是孔子重视道德生活中的主体自觉的体现,而且也是在"礼崩乐坏"的形势之下对礼制进行挽救的根本措施。

二 孟子关于"权"的观点

孔子将"权"这一概念引入思想体系之中,对后来的儒家产生了深远的影响。孟子继承和发展了孔子关于"权"的思想,对礼制规约之下如何对待仪文规则与主体的理智判断之间的问题进行了更为清晰和系统的阐述,从权衡和权变两种意义上对道德实践中主体的灵活应变的意义进行了揭示。

孟子的伦理思想体系建立在性善论的基础之上。他认为,人天生具有恻隐之心、羞恶之心、辞让之心和是非之心,这是人与其他动物的根本区别之所在;这四"心"是仁、义、礼、智四种德性之"端",现实中人们所具有的德性是在四"心"的基础上进行培养和扩充的结果。由于德性或善的根源是深植于主体的天赋的本性之中的,因此主体运用自己的"良知""良能"对具体的生活情境中作为行为准则的道德标准进行自觉的检视和取舍也便具有了合理性。

---

① 孔子"可与权",在历代注疏中,多被视为学者之"终事"。如张居正《四书集注阐微直解》中说:"夫道以达权为极,学者固不容以躐等而进,而学必至于能权,然后可以裁制万变而为学之成也。"(卷8)吕留良《吕晚村先生四书讲义》中也说:"权即是止至善之意,学者必须到此乃为至处。"(卷12)

由此，在孟子的伦理思想中，道德实践中用"权"成为非常自然的事情。在《孟子》一书中，曾经三次提到"权"字，并且这三个"权"都与行为选择的实践活动有关。

孟子认为，道德性是人的基本属性，是人区别于其他动物的根本特征。"饱食暖衣，逸居而无教，则近于禽兽。"（《孟子·滕文公上》）在他看来，在人的实践过程中，必须以一定的道义原则为指引，同时要遵守礼义规范。这一基本立场是不能变的。对某种准则或者信念的坚守，孟子称之为"执"，并且将行为实践中的"执"，分为"执一"和"执中"两种情形。所谓"执一"，就是固守某个极端的观念并将其作为行为合理性判断的标准，以杨朱和墨子为典型。"杨子取'为我'，拔一毛而利天下，不为也。墨子'兼爱'，摩顶放踵利天下，为之。"（《孟子·尽心上》）无论是"为我"还是"兼爱"，在孟子看来，都是片面的，不符合"道"的要求。"杨氏为我，是无君也。墨氏兼爱，是无父也。无父无君，是禽兽也。"（《孟子·滕文公下》）墨子和杨朱提倡的这种极端观念，必然会对正道的推行造成阻碍和破坏。因此，对于"执一"的行为，孟子明确表示反对。"所恶执一者，为其贼道也，举一而废百也。"（《孟子·尽心上》）所谓"执中"，就是恪守中道。对于"执中"的行为，孟子从总体上是肯定的。他曾经称赞商朝的开国君主汤说："汤执中，立贤无方。"（《孟子·离娄下》）孟子认为，相对于杨朱的"为我"和墨子的"兼爱"，"子莫'执中'，执中为近之"（《孟子·尽心上》）。"近之"的评价，也体现孟子对于"执中"总体上肯定的倾向性态度。但是，既然是"执"，就有固执而不知变通的风险。因此"执中"的行为也便有两种可能：一种是将"中"视为教条，固执僵化，不能做到将"中"这一原则根据不同的情境灵活运用；一种是主体根据对各种主客观条件的判断，灵活地将作为原则的"中"贯彻于实践之中，这种对"中"的运用，其实就是《中庸》中所说的"时中"。而要达到"时中"的效果，没有反映主体的理性和智慧的"权"，是不可能的。孟子所赞赏的"执中"，正是这样一种有"权"参与其中的"执中"；否则，因为现实生活是生动的，对"中"的标准没有权衡变通的固执，最终也极有可能使行为走向片面和极端。所以孟子说："执中无权，犹执一也。"（《孟子·尽心上》）

因此，在孟子那里，用"权"与坚持正道之间不但并不矛盾，反而是将作为原则的"道"与具体实践结合起来的必然要求。也就是说，在日常行为中，"权"是进行决策和选择的必要环节。"权，然后知轻重；度，然后知长短。物皆然，心为甚。"（《孟子·梁惠王上》）在实践活动中，无论是事前对行为方案的比较取舍，还是事后对行为结果的分析评价，都是通过人心所进行的权衡活动。只有通过权衡，才能够分清事务的轻重缓急，认清行为的利弊得失。在孟子看来，在人类的生活中，发挥"心"的功能进行权度，是对事物清醒认识、理性抉择的前提，可以说是事事"皆然"，在道德实践活动中当然也不例外。同时，孟子认为，对于道德实践活动来说，具有能动性的判断和选择体现了主体意志的自由，但这一自由并非没有约束地肆无忌惮，而是必须不能逾越道义原则的界限。"大人者，言不必信，行不必果，惟义所在。"（《孟子·离娄下》）一个有德行的人，尽管可以不必拘泥死板，但是，他的言行必须符合"义"的要求。否则，脱离了道义原则对主体能动性的片面强调，就可能变成失去道德约束的肆无忌惮、任意妄为。

通过权衡对具体行为进行分析抉择，在某些特殊情境下，选择的结果可能会背离一般情境下具有普遍约束力的道德准则。这种行为选择的情形，就是后世所说的"权变"。《孟子》中有这样一段记载："淳于髡曰：'男女授受不亲，礼与？'孟子曰：'礼也。'曰：'嫂溺则援之以手乎？'曰：'嫂溺不援，是豺狼也。男女授受不亲，礼也。嫂溺援之以手者，权也。'"（《离娄上》）孟子生活的时代，尽管"礼崩乐坏"，但同孔子一样，他也依然相信礼作为行为规范，还是应当具有普遍的约束力的。当淳于髡问孟子"男女授受不亲，礼与"的时候，无疑他心中已经确信孟子会给出一个肯定的答案。孟子承认"男女授受不亲"是礼制的规定，也就是承认它在现实生活之中具有普遍的约束力。这就意味着，淳于髡在问孟子下一个问题之前，已经事先挖好了一个陷阱。因为如果按照"男女授受不亲"这条规则，做小叔子的就不该拉嫂子的手，因此他设计了一个"嫂溺"的情境，给孟子营造了一个两难的道德困境。孟子的回答，正是体现了他的权变的实践智慧。"男女授受不亲"固然是一条一般情境之下应当遵守的规则，但是，在某些特殊的情境之下（如淳于髡所说的"嫂溺"的情境），如果再恪守这一规则，就会造成严重消极的后果,既背离仁爱的精神,又违背人的"良知",这时候,就需要用"权"的方式进行变通。权变之"权",是特殊情境下的应变之举,对其合理性的承认,与对"礼"在一般情境之下的普遍约束力的肯定并不矛盾。"礼"并不是无条件的、绝对的死板教条;"权"也不会使"礼"失去在一般情境之下的合理性。一般情境下遵"礼"和特殊情境下用"权",二者并不矛盾。

在《告子下》中,还记载了这样一件事情:"任人有问屋庐子曰:'礼与食孰重?'曰:'礼重。''色与礼孰重?'曰:'礼重。'曰:'以礼食则饥而死,不以礼食则得食,必以礼乎?亲迎则不得妻,不亲迎则得妻,必亲迎乎?'屋庐子不能对。"在任人与屋庐子的对话中,他所使用的伎俩,与淳于髡如出一辙:先是用一般性的命题设问,得到肯定的答案;然后再设计一个特殊情境,试图使对方陷入两难,无法回答。在《孟子》中,当屋庐子向他的老师孟子请教时,孟子教他的反驳方法,是通过抓住任人的问题中"不揣其本,而齐其末"的错误进行反击。事实上,根据权变的理论,任人辩论中的漏洞也是一目了然的。即使在后一个关于特殊性情境的问题上对方无法回答,或者给出了否定性的答案,也并不能否定前面所提出的一般性命题的真实性。任人所说的"饥而死"和"不得妻"的情况,和淳于髡所说的"嫂溺"是类似的。因此,在任人所说的"以礼食则饥而死""亲迎则不得妻"的情境之下,违背一般情境下适用的礼制的规定,同"嫂溺"的情境下需违背"男女授受不亲"这一礼制规定才能使嫂子不被溺死一样,都是用"权"的结果。这种做法不但是合理的,而且与"礼重于食(色)"这一一般性的命题之间也并不冲突。

三 荀子关于"权"的观点

作为一种道德实践能力的"权"同样得到先秦儒家另外一位大师荀子的重视。在荀子的伦理思想中,"礼"居于核心的位置,被视为社会治理和人生实践的根本。但是,到了荀子所生活的战国晚期,在西周初年制定的"礼"作为制度规范,其影响力已经消弭殆尽。荀子所强调的"礼",并不是指某种烦琐的仪式规范,在典章制度和道德准则的意义上,也不是对西周礼制的重新复活。从《荀子》中的记载可见,他所说的"礼"是一个包罗万象的体系，纵向上看，既可以指具体的角色义务和行为准则，又具有形而上的"道"的意义；横向上看，与社会秩序相关的政治制度、法律规定、道德准则，都可以涵盖于"礼"这一概念之下。同时，在荀子的阐述中，对于"礼"的理论论证多于对其具体内容或规则的设计、制定和阐发。他的"礼"论的重心，并不是制定一套教条式的规则或程式。他所关心的重点是在人类社会中应当具有一套这样的与"道"的终极性要求相一致的制度和规范，用以指导人们的实践。

不同于早期的"礼"的基本着眼点是人类社会中一定的人伦秩序，"礼"的制定者期望用明确的规范将这一秩序固定下来，并通过日常生活中的不断践履来强化对它的认同，荀子是从人类生存的视角来论证"礼"的来源和功能的。人"力不若牛，走不若马"，但人类能够在这个世界上与其他物种进行竞争时处于优势的地位，就是由于人类社会中存在着礼义原则维持起来的角色地位的分别，从而使一个一个的人类个体能够形成"一则多力，多力则强"的群体，来战胜各种外部的威胁，而不是像其他动物一样，在个体欲望的支配之下，争夺有限的资源，"争则乱，乱则穷"。因此，荀子说："人无礼则不生，事无礼则不成，国无礼则不宁。"（《荀子·修身》）"国之命在礼。"（《荀子·强国》）由此可见，荀子对"礼"的重视，正是由于它是人们的"好生活"的期望反映。对于个人来说，循"礼"而行，能够"养人之欲，给人之求"（《荀子·礼论》）；对于国家来说，"礼"是"强国之本"，"威行之道"（《荀子·议兵》）。如果说，"人道"是人类社会和人类生活中规定着"应当如何"的原则和定理，那么，荀子的"礼"，在这一意义上，与在"人道"意义上所使用的"道"的含义是具有一致性的。荀子对于"礼"的这一界定落实到关于"权"的理论中，就具有双重含义：作为具体的规范性准则，"礼"是通过权衡进行选择和变通的对象；作为"人道之极"，"礼"则可以作为实践中进行权衡判断的标准和依据。通过对"礼"的含义的扩展，荀子一定程度上解决了在社会发展和人们道德情境的复杂性面前，将"礼"仅仅视为具体的行为规范所产生的容易僵化、教条化和保守性、滞后性的弊端，从而实现了对"礼"的约束力的普遍性和严肃性的辩护。

因此，荀子认为，"权"是人应当具备的实践能力，但是不能超出礼义原则的范围；如果脱离了礼义原则的辖制，为了牟取私利而不择手段，这样的变通行为就会成为"权谋"。违背礼义原则的"权谋"，荀子是明确反对的。尤其是对于担负着治理国家的任务的统治者来说，荀子建议他们既不能做"权谋"之事，也不要接纳"权谋"之人。他认为，国家的统治者如果"不由礼义，而由权谋"，最终必然会落得"身死国亡"的下场。"挈国以呼功利，不务张其义，齐其信，唯利之求，内则不惮诈其民，而求小利焉；外则不惮诈其与，而求大利焉，内不修正其所以有，然常欲人之有。如是，则臣下百姓莫不以诈心待其上矣。上诈其下，下诈其上，则是上下析也。如是，则敌国轻之，与国疑之，权谋日行，而国不免危削，綦之而亡。"（《荀子·王霸》）在荀子看来，齐闵王、孟尝君就是这样的例子，他们管理着强大的齐国，却不重视修明礼义之道，对人民施以教化，而是醉心于"结引驰外"，结果亡国丧身，被后人视为反面的典型。所以，他反复告诫统治者："君人者，隆礼尊贤而王，重法爱民而霸，好利多诈而危，权谋倾覆幽险而亡矣。"（《荀子·天论》）"故用国者，义立而王，信立而霸，权谋立而亡。"（《荀子·王霸》）为了在国家治理中始终遵循礼义原则，避免走上"权谋"的道路，荀子认为，统治者还要防止"权谋倾覆"之人占据重要的位置。因为一方面，如果有"权谋倾覆"之人环绕左右，自己就很容易受到欺骗蒙蔽，从而做出错误的决策。另一方面，如果统治者信任"权谋倾覆"之人，他们就会阻塞贤良正直之士的晋身之阶。"权谋倾覆之人退，则贤良知圣之士案自进矣。"（《荀子·王制》）斥退了他们，自然就会有更多的贤士前来成为治国的辅助。因此，荀子提出，统治者在选拔任用人才时务必谨慎，这将直接关系着国家的安危存亡。他说："与积礼义之君子为之则王，与端诚信全之士为之则霸，与权谋倾覆之人为之则亡。——三者明主之所以谨择也，仁人之所以务白也。善择之者制人，不善择之者人制之。"（《荀子·王霸》）

　　荀子还认为，一个人在礼义原则指导下的娴熟的权衡变通能力，是人格完善的重要标志。在孔子的思想中，将"可与权"作为学者的最终目标，后世的学者从孔子的这一论述中，得出"权"是"圣人之大用"的结论。但是，在孔子和孟子那里，并没有将"权"与一定的理想人格直接联系起来。将二者联系起来，始于荀子。荀子继承了孔子重视实践能力的基本主张，在从不同角度对学者所追求的理想人格所进行的阐述中,都将灵活变通的权变能力视为一个重要的标准。一个人如果具备这种能力,其为儒,则可称为"大儒";其为士,则可称为"通士"。在《儒效》篇中,谈到"大儒"时,他说:"其言有类,其行有礼,其举事无悔,其持险应变曲当。与时迁徙,与世偃仰,千举万变,其道一也。是大儒之稽也。"在《不苟》篇中,他则将能够"物至而应,事起而辨"之士称为"通士"。这里所谓的"应变曲当""物至而应""与时迁徙,与世偃仰,千举万变",就是权衡变通能力的体现。

不仅如此,被儒家一向视为理想人格的完美典范的"圣人",在荀子的描述中,也是以高超的权衡变通能力为特征的。在他看来,一个人如果在对"道"有着深刻领悟的基础上,事事处处都能够灵活应变、行动得宜,不会因任何情境而导致困顿,这样的人就可以称得上"圣人"。他说:"佚而不惰,劳而不僈,宗原应变,曲得其宜,如是然后圣人也。"(《荀子·非十二子》)"宗原应变,曲得其宜",就是坚持根本的原则,能够在此原则指导之下根据具体情境的变化而灵活应对,使得各种事务以及事务的各个方面都可以处理得合宜、得体。能够在实践中做到这种程度,就可以称为"圣人"。而如果他不但能够在实践中做到"宗原应变",而且"应变而不穷",则可以称为"大圣"。"所谓大圣者,知通乎大道,应变而不穷,辨乎万物之情性者也。"(《荀子·哀公》)这样的人不但在智识、道德上都达到了极高的境界,而且在实践上已经完全实现了自由;在对"道"透彻领悟、对各种具体事物全面认识的基础上,在各种情境中都能够毫无障碍地随机应变,灵活应对,真正做到了后人所说的"即心即权"。由此可见,在荀子的思想中,一个人境界的高低,是同他的权衡变通的实践能力直接相关的。"学至于行之而止"(《荀子·儒效》),学者在通过学习和修养提升自身境界的过程中,必须以"应变而不穷""曲得其宜"的实践能力作为追求的最终目标。

由此可见,作为一位儒家学者,荀子同孔子和孟子一样,都是既重视"礼"在现实生活中的规范作用,又将"权"作为道德实践的基本要求。同时,作为先秦时期儒家学派最后一位大师,荀子的"权"论,起到了承前启后的作用:一方面,他总结和发展了孔子、孟子以来儒家的"权"的思想;另一方面,荀子生活在大一统的前夜,他关于"权"的理论中,又存在一些与封建大一统的伦理秩序的要求相一致的成分，成为秦汉之后的经权观的直接来源。

总之，从孔子到孟子、荀子，儒家一直将"权"视为道德实践中一种重要的能力、素质和意识。对"权"的重视所体现的，是对道德实践中主体的能动性的肯定。与"礼"所对应的"权"既不是对道德准则普遍约束力的简单否定，也不是对主体选择中的意志自由的无限推崇，而是试图在道德选择问题上，在规则的客观性与实践的主体性之间找到一个平衡点，使得在道德上具有"应当"属性的行为评价不至于因恪守教条而导致与现实的生活需要产生背离，从而使道德能最大限度地与人们"善"的追求保持一致，与"好生活"的理想保持一致。只有这样，礼制才有可能重新树立起权威，在人们的日常生活中发挥应有的指导和约束作用，而不会成为对于道德主体来说的"异己"的力量。这一倾向，与早期儒家的伦理思想立足人伦日用、关注人事的立场是一致的。这种道德观虽然没有宗教伦理那种神性的威严，但是却因其对"人"的关心而具有更多温馨、平易的色彩。

第三节　礼制之外的"权"：先秦墨家、道家、法家的"权"论

春秋战国时期，由于生产关系的变革带来了社会结构的变化，诸侯争霸的"乱世"之中，打破原有秩序和规则的束缚求新求变以获得竞争优势的风气逐渐盛行，原有的价值标准和行为准则受到极大冲击。在"礼崩乐坏"的局面之下，儒家学者对"礼"作为行为准则的约束力的普遍性限度的反思，以及复杂的情境之中主体在道义原则的指导之下发挥能动性对礼仪规范的权衡变通、抉择取舍的合理性的承认，从根本上说，还是为了重新寻回道德准则在现实的实践生活中的价值和意义。因此，在对"礼"的态度上，将"权"观念引入道德实践理论之中，并不是要否定"礼"在一般性的生活情境中的规范和调节作用，而是期望通过对"礼"的社会功能及其特征的辩证分析，将"礼"与丰富多彩的生活世界以及人类的道德情感有效地沟通起来，从而挽救礼制倾颓的局面，恢复其在社会治理和个人立身处世中的指导性地

位。从这一意义上说,儒家的"权"论,是重建"礼"的权威性过程中的一个有机环节。墨家、道家、法家等学派的思想家与儒家学者生活于同样的大变革的时代背景之中,但是,他们对于"礼",却都没有儒家那么深沉的热爱与眷恋,因而在不同程度上对于礼制之中的某些僵化的内容进行了批判,甚至因其保守性或者约束性的特征而否定"礼"的积极社会价值。同时,他们也都在不同意义上承认实践活动中权衡和权变的合理性,但他们对"权"的含义以及权衡、权变的方式和限度的理解,同儒家有着明显的不同,甚至大相径庭。

一 功利之"权":先秦墨家的"权"论

据《淮南子·要略》所说:"墨子学儒者之业,受孔子之术,以为其礼烦扰而不悦,厚葬靡财而贫民,[久]服伤生而害事,故背周道而用夏政。"[①]根据这一说法,墨子出自儒家,之所以另立门派,根本分歧在于对"礼"的态度上。他认为儒家学说所推崇的"礼"过于"烦扰",影响了人们的生产和生活。对照《墨子》一书的记载,《淮南子》中的这一论述基本是合乎墨家思想的原意的。墨家对于"礼"的基本态度,可以从两个层次上进行理解。从整体上说,对于"礼"在社会生活中的积极意义,墨家是承认的。比如,在《尚同》篇中,墨子说,如果"天下之人异义",人们就会"是其义,而非人之义"。"内之父子兄弟作怨仇,皆有离散之心,不能相和合。至乎舍余力不以相劳,隐匿良道不以相教,腐朽余财不以相分,天下之乱也,至如禽兽然,无君臣上下长幼之节,父子兄弟之礼,是以天下乱焉。"(《墨子·尚同中》)由此可见,墨子认为,如果君臣、上下、父子、兄弟之间没有礼节的规范约束,天下就会陷入混乱。在《尚贤》篇中,墨子又说:"若苟赏不当贤而罚不当暴,则是为贤者不劝而为暴者不沮矣。是以入则不慈孝父母,出则不长弟乡里,居处无节,出入无度,男女无别。"(《墨子·尚贤中》)在墨子看来,居处、出入之间,必须有"节"有"度",这才是社会稳定有序的体现,也是社会治理的目标。这里的"节"和"度",就是指基本的礼仪规范。

但是,在礼制的具体内容方面,对于儒家所宣扬的烦琐的礼仪规范,墨

---

① 刘文典撰:《淮南鸿烈集解》,冯逸、乔华点校,中华书局2013年版,下册,第862页。

家则是反对的。"俯仰周旋威仪之礼，圣王弗为。"（《墨子·节用中》）墨家对于"礼"的理解，关注点不在于外在的复杂仪文程序，而是看重它所表达的内在情感。"丧虽有礼，而哀为本焉。"（《墨子·修身》）《墨经》中在解释"礼"的时候，则直接抓住它的"敬"的核心和本质，说："礼，敬也。"（《墨子·经上》）并进一步解释说："礼，贵者公，贱者名，而俱有敬僈焉，等异论也。"（《墨子·经说上》）如果仅仅从礼制的规定来说，根据地位高低的区分，应称呼地位高者为"公"，地位低者则直接称名。但是，无论是称"公"还是称名，从其实质来说，都有"敬"和"僈"（同"慢"，怠慢）两种不同态度的区分。"能敬，虽称'名'，亦从礼也；不能敬，虽称'公'，亦不从礼也。敬而礼之，何僈之有？不敬而非礼，非僈而何？"①因此，虽然根据礼制的规定对待不同地位的人的称呼方式不同，但是，无论地位高低，都应心存敬意，这才是待人以礼的方式。所以在墨家看来，只要发自内心地待人以"敬"，就是循"礼"的体现，与仪文规范是否周到无关；如果没有"敬"的内在情感，仪文规范上做得无论多么到位，都不能说是尊"礼"的体现。尤其是当过度强调外在的仪文程序而对人们的生产生活造成消极的影响时，这样的所谓"礼"则是应旗帜鲜明地反对的。

正是由于对"礼"的这种态度，墨家激烈抨击儒家在礼制的旗号下倡导的厚葬、久服等主张，认为这些做法"贫民""害事"。在与儒家学者公孟子的辩论中，墨子说："丧礼，君与父母、妻、后子死，三年丧服，伯父、叔父、兄弟期，族人五月，姑、姊、舅、甥皆有数月之丧。或以不丧之间，诵《诗》三百，弦《诗》三百，歌《诗》三百，舞《诗》三百。若用子之言，则君子何日以听治？庶人何日以从事？"（《墨子·公孟》）墨家认为，真正的"明王圣人"，并不会用烦琐的礼节来约束人们，更不会因此而给人们的生存和发展带来阻碍。古代的"圣王"在衣食住行等方面的所有规定，都是出于"爱民谨忠，利民谨厚"之心的，所以才能够"王天下，正诸侯"。"古之民未知为宫室时，就陵阜而居，穴而处，下润湿伤民，故圣王作为宫室。为宫室之法，曰：'室高足以辟润湿，边足以圉风寒，上足以待雪霜雨露，宫墙之

---

① 姜宝昌：《墨经训释》，齐鲁书社1993年版，第16页。

高足以别男女之礼。'谨此则止。凡费财劳力，不加利者，不为也。役，修其城郭，则民劳而不伤；以其常正，收其租税，则民费而不病。民所苦者非此也，苦于厚作敛于百姓。是故圣王作为宫室，便于生，不以为观乐也；作为衣服带履，便于身，不以为辟怪也。故节于身，诲于民，是以天下之民可得而治，财用可得而足。"（《墨子·辞过》）因为后世那些烦琐的礼仪规范被认为是周公"制礼作乐"的成果，因而墨子"背周道而用夏政"，在"兼爱"的旗帜下，发扬了夏禹"腓无胈，胫无毛"，"身执耒臿，以为民先"的精神，孜孜矻矻奔走于天下。

由于对以"礼"为代表的现实生活中普遍通行的行为标准和规范的不屑的态度，所以墨家关于"权"的思想，重点不在于对道德准则的权衡和比较，而是直接从人们的生存需要出发，在利害冲突之中对利益或者损失大小的分析和取舍。

墨家认为，具体情境中对道德准则的取舍与运用，相比于明白它是什么，对于道德行为来说，具有更根本的意义。在《贵义》篇中，墨子说："今瞽曰：'钜者白也，黔者黑也。'虽明目者无以易之。兼白黑，使瞽取焉，不能知也。故我曰瞽不知白黑者，非以其名也，以其取也。今天下之君子之名仁也，虽禹汤无以易之。兼仁与不仁，而使天下之君子取焉，不能知也。故我曰天下之君子不知仁者，非以其名也，亦以其取也。"这里的"取"，一般认为，为分辨、选取之义，用于道德实践之中，就是指主体根据一定的道德规范或者价值标准，通过分析判断，来选择出符合该规范或标准的行为方式的活动。墨子认为，现实生活中，有关事物概念或者判断的知识（"名"）是确定的，即使没有见过它们的人也能够理解和描述，但是，当我们让一个人在对具体的事物是否符合该概念或判断进行实际的分辨时，他却不一定能准确地将其选择出来。因此，在他看来，一个人对于一个事物是否真正了解（"知"），并不是因为他是不是知道它的"名"，而是看他在实践中能不能具有"取"的能力。对于黑白之类具体的事物的属性判断如此，对于一个行为的道德性质的判断亦是如此。

在关于行为判断取舍的标准或依据问题上，墨家重视对行为后果的比较与抉择。墨家在解释"权"字时说："于所体之中，而权轻重之谓权。"（《墨子·大取》）这句话中两个"权"字，其中，第一个"权"字是称量、权衡之义，是从一般意义上使用的，这里不再做过多的分析。第二个"权"字才是墨家关于行为选择的一个专门的术语。这个"权"字，是同"求"相对的。"于事为之中，而权轻重之谓求。"（《墨子·大取》）"权"与"求"都是"权轻重"的行为，但前者是"于所体之中"，后者是"于事为之中"。根据谭戒甫的说法，"所体"与"事为""相对成文"。"后世论学，多言体、用或事、理。此所体者体也，理也；事为者事也，用也。曹耀湘云：'论理则有是非，论事则有利害。是非本由利害而生；而是不必利，非不必害，故权不为是非设也。两利两害，于中各有大小之别，权者择而取之。'按曹说甚是；惟利害亦有理存，两利取大，两害取小，即理也。"[①] 对于这种"所体"中的"权"，墨家认为，就是在具体的事物或行为之中权衡轻重，本身无所谓是还是非，只是追求正当的一种活动。"权非为是也，亦非为非也。权，正也。"（《墨子·大取》）那么，如何才可谓"正"？在《天志》篇中，墨子说："义者，正也。何以知义之为正也？天下有义则治，无义则乱，我以此知义之为正也。"（《墨子·天志下》）一种行为，如果符合"义"的标准，就是"正"。因此可见，墨家的"权"，也是追求行为合"义"的活动，这一点似乎与儒家没有区别。但是，墨家在对"义"的具体理解上，却与儒家有着根本的分歧。儒家的"义"是侧重于道义论的，强调的是行为与一定的价值标准相符合，是在行为选择中的动机的意义上使用的。而墨家则认为："义，利也。"（《墨子·经上》）只有符合"利"的行为，才可以称得上"义"。墨家所谓"义"，其实是对行为给社会或大众所带来的有利还是有害的后果的判断。

因此，墨家认为，"权"的具体标准，其实也就是"利之中取大，害之中取小"（《墨子·大取》）。权衡判断，就是对不同选择方案可能带来的有利或有害的后果进行分析判断，当不同的方案有利有弊时，当然选取有利的那个方案。但是，现实中经常遇到的情境，是两个或两个以上的方案都是有利的或者都是有害的，这时候，就要通过理智的判断，选择最有利的那个方案。这里的最有利，如果孤立地看行为结果的性质，不一定是真的"利"，它其实

---

① 谭戒甫撰：《墨辩发微》，中华书局1964年版，第353页。

包含了利益最大和伤害最小两种可能。"害之中取小"，其实也就是"利之中取大"。当所遇到的情境无论如何选择最终都会产生整体意义上是"害"的结果时，选择伤害最小的那种可能，其实就是追求"利"。这就是《墨子》中说的："害之中取小也，非取害也，取利也。"（《墨子·大取》）以一个人遇到了强盗为例，"其遇盗人，害也"，但是，"遇盗人，而断指以免身，利也"。这时候，假设只有两种可能，断指和被杀，孤立地看二者的性质，对于人来说都是"害"，但是，两相比较，断指之害要小于被杀之害，所以，这时候的"断指以免身"，就可以称为"利"。因此可见，墨家通过权衡比较所追求的"利"，并非孤立考察一种行为方案所做出的片面判断，而是结合具体的情境，对行为整体所做出的综合的考量。

同时，墨家所说的"利"，不是指个人私利，而是指"天下之利"或"万民之利"。一种行为如果"中万民之利"，就是正当的；"兴天下之利，除天下之害"，是一个有道德的人应当努力去做的行为。比方说，对于一个人来说，如果从他自身考虑，存在着断指与断腕两种可能，"断指以存腕"就是"利之中取大，害之中取小"。但是，如果着眼于"天下之利"，"断指与断腕，利于天下相若，无择也"。相对于"天下之利"而言，个人利害得失的比较是没有意义的；在"利于天下"方面，断指与断腕如果能够取得相同的结果，就不用比较选择了。不仅如此，"死生利若，一无择也"。如果利天下的结果相同，甚至于个体的是生是死都是不需要去考虑和选择的。所以墨家说："杀一人以存天下，非杀一人以利天下也。杀己以存天下，是杀己以利天下。"（《墨子·大取》）"杀一人谓之不义"（《墨子·非攻上》），杀人本身是不能有利于天下的。但是，墨家追求"兼爱"，为了"天下之大利"，"不惮以身为牺牲"（《墨子·兼爱下》）。当天下处于存与亡的边缘时，在天下大利面前，如果牺牲自身能够挽救天下，这是不用丝毫犹豫的。

因此可见，墨家追求的正当的"权"，隐含着两个方面的含义。其一，"权"往往被用于整体和部分之间利益的比较，并且以在特殊情境之下牺牲部分利益来维护整体利益为其正当性的标准。《墨经》中在解释"体"字时说："体，分于兼也。"（《墨子·经上》）"体，若二之一，尺之端也。"（《墨子·经说上》）"体"除了具有相对于"用"的本体之义外，还具有与部分相对的整体之义。从这个意义上说,"于所体之中"权衡轻重,也就是在整体之中对不同层次利益主体进行比较,如指与腕、腕与身、己身与天下。当不同层次的利益之间存在冲突时,可以牺牲低层次的利益来维护更高层次的利益。所以,墨家的两害相权取其小中的"小",并不一定是量上的小,更有可能是质上的。这也就是为什么墨家说如果"利于天下相若",则断指与断腕,"无择"。如果单纯比较断指与断腕,人们当然会选择"断指以存腕"。但是,二者对于"利于天下"这一更高层次的利益,如果效果是相似的,它们之间伤害的大小的差异,则可以忽略不计。当然,在墨家的思想中,当面对实际的利益冲突时,可为了整体利益而牺牲的,仅仅是作为个体利益的自我利益,如果试图牺牲其他的个体的利益来保全自己认为重要的整体利益,实际上还是被认为是自私的、不义的。

其二,"权"是"不得已"的情境之下的一种策略式的应对之举,所以无所谓是无所谓非。从《大取》篇中在解释"权"时所举的遇盗断腕存身、杀身以存天下等例子来看,虽然墨家表示"权"是"利之中取大,害之中取小",但从根本上说,他们主要是就"害之中取小"意义上来说的。墨家以利为义,"利"是实践活动的导向。但是,"利"和"害"是相对而生的,所以,如果要使"利"最大化,实际上包含着获取更多和损失更小两种可能。"欲正权利,恶正权害。"(《墨子·经上》)因此,如果损失不可避免时,损失最小化也是求"利"的导向下必然的选择。同时,"利之中取大,非不得已也;害之中取小,不得已也。所未有而取焉,是利之中取大也;于所既有而弃焉,是害之中取小也"(《墨子·大取》)。没有人愿意主动地取"害","害之中取小"是不得不"于所既有而弃"的情境之下的"不得已"的行为,这时候,就需要对复杂的利害关系进行权衡,以确保最大限度地维护整体的利益。"利之中取大"的性质则与此不同,它是通过主动的行动,来获取或者创造原来所没有的东西,因此它并非"不得已"的被迫之举。所以一般来说,这时候即使进行所得到的结果大小的比较,也不叫作"权",而叫作"求"。"求"是"于事为之中"的"权轻重",但这种权衡比较往往是以主体自我的欲望为导向的。"为,穷智而悬于欲也。"(《墨子·经上》)"事为"上的"求"对轻重的权衡,往往是为了欲望的更大满足,它侧重于量上的比较。所以《墨子》中说:"权非为是也,亦非为非也。权,正也",而对于"求",则是"求,为之,非也"。在"所体"之中"权轻重"的"权",虽然不以是非为追求,但本身是具有正当的属性的。"求"是有意"为之",所以是应当被否定的。

总之,在墨家的思想体系中,行为实践中的"权"所描述的是对行为后果的"两而勿偏"(《墨子·经说上》)的考量。与儒家的"权"说不同,它所侧重的是作为后果的行为利害的比较,而不是价值冲突的情境中对道德准则的权衡取舍。这一理论特征,与墨家整体的思想倾向是一致的。墨家思想中的"权,正也",以及对"不得已"和"非不得已"的情境的区分等思想,对后世的经权理论都产生了一定的影响。

二 自然之"权":先秦道家的"权"论

老子、庄子等先秦道家崇尚"自然",主张"无为",对具有约束作用的道德准则持反对的态度。同时,在道德选择中刻意用"智",他们同样也不赞成,而是要求人们遵从自然,"见素抱朴"。在他们的心目中,行为的理想状态,就是顺应"道"的流行,没有任何人为的拘束与局限。汉代司马谈在《论六家要旨》中谈到道家时说,他们"与时迁移,应物变化,立俗施事,无所不宜,指约而易操,事少而功多"[①]。道家认为"迁移""变化"是行为的常态,但他们主张的迁移和变化并非毫无规则,而是要"与时""应物";而"时"和"物"是"自然"的体现,强调对它们的"与"和"应",就是对人为刻意制造的规则的否定。

对于儒家所极力想要重建的礼制,老子是极端鄙视的。老子说:"失道而后德,失德而后仁,失仁而后义,失义而后礼。夫礼者,忠信之薄而乱之首。"(《老子》第三十八章)在他看来,"道"是国家治理、社会运行和个人立身处世中最理想的准则,从"道"到"德",然后"仁""义",最后到"礼",这是一个离"道"的自然状态越来越远,人为的因素越来越多的堕落过程。如果以"礼"作为实践的指导和规范,说明忠信等质朴的德性已经严

[①] (汉)司马迁撰:《史记》,中华书局1959年版,第10册,第3289页。

重不足，只有靠人为的规则来对人们的行为进行约束；而这种如果得不到回应就会通过暴力的方式强迫人们遵守的约束，又必然会加剧人们对"自然"的背离，从而导致社会的动荡和混乱。在社会生活中，"礼"不但是人们行为上的规范，而且是与制度联系在一起的，起到维护尊卑等级的社会秩序的作用。政治权力是礼制推行和普及的最有力的工具。尽管人的自然情感和需要被认为是"礼之本"，但是，一旦与政治权力和暴力手段结合起来，礼制便极有可能背离它的根本而成为仅仅为政治秩序服务的工具。因此，老子认为，"礼"是与"道"的要求相背离的，因而用"礼"治理国家、规范行为，不但不可能实现社会有序、和谐的目标，反而会导致或加剧社会的动荡不安。

然而，老子一方面反对礼制等人为制定的规则，强调"道法自然"，"无为而无不为"；另一方面，他又将他的主张作为一种治国和人生中的智慧进行宣扬。因此，在老子的著作中，虽然没有出现"权"字，但是，后世的儒家学者在对不以一定的道德规则为限制的权术、权诈进行批判时，往往会拿老子的思想作为靶子。比如，北宋的程颐在谈论老子时，经常会以"权诈"二字作为评价。"老氏之学，更挟些权诈"[①]；"其初意欲谈道之极玄妙处，后来却入做权诈者上去"[②]；"老子语道德而杂权诈，本末舛矣"[③]。程颐的评价，当然不乏理学家对道家的偏见以及对道家思想的有意排斥，但从这一评价中也可以看出，老子的思想也是包含权变的成分的，只不过他的权变脱离了儒家所提倡的道德规则的约束范围，从而被看作一种狡诈伎俩。所以，程颐将老子的思想看作一种"愚其民而自智"的权诈之"术"。

在程颐看来，最能体现《老子》一书权诈之术特征的，是其第三十六章："将欲歙之，必故张之；将欲弱之，必故强之；将欲废之，必故兴之；将欲取之，必故与之。是谓微明。柔弱胜刚强。鱼不可脱于渊，国之利器不可以示人。"他说："若言与之乃意在取之，张之乃意在歙之，又大意在愚其民而自智，然则秦之愚黔首，其术盖亦出于此。"[④] 但是，历史上也有一些试图沟通

[①] （宋）程颢、程颐：《二程集》，王孝鱼点校，中华书局1981年版，上册，第152页。
[②] （宋）程颢、程颐：《二程集》，王孝鱼点校，中华书局1981年版，上册，第235页。
[③] （宋）程颢、程颐：《二程集》，王孝鱼点校，中华书局1981年版，下册，第1180页。
[④] （宋）程颢、程颐：《二程集》，王孝鱼点校，中华书局1981年版，上册，第152页。

儒道思想的人，在对老子的上述论述进行诠释时，认为本章所表达的，是和儒家"权"论同样的观点。比如，在唐玄宗李隆基为《道德经》第三十六章所作的注中，说："经云：正言若反，《易》云：巽以行权。权，反经而合义者也。故君子行权贵于合义，小人用之则为诈谲。孔子曰：可与立，未可与权。信矣。故老君前章云执大象，斯谓之实。此章继以歙张，是谓之权。"①陆希声也说："夫圣人之渊奥莫妙于权实，实以顺常为体，权以反经为用，权所以济实，实所以行权，权实虽殊，其归一揆。老氏既以实导人，立知常之教；又以权济物，明若反之言。《易》所谓曲成万物而不遗，范围天地而不过者也。夫欲除强梁，覆昏暴者，必因其利欲之心，以行歙张之术。"② 这些解释，都是借用汉儒"反经合道为权"的经权思想，未免有牵强附会之嫌。在陆希声的解释中，虽然试图将老子的论述与汉儒"反经"为"权"的观点联系起来，但终究没能够否定老子的权是"必因其利欲之心，以行歙张之术"，这一内涵恰恰是老子的思想被儒家学者视为"权诈"之术之所在。但是，客观地说，老子思想中如果说也有权变的观念的话，他所理解的权变也的确并非漫漶无依的为所欲为，而是必须以"道"为旨归。在这一点上，老子与儒家"权"说并没有不同。只不过，老子的"道"和儒家所理解的"道"，从内容上来说是不同的。儒家将"礼"视为"天之经，地之义"，是"道"在人类社会中的体现，所以"权"被视为"礼"的补充；而老子的"道"是以"自然"为特征的，他将"礼"看作对"道"的背离，因此在其社会功能上给予了否定的态度。

先秦道家另一位著名的代表人物庄子在对待社会道德准则的态度上与老子一脉相承。③《史记》中在论及庄子的学术时，说："其学无所不窥，然其

---

① （唐）李隆基撰：《唐玄宗御注道德真经》卷2，载张继禹主编《中华道藏》，华夏出版社2004年版，第9册，第376页。

② （唐）陆希声撰：《道德真经传》卷2，载张继禹主编《中华道藏》，华夏出版社2004年版，第9册，第516页。

③ 《庄子》一书33篇，有内篇、外篇、杂篇之分，传统上有一种观点认为，只有内篇是庄周本人的作品，外篇和杂篇都是他的弟子及后学所作。但冯友兰、罗国杰等现代的哲学、伦理学研究者均认为，在唐代以前，《庄子》一书并没有固定的内篇、外篇等的划分，因此，研究庄子的思想，不应当过分拘泥于内篇和外篇的分别。观点参见冯友兰《中国哲学史新编》，罗国杰《中国伦理思想史》和《传统伦理与现代社会》。

要本归于老子之言。故其著书十余万言，大抵率寓言也。作《渔父》、《盗跖》、《胠箧》，以诋訿孔子之徒，以明老子之术。"① 同老子一样，庄子也崇尚人的自然本性，尊崇道德的理想，否定儒家所倡导的仁、义、礼、智等德性要求和伦理准则的积极作用。在《知北游》一篇中，庄子引用了《老子》第三十八章中关于道、德、仁、义、礼的关系的论述，说："道不可致，德不可至。仁可为也，义可亏也，礼相伪也。故曰：'失道而后德，失德而后仁，失仁而后义，失义而后礼。'礼者，道之华而乱之首也。"《老子》书中没有提及"权"字，对作为社会道德准则的"礼"也是语焉不详，而在《庄子》中，对"礼"的论述相对要详细得多，而且也使用了权衡变通意义上的"权"字。

在《骈拇》篇中，仁、义等道德观念被比喻成人身上并生的脚趾、多余的赘疣，不但是无用的，而且是违背人的自然性情的。庄子说："且夫待钩绳规矩而正者，是削其性者也；待绳约胶漆而固者，是侵其德者也；屈折礼乐，呴俞仁义，以慰天下之心者，此失其常然也。天下有常然。常然者，曲者不以钩，直者不以绳，圆者不以规，方者不以矩，附离不以胶漆，约束不以纆索。故天下诱然皆生，而不知其所以生；同焉皆得，而不知其所以得。故古今不二，不可亏也。则仁义又奚连连如胶漆纆索而游乎道德之间为哉！使天下惑也！"（《骈拇》）《庄子》中所描述的人类社会的理想的状态，没有任何的仁、义等观念作为价值准则来引导人，人完全顺应自然之道，在无知无识中成长、生活；没有礼、乐等教化和约束手段的束缚，人们自然就能够相处融洽、秩序井然，不会相互侵害，相互妨碍。这样的时代，被称为"至德之世"。"夫至德之世，同与禽兽居，族与万物并。恶乎知君子小人哉！同乎无知，其德不离；同乎无欲，是谓素朴。素朴而民性得矣。"（《庄子·马蹄》）所谓仁、义、礼、乐这些东西，都是被称为"圣人"的人损坏了人的自然质朴的本性才创造出来的。"及至圣人，蹩躠为仁，踶跂为义，而天下始疑矣；澶漫为乐，摘僻为礼，而天下始分矣。故纯朴不残，孰为牺尊？白玉不毁，孰为珪璋？道德不废，安取仁义？性情不离，安用礼乐？五色不乱，孰为文

---

① （汉）司马迁撰：《史记》，中华书局1959年版，第7册，第2143—2144页。

采？五声不乱，孰应六律？"（《庄子·马蹄》）这样做的后果，就是打破了人们自然的生活状态，破坏了人们自然淳朴的本性，将人们引入虚伪和争夺，从而导致社会的混乱无序，人与人之间产生矛盾和对立。"及至圣人，屈折礼乐以匡天下之形，县跂仁义以慰天下之心，而民乃始踶跂好知，争归于利，不可止也。此亦圣人之过也。"（《庄子·马蹄》）

庄子认为，"至人"治世的方法，就是要"通乎道，合乎德，退仁义，宾礼乐"（《天道》）。因此，对待现实中的各种道德准则和规范，从价值层面上来说，《庄子》是否定其积极的社会意义的。同老子一样，庄子也是将西周以来作为治国的手段并被儒家大力提倡的礼乐视为社会混乱的原因。"礼乐徧行，则天下乱矣。"（《缮性》）基于这种认识，他反对将礼乐作为国家治理的根本手段。"三军五兵之运，德之末也；赏罚利害，五刑之辟，教之末也；礼法度数，形名比详，治之末也；钟鼓之音，羽旄之容，乐之末也；哭泣衰绖，隆杀之服，哀之末也。"（《天道》）以"道"作为治国的原则，是治理好国家和社会的根本之所在。相对于具有稳定性、恒久性和普遍性的"道"来说，礼的具体内容和要求，则是随着时代的变化而变化的。"故夫三皇五帝之礼义法度，不矜于同而矜于治。故譬三皇五帝之礼义法度，其犹柤梨橘柚邪！其味相反而皆可于口。故礼义法度者，应时而变者也。今取猿狙而衣以周公之服，彼必龁啮挽裂，尽去而后慊。观古今之异，犹猿狙之异乎周公也。"（《庄子·天运》）礼义法度本身就是随着历史的发展而不断变化的，即使礼制中有些具体的内容在古代曾经发挥过良好的作用，用于今天也不一定是合适的。如果强行效仿前人，将前人的礼义法度运用于当今之世，无异于推舟于陆、东施效颦。

虽然否定了"礼"等作为道德准则在价值上的合理性，但是，庄子认为，在现实生活中，并不需要去刻意地反对或者违背社会上所通行的道德准则的基本要求。遵守礼制的行为尽管不是出于道德上的"应当"，但也可以作为一种生存策略。"远而不可不居者，义也；亲而不可不广者，仁也；节而不可不积者，礼也……。故圣人……会于仁而不恃，薄于义而不积，应于礼而不讳。"（《庄子·在宥》）庄子对待仁、义、礼的这种随顺态度，与他的"以无厚入有间""处乎材与不材之间"的人生哲学，可以说是一致的。在《大宗师》中，有一段颜回和孔子的对话，提及了居丧的礼仪问题。颜回问孔子："孟孙才，其母死，哭泣无涕，中心不戚，居丧不哀。无是三者，以善处丧盖鲁国，固有无其实而得其名者乎？回壹怪之。"孔子回答说："夫孟孙氏尽之矣，进于知矣，唯简之而不得，夫已有所简矣。……孟孙氏特觉，人哭亦哭，是自其所以乃。"这一段对话，尽管讨论的核心是"形"与"心"的关系问题，但从其中所涉及的关于丧礼的内容可以看到，庄子心目中的"礼"，不过是一"物"而已，"物物而不物于物"是对待它最恰当的方法。对待这些世俗的事物，做到"法天贵真，不拘于俗"就可以了。"礼者，世俗之所为也；真者，所以受于天也，自然不可易也。故圣人法天贵真，不拘于俗。愚者反此。不能法天而恤于人，不知贵真，禄禄而受变于俗，故不足。"（《庄子·渔父》）所谓"法天贵真"，其实就是效法自然，遵从本性，也就是以"道"作为指导行为的最高的原则。在"道"的指引之下，从容地处理世俗中的各种关系和规则。

这种以"道"为旨归的从容应事的能力，在《庄子》中被称为"权"。庄子说："知道者必达于理，达于理者必明于权，明于权者不以物害己。"（《庄子·秋水》）庄子这里所说的"权"，基本含义上与儒家权变、权衡意义上使用的"权"是一致的，但其具体内容以及与相关概念之间的关系，与儒家"权"论相比则有着自身的特点。根据庄子的这一论述，可以看出他对于行为实践中不同层次的准则、标准同主体在现实的情境之中的能动性发挥之间的关系的看法。首先，"道"是行为合理性的最终依据和价值指向。"以道观之，何贵何贱，是谓反衍；无拘而志，与道大蹇。何少何多，是谓谢施；无一而行，与道参差。"（《庄子·秋水》）站在"道"的角度来看，万物是没有贵贱、大小的区分的，所有的事物都处于变动和转化的过程之中，因此，在人的实践活动中，就不能受成见或者偏见的束缚，以免与"道"的要求相背离。"无为小人，反殉而天；无为君子，从天之理。若枉若直，相而天极。面观四方，与时消息。若是若非，执而圆机。独成而意，与道徘徊。"（《庄子·盗跖》）正确的行为方式，就是"与道徘徊"；而要做到"与道徘徊"，又要做到"与时消息"，不要为世俗中僵化、固化的种种状态、规则、观念所累。总之，在庄子的思想之中，"道"是"存在的第一原理"，它"不仅构成了存在的根据,而且展现为存在之序"①,同时,从价值层面上说,它还是是非判断的最高标准,行为正当性的根本依据。它既"含万有",而又"不主一形",对于实践的主体来说,需要"察之甚精,持之甚宁,出之甚谨,怀之于内而不泄"②。

其次,"理"是具体事物或领域中的规则,它是"不私"且"无名"的"道"在具体层面上的落实和表现。在庄子的思想中,"理总是万物之理,它与物事相对应,理并没有抽象出来作为独立的实在,而道与理在某些境况下画了等号,意味着这二者之间具有同一性;而理作为万物之理,总是相对具体一点。道既与理作了同一性理解,那么道就可以因应万物之变了,如是,道不再是悬空的、远不可及的,而对于物象乃至世间的所有变化,它都是在场的、应变的、周全的,从而,道才不失为道。"③"理"是"道"应物并于万物之中的落实。从内容上来说,二者具有同一性;从普遍制约性上来说,二者具有相通性。但是,就其存在的领域来说,"理"相对于"道"是具体的,它是具体事物中的"理"。庄子继承了老子对"道"的理解,"夫道,有情有信,无为无形;可传而不可受,可得而不可见"(《庄子·大宗师》)。"道"是世界万物的本根,但它是极端抽象的;它尽管不能通过人的感官进行直观把握,但确实是存在着的。"道既是超越于万物之上的,又是贯穿于万物之中的,超越于万物是绝对化的结果,无所不在则是合理性知识。"④ 从实践的角度来说,一个人如果"知道",必然能够"达于理",从而能在应物的过程中做到合理合宜。所以《庄子》中说:"道无不理,义也。"(《缮性》)

最后,在现实的实践之中,"知道""达理"的人,一定能够通晓"权"的道理。"道"是具有绝对性、永恒性、无差别性的,但"混而为一"的"道"一旦凝结于具体的事物之中,成了事物的"理",就有了差别。可以说,"理"是将"道"的绝对性、普遍性与现实中具体事物的差异性、具体性沟通起来的中介。人的实践活动,尽管以"道"为最终的价值旨归,但毕

---

① 杨国荣:《庄子的思想世界》,北京大学出版社2006年版,第78页。
② (明)王夫之撰:《庄子解》卷17,《船山全书》,岳麓书社2011年版,第13册,第277页。
③ 李大华:《自然与自由:庄子哲学研究》,商务印书馆2013年版,第116页。
④ 刘笑敢:《庄子哲学及其演变》,中国社会科学出版社1988年版,第108页。

竟是要面对大千世界中种种的具体事物的。庄子在现世的生活中的生存策略，是"处于材与不材之间"。这种生存方式，与"乘道德而浮游""物物而不物于物"比起来，并非最理想的，但却是在复杂的现实中的最好选择。"材与不材之间，似之而非也，故未免乎累。若夫乘道德而浮游则不然。无誉无訾，一龙一蛇，与时俱化，而无肯专为。一上一下，以和为量，浮游乎万物之祖。物物而不物于物，则胡可得而累邪！"（《庄子·山木》）如果是生活在理想的"道德之乡"，不需要对"材"与"不材"做出选择，人完全是自由的，当然也就无所谓"权"的问题。但是，在由"万物之情，人伦之传"所构成的复杂的现实的世界之中，"合则离，成则毁，廉则挫，尊则议，有为则亏，贤则谋，不肖则欺，胡可得而必乎哉！"（《庄子·山木》）这就需要主体在各种可能性之间权衡取舍。但是，庄子虽然承认"权"在现实的生活实践中的必要性，但他并非将"权"看作主体"任智"的行为，而是认为始终应当时刻牢记"不以心捐道，不以人助天"的原则。"知天之所为，知人之所为者，至矣！知天之所为者，天而生也；知人之所为者，以其知之所知，以养其知之所不知，终其天年而不中道夭者，是知之盛也。虽然，有患。夫知有所待而后当，其所待者特未定也。"（《庄子·大宗师》）因此可见，恰当的行为选择是非常困难的，需要对"天之所为"与"人之所为"都有着清醒的认识，并且能够清晰地对二者进行区分，只有"知之能登假于道者"，才能够准确地进行把握。所以，要想做到"明于权"，就必须以"达于理"为前提，而要通达物理，又必须"知道"。庄子的"知道者必达于理，达于理者必明于权"所强调的，就是应当以"道"作为"权"的最终的依据。只有真正地"知道""达理"，才能够洞彻"权"的奥秘并合理地运用它。同时，只要"明于权"，就能够"不以物害己"，在纷纭变幻的世事中实现"全生""保生"的目的。

总之，《庄子》中谈"权"的目的，与孔子、孟子等儒家学者偏重于强调"权"作为一种实践能力和修养的目标不同，庄子想要表达的，是"知道"对"权"的合理运用的前提性意义。达到与"道"的一致，是"权"所追求的目标，也是通过"权"来合理应对现实中的实践难题的必然要求。同时，在"礼崩乐坏"的大时代里，庄子讨论"权"，也并非像儒家学者一样想要在复杂多变的世事之中为挽救"礼"的普遍约束力提供一种补充,而是完全从主体自身的生存需要出发,将其作为人生的一种策略和技巧。

三 智谋之"权":先秦法家的"权"论

先秦时期法家的论著中也经常用到"权"字,但他们所使用的"权",基本都是政治或军事意义上的权力、权势或权术。这也正是荀子等儒家以及后世的经权关系理论中所反对的"权谋""权诈"或"变诈"。相对于儒家在"权"论中对道义原则的坚持,法家的"权"强调用"智",完全是一种基于结果考虑的利害计算、适时因应,因此对于通行的礼制规范,也表现出一种"务实"的态度。

无论是以商鞅、韩非为代表的三晋法家还是以管仲学派为代表的齐法家,都重视时变,认为行为举措应当"随时而变,因俗而动"(《管子·正世》)。这也就决定了他们在"礼"与"权"等问题上的看法。总体来说,法家对于"礼"及礼制的作用并没有简单地进行否定,但是在礼制的具体内容上,他们所强调的并非作为行为准则的"礼"的恒久不变的性质,而是认为趋时的、能够维护现有的社会秩序的礼制规范,才是必要的。

商鞅认为:"法者,所以爱民也;礼者,所以便事也。是以圣人苟可以强国,不法其故;苟可以利民,不循其礼。"(《商君书·更法》)在他看来,礼在现实的社会生活中是有意义的,其意义就在于能够"便事";这既是礼的功能之所在,也是对具体的礼制规范的存在价值进行判断的依据。根据这一判断依据,因为不同的时代里所面对的"事"是不同的,所以礼的具体内容就不是固定不变的,而是应当根据时势的变化而不断革新变更,以使其能够发挥其"强国""利民"的功能。否则,如果拘泥于既有的礼法规范而不知变通,就一定会阻碍国家的强盛和社会的发展。"国用《诗》、《书》、礼、乐、孝、弟、善、修治者,敌至必削国,不至必贫国。"(《商君书·去强》)这里所说的"礼",指的就是与旧制度、旧习俗相一致的具体的礼制规范、教化手段。因此,商鞅激烈反对在礼制问题上因循守旧的做法,说:"三代不同礼而王,五霸不同法而霸,故知者作法,而愚者制焉;贤者更礼,而不肖者拘焉。""前世不同教,何古之法?帝王不相复,何礼之循?伏羲、神农教而不诛，黄帝、尧、舜诛而不怒，及至文、武，各当时而立法，因事而制礼。礼、法以时而定，制、令各顺其宜，兵甲、器备各便其用。臣故曰：'治世不一道，便国不必法古。'汤、武之王也，不循古而兴；殷、夏之灭也，不易礼而亡。然则反古者未可必非，循礼者未足多是也。"（《商君书·更法》）

韩非同样没有完全否定礼制的积极社会意义。他认为，作为君主，对内来说，"简侮大臣，无礼父兄，劳苦百姓，杀戮不辜者，可亡也"（《韩非子·亡征》）；对外来说，"行僻自用，无礼诸侯，则亡身之至也"（《韩非子·十过》），在治理国家的过程中，无论是对内还是对外，"礼"都是必要的。同时，韩非认为，礼的作用，就是为了表达内心中的情感。在《解老》篇中，在解释老子的"上礼为之而莫之应"时，他说："礼者，所以貌情也，群义之文章也，君臣父子之交也，贵贱贤不肖之所以别也。中心怀而不谕，故疾趋卑拜而明之；实心爱而不知，故好言繁辞以信之。礼者，外饰之所以谕内也。故曰：'礼以情貌也。'凡人之为外物动也，不知其为身之礼也。众人之为礼也，以尊他人也，故时劝时衰。君子之为礼也，以为其身；以为其身，故神之为上礼；上礼神而众人贰，故不能相应；不能相应，故曰：'上礼为之而莫之应。'"因此，在礼制和礼节问题上，最重要的是它所表达的内在情感，而不是外在的仪文。"礼为情貌者也，文为质饰者也。夫君子取情而去貌，好质而恶饰。"（《韩非子·解老》）

韩非对于礼的形式和内容之间关系的这一基本认识，似乎与儒家的"人而不仁，如礼何"（《论语·八佾》），"诚于中，形于外"（《礼记·中庸》）等观念没有太大的区别。但是，他对于"礼"的实质内容的具体理解，却是与儒家不同的。在韩非心目中，"礼"所要表达的"情"，是对尊卑等级秩序的认同和地位卑下者对地位尊贵者的尊重。在《外储说右上》中，他借孔子和子路之间的故事说："季孙相鲁，子路为郈令。鲁以五月起众为长沟，当此之为，子路以其私秩粟为浆饭，要作沟者于五父之衢而餐之。孔子闻之，使子贡往覆其饭，击毁其器，曰：'鲁君有民，子奚为乃餐之？'子路怫然怒，攘肱而入，请曰：'夫子疾由之为仁义乎？所学于夫子者，仁义也；仁义者，与天下共其所有而同其利者也。今以由之秩粟而餐民，不可何也？'孔子曰：'由之野也！吾以女知之，女徒未及也。女故如是之不知礼也！女之餐之，为爱之也。夫礼，天子爱天下，诸侯爱境内，大夫爱官职，士爱其家，过其所爱曰侵。今鲁君有民而子擅爱之，是子侵也，不亦诬乎！'"孔子是主张"仁者爱人"的，并以"仁"作为"礼"的精神实质，但在韩非所描绘的这个孔子那里，仁者的"爱"并不是"泛爱众"之"爱"，而是在其身份地位基础上的爱其所当爱，否则，"爱"便成了"侵"，即僭越，这是不符合"礼"的要求的。韩非认为，这种"侵"往往成为臣下威胁君主地位的重要途径，因此君主必须予以禁止。在他看来，正是因为当初齐国不能"以景公之势而禁田常之侵"，才会发生田氏代齐的"劫弑之患"。由此可见，韩非所理解的"礼"，就是对既有的尊卑等级秩序的严格恪守，任何情况下都不能违背。在对师旷通过"援琴撞之"的方式以谏晋平公一事的评价中，韩非说："夫非其行而诛其身，君之于臣也；非其行则陈其言，善谏不听则远其身者，臣之于君也。今师旷非平公之行，不陈人臣之谏，而行人主之诛，举琴而亲其体，是逆上下之位，而失人臣之礼也。夫为人臣者，君有过则谏，谏不听则轻爵禄以待之，此人臣之礼义也。今师旷非平公之过，举琴而亲其体，虽严父不加于子，而师旷行之于君，此大逆之术也。"（《韩非子·难一》）因此在他看来，对于师旷这种"逆上下之位"的进谏方式，晋平公不但没有惩罚反而"喜而听之"，不能像一般人认为的是"两明"，而是"公失君道，师旷失臣礼"的"两过"。

相对于三晋法家，齐法家对于"礼"的积极作用给予了更为直接的肯定。《管子·牧民》中提出了"国有四维"的思想，"四维"之一便是"礼"。《管子》中认为，"贤知之君"要想"必立于胜地"，就必须"顺于礼义"。"成功立事，必顺于礼义，故不礼不胜天下，不义不胜人。"（《管子·七法》）同时，管仲学派还提出了"礼有八经"的思想。"所谓八经者何？曰：上下有义，贵贱有分，长幼有等，贫富有度，凡此八者，礼之经也。故上下无义则乱，贵贱无分则争，长幼无等则倍，贫富无度则失。上下乱，贵贱争，长幼倍，贫富失，而国不乱者，未之尝闻也。是故圣王饬此八礼以导其民；八者各得其义，则为人君者中正而无私，为人臣者忠信而不党，为人父者慈惠以教，为人子者孝悌以肃，为人兄者宽裕以诲，为人弟者比顺以敬，为人夫者敦蒙以固，为人妻者劝勉以贞。夫然则下不倍上，臣不弑君，贱不逾贵，少不陵长，远不间亲，新不间旧，小不加大，淫不破义。凡此八者，礼之经也。"(《管子·五辅》)所谓"八经"，其实就是不同角色和地位的人在礼制上的基本要求。之所以要在治理国家的实践中强化这些要求，就是因为它们是维护尊卑有序的社会秩序的有效手段。"夫人必知礼然后恭敬，恭敬然后尊让，尊让然后少长贵贱不相逾越，少长贵贱不相逾越，故乱不生而患不作，故曰：礼不可不谨也。"(《管子·五辅》)也就是说，"礼"就是尊卑等级秩序的外在化和程序化。只有人们都自觉遵守礼制的规定，统治者的地位才能稳固。这就是《管子》中所说的："礼义者，尊卑之仪表也。"(《形势解》)"礼不逾节……。故不逾节，则上位安。"(《管子·牧民》)

总之，在法家的思想中，"礼"所具有的只是一种工具性价值，而不像儒家一样将其视为"天之经，地之义"而成为无条件的普遍性准则。其目的是维护君主专制的尊卑等级秩序，其内容则"不慕古，不留今，与时变，与俗化"(《管子·正世》)，必然随着时势的变化而有所更新。对于"礼"的这种务实的理解，就使得法家在对待权衡与权变问题上可以不再考虑礼制的束缚，不用考虑其与既定的道德规范或准则之间的关系，而将"权"直接视为一种为了追求国家强盛和君主地位稳固的应变智慧。

法家的"权"论的显著特征之一，是直接将"权"理解为结果上的计算和比较。儒家言"权"，无论是暂时违背"礼"的一般要求的权变，还是在礼制范围之内的权衡，必然有礼制上的顾及。这是因为，儒家谈"权"，归根结底还是将其视为一种"时中"之道，所以必然以维护和稳固一定的道德规范体系为其目标。即使特殊情境之下对具体的"礼"的规范要求的偏离，一定意义上说，也是为了追求以一种灵活的方式使作为整体的道德规范体系具有更大的适应性和生命力。法家的"权"论中，无论是"礼"还是"权"，所具有的都只是一种工具性的价值，在维护君主的专制统治和国家秩序的稳定这一目的之前，没有任何一般性的礼义准则是不容置疑和不可变更的。因此，法家的"权"论，完全没有道义论的特征，而只是一种对结果的专注，是一种通过综合的计算和比较来寻求最有利的后果的决策方法。

《管子》中在谈到"权"的时候，说："民知务矣，而未知权，然后考三度以动之。所谓三度者何？曰：上度之天祥，下度之地宜，中度之人顺，此所谓三度。故曰：天时不祥，则有水旱。地道不宜，则有饥馑。人道不顺，则有祸乱；此三者之来也，政召之。曰：审时以举事，以事动民，以民动国，以国动天下。天下动，然后功名可成也。故民必知权然后举错得，举错得则民和辑，民和辑则功名立矣，故曰：权不可不度也。"(《管子·五辅》) 在管仲学派看来，"权"就是通过对天时、地利、人和的综合考虑，以实现"民和辑""功名立"的决策过程。他们不但对这种决策方法进行了理论上的阐述，而且还将其运用于治理国家的具体实践之中。比如在《山权数》一篇中，他们便通过对"天之权""地之权"和"人之权"的分析，阐述了国家理财的基本思路和方法。

韩非也将善于权衡结果进行决策作为对施政者的基本要求。他说："古者有谚曰：'为政犹沐也，虽有弃发，必为之。'爱弃发之费而忘长发之利，不知权者也。夫弹痤者痛，饮药者苦，为苦惫之故不弹痤饮药，则身不活病不已矣。"(《韩非子·六反》) 在他看来，计算之心是人之常情，即使是父母子女这种血缘亲情关系，"犹用计算之心以相待也"(《韩非子·六反》)。在现实的生活实践中，任何的行为都可能在结果上有利有弊，但一个人总不能因看到其弊而放弃行为选择，而必须通过利弊的权衡比较，坚定地去实践能够真正获得"长利"的行为方式。如果有人就像害怕洗头会掉头发而放弃洗头，或者讨厌汤药苦涩的味道而不去喝药治病一样，因为微小的损害而不愿接受可以带来"长利"的行为方式，就是"不知权"的表现。所以他说："法所以制事，事所以名功也。法有立而有难，权其难而事成，则立之；事成而有害，权其害而功多，则为之。无难之法，无害之功，天下无有也。是以拔千丈之都，败十万之众，死伤者军之乘，甲兵折挫，士卒死伤，而贺战胜得地者，出其小害计其大利也。夫沐者有弃发，除者伤血肉。为人见其难，因释其业，是无术之士也。先圣有言曰：'规有摩而水有波，我欲更之，无奈之何！'此通权之言也。"(《韩非子·八说》)

法家的这种注重后果的利害比较的"权"论，从形式上看，类似墨家的思想，但二者又有着本质的不同。首先，墨家通过"权"所追求的"利"，是"天下之大利"，这种"利"被认为是"义"的体现。法家的"权"所追求的"利"，归根结底，则是君主的个人私利。其次，墨家的"权"被认为是不得已的情境之下的被动之举,更多的是一种"两害相权取其轻"的行为。法家的"权"则是在实践中一种追求最优后果的积极的活动,被视为一种施政的智慧。

法家"权"论的第二个显著特征,是将法视为权衡的标准和依据。法家行为选择的基本原则是"便事""适于事"。他们并不追求抽象的"道",更不以仁义等德性为"道"的体现而将其视为治国的基本理念。因此,如果说他们的"权"也有界限或依据,这个界限或依据就是现实地体现着统治者意志的法。一般人行权必须在法的范围之内,以法作为基本的标准。

商鞅将法称为"国之权衡"。他说:"先王县权衡,立尺寸,而至今法之,其分明也。夫释权衡而断轻重,废尺寸而意长短,虽察,商贾不用,为其不必也。故法者,国之权衡也。夫倍法度而任私议,皆不知类者也。"(《商君书·修权》)在他看来,社会治理中没有实现好的效果,甚至导致秩序的混乱,根本的原因就在于"释法而任私议"。如果能够"立法明分,中程者赏之,毁公者诛之",赏罚分明,不失其义,就一定能够达到"民不争"的效果。(《商君书·修权》)这一观点,可以说是法家的基本主张。韩非说:"巧匠目意中绳,然必先以规矩为度;上智捷举中事,必以先王之法为比。故绳直而枉木斫,准夷而高科削,权衡县而重益轻,斗石设而多益少。故以法治国,举措而已矣。"(《韩非子·有度》)《管子》中也说:"有法度之制者,不可巧以诈伪;有权衡之称者,不可欺以轻重;有寻丈之数者,不可差以长短。今主释法以誉进能,则臣离上而下比周矣;以党举官,则民务交而不求用矣。是故官之失其治也,是主以誉为赏,以毁为罚也。"(《管子·明法》)并对此进一步解释说:"权衡者,所以起轻重之数也,然而人不事者,非心恶利也,权不能为之多少其数,而衡不能为之轻重其量也。人知事权衡之无益,故不事也。故明主在上位,则官不得枉法,吏不得为私。民知事吏之无益,故财货不行于吏;权衡平正而待物,故奸诈之人不得行其私。故《明法》曰:'有权衡之称者,不可欺以轻重。'"(《管子·明法解》)这些论述,都是主张以法为权衡的标准,作为人们在行为抉择时的界限与指南。

法家"权"论还有一个显著的特征,是将权衡、权变之"权"与权势之"权"的含义沟通起来。"法家认为权度的基准在于君主,强调作为国家的权力的'权威',进而强调'权势'。这时的权可以解释为'权力者的独裁'。"① 从"权"字的原始含义所引申出的意义中,除了权衡、权变之外,还有权势、权力等。伦理学意义上与"经"或"礼"相对的"权",往往是从前者的意义上说的。在道德实践中对权衡、权变的肯定,实际上也就是对道德主体的能动性和自觉性的肯定,对主体在道德选择上的意志自由的肯定。但是,在权势或权力等概念之下,人的行动自由的限度往往是同地位高低、是否拥有权力联系在一起的。法家的观点,强调"法之所加,智者弗能辞,勇者弗敢争",但是,它绝不是今天我们所理解的法律面前人人平等。法制为社会成员的行为设立了界限,可是对于通过法律体现其意志的最高统治者来说,他却是在法的约束范围之外的。换句话说,在作为一个政治实体的国家之内,君主是法这一"权衡"的制定者,并且是唯一的制定者;法是其综合各种要素进行权衡的能力的体现,以权势或权力为后盾。君主之外的其他所有社会成员,都必须在君主所制定的这一权衡之下,衡量行为的轻与重,判断行为的应当与不应当。因此,从这个意义上说,权势或权力之"权",是最高意义上的"权"。它是权力的拥有者,即君主,通过其意志进行权衡判断的体现,同时是其他社会成员进行权衡判断的依据。君主作为权衡的制定者,是独一无二的,地位不容挑战的。

法家认为,这种权衡、权变与权力、权势一体的终极意义上的"权",必须掌握在最高权力的拥有者手中。商鞅说:"国之所以治者三:一曰法,二曰信,三曰权。法者,君臣之所共操也;信者,君臣之所共立也;权者,君之所独制也。人主失守,则危;君臣释法任私,必乱。故立法明分,而不以私害法,则治;权制独断于君,则威;民信其赏,则事功成;信其刑,则奸无端。"(《商君书·修权》)《管子》中也有一段类似的表述:"法令者,君臣之所共立也。权势者,人主之所独守也。故人主失守则危,臣吏失守则乱;罪决于吏则治,权断于主则威,民信其法则亲。是故明王审法慎权,上下有分。"(《管子·七主七臣》)这里所谓的"权",既是指发号施令的权力,也

---

① [韩]吴锡源:《韩国儒学的义理思想》,邢丽菊、赵甜甜译,复旦大学出版社2014年版,第107页。

是指权衡决断的权力。无论从哪个方面来说，这种"权"都是不能落于旁人之手的。商鞅还认为，君主不但必须强化"权"的意识和行权、用权的能力，同时，还必须想方设法要人民保持"朴"的状态，不要让他们有过多的智识和能力。"故圣人之治也，多禁以止能，任力以穷诈。两者偏用，则境内之民壹；民壹则农，农则朴，朴则安居而恶出。"（《商君书·算地》）只有在尊君和抑民两个方面用力，才能够保证"权制独断于君"的稳定实现。韩非也持类似的观点，他说："当今之时，能去私曲就公法者，民安而国治；能去私行行公法者，则兵强而敌弱。故审得失有法度之制者，加以群臣之上，则主不可欺以诈伪；审得失有权衡之称者，以听远事，则主不可欺以天下之轻重。"（《韩非子·有度》）他认为，法作为行为的规范，其决定权必须掌握在君主的手里，否则，就可能造成权势的下移，从而威胁君主的地位。

总之，法家的"权"论，强调君主的主导，以追求利益为目标，并将其视为一种决策的智慧。这种观念，在很大程度上限制了一般人在行为实践中的能动性和创造性，否定了实践能力和道德观念对于个体的人格完善和境界提升的意义，但是，它却与封建君主专制的要求是相一致的，对于强化尊卑等级秩序可以发挥重要的作用。因此，在秦汉之后的整个封建时代里，将"权"视为少数人的专利，一般人在行为中只能遵经、循礼的观点一直是经权观中的一种重要的观点。这种观点，与法家的"权"论是类似的，可以说是宗法等级制度在经权观中的必然反映。但是，在以儒家思想为主导的时代里，法家"权"论中脱离道义原则限制的方面，却一直是经权观中批判的对象，被视为权术、变诈，被看作一种败坏世风、扰乱社会道德秩序的理论。

除了法家之外，先秦时期的兵家、纵横家也重视"权"的问题。他们的"权"论，同法家一样，也是以脱离道义原则指导的"权谋""变诈"为特征，甚至更为明显和极端。《孙子兵法》中说："兵者，诡道也。"（《始计》）既然军事活动遵循的是"诡道"，那么，指挥军事活动的将领就不能一板一眼地按照常规来行事，甚至连在儒家和法家的思想中存在共识的君臣尊卑的礼制都可以不遵守，"君命有所不受"（《孙子兵法·九变》）。同时，战争关系到国家的存亡、人民的生死，取得胜利是唯一的目标。在生死存亡之间，就不能不将智慧、权变运用到极致。正如明代赵本学评论《孙子兵法》时所说：

第二章 先秦时期的"权"论

"窃维天地之间,有人则有争,有争则有乱。乱不可以鞭朴治也,则有兵。兵之为凶器不可以妄用也,则有法。其事起于斗智角力也,则其法不得不资于权谋。用兵而不以权谋,则兵败国危而乱不止。君子不得已而用权谋,正犹不得已而用兵也。"① 因此,权谋、变诈在兵家那里就被视为一种完全正当的行为,相反,像宋襄公那样在两军对垒之间仍然执意依礼而行最终导致大败的做法,则被看作迂腐、愚蠢的表现。②

对权谋之"权"的重视,在《孙子兵法》等先秦兵家著作中有着鲜明的体现。《孙子兵法》中说:"势者,因利而制权也。……利而诱之,乱而取之,实而备之,强而避之,怒而挠之,卑而骄之,佚而劳之,亲而离之,攻其无备,出其不意。此兵家之胜,不可先传也。"(《始计》)"兵以诈立,以利动,以分和为变者也。故其疾如风,其徐如林,侵掠如火,不动如山,难知如阴,动如雷震。掠乡分众,廓地分利,悬权而动。先知迂直之计者胜,此军争之法也。"(《军争》)一般认为成书于战国时期的《司马法》和《吴子》③ 中也说:"古者,以仁为本、以义治之谓正。正不获意,则权;权出于战,不出于中人。是故杀人安人,杀之可也;攻其国,爱其民,攻之可也;以战止战,虽战可也。"(《司马法·仁本》)"凡战之要:必先占其将而察其才。因形用权,则不劳而功举。"(《吴子·论将》)同样被认为成书于战国的《尉缭子》中,则有"攻权""守权""战权"等篇,对军事活动中的"权"进行了较为系统的阐述。这些兵书中所使用的"权"字,指的都是军事斗争中的权谋、变诈。

《汉书·刑法志》中说:"春秋之后,灭弱吞小,并为战国,稍增讲武之礼,以为戏乐,用相夸视。而秦更名角抵,先王之礼没于淫乐中矣。雄桀之

---

① (明)赵本学撰:《孙子书校解引类·重刻孙子书校解引类序》,《中国兵书集成》,解放军出版社、辽沈书社1990年影印本,第12册,第21—22页。
② 关于宋襄公之事,可参见《左传·僖公二十二年》《史记·宋世家》等的记载。如据《史记·宋世家》:"[襄公十三年]冬,十一月,襄公与楚成王战于泓。楚人未济,目夷曰:'彼众我寡,及其未济击之。'公不听。已济未陈,又曰:'可击。'公曰:'待其已陈。'陈成,宋人击之。宋师大败,襄公伤股。国人皆怨公。公曰:'君子不困人于阸,不鼓不成列。'子鱼曰:'兵以胜为功,何常言与!必如公言,即奴事之耳,又何战为?'"
③ 一般认为,《司马法》为齐威王时的齐国司马田穰苴所作,《吴子》为战国时的军事家吴起所作。但传世的《司马法》和《吴子》是否就出于二人之手,在学术界存在争议。

士因势辅时，作为权诈以相倾覆，吴有孙武，齐有孙膑，魏有吴起，秦有商鞅，皆禽敌立胜，垂著篇籍。当此之时，合从连衡，转相攻伐，代为雌雄。"①战国时期的纵横家虽然在思想史上建树不多，但也被视为权术、权谋之术的最重要的代表。"纵横家者流，像苏秦、张仪等，立论不讲原则，惟君王利益是从，因此被认为是最懂权谋之士。"② 不同于儒、墨、道、法等学派的思想家，苏秦、张仪等纵横家是权谋之术的实践者。司马迁在《史记》中评价他们说："苏秦兄弟三人，皆游说诸侯以显名，其术长于权变。"③ "三晋多权变之士，夫言从衡强秦者大抵皆三晋之人也。夫张仪之行事甚于苏秦。"④ 这些纵横家尽管在生前游走于诸侯之间，声名显赫一时，但是由于他们的权谋之术为了利益而毫无原则、不择手段，因此被后世视为"倾危之士"⑤，"天下共笑之，讳学其术"⑥，从而成为经权理论中被激烈批判的对象。

---

① （汉）班固撰：《汉书》，中华书局1962年版，第4册，第1085页。
② 张端穗：《西汉公羊学研究》，台北：文津出版社2005年版，第117页。
③ （汉）司马迁撰：《史记》，中华书局1959年版，第7册，第2277页。
④ （汉）司马迁撰：《史记》，中华书局1959年版，第7册，第2304页。
⑤ （汉）司马迁撰：《史记》，中华书局1959年版，第7册，第2304页。
⑥ （汉）司马迁撰：《史记》，中华书局1959年版，第7册，第2277页。

第三章　中国传统伦理思想中的经权关系理论

在中国思想史上，明确地将"经"与"权"两个概念对举并对其关系问题进行探讨，始于西汉。汉代的公羊家在先秦时期关于"权"与"礼"之间关系问题讨论的基础上，提出了"反经为权"的观点。此后，经权关系问题一直都是经权之辨的重心之所在。

第一节　经权关系理论的兴起及其背景

先秦时期，与"权"相对应的作为现实的道德生活中具有普遍约束力的道德规范的范畴是"礼"。汉代之后，在经学兴起的同时，"经"也取代了"礼"，成为与"权"对举的概念，用于指称在道德实践中具有直接指导和约束意义的规范或标准。经权观中的这一变化，从根本上说，有其深刻的社会历史根源。

一　经权关系理论的产生

春秋战国时期，诸子百家对于"权"的探讨虽然各有侧重，但总体来说，都是在西周时期确立的礼制逐渐走向瓦解过程中，人们对于作为现实生活中具有约束作用的道德准则的"礼"的普遍性与现实生活的复杂性之间的矛盾，以及在处理这一矛盾过程中主体的意志自由和应对方法进行思考的结果。其中，儒家的思想家，自从孔子明确将"权"的概念引入道德实践问题的讨论之后，从孟子到荀子，对于"权"的内涵、行权的原则与方法等问题的认识和阐述越来越深入和具体。相对于道家、墨家、法家等学派在"礼崩乐坏"的事实面前更多地将"权"视为人生处世的一种策略或者行为选择的一种方案，对于周礼怀有深切眷恋的儒家学者则希望通过引入"权"这一概念并严格限制其适用的范围，来缓解礼制易于僵化的特征带来的与现实道德生活之间的冲突，通过突出"礼"的实质内涵和因革损益等特征，来恢复日益衰落的"礼"的生机与活力。由此可见，道家、墨家和法家的"权"论是在看到了现行的礼制已经风光不再的现实之后，试图在没有强大的礼义规范的约束下来选择恰当的行为方式或者生活方式的理论设想，而儒家的"权"论，则是以"复礼"，即在强有力的礼义规范约束下恢复和谐的社会秩序为目标的。

在有关"权"的观念逐渐展开并且丰富的同时，"经"的观念也在形成和发展。在《论语》中有关孔子言论的记载中，没有出现道德准则意义上的"经"字，而在《孟子》和《荀子》中，都有可以理解为"常道"或者具有普遍意义的道德准则的"经"字出现。如《孟子·告子下》中的："君子反经而已矣。经正，则庶民兴；庶民兴，斯无邪慝矣。"这两个"经"字，朱熹的注释是："经，常也，万世不易之常道也。"[①]《荀子·臣道》中的"和而无经"、《解蔽》中的"治则复经"中的"经"字，也有"常道""正道"或原则等意思。但是，《孟子》和《荀子》中这些具有道德准则含义的"经"字，都仅仅是抽象意义上的，没有明确地与具体的道德准则或规范联系起来。同时，如前文所述，一直到战国晚期，无论是儒家还是其他学派的学者，都没有将"经"字与"权"字作为对应的概念使用，与"权"字相对用以指称现实道德生活中的准则或规范的，一般是"礼"字。

由于"经"的主要伦理含义是"常道"，同时，在"礼崩乐坏"的时代里，要想恢复"礼"在规范体系中的崇高地位，就要强化它的普遍性和永恒性，因此，先秦时期，已经有了将"经"与"礼"自觉联系起来的观念。《左传·昭公二十五年》中说："夫礼，天之经也，地之义也，民之行也。天地之经，而民实则之。则天之明，因地之性，生其六气，用其五行。""礼，上下之纪，天地之经纬也，民之所以生也，是以先王尚之。故人之能自曲直以赴礼者，谓之成人。大，不亦宜乎！"这里将"礼"称为"天之经""天地之经纬"，就是将作为具体的行为准则的"礼"视为永恒不变的"常道"。这

[①] （宋）朱熹撰：《四书章句集注》，中华书局1983年版，第376页。

一论述中，将"礼"和"经"联系起来，将现实生活中通行的"礼"看作具有客观性的"经"的体现，无疑是为了突出"礼"的永恒性和普遍性，使人们在观念上强化对"礼"的约束力的认同。但是，尽管已经有了将"礼"和"经"联系起来的意识，并且特意用"经"来描述现实的道德实践中作为具体的准则和规范的"礼"在时间和空间上的普遍有效性，然而，先秦时期，这种观念并没有被普及，在关于道德实践的讨论中，与体现着主体的能动性和选择的灵活性的"权"相对的概念，依然是"礼"。

在传世的文献中，最早将"经"和"权"对举，始于成书于汉景帝时期的《春秋公羊传》。对于《春秋》中记载的发生于桓公十一年九月的"宋人执郑祭仲"一事，《公羊传》评论说："祭仲者何？郑相也。何以不名？贤也。何贤乎祭仲？以为知权也。其为知权奈何？古者郑国处于留。先郑伯有善于邻公者，通乎夫人，以取其国而迁郑焉，而野留。庄公死已葬，祭仲将往省于留，涂出于宋，宋人执之，谓之曰：'为我出忽而立突。'祭仲不从其言，则君必死，国必亡；从其言，则君可以生易死，国可以存易亡。少辽缓之，则突可故出，而忽可故反，是不可得则病，然后有郑国。古人之有权者，祭仲之权是也。权者何？权者反于经，然后有善者也。"祭仲是郑国的国相，根据《春秋》书写的惯例，大夫应称名，但这里并没有直接称呼他的名字，《公羊传》的作者认为，这种处理方法是为了表彰祭仲的贤德。[①] 为什么说祭仲有贤德呢？是因为他"知权"。然后，《公羊传》对之所以给予祭仲"知权"的评价进行了解释。桓公十一年五月，郑庄公寤生去世。安葬完庄公之后，祭仲到曾经为郑国故都的边邑留视察，路过宋国，被宋国人扣留。此时，祭仲已经在郑国立太子忽为国君，是为昭公。昭公忽还有一个异母的弟弟，名为突。突的外祖父，是宋庄公的宠臣雍氏。宋国听说祭仲已经拥立忽为国君，因而借机扣留了祭仲，希望他能回到郑国，将君位从忽手里夺过来交给突。是时宋强而郑弱，在这种情况之下，《公羊传》的作者认为，如果祭仲不听从宋国人的话，郑国就会为宋国所灭，国君难逃一死；如果听从了宋国人

---

① 关于祭仲的名字，历史上有不同的说法。一般认为，祭仲名足，仲是字，姬姓，封邑在祭。还有人认为，仲是排行。司马贞《史记索引》则根据《左传》的说法，认为"其人名仲，字仲足"，显然与《公羊传》中"不名"的说法不符。

的话，那么国君就可以不死，国家也可以不亡。这种危急的形势缓解之后，还可以寻找时机再把突驱逐，重新迎回忽做国君；即使不能成功，至少也可以保存郑国。最终，祭仲听从了宋国人的建议，回到郑国之后，"出忽而立突"。《公羊传》认为，祭仲这样做，是能行权的体现。那么，什么是"权"呢？《公羊传》接着解释说，"权者反于经，然后有善者也"。这一论述，是今天所能见到的"经"和"权"相对应的最早的记载，也是经权关系理论上的最早的观点。

二 经权关系理论兴起的背景

关于为什么西汉初年"经"的地位异军突起，由原本"权"与"礼"相对转变成了"权"对应"经"，有学者试图通过考察汉初发生的一些事件，给这一转变以合理的解释。张端穗认为，汉初两大现实机缘促成了"经"和"权"两观念的整合，"一是儒家经书开始从诸子百家典籍中脱颖而出，逐渐成为官方之学；一是汉初不稳定的帝国情势使思想家们不得不极力关注现实。前者言经，后者论权。但又因为这两大机缘彼此有很密切的关系，所以促成了经权连系的经权观念的兴起"[①]。儒家经典受到尊崇，主要是由于西汉建立之后，汉初的统治者和学者对秦亡教训进行反思的结果。当时得出的一个最具有共识性的结论，就是秦之所以二世而亡，是由于它在统治中专任刑罚，仁义不施；为了吸取其教训，应当在社会治理中充分发挥儒家所倡导的伦理道德的作用。儒家社会治理的理想，是通过《诗》《书》《礼》《易》《春秋》等典籍来保存的，因此，研究五经中的治理方法、微言大义，便逐渐成为朝野的共识。"汉初不稳定的帝国情势"，主要是指刘邦去世之后的吕后专政和诸吕之乱。"诸吕之乱在前，经权观出现在后（《公羊传》于景帝时写定）。我们有理由相信经权观的出现有其现实缘起：即诸吕之乱中王陵、周勃等人事迹之诠释的问题。公羊家学者为了合理解释这些历史人物的事迹，借着对春秋时期祭仲事迹的论述，提出了经权观。换言之，《公羊传》是针对事实的

[①] 张端穗：《西汉公羊学研究》，台北：文津出版社2005年版，第129页。

需要建构了新观念以解释事实。"①

从学术发展和历史发展两个方面来分析汉初经权观产生的原因,并认为经权理论的提出不过是"针对事实的需要建构了新观念以解释事实",这一认识是有见地的。然而,对于汉初促成经权关系理论产生的事实,如果仅仅从王陵、周勃等人对待诸吕之乱的态度和做法这一"小"事件中寻找答案,似乎又显得过于狭隘。真正要厘清这一问题,必须将视野置于从春秋战国到秦汉一统的这段"大"历史之中。

春秋之后"礼崩乐坏"局面的形成,固然与礼制本身的特性有关,但更根本的原因在于历史的发展导致了西周初年所制定的礼义制度不再适合社会的现实需要。周礼的现实基础是井田制和分封制,随着生产力的发展,其赖以存在的经济基础和社会关系都逐渐发生了改变,周礼的衰落势在必然。所谓"礼崩乐坏"的过程,其实也就是反映着新的生产力和生产关系的新秩序和新规则日益取代旧秩序和旧规则的过程。正如冯友兰先生所说:"在保守、倒退的人看起来,改变就是非礼。例如'初税亩',《左传》和《公羊传》都说是'非礼'。可是'非礼'究竟战胜了'礼'。这就是所谓'礼坏乐崩'。"② 经历了春秋战国的纷乱扰攘之后,秦汉大一统的专制国家的建立,意味着新秩序和新规则已在这一转折中取得了决定性的胜利。

新的制度确立之后,无论是在治理方式上还是在指导思想上,都需要有一个探索的过程。秦朝专任刑罚,二世而亡,本身就是这一探索过程中的一个有机组成部分。汉初吸取了秦朝短命而亡的教训,废除苛法,休养生息,用黄老之术稳定了统治,恢复了生产。但是,这种"无为"的治理理念和方式,对于迅速建立和稳固一个以新规则为基础的全新的秩序,却没有任何功能优势。因此,从刘邦起,汉代的统治者一面试图用黄老之术治疗几百年的战乱给社会所留下来的创伤,一面又努力探索形成新秩序的路径。

《史记·刘敬叔孙通列传》中有这样一段记载:刘邦称帝之后,"悉去秦苛仪法,为简易。群臣饮酒争功,醉或妄呼,拔剑击柱,高帝患之"。这时,

---

① 张端穗:《西汉公羊学研究》,台北:文津出版社2005年版,第152页。
② 冯友兰:《中国哲学史新编》上卷,人民出版社2007年版,第46页。

叔孙通对他说："夫儒者难与进取，可与守成。臣原征鲁诸生，与臣弟子共起朝仪。"并且说："五帝异乐，三王不同礼。礼者，因时世人情为之节文者也。故夏、殷、周之礼所因损益可知者，谓不相复也。臣愿颇采古礼与秦仪杂就之。"刘邦半信半疑地让他去试一下。于是，叔孙通从东鲁招来儒生30余人，加上朝中学者共100多人，一起制定和演习朝仪典章。完成之后，刘邦令诸侯群臣在长乐宫按照新制定的朝仪觐见。"仪：先平明，谒者治礼，引以次入殿门，廷中陈车骑步卒卫宫，设兵张旗志。传言'趋'。殿下郎中侠陛，陛数百人。功臣列侯诸将军军吏以次陈西方，东向；文官丞相以下陈东方，西向。大行设九宾，胪传。于是皇帝辇出房，百官执职传警，引诸侯王以下至吏六百石以次奉贺。自诸侯王以下莫不振恐肃敬。至礼毕，复置法酒。诸侍坐殿上皆伏抑首，以尊卑次起上寿。觞九行，谒者言'罢酒'。御史执法举不如仪者辄引去。竟朝置酒，无敢欢哗失礼者。"见识了这套严格的礼仪规范之后，刘邦高兴地说："吾乃今日知为皇帝之贵也。"① 这一事实说明，虽然周礼已经失势，但是，新建立起来的统治秩序同样需要一套能够对其进行表达和强化的准则规范。没有相应的准则规范，一味地"为简易"，就不可能有新秩序的形成，只能导致混乱。

同时，秦汉建立的制度，是以"大一统"为其最典型的特征的。"大一统"的维护，使得准则规范的普遍性和严格性要求甚至要远远高于西周建立在血缘宗法基础之上的分封制。《春秋》经的第一句"元年春，王正月"，《公羊传》解释说："曷为先言王而后言正月？王正月也。何言乎王正月？大一统也。"所谓的"大一统"，不仅在正朔、服色、文字、车轨等方面要"一统于天下"，而且还是政令、思想、观念等方面上的全面的统一。这也正是董仲舒提出"罢黜百家，独尊儒术"的理由。董仲舒说："《春秋》大一统者，天地之常经，古今之通谊也。今师异道，人异论，百家殊方，指意不同，是以上亡以持一统；法制数变，下不知所守。臣愚以为诸不在六艺之科孔子之术者，皆绝其道，勿使并进。邪辟之说灭息，然后统纪可一而法度可明，民

---

① （汉）司马迁撰：《史记》，中华书局1959年版，第8册，第2722—2723页。

知所从矣。"① 思想观念上的统一，不仅需要人们有着对政治秩序和制度的认同和维护的自觉，还要求在人们的行为上有着相对一致的正当性的标准。"大一统"的要求，对伦理思想和社会道德生活都产生了直接的影响。

从伦理思想的角度来说，秦汉"大一统"的政治制度建立之后，最直接的影响，就是伦理道德问题思考的中心，从侧重于内心的德性和人格完善，转向了侧重于外在的规范和服从意识。典型的体现是，在孔子和孟子的伦理思想中，都是以"仁"或者"仁义"等德性为核心，并且孟子还竭力论证"仁义皆内"的主张；而秦汉之后的伦理思想，核心的观念则成了"忠孝"等与角色义务相关的规范，并且"三纲"成为贯穿汉代之后的整个封建时代的严格的道德标准。同时，尽管"德治"是西周之后绝大部分时间里占据主流的治理理念，但对于德治的核心内涵的理解，从先秦时期重点强调统治者"修身"和"亲民"，秦汉之后逐渐演变成对于普通社会成员的教化和"新民"。这一转变当然不是偶然的，而是由中国历史发展的大趋势和社会秩序维护的需要决定的。② "大一统"的维护，在道德上最需要的就是对规则的服从。而要在全社会建立起严格服从规则的意识，便需要在对伦理规范的论证上，强调它的普遍性和权威性。这时候，就需要将一种"普遍性的规则"的意识，赋予与新的社会秩序相适应的道德规范体系之上。能够体现这种意识的概念，便是被视为"常道"和"正道"的"经"。从这一意义上说，作为现实生活中具体的准则和规范的"经"，其实就是"大一统"的社会理想在道德领域的体现。

三 "经"成为与"权"对应范畴的原因

"经"成为与意味着"非常"状态下的应对方式的"权"相对应的概念，

---

① （汉）班固撰：《汉书》，中华书局1962年版，第8册，第2523页。
② 在西方伦理思想的发展中，事实上也有着几乎同样的轨迹，从古希腊的以德性论为主，到中世纪之后规范论占了支配地位，就是这种转化的反映。同时，对于中国传统伦理思想的性质问题，学术界也有所谓德性伦理学还是规范伦理学之争。但德性伦理学（或称美德伦理学）与规范伦理学（狭义上的，包括义务论和功利论），是根据西方传统伦理学不同时代或者流派的理论特征所进行的区分，这一类型划分不能简单地应用于中国传统伦理思想，否则对于中国传统伦理思想的考察便有削足适履的风险，所以本书在涉及这一问题时，没有将从先秦到秦汉伦理思想的发展简单化地概括为从德性伦理到规范伦理的转型。

一方面，是由于"礼"这一原本具有普遍性规则意义的概念的影响力的削弱。春秋战国时期，除了儒家之外，其他学派对于"礼"的普遍性和永恒性价值，无不产生了质疑。道家将"礼"视为"忠信之薄而乱之首"，给予"礼"的社会作用以完全负面的评价；墨家"背周道而用夏政"，其所"背"的"周道"，其实就是西周之后烦琐的礼仪规定；法家则否定"先王"所制定的"礼"在现实的社会治理中的作用，强调当世统治者所颁布的"法"的约束效力。即使在强调"礼"的作用的荀子那里，"礼"所具有的也已经不仅仅是西周初年典章制度、礼仪规范等方面的含义，而是变成了一个包含制度、伦理、法律等内容，甚至与形而上的"道"等同的概念。汉初儒家学者的思想，并非对先秦时期孔、孟等原始儒家学说的简单延续（如果是这样，它也绝对不会被统治者认同，取得不了"独尊"的地位）。而是结合时代的要求，继承春秋战国各家学派的学术遗产，并以儒家经典为核心依据通过理论演绎而形成的新的儒学形态。在他们的心目中，"礼"虽然仍然被认为是维护秩序所必需的，但在对其具体内容的理解上已经没有了孔子的思想中那种神圣而崇高的地位。上文提到的叔孙通对于"礼"的"不相复"的特征的阐述，便表明形成于某一时代的"礼"已经很难再作为具有永恒性和普遍性价值的规则和标准的代表。同时，在传统的礼制中，"礼不下庶人"，而大一统的秩序所需要的，是所有社会成员对于与秩序要求相一致的规则的服从；如果只有贵族阶层的认同，是不能支撑起一个上下有序的"大一统"的秩序的。因此，"礼"不再适合作为现实生活中具有普遍约束力的具体行为准则的统称，已经成为必然。

经权观念在汉代建立的另一方面的原因是经学的兴起。典籍称"经"始于战国，但经学崛起并将常道意义上的"经"和典籍意义上的"经"直接联系起来却是西汉建立之后的事情。按照《白虎通》的说法："经所以有五何？经，常也。有五常之道，故曰《五经》。……人情有五性，怀五常不能自成，是以圣人象天五常之道而明之，以教人成其德也。"[①] "经"即"常"，既可以指"常"行的规则，也可以指这些规则的文本载体。关于汉代"经"被正式

---

① （清）陈立撰：《白虎通疏证》，吴则虞点校，中华书局1994年版，下册，第447页。

权威化的原因,有学者认为,有两件事情"值得留意"。"其一为博士之设立,其二为今古文之争。"原因在于,"经博士之确立以及今古文之争的重要影响,可能不止于确定何种典籍与版本诠释之正确性,而是由典籍与其诠释的争论而再一次加强'经文本'自身的权威性,因为这些争执最终皆预设了经自身值得争执。'经'的基本特征由这些争论而更加确定:因为时间的流逝与历史之偶然而需要被研究与解释的作品者,正是那种权威性的文本"①。如果单纯从学术史内部进行考察,上述两点对于汉代"经"的地位的提升和经学统治地位的形成和发展是至关重要的。然而,汉代之后经学崛起,还有学术发展背后的更深刻的历史原因。这一原因,是"大一统"的制度的建立对学术发展的需要。"'大一统'在政治上巩固了汉朝统一政权,在思想上的影响更为深刻和久远。在汉代,大一统产生了经学,以儒家思想作为整个社会的指导思想,同时产生了一个中心的一元观念,全国人的思想都趋向政治中心。"②作为学官的博士在汉代之前就早已经设立,但一直到汉武帝之前,因学问而立为博士的人,并非仅限于治儒学者。博士专治儒家经典,是"罢黜百家,独尊儒术"之后的事情;此后,博士才与经学建立了息息相关的联系。汉武帝在中央建立太学,并为博士置弟子,《诗》《书》《礼》《易》《春秋》成为学者学习和研究的主要内容,经学的地位得以确立。至于今古文之争,则是经学产生之后其内部的争论。由此可见,经学的兴起,是封建大一统的国家建立之后稳定统治秩序的需要所促成的。将具有不朽价值的典籍称为"经",是来源于"经"所具有的"常道"的意义;但是,典籍称"经"的意识一旦形成和普及,反过来又强化了经典中所记载道理的权威化和神圣化。这样,"经"作为"常道",便逐渐深入人心,并在关于"权"的问题的讨论中,取代了"礼"的位置,成了与"权"相对应的概念。

总之,在大一统的背景下,"礼",尤其是周礼,其实质性的意义已经没有多少人关心,井田、封建等制度,都成了过往的历史记忆,但是,在封建大一统的国家建立之后,统一的、具有普遍约束力的规范仍然是必要的,甚

---

① 林维杰:《朱熹与经典诠释》,台北:台湾大学出版中心2008年版,第235—236页。
② 周桂钿:《中国传统哲学》,福建教育出版社2017年版,第294页。

至比制度建立在血缘宗法之上的周朝有着更为迫切的需要，所以，这时候，原本具有抽象意义的"经"，其意义便被凸显出来。然而，不论是称为"礼"还是称为"经"，作为一定社会中具有普遍约束力的规则来说，一旦固定下来，便有了僵化和固化的可能；经典观念的形成，使得善恶准则以文字化的方式变得更为清晰具体的同时，也使这种可能被大大增强。同时，能够被前人概括出来以文字的形式记录到经典中的行为准则毕竟是有限的，难以涵盖丰富多变的道德生活的所有可能。因此，当经过了长期动荡之后，不但新秩序的建立迫切需要建立为大家所普遍接受和认同的规则体系，如何为政治生活中的各种变动或者非常事件的处理寻找合理性的依据，在充满变数的新制度建立的初期，也是在理论上需要完成的非常现实的任务。因此，不但需要迅速树立起新的有关"经"的观念，而且也需要"权"的学说来为现实进行论证。这样，就需要厘清"经"与"权"这对看似矛盾但又有着现实合理性的概念之间的关系，在"经"与"权"之间找到一个平衡点。这一历史任务，是由有着强烈的"大一统"意识的公羊家们首先捕捉到的，并由以董仲舒为代表的公羊家进行了系统的论证，在思想界逐渐产生了广泛的影响，逐渐被持不同学术观点的学者接受。一直到宋代之前，由汉初公羊家所首倡的"反经"为"权"的理论，在经权观中都是主流的观点。

第二节 汉代"反经为权"的经权关系理论及其流变

先秦时期，儒家和其他学派的"权"论中，涉及了"权"与"道""礼"等道德原则或者规范意义上的概念之间的关系的探讨。经权关系问题的提出，既是对先秦有关"权"的讨论的继续，也是随着时代发展而变化的道德生活的演变在理论上的必然反映。

一 汉代公羊家的经权学说

关于经权问题，《春秋公羊传·桓公十一年》中说："权者何？权者反于经，然后有善者也。权之所设，舍死亡无所设。行权有道，自贬损以行权，不害人以行权。杀人以自生，亡人以自存，君子不为也。"这是《公羊传》中唯一一段关于经权问题的直接论述。这段论述中，涉及了"经""权""善""道"等几个中国传统经权观中的核心概念，并且通过这几个概念，对"经"与"权"的关系、"权"的合理性限度以及行权的条件和一般原则等问题进行了阐述。这些问题，都是中国传统经权观中最重要的问题，也是汉代学者所着力论证的问题。根据这段被历代的公羊家们视为阐述经权理论的经典的论述，《公羊传》中的经权观包含以下具体观点。

首先，关于"经"和"权"之间的基本关系，《公羊传》认为，"权者反于经"。具体来说，在"权"与"经"之间的基本关系上，汉代公羊家的基本观点是，"权"意味着对一般情境之下普遍适用的道德规范的违背，它是适合于特殊情境的一种行为方式，而恪守"经"的要求，则是符合"常"态的生活情境的。从这个意义上说，二者是由于情境的不同而采用的不同的行为选择，因而是相对的。

其次，关于"权"的合理性限度，公羊家认为，只有符合"有善""合道"要求的"权"，才是合理的。《公羊传》中说："权者反于经，然后有善者也。"汉儒认为"权"背反于经，"经""权"是相对的概念，同时，二者又有相成的一面。从性质上说，"经"和"权"都应当是合理的、正当的，其正当性的来源，一是它们都是以"善"作为追求的目标，二是它们都是以"道"作为明确的界限。

再次，关于行权的条件，《公羊传》中说："权之所设，舍死亡无所设。"作为一种特殊情境之下的变通行为，"权"只是用于"变"，而"经"则用于"常"。但是，世事瞬息万变，可能很难找到两个完全相同的实践情境，因此现实中出现的任何一个情境相对于历史上前人曾经经历过的情境，都可称为"变"。如果从如此宽泛的含义上来理解"变"，并遵循"变则行权"的原则，那么在道德准则的普遍约束力问题上，将会陷入相对主义的困境，即没有任何先在的有效道德准则可供遵循；按照这种思维方式来指导道德行为，无疑将背离儒家的基本立场。《公羊传》中将合理的"权"限制在生死存亡的紧急情况之下，明确了"权"所适用的前提条件，大大缩小了"权"的使用范围，其实也就是在强调，一般情况之下，不能轻易用"权"，守"经"才是合理的行为。

最后，关于行权的一般原则，《公羊传》中说："行权有道，自贬损以行权，不害人以行权。杀人以自生，亡人以自存，君子不为也。"这里所说的"道"，并非形而上意义上作为客观规律和原理的"道"，而是指实践中应遵循的原则。如果说"权"是"反经"，那么，一般情况下，对于"经"，即一般情境下具有普遍约束力的道德规范的违背，会给机会主义者牟取个人私利提供便利。现实中所见到的将道德准则弃置一旁而不顾的情形，大量的行为都是因为行为者见利忘义。因此，如果无原则地承认"权"的正当性，将会为为了个人目的而不择手段的权术、变诈行为开启方便之门。公羊家也意识到了这一点，所以他们特别强调，行权虽然意味着为了取得好的后果而违背一般性的准则，但是，这种后果的考虑不是为了满足行为者自身的某种利益要求，而是为了满足他人或者整体的利益。与此同时，对于行为主体来说，行权往往会造成自身在利益上的损失。在生死存亡的关头，如果通过损害他人利益，甚至伤害他人生命来保全自己，是不具有道德上的合理性的；只有牺牲自我利益且不对他人利益造成损害的行权，才是正当的。因此，正如有学者所指出，在公羊家的经权观中，"牺牲之道义精神，即行'权'者之真精神"①。

汉武帝时期专治春秋公羊学的著名学者董仲舒对《公羊传》中的经权理论进行了进一步论证和阐发。他不但继承了《公羊传》中"反经为权""行权有道"等经权观上的基本主张，而且运用阴阳五行学说，论证了"经"和"权"之间存在着尊卑关系。他说："阳行于顺，阴行于逆。逆行而顺，顺行而逆者，阴也。是故天以阴为权，以阳为经。阳出而南，阴出而北。经用于盛，权用于末。以此见天之显经隐权，前德而后刑也。"②这段论述的主要目的是用阳尊阴卑的理论阐述德与刑在社会治理中的关系，同时也涉及了对"经"和"权"之间关系的看法。董仲舒认为，"阳"的是顺着常道的方向而行，"阴"的是逆着常道的方向而行。这样，"经"与"权"的属性与"天道"的"阳"与"阴"就是一致的。根据阴阳五行学说，属于"阴"的范畴

---

① 李新霖：《春秋公羊传要义》，台北：文津出版社1989年版，第203页。
② （清）苏舆撰：《春秋繁露义证》，钟哲点校，中华书局1992年版，第327页。

的"权"只是末节,而属于"阳"的范畴的"经"则是根本。同时,天之道"贵阳而贱阴""近阳而远阴",阳尊而阴卑,所以上天是显扬"经"而隐匿"权"的,以"经"为常道,以"权"为变通,"先经而后权"①。这也就是说,在现实中的大部分情境之下,人们的行为都是遵循"经"这一体现着"常道"的要求的一般行为准则的,只有在偶然的、非常的情境之下,才可以使用"权";在具体的行为实践中,对行为方式进行选择时应当以遵经作为首要的考虑,只有当情境特殊无法以既有的"经"作为行为的指导时,才会考虑权衡变通的问题。同时,不同于"经"具有的普遍性价值,"权"是"一用而不可再"的,任何一次权变的行为都是与某一特殊的紧迫情境相联系的,其正当性价值只存在于这一孤立的事件之中。

只能在具体的事例之中对行权的行为进行肯定,而不能将具体情境中这一特殊处理的方式作为一般性的准则来使用,这也是公羊家们一贯的立场。这就是《春秋》笔法中的所谓"实与而文不与"。在《春秋公羊传》中,有六次用到"实与而文不与",分别与"诸侯专封""诸侯专讨""大夫专废置君""大夫专执"有关。虽然事例不同,但表述相似,这里仅举一例进行分析。僖公元年《春秋》经记载"齐师、宋师、曹师次于聂北,救邢",《公羊传》评论说:"救不言次,此其言次何?不及事也。不及事者何?邢已亡矣。孰亡之?盖狄灭之。曷为不言狄灭之?为桓公讳也。曷为为桓公讳?上无天子,下无方伯,天下诸侯有相灭亡者,桓公不能救,则桓公耻之。曷为先言次而后言救?君也。君则其称师何?不与诸侯专封也。曷为不与?实与而文不与。文曷为不与?诸侯之义不得专封也。诸侯之义不得专封,则其曰实与之何?上无天子,下无方伯,天下诸侯有相灭亡者,力能救之,则救之可也。"邢国为狄人所灭,齐桓公在"上无天子,下无方伯"的情况下,不能坐视诸侯亡国而不顾,于是为邢国建立新的城邑,使其作为诸侯国得以保存。《公羊传》的作者认为,对于齐桓公所做的这件存亡继绝的事情本身,是值得称道的。但是,《春秋》在文辞上却没有对此进行称赞,这是因为根据礼制的要求,封国是天子的职权,"诸侯之义不得专封"。这种笔法,就是"实与而

---

① (清)苏舆撰:《春秋繁露义证》,钟哲点校,中华书局1992年版,第327页。

文不与"。"盖所谓实与者，当时之权，不得不如是；不如是则灭亡之惨，更有不堪言者，故时不得不与也。所谓文不与者，垂诸文以为后世法，君臣之道，职位所在，有不可专滥者也。"① 也就是说，诸侯国生死存亡的危急时刻，齐桓公行"专封"之事，这是特殊情境（"时"）之下不得不为之的应对之策，所以对于这一事件本身，应当称赞（"与"）。但是，如果将赞扬之辞以文字的方式留存下来，就会被后世的人当成一般性的法则来对待，这将会破坏作为普遍性准则的"君臣之道"，所以不能在文辞之间流露表彰之意。也就是说，违背一般性准则的行权仅仅可以作为紧急情况之下的应变之举，虽然它可以带来"有善"的结果，但其具体的行为方式不能被后人援以为例，以免对一般情境之下普遍适用的道德准则造成伤害。当面对道德选择的情境时，首先要考虑的还是"守经"。权衡之"权"可以作为道德实践中的一般方法论原则，但特殊事例中行权的具体方式，却不具有作为一般准则的普遍性价值。

同时，在董仲舒的思想中，通过"权"必须在"可以然之域"的限定，以及道义原则对于"权"的正当性判断的根本性意义，强化了行权应当以"合道"为目标的观念。他认为，人与其他动物的根本区别在于，人不是仅仅为了生存或利益而活着；单纯为了生存或者利益而违背道义，蒙受耻辱，并不是真正的权变行为。在对《春秋》中记载的齐国大夫逄丑父帮助齐顷公逃遁一事的分析中，董仲舒说："夫冒大辱以生，其情无乐，故贤人不为也，而众人疑焉。《春秋》以为人之不知义而疑也，故示之以义，曰国灭君死之，正也。正也者，正于天之为人性命也。天之为人性命，使行仁义而羞可耻，非若鸟兽然，苟为生，苟为利而已。"② 正是由于此，董仲舒认为，逄丑父"枉正以存其君"的行为虽然难于祭仲，但却不可称其为"知权"。

"苟为生，苟为利"的变通行为不值得称道，值得称道的变通是以仁义为质、扶危救难的行为。春秋时期，楚庄王围攻宋国都城，派司马子反探查宋国城内的情形。子反从宋国大夫华元口中得知宋国已难以支撑，"易子而食之，析骸而炊之"，于是动了恻隐之心，不仅告知了华元楚军已仅余七日之粮

---

① 陈柱撰：《公羊家哲学》，台北：力行书局1970年影印本，第197页。
② （清）苏舆撰：《春秋繁露义证》，钟哲点校，中华书局1992年版，第61页。

的事实,并力劝楚庄王撤围退兵。(事见《春秋公羊传·宣公十五年》)关于此事,有人提出疑问:"司马子反为君使。废君命,与敌情,从其所请,与宋平。是内专政而外擅名也。专政则轻君,擅名则不臣,而《春秋》大之,奚由哉?"司马子反的这种行为,违背君臣之道,轻慢国君,违背君命,为什么会得到《春秋》的称赞呢?董仲舒的回答是:"为其有惨怛之恩,不忍饿一国之民,使之相食。推恩者远之而大,为仁者自然而美。今子反出己之心,矜宋之民,无计其间,故大之也。"他认为,子反这样做完全是恻隐仁爱之心的自然流露,推己及人,不忍心让宋国整个国家的人饥饿到人吃人的悲惨地步,从而不再考虑宋国人和楚国人之间的利益区分,因此是非常崇高的行为,《春秋》才予以赞扬。他又进一步解释说:"今子反往视宋,闻人相食,大惊而哀之,不意之至于此也,是以心骇目动而违常礼。礼者,庶于仁、文,质而成体者也。今使人相食,大失其仁,安着其礼?方救其质,奚恤其文?故曰'当仁不让',此之谓也。"也就是说,子反因为得知宋国人相食的惨状触目惊心,所以自然地做出违背君臣之间一般情况下应当普遍遵循的礼节规范的事情。"礼",本质上就应该是仁爱之心的表达,是外在形式和实质内容的统一。如果看到人相食的惨状而不知道同情,这就是失去了仁德;仁德这一本质丧失了,礼节也就没有了意义。所以,子反的所作所为,是为了挽救实质的丧失,在这样的特殊而紧急的情境之下,当然也就无法再顾及那些作为形式的东西。总之,在董仲舒看来:"《春秋》之道,固有常有变,变用于变,常用于常,各止其科,非相妨也。""故说《春秋》者,无以平定之常义,疑变故之大则,义几可谕矣。"①

总之,在汉代的公羊家的经权观中,行权应当以舍己为人、舍私为公为原则,不能打着行权的旗号损害他人利益以换取自身的利益或生存,这是避免"反经"的"权"流于权术、变诈的必然要求,也是其"合道"的体现和"有善"的基本内涵。②

---

① (清)苏舆撰:《春秋繁露义证》,钟哲点校,中华书局1992年版,第51—55页。
② 后人将汉代公羊家的经权观概括为"反经合道为权"。这一概括虽与董仲舒等人的观点相合,但汉初公羊家并没有明确提出"反经合道为权"的命题。"反经合道"一词,是东汉王充《论衡·本性篇》中提出的。晋代韩康伯《周易注》中注"巽以行权"时,始有"权,反经而合道"的说法。

二 《淮南子》中的行权合道思想

在汉代儒家思想与大一统的国家制度趋向合作并最终获得独尊地位的过程中，在思想界可以与之抗衡的，是汉初在政治领域曾经一度占主导地位的黄老道术。在流传下来的汉代的典籍中，最能反映西汉早期黄老之学的基本观点并且具有较大影响的，便是由淮南王刘安所主持编纂的《淮南子》一书。

关于《淮南子》一书的学派归属，自古有不同的看法。有人认为这本书应属于杂家的作品，从《汉书·艺文志》开始，历代正史进行典籍分类时，都将其列入杂家之属。现代学者中也有很多人把该书视为杂家的著作。之所以将其归入杂家，原因有三：一是与《吕氏春秋》等杂家著作一样，《淮南子》不是出自一人之手，而是刘安组织宾客编纂的；二是《淮南子》思想内容较杂，除了继承了老庄的尊道贵德、崇尚无为等观念之外，里面还明显地包含先秦时期儒家、法家、墨家、阴阳五行家的一些思想；三是《淮南子》一书中引用的著作来源复杂，既有《老子》《庄子》，也有儒家的"五经"以及孔子、孟子、荀子等人的言论，还有《韩非子》《墨子》《管子》《吕氏春秋》等。因此，无论从内容上还是形式上看，《淮南子》都难以称为"一家言"，甚至有许多自相矛盾、无法自圆其说之处，是"名副其实的'杂家之言'"，其哲学思想也是"各家学说之杂烩"。[①]

对于《淮南子》学派归属的另外一种观点，是将其归为道家的著作。东汉末年高诱在为自己作的《淮南子注》所写的序言中，说："其旨近《老子》"，"其大较归之于道"。这种观点也颇有影响，近代之后的许多学者，如梁启超、胡适等，都主《淮南子》归属道家之说。

虽然从著作者和作品的表面来看，《淮南子》似乎与杂家的著作有诸多相似之处，但是，并不能因此就断言它一定是杂家的作品。冯友兰在谈及杂家作品的特征时，说："成于众人之手，是杂家所以为杂的一个条件，有了这个条件，可以成为杂家，也可以不成为杂家。……杂家的人，从这一家取一点，

[①] 沈善洪、王凤贤：《中国伦理思想史》，人民出版社2005年版，上册，第372页。

从那一家取一点，把它们抄在一部书里边，但读起来各家还是各家。这是因为它没有一个中心的思想，把一部书的内容贯串起来，它实在是不成为一部书。"① 也就是说，杂家的作品，有一个共同的特征，是它们没有自己的中心思想，不能构成一个理论体系。按照这个标准，将《淮南子》归入杂家作品是不合适的，因为它有自己的中心思想，这个中心思想就是黄老之学。梁启超甚至认为："《淮南鸿烈》为西汉道家言之渊府，其书博大而有条贯，汉人著述中第一流也。"② 《淮南子》作为道家的著作，与老子、庄子的著作又不完全一样。劳思光评价说："《淮南子》各篇内容杂乱，然其书有一特色，颇可注意，即此书恰能代表汉代人心目中之'道家'。"所谓"汉代人心目中之'道家'"，"盖即取老子之形上观念与韩非以下之'黄老之术'杂糅而成"，"既非先秦之说，亦不成为一新系统"。③ 汉代之后，无论是儒家还是道家，与先秦时期的孔孟或者老庄的思想相比，都已经发生了很大变化。比如，提出"独尊儒术"主张的董仲舒的思想，是以儒家思想为主干，以《春秋公羊传》为直接依据，融合了法家、阴阳五行家等学派思想后所创造的与大一统的封建国家治理要求相一致的新的儒学的形态。道家也一样，《淮南子》中的思想，除继承了先秦道家的一些核心概念和观念之外，还借鉴了儒家、法家、墨家、阴阳家等学派的某些思想，虽然看起来杂糅各家，但不影响它作为汉代道家著作这一根本的性质。

同公羊家一样，《淮南子》中对经权问题也有较多关注。它的经权观，既有道家思想的一般性特征，又有西汉时期的时代特色。

在《淮南子》中，也同儒家的著作一样经常用"经"来指代道德实践中的原则或常规。如《俶真训》中的"夫道有经纪条贯，得一之道，连千枝万叶"④，《氾论训》中的"政教有经，而令行为上"，"故仁以为经，义以为纪，此万世不更者也"⑤。但是，与汉代儒家学者已经赋予"经"实质性的含义，

---

① 冯友兰：《中国哲学史新编》中卷，人民出版社2007年版，第131页。
② 梁启超：《中国近三百年学术史》，东方出版社1996年版，第263页。
③ 劳思光：《新编中国哲学史》第2卷，广西师范大学出版社2005年版，第91页。
④ 刘文典撰：《淮南鸿烈集解》，冯逸、乔华点校，中华书局2013年版，上册，第60页。
⑤ 刘文典撰：《淮南鸿烈集解》，冯逸、乔华点校，中华书局2013年版，上册，第513、516页。

用其代指社会生活中具有普遍约束力的礼义规范、道德准则不同，《淮南子》中具有常规、原则意义的"经"，同大多数先秦诸子著作中类似意义的"经"一样，都是抽象意义上的，并没有与"礼"或者其他形式的具体道德准则在内涵上等同起来，因此，也就没有与公羊家一样，直接将"经"作为与"权"相对应的概念。

《淮南子》对"经"的含义的这种理解，与其作者对礼义规范等具体道德准则的约束力的普遍性限度的认识有着直接的关系。《淮南子》一方面继承了先秦道家对待仁、义、礼等道德准则或规范的看法，认为"德衰然后仁生，行沮然后义立，和失然后声调，礼淫然后容饰"①，另一方面又没有像老庄一样对其持完全否定的态度，而是认为仁义礼乐虽然不是"通治之至"，但在"衰世"之中"可以救败"。《淮南子》肯定了仁、义、礼等道德观念在社会生活中的意义，这一点似乎与儒家立场一致，但事实上，它在理解仁、义、礼的社会作用问题上的具体观点，与儒家还是存在着明显不同。《淮南子》对于仁、义、礼等道德观念，实际上只是抽象的形式上的肯定，而对于它们的实质性内容，它却没有像儒家一样赋予具体的道德准则以永恒的和绝对的普遍性价值。因此，自然也就不会将现实生活中具有普遍适用性的具体道德准则或礼义规范称为"经"。在具体道德规范层面上，《淮南子》认为，并不存在永恒的普遍有效的标准或者准则。行为上是非对错的判断，所能够依据的，只是"道"这一终极性的原则，而不是任何只与一定的条件相适合的规范或准则。

这种依据"道"的要求行动，而不囿于世俗的礼义规范的行为方式，就是《淮南子》中所说的"权"。因为高超的"权"的能力需要"体道反性"，因此，《淮南子》中明确地说："唯圣人为能知权"，"权者，圣人之所独见也"。②《淮南子》中认为，"权"就是摆脱一般人所认为的具有普遍适用性的道德准则的束缚，"时屈时伸""乘时应变"。它举例说："言而必信，期而必当，天下之高行也。直躬其父攘羊而子证之，尾生与妇人期而死之。直而证

---

① 刘文典撰：《淮南鸿烈集解》，冯逸、乔华点校，中华书局2013年版，上册，第301页。
② 刘文典撰：《淮南鸿烈集解》，冯逸、乔华点校，中华书局2013年版，上册，第532、534页。

第三章　中国传统伦理思想中的经权关系理论

父,信而溺死,虽有直信,孰能贵之!夫三军矫命,过之大者也。秦穆公兴兵袭郑,过周而东。郑贾人弦高将西贩牛,道遇秦师于周、郑之间,乃矫郑伯之命,犒以十二牛,宾秦师而却之,以存郑国。故事有所至,信反为过,诞反为功。何谓失礼而有大功?昔楚恭王战于阴陵,潘尪、养由基、黄衰微、公孙丙相与篡之。恭王惧而失体,黄衰微举足蹴其体,恭王乃觉。怒其失礼,夺体而起,四大夫载而行。昔苍吾绕娶妻而美,以让兄,此所谓忠爱而不可行者也。是故圣人论事之局曲直,与之屈伸偃仰,无常仪表,时屈时伸。卑弱柔如蒲韦,非慑夺也;刚强猛毅,志厉青云,非本矜也,以乘时应变也。夫君臣之接,屈膝卑拜,以相尊礼也;至其迫于患也,则举足蹴其体,天下莫能非也。是故忠之所在,礼不足以难之也。孝子之事亲,和颜卑体,奉带运履;至其溺也,则捽其发而拯,非敢骄侮,以救其死也。故溺则捽父,祝则名君,势不得不然也。此权之所设也。"① 守信、正直都是一般人所认为的高尚的美德,但是,它们并非在所有的场合都是合理的行为准则。尾生守信而死,被庄子讽刺;直躬证父攘羊,被孔子反对。这都是看似恪守道德规范而不恰当的行为。秦穆公时,郑国的弦高假传郑国国君的命令而挽救了郑国;楚恭王时,黄衰微脚踹恭王而救了他的性命。这些都是明显"失礼"而立了大功的行为。苍吾绕娶了个漂亮妻子,因为尊敬自己的哥哥而让给他。这是貌似爱戴兄长但不被认可的行为。所有这些行为,正当与不正当的判断,都不是依据既有的为大家所公认的具体的道德准则。一个孝子对自己的父母尊重备至,但当他的父亲落水之后,也要揪着父亲的头发把他拎上来;揪他父亲的头发,并不是污辱他父亲的体现,而是当时的形势之下不得不如此,也就是"权"的结果。同时,《淮南子》认同孔子关于"权"的论述,说:"故孔子曰:'可以共学矣,而未可以适道也。可与适道,未可以立也。可以立,未可与权。'权者,圣人之所独见也。故忤而后合者,谓之知权;合而后舛者,谓之不知权。不知权者,善反丑矣。"② 同董仲舒"前枉而后正"的观点一样,《淮南子》中也是将"忤而后合",作为"知权"的体现。"知权"者

---

① 刘文典撰:《淮南鸿烈集解》,冯逸、乔华点校,中华书局2013年版,上册,第532—534页。
② 刘文典撰:《淮南鸿烈集解》,冯逸、乔华点校,中华书局2013年版,上册,第534页。

所"忤"的,是以"礼"为代表的一般性的行为规范。"故礼者,实之华而伪之文也,方于卒迫穷遽之中也,则无所用矣。是故圣人以文交于世,而以实从事于宜,不结于一迹之涂,凝滞而不化,是故败事少而成事多,号令行于天下而莫之能非矣。"①"权"所"合"的,则是作为终极性的最高价值原则的"道"。

行权的行为,不但从动机上说应当是合"道"的行为,同时,与《春秋公羊传》一样,《淮南子》也认为,它在目的上还必须是有"善"的。《淮南子》中说:"周公股肱周室,辅翼成王,管叔、蔡叔奉公子禄父而欲为乱,周公诛之以定天下,缘不得已也。管子忧周室之卑,诸侯之力征,夷狄伐中国,民不得宁处,故蒙耻辱而不死,将欲以忧夷狄之患,平夷狄之乱也。孔子欲行王道,东西南北七十说而无所偶,故因卫夫人、弥子瑕而欲通其道。此皆欲平险除秽,由冥冥至炤炤,动于权而统于善者也。"② 一种行为,如果在动机上不追求合"道",在目的上不能有"善",《淮南子》同样是不认可的。对于现实生活中一些打着"权"的旗号但毫无原则性和目的性的行为,它评论说:"当今之世,丑必托善以自为解,邪必蒙正以自为辟。游不论国,仕不择官,行不辟污,曰'伊尹之道也'。分别争财,亲戚兄弟搆怨,骨肉相贼,曰'周公之义也'。行无廉耻,辱而不死,曰'管子之趋也'。行货赂,趣势门,立私废公,比周而取容,曰'孔子之术也'。此使君子小人纷然淆乱,莫知其是非者也。故百川并流,不注海者不为川谷;趋行蹎驰,不归善者不为君子。"③

《淮南子》认为"权"是要合"道"、有"善"的,同时从过程上说是"忤而后合"的行为,看似与公羊家的经权观一致,实际上,二者的经权观存在着显著的区别。首先,从谈"权"的目的上说,儒家的"权"论,一定意义上是为道德准则的普遍性的实现进行理论上的弥补,不是从根本上否定一般性的道德准则的有效性。"先经后权""经尊权卑",在现实的道德生活中,"经",即社会公认的道德行为准则的普遍约束力的实现还是第

---

① 刘文典撰:《淮南鸿烈集解》,冯逸、乔华点校,中华书局2013年版,上册,第534页。
② 刘文典撰:《淮南鸿烈集解》,冯逸、乔华点校,中华书局2013年版,下册,第831页。
③ 刘文典撰:《淮南鸿烈集解》,冯逸、乔华点校,中华书局2013年版,下册,第832—833页。

一位的,"权"只不过是在特殊的情境之下一种不得已的行为。并且公羊家特别强调,承认"权"的合理性并不意味着否认礼义规范等一般性道德准则在现实的道德生活中的价值。《淮南子》中的"权",则是为了突出现实中根据情境进行变通的重要性,认为道德生活的特征就是与时变化的,并不存在永恒的、普遍的一成不变的礼义规范。换句话说,承认"权"的正当性,就是为了否定礼义规范作为道德准则的绝对性和普遍性。从这一角度来看,《淮南子》中的经权观,与西方哲学中的存在主义有一些相似之处。

其次,关于"权"的功能,儒家论"权",多是从个体行为选择意义上说的,即使论述时涉及国家政治生活,也大多是作为臣民者如何选择才可称为贤人的事例。而《淮南子》中的"权"论,作为"圣人之所独见"的一种能力,则是作为君主的统治之术。正如有学者所概括的:"公羊学家的'权'论,变成了《春秋繁露》所说的'屈民以伸君',臣子需完全为君王考虑,才有价值;而《淮南子》的'权'论,则变成了君主深谙'时变'之术的'权变统治学'。"[①]《淮南子》和《春秋繁露》等公羊家的著作,都是产生于封建大一统的制度建立初期,它们对政治问题的讨论,都离不开大一统这一背景。公羊家的思想,是适应大一统的需要并为之论证和服务的;而被冯友兰称为"董仲舒哲学体系的对立面"的淮南王刘安的黄老之学,则是站在地方统治集团的立场上,反对中央政府过度集权。"当时的中央政府正在罢黜百家,定儒家为一尊。董仲舒更把这个主张正式地提出来,并且给这些措施以理论的根据。这是中央集权专制主义在思想战线的一种表现。《淮南子》站在官方反对派的立场,对于这些措施提出反对。"[②]《淮南子》在有关"权"和道德准则的普遍性的讨论中,不承认有通行于天下的永恒的具体行为规范和标准,而是主张不同主体应当遵循"大道",顺应"自然","乘时应变",根据所处的情境自由地进行选择,正是基于这样一个基本立场。而对于最高统

[①] 卢瑞容:《中国古代"相对关系"思维探讨——"势""和""权""屈曲"概念溯源分析》,台北:商鼎文化出版社2004年版,第287页。

[②] 冯友兰:《中国哲学史新编》中卷,人民出版社2007年版,第158—159页。

治者来说，《淮南子》中主张，则是要秉持"无为而治"①的原则，"处静以修身，俭约以率下"②，不要将自己的意志强加给下属和臣民。这样，他就能够在社会治理中取得"因循而任下，责成而不劳"③的效果。

总体来说，《淮南子》中的"权"论，是其思想体系的一个有机组成部分。《淮南子》的作者虽然继承了先秦道家的一些观念，但却没有先秦道家思想中那样浓厚的理想主义色彩，而是将其置于现实的统治策略或政治哲学之中，作为将他们所理解的"道"落实于实践之中的一种智慧。在具体的行为实践之中，"道德可常，权不可常"④，相对于"道"的永恒性和绝对性，任何出于"权"的行为都具有一定的偶然性、相对合理性的特征。而最终如何去做才能够保证出于"权"的行为的正当性，则完全依赖于主体对于"道"的深刻理解和高超智慧。所以，对于一个达到了极高境界，能够真正"知权""独见""权"的"圣人"来说，行权也就意味着可以完全不用考虑世俗的各种具体的礼义规范的约束。"义者，循理而行宜也；礼者，体情制文者也。义者宜也，礼者体也。昔有扈氏为义而亡，知义而不知宜也；鲁治礼而削，知礼而不知体也。"⑤尽管《淮南子》也为行权设置了合"道"、有"善"等限制，但是，由于它所说的"道"和"善"的高度抽象性，这种将行为正当性建立在完全由主体所决定的"宜"和"体"上的行为标准，往往流于空洞，从而在道德上堕入相对主义之中。

---

① 《淮南子》的"无为而治"，虽然也讲"处无为之事，而行不言之教"（《主术训》），但是它的具体观点与《老子》中的"无为而治"却有着明显不同。《淮南子》中说："或曰：'无为者，寂然无声，漠然不动，引之不来，推之不往。如此者，乃得道之像。'吾以为不然。……若吾所谓'无为'者，私志不得入公道，嗜欲不得枉正术，循理而举事，因资而立，权自然之势，而曲故不得容者，事成而身弗伐，功立而名弗有，非谓其感而不应，攻而不动者。"（《修务训》）由此可见，《淮南子》中所说的"无为"，并非无所作为，而是顺应自然、心系万民、克己奉公的"有为"。"盖闻传书曰：神农憔悴，尧瘦臞，舜霉黑，禹胼胝。由此观之，则圣人之忧劳百姓甚矣！故自天子以下，至于庶人，四肢不动，思虑不用，事治求澹者，未之闻也。夫地势，水东流，人必事焉，然后水潦得谷行。禾稼春生，人必加功焉，故五谷得遂长。听其自流，待其自生，则鲧、禹之功不立，而后稷之智不用。"（《修务训》）
② 刘文典撰：《淮南鸿烈集解》，冯逸、乔华点校，中华书局2013年版，上册，第348页。
③ 刘文典撰：《淮南鸿烈集解》，冯逸、乔华点校，中华书局2013年版，上册，第323页。
④ 刘文典撰：《淮南鸿烈集解》，冯逸、乔华点校，中华书局2013年版，下册，第690页。
⑤ 刘文典撰：《淮南鸿烈集解》，冯逸、乔华点校，中华书局2013年版，上册，第429页。

三 "反经为权"思想的演变及其流弊

"经""权"对举的观念在汉初产生,既是时代要求的体现,也是学术发展的必然。公羊家提出的"反经为权"的观念,一直到唐代,都是经权观上的主流观点。应当说,汉儒在对待经权问题上是谨慎的。他们明确反对以自身利害得失的判断作为行权的依据,从而尽量避免完全从自身利害考虑而做出的违背"经"的行为,而是以"合道"作为"权"的最终价值追求。所以,他们特别突出强调了"权"只能适用于危急存亡的关头,行权要"自贬损",不能通过"害人""杀人""亡人"的方式来获取"自生""自存"等对自身有利的结果。这一观点,表明了汉儒"反经为权"的经权观中已经努力地去将合理的"权"与追逐个人私利而不择手段的权谋、权诈行为区分开。但是,尽管为权变设置了前提条件,在理论上对这种违背一般情境下应具有普遍约束力的道德规范的行为的合理性的承认,现实中仍然会被一些别有用心的人利用,使其成为为权术、变诈行为辩护的理由。正当的"权"与权诈、权谋的根本区别,就是是否在道义原则的约束之内进行衡量变通。汉代之后,不但屡屡有人在实践中打着行权的幌子为自身牟取私利,在理论上,有些观点也渐渐偏离了道义原则的指导,从而使得"反经行权"成为肆无忌惮地违背道德准则的借口。

对汉代公羊家经权观进行分析可以发现,他们力主的"反经为权"的观点之中,所"反"的并不是作为普遍性规则的"经"本身,而是"经"在某一特殊的情境之下的适用性。儒家对待道德准则的态度始终是严肃的,既然将道德准则称为"经",足以看出他们对于其普遍约束力的重视。但是,由于"经"本身缺乏灵活性,在现实的道德生活之中,难免遇到既有的道德规范体系所鞭长莫及的具体情境或事件,或者同一道德规范体系之下不同具体规则之间的冲突现象,这时候,就需要主体通过自身的理性判断,在已有的知识和经验的基础之上,发挥能动性和主动性,去解决这些矛盾和冲突。通过权衡判断,如果发现常用的道德准则在这一情境中使用会产生不良后果或者导致的结果将违背更高的道德原则时,就需要暂时摆脱这一道德准则的约束,在追求"善"的目的的指引之下和更高的道德原则(比如"道")的限制之内，去选择出一个合理的行为方案。在特殊的情境之下暂时摆脱某一道德规范的约束，就是"反经"，这种行为决策方式，就是汉儒所说的"权"。

由此可见，以"反经"为特征的"权"，"舍死亡无所设"，只是偶然情境之下不得已而为之的实践策略，它实际所选择的具体的行为方式不具有一般方法论的意义。所以，《公羊传》中涉及有关事例的讨论时，采用的是"实与而文不与"的笔法。所谓"实与"，就是肯定其作为偶然情境中的应变之举的合理性；而所谓"文不与"，就是不主张将只适用于特殊情境的行为方式作为一般的方法论原则。作为特殊情境之下不得已而为之的反经行权，其实是被动的，不能作为行为的主动追求。但是，汉代之后，在"反经为权"理论的发展中，将"权"视为"智"的表现，同时又以"反经"作为"权"的特征。这样，"反经"，即摆脱社会生活中本应具有普遍适用性的道德规范的约束，就与在实践中重视和强调智慧具有了同等的意义；在利益追求面前敢于突破道德准则的限制，便也成了有智者的特征。相反，主动遵循道德准则，则被视为缺乏智慧的体现。"徐偃王知修仁义而不知用武，终以亡国；鲁隐公怀让心而不知佞伪，终以致杀；宋襄公守节而不知权，终以见执；晋伯宗好直而不知时变，终以陨身；叔孙豹好善而不知择人，终以凶饿：此皆蹈善而少智之谓也。"[①] 历史上或传说中这些追求道德而失败的个别事例，屡屡被当作普遍存在的现象，作为遵循道德规则必然导致结果上的失败，摆脱道德的束缚才是智者追求成功前提的重要证据。在"以反道为权，以任数为智"[②]的观念之下，一个人做出违背道德准则的行为，不但不会具有愧疚感，反而被视为智慧高超的体现。"持禄观望，则曰：'明哲保身。'无所发明，则曰：'大直若屈。'缪于义，则曰：'反经合道。'枉于理，则曰：'枉尺直寻。'"[③] 这种风气的流行，必然导致道德评判标准上的混乱，是非不分，善恶颠倒，社会的价值观念，人们的荣辱意识，都将变得模糊不清。

[①] （汉）徐干撰：《中论》，《影印文渊阁四库全书》，北京出版社2012年影印本，第696册，第482—483页。

[②] （唐）陆贽：《陆贽集》，刘泽民点校，浙江古籍出版社2013年版，第168页。

[③] （唐）权德舆撰：《权德舆诗文集》，郭广伟校点，上海古籍出版社2008年版，下册，第463—464页。

"权"一旦流为权术、变诈,并被视为一种"有效"的统治手段,而这种手段一旦被社会成员普遍认同和接受,成为实践上的指导,那么,社会上将会充满尔虞我诈,道德约束不复存在,社会秩序必将陷入混乱,这样又会大大增加统治的难度。将权术、权谋行为庸俗化并视为一般方法论的人,不会看不到这一点。因此,权术的倡导者只能将"权"视为统治者的一种"秘术",认为它不能轻易示人。换句话说,"权"作为一般方法论,只能限定在统治者,甚至最高统治者那里。这就是唐代冯用之《权论》中所体现出的,一方面,"故权者,国家之利器也,辎重可离,而权不可失;兵食可去,而权不可无"。另一方面,"圣人以神道设教,俾民日用而不知,权之时义大矣哉"。在他看来,善于用"权"的统治者,也是善于欺瞒下属和人民的人。"高宗知傅说之贤,欲委之代天,取于皂隶之徒,仪于百辟之上,虑群情弗协,事难以济,故称梦得贤相,乃刻像而求之,商之中兴,赖善权之主也。文王知太公之贤,欲擢居辅弼,搜于屠钓之间,致于三公之上,庶士靡靡,恐未适从,故称天遗我师,乃出畋而获之,周之永年,赖善权之君也。"[①] 使"权"脱离道义原则的约束,并将其作为实践的一般方法论原则,必然得出只有极少部分人用"权"才能发挥其获得利益最大化的效用的结论,因此将其称为"圣人"之"妙用"。在孔子的思想中,由于将"权"视为一种极高的境界,是实践智慧的最高体现,因此,后世的一些儒家学者认为,恰如其分的"权"必须建立的主体理精义熟的基础上,因而只有达到"圣人"的境界,才能够从容而又恰当地用"权"。这种观点,将"权"与圣人联系起来,是将圣人境界视为恰当用"权"的前提,目的是鼓励人们努力提升自身的修养,提高用"权"的素质和能力。汉代之后将"权"视为权谋、权术的人将"权"与所谓"圣人"联系起来,他们所说的"圣人",已经不再是一种最高的理想人格,而是变成了具有至高无上的地位、拥有绝对的权力的最高统治者;"权"成为这样的"圣人"所独占的专利品,完全变成了一种统治手段。这种"权"与道德修养和道德境界无关,相反,为了统治者利益的最大化,

---

[①] (唐)冯用之:《权论》,载(宋)姚铉编《唐文粹》,浙江人民出版社1986年影印本,第2册,第166—167页。

只有社会中的绝大多数人素质和能力尽量低下，它才可能发挥效用。正如东汉王符的《潜夫论》中所说："权之为势也，健悍以大，不待贵贱，操之者重；重，故能夺主威而顺当世。是以明君未尝示人术而借下权也。孔子曰：'可与权。'是故圣人显诸仁，藏诸用，神而化之，使民宜之，然后致其治而成其功。功业效于民，美誉传于世，然后君乃得称明，臣乃得称忠。"[①] 在这种观念之下，"经"，即社会上通行的道德准则或规范，是为一般的社会成员准备的，他们的义务，就是遵循"经"的要求行动；"权"，则是统治者的一种行事准则，它可以"反经"，即违背对一般人起普遍约束作用的准则或规范，一切行为以统治目标的实现为取舍。这种理论的设计看似巧妙，但是，一旦肯定了任意违背一般性道德规范的权术的合理性，它就不可能真正成为最高统治者才有资格去使用的专利，必然会成为一股自上而下的风气，从而导致社会道德的堕落。当这些"秘术"被学者书之于竹帛，流行于天下的时候，它就已经成为天下人的公器了。

诚然，"权"需要智慧，但这种智慧主要体现于对情境进行判断，对价值准则进行选择，即权衡的过程之中。以"反经"为特征的权变，只是作为权衡的一种结果而存在。可以作为一般方法论的，只能是在决策做出之前或行为过程中的权衡；而"反经"意义上的"权"，即权变，只能是在行为发生过程中权衡之后的应变之举。权衡的结果，除了极少数需要"反经"的特殊情境之外，大多是在不同的价值准则之间做选择，最终选择出的行为方案必然是符合某种道德规范的要求的。所以，作为实践的一般方法的权衡，并不影响道德规范的普遍适用性的实现。但是，"反经"的权变则不然，它如果失去了道义原则的严格限制，并被作为在现实生活中主动追求的实践方法，则很容易造成社会道德秩序的混乱。唐代的柳宗元曾经对当时流行的经权对立、仁智分离的观点进行了批评，他说："果以为仁必知经，智必知权，是又未尽于经权之道也。何也？经也者，常也；权也者，达经者也。皆仁智之事也。离之，滋惑矣。经非权则泥，权非经则悖。是二者，强名也。曰当，斯尽之

[①] （汉）王符著，（清）汪继培笺：《潜夫论笺校正》，彭铎校正，中华书局1985年版，第364—365页。

矣。当也者，大中之道也。离而为名者，大中之器用也。知经而不知权，不知经者也；知权而不知经，不知权者也。偏知而谓之智，不智者也；偏守而谓之仁，不仁者也。知经者，不以异物害吾道；知权者，不以常人怫吾虑。合之于一而不疑者，信于道而已者也。"①世间既没有脱离智慧而不导致僵化死板的道德规范（"经"），也没有完全背离道德准则而具有合理性的权衡变通（"权"），强调智慧或权变而刻意否定道德规范的积极意义，是一种荒谬的理论。柳宗元的这一观点，试图在"道"这一原则之下，将"经"与"权"统一起来，可以说是宋代之后经权统一理论的先声。

对"反经"的理解脱离了公羊家的定义范围，也就意味着"权"的含义被逐渐泛化、庸俗化。从孔子一直到公羊家，作为一种实践能力或者实践智慧的"权"，在儒家那里，都被认为是在对道德观念和要求深刻理解和拳拳服膺之后才可以恰当运用的；只有具备了这样的前提，"权"才可以被限制在"可以然之域"，保证"行权有道"。在荀子等人的思想中，即使涉及脱离道义原则的权变行为，也明确地将其称为"权谋"，以与合乎道德的"权"进行区分。但是，随着经权理论的发展，无论是合理还是不合理的权宜变通行为，都统统以"权"称之。这样，就极易混淆两种权变的区别，即使在理论上对其类型进行了刻意区分，在实践中，由于主体认识能力的限制，也容易将脱离道义原则的所谓"权"当作合理的行为。

在刘向的《说苑》中，直接将"权"与"权谋"两个概念等同起来，说："孔子曰：'可与适道，未可与权也。'夫非知命知事者，孰能行权谋之术。"② 孔子的"可与适道，未可与立；可与立，未可与权"之论，是将"权"作为一种道德实践能力和修养的境界的。"权谋"原本为兵家常用的概念，指的是军事斗争中的谋略与应变，它是以"争利"为目标的。所以在《荀子》等早期儒家的著作中，"权谋"大多在贬义上被使用。刘向用孔子关于"权"的论述来论证"权谋"的观点，无疑是抹杀了二者之间的界限。虽然刘向专门说明"权谋有正有邪"，"君子之权谋正，小人之权谋邪。夫正者

---

① （唐）柳宗元：《柳宗元集》，中华书局1979年版，第1册，第91页。
② （汉）刘向撰，向宗鲁校证：《说苑校证》，中华书局1987年版，第311页。

其权谋公，故其为百姓尽心也诚；彼邪者好私尚利，故其为百姓也诈"。① 但是，他所谓的"权谋之术"，总体上是以己身的私利和个人的功业为落脚点的。"知命者，预见存亡祸福之原，早知盛衰废兴之始，防事之未萌，避难于无形。若此人者，居乱世则不害于其身，在乎太平之世则必得天下之权。……知命知事而能于权谋者，必察诚诈之原，而以处身焉。则是亦权谋之术也。"② 这样的"权谋"，与儒家经权观中所谓的"权"自然不可同日而语。

东汉的王充则将"贤者"和"佞者"的权变行为统称为"权"。他说："贤者有权，佞者有权。贤者之有权，后有应；佞人之有权，亦反经，后有恶。故贤人之权，为事为国；佞人之权，为身为家。观其所权，贤佞可论，察其发动，邪正可名。"③ 王充认为，根据行为指向的不同，"权"可以分为两种：如果行权是出于"为事为国"的目的，这样的"权"就是"贤人之权"；而如果是出于"为身为家"的目的，这样的"权"则是"佞人之权"。同时，两种"权"都以"反经"为特征，它们之间的区别，只是动机上的不同。根据这种区分，单纯从"权"这一概念本身考虑，无所谓符合道义原则还是违背道义原则之别。至于"权"的行为是否值得肯定，则需要通过"观其所权""察其发动"，根据行为的性质进行具体分析和判定。而"权"本身，则不再是一个具有道德性的概念。在这种观念之下，对"权"的性质进行区分是必要的。但是，在孔子、孟子等早期儒家那里，对待"权"都是持肯定态度的。在现实的实践之中，如果有人一面以中性的"权"的概念来指导行为，一面又用孔、孟的论述来为"权"的行为辩护，那么，在对"权"的理解和运用上将很容易导致混乱，产生非道德主义的风险。事实上，汉代之后，很多事件之中，权术、权谋行为的主体，都是用孔子的"可与立，未可与权"或孟子的"执中无权，犹执一也"为自己进行辩解的。

脱离道义原则指导的权谋、权术的观念，在先秦时期就已经存在，法家、兵家、纵横家使用的"权"字，往往是这方面的含义。这与儒家所说的道德实践意义上的"权"，有着很大的不同。汉代之后对"权"的概念使用的泛

---

① （汉）刘向撰，向宗鲁校证：《说苑校证》，中华书局1987年版，第311页。
② （汉）刘向撰，向宗鲁校证：《说苑校证》，中华书局1987年版，第311—312页。
③ 黄晖撰：《论衡校释》，中华书局1990年版，第2册，第524页。

化，并摆脱了道义原则的约束，一定意义上是受先秦时期儒家之外其他学派"权"论的影响的。但是，这种观念的流行，最终将会导致对社会道德生活的严重负面影响，引发道德秩序的混乱，从而更进一步地破坏社会的稳定和和谐。当道义原则的严格约束松弛之后，汉初公羊家为"权"所设的限制，便也被悄然地突破了，不但逐渐置"舍死亡无所设"这一条件设置于不顾，而且背离了"自贬损以行权，不害人以行权"的行权之道，甚至将"杀人以自生，亡人以自存"的损人利己行为也称为"权"。所谓"有善"，完全变成了个人的利害计算，甚至私利的获取程度，"不害于己身"、明哲保身作为"权"的体现，也成了值得称道的行为。"反经行权"这一汉儒提出来为了解决道德实践中的原则性和灵活性统一问题的理论，演变成了种种忽视道德准则、逃避道德约束的行为的借口；道德准则失去了它独立的价值，成为对结果进行利益算计中的工具，合则用之，不合则弃之。

"反经为权"的观点在实践中之所以会产生诸多流弊，除了"经""权"概念本身具有多义性之外，公羊家提出和论证这一理论的方式也值得注意。在《春秋公羊传》和《春秋繁露》等著作中，对"反经为权"的观点进行分析时，都是以对历史人物评价的方式展开的。从《公羊传》最初关于祭仲的讨论中提出经权关系问题，到董仲舒通过分析齐顷公、逢丑父、司马子反、公子目夷等人的行为对这一理论进行的展开和深化，所分析的都是历史上已经发生过的事件，公羊家是作为旁观者和评价者的身份来对这些道德事件进行探讨和评论，从中提炼出关于经权问题的具体看法和观点。在这一过程中，理论的提出和论证者可以有足够冷静的判断、理性的分析和中立的立场。但是，在现实的道德生活中，主体切身的道德选择实践永远比拿着一定的尺度去评判别人困难、复杂得多，更容易受到个人利益和偏好的左右。当这一通过历史经验和教训的总结提炼出的观点用以指导现实的道德实践时，它与理论的最初提出者所设定的种种条件和约束之间的契合程度，就会取决于主体自身的道德水平、认识能力、利益追求等主观因素，甚至成为牟取私利者为其行为正当性进行辩护的借口。

此外，除了理论本身在发展中出现的偏差和实践中产生的流弊之外，"反经为权"的思想在宋代之后受到激烈的抨击，还有一个重要的原因是，在儒家思想已经成为封建国家主流的意识形态之后,佛教、道教等在儒家学者眼里的"异端"思想的传播者,往往借这一理论来为自己的思想寻求和拓展生存的空间。例如,写于汉魏之交的《牟子理惑论》中,在对佛教僧侣剃除须发因违背《孝经》"身体发肤受之父母,不敢毁伤"的宗旨从而为不孝的行为这一观点进行反驳时,说:"昔齐人乘船渡江,其父堕水,其子攘臂捽头颠倒,使水从口出,而父命得稣。夫捽头颠倒,不孝莫大,然以全父之身。若拱手修孝子之常,父命绝于水矣。孔子曰:'可与适道,未可与权。'所谓时宜施者也。且《孝经》曰:'先王有至德要道。'而泰伯短发文身,自从吴越之俗,违于身体发肤之义,然孔子称之'其可谓至德矣',仲尼不以其短发毁之也。由是而观,苟有大德,不拘于小。沙门捐家财、弃妻子、不听音、不视色,可谓让之至也,何违圣语不合孝乎?"[①] 这种借儒家的经权理论为违背儒家所推崇的伦理规范做辩护的做法,在以弘扬儒家"道统"为己任的学者看来,是不能接受的。因此,宋代之后,如何将"经"和"权"在理论上统一起来,既能体现道德主体在道德实践中的能动性和灵活性,又能维护道德准则的普遍约束力,成为学者在经权观理论上致力的一个目标。

第三节 宋代之后的经权统一理论及其发展

汉代公羊家首倡的"反经合道为权"的理论,在历史上产生了深远影响。汉儒的贡献,不仅在于首次将"经"与"权"两个概念对举,正式开启了经权问题的讨论,而且他们的"经""权"对立的观点,也成为后世讨论经权问题时最重要的参照。总体来说,由汉迄唐,经权问题上的观点大致不出"反经为权"的范围,宋代之后,经权统一的思想则逐渐占据了主流。

一 程朱理学对经权关系的重新诠释

汉儒"反经合道为权"的理论,虽然没有否定作为最高的道德标准的

[①] (汉)牟融:《牟子理惑论》,载(南朝梁)僧祐撰《弘明集》,刘立夫等译注,中华书局2013年版,上册,第23页。

第三章　中国传统伦理思想中的经权关系理论

"道"对于"权"这一概念的辖制意义,然而,在宋代的理学家们看来,以"反经"为"权",无疑是将"权"置于了在道德实践中应当具有普遍约束力的"经"的对立面,这也就为各种不遵礼法、违背纲常的行为提供了口实。这种理论不仅在现实的道德生活中可能会产生严重的流弊和危害,而且还会对主张"天理"无所不照的理学思想体系构成挑战。北宋理学的创始人之一程颐首先觉察到这一点,极力反对将"权"置于"经"的对立面的汉代以来的经权观,提出"权即是经"的观点。

　　理学是一个庞大的思想体系,从伦理学角度说,其最显著的特征,就是从"天理"出发对伦理规范和道德义务的论证。理学家不但把"天理"看作伦理道德的真正来源,而且在他们的人性二元论中,人性本身,也是从属于"天理"的。与董仲舒等汉儒的伦理思想相比,"天理"概念的引入避免了将道德准则直接视为人格化的"天"的命令或者意志所导致的神秘化、简单化的缺陷。如同西方基督教思想史中关于道德准则的来源问题中"自然法则"理论取代了神命论一样,二程和朱熹以"天理"为核心的伦理思想相对于"王道之三纲,可求于天"的学说,也在确保道德准则的神圣性和权威性的基础上,给道德主体的意志自觉以更多的关注。西方学者在评论中世纪托马斯·阿奎那的"自然法则"理论与基督教传统的神命论的不同时说:"神命论说,我们一定要询问上帝的命令。自然法理论给出了不同的答案。描述我们应当怎样的'自然法'是理性的法则,我们能够掌握这个法则是因为,自然秩序的作者上帝,把我们创造成有能力理解这一秩序的理性存在。"① 同"自然法则"理论一样,"天理"理论同样将道德准则视为由某种凌驾于人类之上的至上权威所先验地确立下来的秩序的体现,而不是直接来自它们的命令。这样,就需要作为道德主体的人通过自己的理性或努力使体现着绝对真理精神的伦理观念和规范在自己的头脑中得到"发明",而不是直接倾听并信守来自"神"或人格化的"天"的声音,从而给予主体以更大的理性探索与判断的空间,让主体在对"至善"的不断寻求中实现道德境界的提升和突破。当

---

① [美]詹姆斯·雷切尔斯、斯图亚特·雷切尔斯:《道德的理由》,杨宗元译,中国人民大学出版社2009年版,第64页。

然，这种对主体能力的确认并非以损失道德准则的普遍性价值为代价的，同主体自觉和自由相联系的人类德性的寻求貌似依然存在，但被纳入了被外在权威赋予真理性的教条的遵循之中；人们在道德理论上也不再是对未知的领域的探索和对人的卓越性的不断追寻，需要思考的只是如何同那些曾经被"圣人"给予肯定的道理达成一致。因而，同汉儒的思想体系比起来，以"天理"为基石的伦理思想不但没有削弱道德规则普遍性和权威性的基础，相反，作为道德准则的"经"被视为具有绝对的必然性和普遍性的"天理"在现实的道德生活中的落实，从而使其具有了一个更加可靠的客观性的根基。在道德理论中将主体的能动性纳入客观性的价值标准之中，体现在"经""权"关系上，就是试图在确保"经"的普遍性和权威性基础上使"经"与"权"统一起来，从而既保证"经"的普遍约束力的绝对性，又承认"权"在现实道德实践中的价值。

程颐对于"经"的理解，正是同他的"天理"的理论联系在一起的。在他看来，"天下物皆可以理照，有物必有则，一物须有一理"[1]。以"天理"的观念观之，"冲漠无朕，万象森然已具，未应不是先，已应不是后。如百尺之木，自根本至枝叶，皆是一贯，不可道上面一段事，无形无兆，却待人旋安排引入来，教入涂辙。既是涂辙，却只是一个涂辙"[2]。"天理"作为普遍性的道德准则，并非只是停留在抽象的形而上的世界之中，在人类的实际生活中，用于指导人处理各种道德关系、应对各种道德情境的规范也是先在的，并且涵盖人类生活的一切可能性。"夫有物必有则，父止于慈，子止于孝，君止于仁，臣止于敬，万物庶事莫不各有其所，得其所则安，失其所则悖。圣人所以能使天下顺治，非能为物作则也，唯止之各于其所而已。"[3] 从这个意义上说，"理"或"天理"不仅是人世间道德准则的根据和来源，同时作为所以然之则，也是事物的准则本身。而这种具有先在性和普遍性的"理"，便是"经"，这就是他说的："定理者，天下不易之理也，是经也。"[4] 同"理"

---

[1] （宋）程颢、程颐：《二程集》，王孝鱼点校，中华书局1981年版，上册，第193页。
[2] （宋）程颢、程颐：《二程集》，王孝鱼点校，中华书局1981年版，上册，第153页。
[3] （宋）程颢、程颐：《二程集》，王孝鱼点校，中华书局1981年版，下册，第968页。
[4] （宋）程颢、程颐：《二程集》，王孝鱼点校，中华书局1981年版，上册，第160页。

一样,"经"也是"百世所不变"①的,亦即具有普遍性的规律、原理或准则。从伦理学的角度说,"经"就是指必须普遍遵循的道德准则。

程颐承认"权"的合理性,但他不赞同汉儒对"权"的理解。他并不反对在现实的道德实践中用"权",承认"权"在实际的道德实践中是有意义的。"人无权衡,则不能知轻重。"②"权"作为一种道德实践的能力和应对具体道德情境的方法,是现实的道德选择中所必需的,在道德生活中的重要意义不容抹杀。这是因为,首先,"论事须着用权","权"是做出正确的道德评价的前提。在谈到汉文帝应不应当杀薄昭这一争议颇大的历史事件时,程颐说:"汉文帝杀薄昭,李德裕以为杀之不当,温公以为杀之当,说皆未是。据史,不见他所以杀之之故,须是权事势轻重论之。不知当时薄昭有罪,汉使人治之,因杀汉使也;还是薄昭与汉使饮酒,因忿怒而致杀之也?汉文帝杀薄昭,而太后不安,奈何?既杀之,太后不食而死,奈何?若汉治其罪而杀汉使,太后虽不食,不可免也。须权佗那个轻,那个重,然后论他杀得当与不当也。"③在他看来,对一个道德事件做是否应当的判断,必须考虑到当时当地的具体情境,而不能抽象地下结论。其次,对于儒家一贯推崇的"中庸"原则,如果离开了"权",在程颐看来,是很难实现的。"《春秋》以何为准?无如中庸。欲知中庸,无如权,须是时而为中。若以手足胼胝,闭户不出,二者之间取中,便不是中。若当手足胼胝,则于此为中;当闭户不出,则于此为中。"④"中无定体,惟达权然后能执之。"⑤

同时,程颐又认为,如果像汉儒那样以"权变"释"权",一定会流于变诈、权术。为了避免因用"权"而导致的脱离道义流于变诈的结果,程颐对"权"的定义是非常谨慎的。同前人一样,他也赞同道德选择中的"权"的含义是从"秤锤"的原义中引申出来的,但是,在权衡和权变两种"权"字的引申义中,他所使用的是前者,认为审慎地权衡是在道德选择中做出合

---

① (宋)程颢、程颐:《二程集》,王孝鱼点校,中华书局1981年版,下册,第1157页。
② (宋)程颢、程颐:《二程集》,王孝鱼点校,中华书局1981年版,上册,第384页。
③ (宋)程颢、程颐:《二程集》,王孝鱼点校,中华书局1981年版,上册,第234页。
④ (宋)程颢、程颐:《二程集》,王孝鱼点校,中华书局1981年版,上册,第164页。
⑤ (宋)程颢、程颐:《二程集》,王孝鱼点校,中华书局1981年版,下册,第1182页。

理选择的必然要求。正如他在解释《论语·子罕》中的"可与立，未可与权"时所说："'权'与权衡之权同，称物而知其轻重者也。人无权衡，则不能知轻重。"①

同汉儒相比，程颐的经权观突出了"经"的不可变易的普遍性，道德实践中的"权"并非无原则的权宜变通，不能超轶于"经"的约束之外，更不能"反经"。从儒家的重道义的立场出发，他反对变诈、权术之学。在他看来，汉儒"反经合道为权"思想最大的问题，就在于它弱化了"经"的权威性和普遍适用性。在日常的道德生活中，"经"是常行的准则，如果这种常行的准则可以根据道德主体的主观判断随意偏离甚至违背，道德规则将不再值得敬畏，其对于行为指导和道德评价的权威性也将不复存在，从而使人的行为脱离道德准则的控制。因此，他对汉代以来的经权理论评价说："古今多错用权字，才说权，便是变诈或权术。"②当在特殊的情境中遵循"经"的指导可能会产生不良的后果时，汉儒"反经为权"的观点要求超脱"经"的束缚，以"权"的方式求行为能够"有善""合道"，这样做很可能使"权"流于权诈。

在经权关系问题上，程颐反对汉代之后以"反经"为"权"的观点，明确提出"权即是经"。他认为，道德实践中的权衡只能以道义准则作为价值标准，而不可能在道义准则之外寻找到正确的实践方式。"夫临事之际，称轻重而处之以合于义，是之谓权，岂拂经之道哉？"③ 在他看来，只要是行为合于"义"的要求，自然就是合于"经"的。从这一意义上说，"权"本身就是"经"这一普遍性的准则在某些特殊情境中的运用。所以说："权只是经所不及者，权量轻重，使之合义，才合义，便是经也。今人说权不是经，便是经也。"④ 在程颐看来，孔子以降，儒家所谓的行权，与权诈的区别，正是其对必须以"合于义"为前提的强调。"《论语》中言'唐棣之华'者，因权而言逸诗也。孔子删《诗》，岂只取合于雅颂之音而已，亦是谓合此义理也。……

---

① （宋）程颢、程颐：《二程集》，王孝鱼点校，中华书局1981年版，上册，第384页。
② （宋）程颢、程颐：《二程集》，王孝鱼点校，中华书局1981年版，上册，第234页。
③ （宋）程颢、程颐：《二程集》，王孝鱼点校，中华书局1981年版，下册，第1176页。
④ （宋）程颢、程颐：《二程集》，王孝鱼点校，中华书局1981年版，上册，第234页。

若不合义理，孔子必不取也。"① "合于义"就是"经"，"权"所追求的正是"合于义"。在经权关系上，以"义"为中介，程颐将"权"纳入"经"的含义之中。这样，"经"作为行为准则，在道德生活中便具有了绝对的普遍性和对人的行为的控制力，而"权"只是特殊情境之下对"经"的权衡运用。

程颐的经权理论基于对汉儒以道德情境的特殊性来消解道德准则普遍性风险的担心，将"权"置于"经"的范围之内，无疑扩展了作为道德准则的"经"的普遍性。对于程颐的这一理论成就，朱熹是理解和同情的。关于程颐提出"权即是经"的原因，他解释说："程先生'权即经'之说，其意盖恐人离了经。"② "伊川见汉儒只管言反经是权，恐后世无忌惮者皆得借权以自饰，因有此论耳。"③ 同时，他以为，程颐之所以说"权即是经"，是为了强调"权"必须合于正理。因此他告诫学生："伊川所说权，是说这处合恁地做，便是正理，须是晓得他意。"④ 然而，朱熹对程颐"权即是经"的提法并非十分满意，他认为，"权"与"经"各有各的含义和意义，不应简单同一，应当在承认"经""权"分别的基础上，来解决道德生活中准则的普遍性与情境的特殊性之间的矛盾。

在朱熹看来，程颐经权观的根本缺陷是"不活络"。所谓"不活络"，就是将"权"与"经"之间的联系绝对化了，乃至抹杀了二者之间的区别。他说："权与经，不可谓是一件物事。毕竟权自是权，经自是经。"⑤ 因此，对于程颐"权即是经"的观点，他认为："某常谓不必如此说。孟子分明说：'男女授受不亲，礼也；嫂溺援之以手者，权也。'权与经岂容无辨！"⑥ "孔子曰：'可与立，未可与权。'立便是经。'可与立'，则能守个经，有所执立矣，却说'未可与权'。"⑦ 也就是说，在儒家的创始人孔子和孟子那里，"经"和"权"就被视为相分别的两个概念，不能轻易将二者等同起来。"观

---

① （宋）程颢、程颐：《二程集》，王孝鱼点校，中华书局1981年版，上册，第40页。
② （宋）黎靖德编：《朱子语类》，王星贤点校，中华书局1986年版，第3册，第988页。
③ （宋）黎靖德编：《朱子语类》，王星贤点校，中华书局1986年版，第3册，第989页。
④ （宋）黎靖德编：《朱子语类》，王星贤点校，中华书局1986年版，第3册，第989页。
⑤ （宋）黎靖德编：《朱子语类》，王星贤点校，中华书局1986年版，第3册，第987页。
⑥ （宋）黎靖德编：《朱子语类》，王星贤点校，中华书局1986年版，第3册，第989页。
⑦ （宋）黎靖德编：《朱子语类》，王星贤点校，中华书局1986年版，第3册，第992页。

孔子曰'可与立，未可与权'；孟子曰'嫂溺援之以手'，则权与经须有异处。"① 混淆"经"与"权"的区别，不仅同孔、孟的观点不符，同时，朱熹意识到："伊川说'经、权'字，将经做个大底物事，经却包得那个权，此说本好。只是据圣人说'可与立，未可与权'，须是还他是两个字，经自是经，权自是权。若如伊川说，便用废了那'权'字始得。"② 也就是说，尽管鉴于孔、孟等儒家的先贤屡次提到"权"这一概念，程颐的思想体系中没有否定"权"存在的意义，但如果把"权"与"经"等同起来，或者让"权"的含义包含于"经"的概念之下，实际上就是取消了"权"在道德实践中的价值，这是与孔、孟的论述相违背的。

因此，朱熹尽管同情程颐在经权观上的立场，但仍然提出了"经权亦当有辨"的主张，对程颐的经权统一理论进行补充和修正，在程颐"权即是经"的观点基础上，提出了更为严谨的"经是已定之权，权是未定之经"③的命题。

"经是已定之权，权是未定之经"，事实上也正是程颐"权即是经"的经权理论所要表达的深层内涵。在程颐的理学体系中，"理"是无所不照的，无论是"经"还是"权"，其标准都先在地存在于"理"之中，道德实践的主体之所以要区分"经"和"权"，只是因为在经验中是否曾经遇到过与当下面对的具体情境相似或相同的"实例"。如果有先例，便有确定的规则可循，便是"经"；无先例可循，便只能依据"道"或"义"的要求，根据具体的情境，通过权衡轻重寻找与"理"一致的可行的行为方式，便是"权"。而在此类情境中一旦有了"合义"的"权"，便也就意味着有了"理"在这"一事"中的"实例"，由此而得到的具体行为准则相应也就成了"经"。这就是程颐说所的："权量轻重，使之合义，才合义，便是经也。"也就是说，从作为道德实践的准则的角度来看，天下只有一个"经"而已，只不过有已看见它还是"人看他不见"的区别，当通过"合义"的"权"经验过之后，"权"所适用的情境和准则自然也就成了"经"。亦即，"权"是"未定之

---

① （宋）黎靖德编：《朱子语类》，王星贤点校，中华书局1986年版，第3册，第992页。
② （宋）黎靖德编：《朱子语类》，王星贤点校，中华书局1986年版，第3册，第994页。
③ （宋）黎靖德编：《朱子语类》，王星贤点校，中华书局1986年版，第3册，第989页。

经"，相应地，"经"则是"已定之权"。朱熹对程颐经权理论的修正，实际上就是将程颐"权即是经"的观点中没有明确表达出来的观点发掘了出来，并通过区分"经""权"的方式在理论上予以了补充和完善。这样，一方面避免了程颐的理论可能导致的混淆"经""权"概念的弊端，另一方面又承绪了程颐强调道德准则普遍性的立场。

程朱经权理论上的异同，反映了一种理论从提出到完善的必然过程。元代的胡炳文在评价程朱的经权观时有这样一段话："自汉儒有'反经合道'之说，故程子矫其弊而曰'权只是经'。要之，夫子分'立'与'权'而言，孟子分'礼'与'权'而言，则朱子所谓'经与权当有辨'是也。无程子之说，则权变、权术之说可行于世矣；无朱子之说，则经权之辨不复明于世矣。此其说不得不异也。程子曰：'权也者，谓能权轻重使合义也。'朱子曰：'义可以总括得经权。义当守经则守经，义当守权则守权。'程子是专就'权'上说义，朱子是分'经'与'权'说义。义当守经而经，经固经也；义当守权而权，礼亦经也。但程子则谓之权合义即是经，而朱子则谓经之与权皆当合义尔。先儒谓：'朱子每于程之说足其所未尽，补其所未备，实有功于程子，而未可以优劣之也。'愚于此亦云。"[①] 程颐作为理学体系的创始人之一，他所面对的主要任务就是荡除汉儒"反经合道为权"的经权观可能产生的流弊，因此突出了"权"和"经"的内在统一性，以及"道""义"对于"经"和"权"的总括性的意义。而朱熹作为理学体系的完成者，则更多的是在继承发扬的基础上，对早期理学思想中一些不尽完善的观点进行完善和深化，因而通过对儒家经权理论的系统梳理和反思，对"经""权"关系进行了更为准确的表述。正如后人评价："有《集注》之说，则经权之义始明；有程子之说，则经权之义始正。先儒明道之力，至是而始备矣。"[②] 无论是程颐还是朱熹，对经权问题的探讨都是通过解决道德准则普遍性与道德情境特殊性之间的矛盾，为以"天理"为核心的理论体系寻找到一种合理的经权理论，以匹

---

① （元）胡炳文撰：《四书通·〈论语〉通》卷5，《影印文渊阁四库全书》，北京出版社2012年影印本，第203册，第236页。
② （宋）赵顺孙撰：《四书纂疏·〈论语〉纂疏》卷5，《影印文渊阁四库全书》，北京出版社2012年影印本，第201册，第354页。

配理学体系之下对道德准则的普遍性与权威性的强调，同时也为封建伦理纲常的普遍约束力的实现扫除理论上的障碍。

二　陆王心学中的经权问题

相对于程颐和朱熹，陆九渊和王阳明并没有对经权问题进行集中和系统的论述，但是，在他们对于相关伦理思想的阐发中，对于"经"与"权"的问题多有涉及，并且在"心""良知""知行"等问题的讨论中，都涉及道德准则的客观性与道德主体的能动性之间关系问题等内容，也能够体现出他们在这一有关道德实践的重要伦理学问题上的认识。

在陆九渊看来，现实的道德实践中，可以作为具有普遍性的行为正当性判断的最终依据的，是"道"或"理"。对于实践的主体来说，"心即理"，所以在实际的道德判断中，最直接的途径，就是诉诸"本心"。"义理之在人心，实天之所与，而不可泯灭焉者也。彼其受蔽于物而至于悖理违义，盖亦弗思焉耳。诚能反而思之，则是非取舍盖有隐然而动，判然而明，决然而无疑者矣。"[1] 只要能够立足于"本心"，在日常的行为实践中，无论遇到什么样的情境，都可以灵活地做出权衡判断；而这个权衡的过程，也正是主体积极能动的"思"的过程。"《易》曰：'拟之而后言，议之而后动。'孟子曰：'权然后知轻重，度然后知长短，物皆然，心为甚。'《记》曰：'心诚求之，虽不中不远矣。'日用之间，何适而非思也。"[2] 在陆九渊看来，孟子所说的"权"，无非就是发挥"心之官"的功能而进行的"思"。"心"不但是进行权衡的器官，同时也是主体进行权衡的标准和依据；如果一个人不立足于"我"之"本心"去进行权衡，而是一味地去寻找外在的依据，必将为外物所"役"。"君子役物，小人役于物。夫权皆在我，若在物，即为物役矣。"[3] 因此，陆九渊说："诚能于此深切著明，则自成自道自求多福者，权在我矣。"[4]

"我"的"本心"之所以能够成为权衡的标准和依据，是因为"人皆有

---

[1] （宋）陆九渊：《陆九渊集》，钟哲点校，中华书局1980年版，第376页。
[2] （宋）陆九渊：《陆九渊集》，钟哲点校，中华书局1980年版，第34页。
[3] （宋）陆九渊：《陆九渊集》，钟哲点校，中华书局1980年版，第464页。
[4] （宋）陆九渊：《陆九渊集》，钟哲点校，中华书局1980年版，第158页。

是心，心皆具是理"①。人依据"本心"所做出的判断，只不过是天理的自然流行发用，并非出于自己的私欲臆见，自然与"道"或"理"的要求相一致。相反，如果刻意用"智"，将"权"视为利害之间的判断取舍，则会使其背离"道"或"理"的要求，从而失去合理性和正当性。陆九渊在评论汉代公孙弘的"智者术之原"的观点时说："弘之说曰：'擅杀生之柄，通壅塞之涂，权轻重之数，论得失之迹，使远近情伪，毕见于上，谓之术。'此所谓要之以利害之效，文之以近似之辞，使听之者诚以为圣人之智亦不过如此而已也。且圣人之智，明彻洞达，无一毫私意芥蒂于其间。其于是非利害，不啻如权之于轻重，度之于长短，鉴之于妍丑，有不加思而得之者。故其处大疑，定大论，亦若饥食渴饮，夏葛冬裘焉已耳。虽酬酢万变，无非因其固然，行其所无事，有不加毫末于其间者。夫如是，可谓之术乎？"② 真正称得上是智慧的"权"不是对轻重利害的算计之"术"，圣人的智慧，正在于相对于外物来说，他本身就是权衡的标准，取舍判断，"无非因其固然"。这里所谓的"固然"，就是"道"或"理"的必然要求。因为"心皆具是理"，所以对于"本心"完全光明的圣人来说，完全按照内心的指引，"行其所无事"，便可做出恰当的行为。陆九渊对重"术"的观念的抨击，从经权观角度说，是对汉代之后行权流于权术、变诈的风气的一种回应。

既然"权在我"，那么，被世人视为常理、常道的经典中的教条、格言是否真正与"理"保持一致，从而值得作为行为判断的标准和依据，也是需要"我"来进行衡量的。陆九渊要求人们读书时应当读经书和古注，这是因为，经书中记载的是古代的"先知""先觉"者对于道理的领悟。而文字只是经书中道理的载体，其本身没有真理性和神圣性，无所谓真假、善恶之分，因此，经典中的文字记载与"道"或"理"是否契合，取决于经典的作者们对于"本心"的"发明"程度，或者他们著述的动机。也就是说，在陆九渊看来，典籍中记载的所谓"道理"，并不见得都是真的，这就需要对书籍中的文字记载依"理"进行区分取舍。"盖书可得而伪为也，理不可得而伪为也。使

---

① （宋）陆九渊：《陆九渊集》，钟哲点校，中华书局1980年版，第149页。
② （宋）陆九渊：《陆九渊集》，钟哲点校，中华书局1980年版，第349页。

书之所言者理耶，吾固可以理揆之；使书之所言者事耶，则事未始无其理也。观昔人之书而断于理，则真伪将焉逃哉？苟不明于理而惟书之信，幸而取其真者也，如其伪而取之，则其弊将有不可胜者矣。"① 所以，陆九渊反对学者只是在古人的文字之间寻求道理的"倒做"的做法。如果读书者只是停留在语言文字的层面上，"终日簸弄经语以自傅益，真所谓侮圣言者矣"②。古人留下经籍，目的是发明自己内心中所体悟到的道理，文字只是工具和手段；后人如果只是用经典中的文字以自饰，无疑是舍本逐末，背离了著经的圣贤的本意。况且，经典的著作者关于"道"与"理"的经验并不一定完全是准确的，以"理"衡量，存在真伪之分，这就需要作为主体的"我"在学习的过程中用"心"去思考、去判断，而不要整日沉浸于文字之间，"铢铢而称"，"寸寸而度"。"大抵为学，不必追寻旧见。此心此理昭然宇宙之间，诚能得其端绪，所谓一日克己复礼，天下归仁焉，又非畴昔意见所可比拟。此真吾所固有，非由外铄，正不必以旧见为固有也。"③

因此，陆九渊认为，作为价值判断标准，经典中的文字的普遍有效性是相对的，值得借鉴参考，但不能视为教条。"'巽以行权'：巽，顺于理，如权之于物，随轻重而应，则动静称宜，不以一定而悖理也。"④ 如果将书中的言语视为"一定"的教条，不能判断，不知取舍，则很容易使行为背离"理"的根本要求。经典中的记述，不但必须与"心"形成呼应，而且要经得起"心"的检视。"凡事只看其理如何，不要看其人是谁。"⑤ 陆九渊的这一思想，在封建社会已经步入衰落的时代，道德准则越来越外在化、绝对化和神秘化的背景之下，无疑对于实践主体在道德生活中的自由和能动性以极大的肯定。但与此同时，他主张任何确定性的道德准则都必须经过主体内心的衡量和判断，也为普通人在现实的道德生活中的实践选择带来了非常大的难度。

陆九渊在经权问题上的观点，被王阳明继承和发展。王阳明发掘出了孟

---

① （宋）陆九渊：《陆九渊集》，钟哲点校，中华书局1980年版，第380页。
② （宋）陆九渊：《陆九渊集》，钟哲点校，中华书局1980年版，第6页。
③ （宋）陆九渊：《陆九渊集》，钟哲点校，中华书局1980年版，第173页。
④ （宋）陆九渊：《陆九渊集》，钟哲点校，中华书局1980年版，第418页。
⑤ （宋）陆九渊：《陆九渊集》，钟哲点校，中华书局1980年版，第468页。

子思想中的"良知"二字，并且围绕着"致良知"这一核心概念，建立起了自己的理论体系。在王阳明看来，行为正当性的标准和依据，正在我们的"良知"之中。通过"良知"对具体情境中的行为的正当性进行判断取舍的过程，就是"权"。王阳明所谓的"权"，也主要是从权衡意义上说的；权衡的依据，不是经典中圣贤所制定论证的礼义准则，也不是从世俗的生活经验中发现的约定俗成的规范，而是存在于我们每个人内心中的"良知"。在《答顾东桥书》中，王阳明以"舜不告而娶"和"武王不葬而兴师"二事分析说："夫舜之不告而娶，岂舜之前已有不告而娶者为之准则，故舜得以考之何典，问诸何人而为此邪？抑亦求诸其心一念之真知，权轻重之宜，不得已而为此邪？武之不葬而兴师，岂武之前已有不葬而兴师者为之准则，故武得以考之何典，问诸何人而为此邪？抑亦求诸其心一念之良知，权轻重之宜，不得已而为此邪？使舜之心而非诚于为无后，武之心而非诚于为救民，则其不告而娶与不葬而兴师，乃不孝不忠之大者。而后之人不务致其良知，以精察义理于此心感应酬酢之间，顾欲悬空讨论此等变常之事，执之以为制事之本，以求临事之无失，其亦远矣！"[①] 在他看来，这两件事情，都是舜和周武王依据良知本体，在具体的情境之中进行权衡的结果；权衡的过程，也就是将"良知"推至于具体的事物之中的过程。

因此，对于道德主体来说，如果想要做出恰当的判断和取舍，成为一个道德高尚的人，首先，必须真切地体认"良知"，而不能希高慕外。针对宋人追求"圣人气象"的修养目标，王阳明说："圣人气象自是圣人的，我从何处识认？若不就自己良知上真切体认，如以无星之称而权轻重，未开之镜而照妍媸，真所谓以小人之腹而度君子之心矣。"[②] 如同秤星是称量重量的标准一样，每个人自己的"良知"就是权衡行为善恶的标准。"圣人气象"是"圣人"之"心"与"圣人"的生活实践相感应的结果，但我们每个人"自己"的生活实践与"圣人"是不同的，而"良知良能，愚夫愚妇与圣人同"[③]，在具体的生活实践中只有从"良知"上下功夫，才可能像圣人那样在事事物物

[①] （明）王守仁撰：《王阳明全集》，吴光等编校，上海古籍出版社2011年版，上册，第56—57页。
[②] （明）王守仁撰：《王阳明全集》，吴光等编校，上海古籍出版社2011年版，上册，第66页。
[③] （明）王守仁撰：《王阳明全集》，吴光等编校，上海古籍出版社2011年版，上册，第56页。

的处理中无不当其可。其次,在现实的道德实践中,又要时时处处用"良知"对行为进行检视判断,以使行为始终保持符合正当的要求。在评论"弃置富贵与轻于方父兄之命,只是一事"的观点时,王阳明说:"当弃富贵即弃富贵,只是致良知;当从父兄之命即从父兄之命,亦只是致良知。其间权量轻重,稍有私意于良知,便自不安。凡认贼作子者,缘不知在良知上用功,是以有此。若只在良知上体认,所谓'虽不中,不远矣'。"[1] 权衡的过程,其实就是用良知这把尺子与现实的道德行为进行对照的过程,根据二者契合的程度,适时对行为方式发出肯定或否定的命令。

这样,在"良知"这一概念之下,"经"和"权"就具有了统一的基础。王阳明将"经"与"权"的实践合理性依据直接统一在了"良知本体"之中,在程朱那里,被视为经权统一的中介的"义",在王阳明的思想体系中便也直接转化为了"良知"。"义即是良知,晓得良知是个头脑,方无执着。且如受人馈送,也有今日当受的,他日不当受的;也有今日不当受的,他日当受的。你若执着了今日当受的,便一切受去。执着了今日不当受的,便一切不受去,便是'适'、'莫',便不是良知的本体,如何唤得做义?"[2] "良知"不但被视为行为善恶的标准,而且它既是"经"的正当性的来源,又是"权"的合理性的依据。这样,"经"和"权"无论在形而上的理论根源层面上,还是形而下的实践操作层面上,都达到了统一。二者统一的基本原理,是"知行合一";统一的现实路径,就是"致良知"。

王阳明认为,如果要有恰当的道德行为,首先必须有在善恶准则上的真知;而要想透彻地理解善恶准则,又必须从"良知"中去寻求。以"良知"为内在依据,才能在"知"上做到察微辨几。他说:"'道之大端易于明白',此语诚然。顾后之学者,忽其易于明白者而弗由,而求其难于明白者以为学,此其所以'道在迩而求诸远,事在易而求诸难'也。孟子云:'夫道若大路然,岂难知哉?人病不由耳!'……毫厘千里之谬,不于吾心良知一念之微而察之,亦将何所用其学乎?是不以规矩而欲定天下之方圆,不以尺度而欲尽

---

[1] (明)王守仁撰:《王阳明全集》,吴光等编校,上海古籍出版社2011年版,上册,第239页。
[2] (明)王守仁撰:《王阳明全集》,吴光等编校,上海古籍出版社2011年版,上册,第116页。

天下之长短，吾见其乖张谬戾，日劳而无成也已。"① 在王阳明看来，"圣人"之所以能够在现实的道德生活中发现那些被后人奉为"经"的准则并在实践中恰当地运用它们，是他们在"良知"澄明的前提下随感而应的结果，而不是事先就已经通晓了事事物物中具有的所谓"定理"，再去将这些明确的准则贯彻到具体的事务之中。"圣人之心如明镜，只是一个明，则随感而应，无物不照，未有已往之形尚在，未照之形先具者。若后世所讲，却是如此，是以与圣人之学大背。……只怕镜不明，不怕物来不能照。讲求事变，亦是照时事，然学者却须先有个明的工夫。学者惟患此心之未能明，不患事变之不能尽。"② 也就是说，能够让圣人处事得宜并成为后世典范的，从根本上说，是由于他们"心如明镜"，而不是预先已经"讲求"的各种具体的规则。

要有恰当的道德行为，不但要有在善恶准则上的"知"，而且要有能"致"其"知"的"行"。王阳明认为，"良知"是人人具有的，圣人与普通人的区别，不在于他们是不是能"知"、有"知"，而在于能否"致知"。在现实的道德生活中，大部分人对于应当还是不应当的标准都是清楚的，但人与人之间道德水平的差异，主要就在于能不能将这种对道德的"知"转化为"行"，亦即能不能"致"其"良知"。比如，孝子应当做到"温清定省"，这是大家都明白的道理。但在王阳明看来，"然而能致其知者鲜矣。若谓粗知温清定省之仪节，而遂谓之能致其知，则凡知君之当仁者皆可谓之能致其仁之知，知臣之当忠者皆可谓之能致其忠之知，则天下孰非致知者邪？以是而言，可以知'致知'之必在于行，而不行之不可以为'致知'也明矣。知行合一之体，不益较然矣乎？"③ 因此，道德行为上的所谓应当，所谓合宜，就是要看是不是将"良知"推至于具体的生活实践之中。"义者宜也。心得其宜之谓义。能致良知，则心得其宜矣，故'集义'亦只是致良知。君子之酬酢万变，当行则行，当止则止，当生则生，当死则死，斟酌调停，无非是致其真知，以求自慊而已。"④ 根据这种理解，日常生活中对行止乃至生死的抉择，即道

---

① （明）王守仁撰：《王阳明全集》，吴光等编校，上海古籍出版社2011年版，上册，第56页。
② （明）王守仁撰：《王阳明全集》，吴光等编校，上海古籍出版社2011年版，上册，第13—14页。
③ （明）王守仁撰：《王阳明全集》，吴光等编校，上海古籍出版社2011年版，上册，第56页。
④ （明）王守仁撰：《王阳明全集》，吴光等编校，上海古籍出版社2011年版，上册，第82页。

德实践中的"权"，就是将"良知"推至于具体事物的过程，从而区别于以权术、变诈为"行权"的人只是紧盯事实本身而试图得到一个对己最有利的结果的做法。所以他说："'节目时变'，圣人夫岂不知？但不专以此为学。而其所谓学者，正惟致其真知，以精察此心之天理，而与后世之学不同耳。"①

因而，同陆九渊一样。王阳明也认为，为了提高人的境界，通过读书学习以"尽吾心"是必要的，但在读书学习的过程中，又必须时刻警惕，不要为典籍中的枝节文辞所束缚缠绕，否则，不但不能收到积极的功效，反而会对自我的良知形成障壁。在王阳明看来，典籍以及其中的文辞论断只是前人"良知"的形式化体现和"明道"的工具，本身并没有固定不变的合理性标准来判别其高下。因此，在读书学习的过程中，就没有必要在文本字句或者具体论述上穿凿纠缠，而只要能将其作为培养自己的良知的途径即可。他说："凡看经书，要在致吾之良知，取其有益于学而已。则千经万典，颠倒纵横，皆为我之所用。一涉拘执比拟，则反为所缚。虽或特见妙诣，开发之益一时不无，而意必之见流注潜伏，盖有反为良知之障蔽而不自知觉者矣。"②

总之，在王阳明看来，"经"也罢，"权"也罢，都只是人的道德实践之中的"经"与"权"。而在道德实践中，"良知"既是每个行为主体自己的善恶准则，又是具体情境中权衡判断的标准。"尔那一点良知，是尔自家底准则。尔意念着处，他是便知是，非便知非，更瞒他一些不得。尔只不要欺他，实实落落依着他做去，善便存，恶便去。他这里何等稳当快乐。此便是格物的真诀，致知的实功。"③ 王阳明将行为的选择和评价视为"致良知"的过程，将"尔那一点良知"视为"尔自家底准则"，并且强调"知"与"行"的统一，实际上超越了前人经权观偏重在理论上纠缠于"经"的普遍性限度以及承认"权"的正当性会对"经"的普遍性价值产生什么样的影响的视域。每个人自己的"知"便是行为善恶判断的准则，而"行"就是在具体的情境之下行为方式的选择和实践；"知行合一"，实际上也就是具有普遍性的行为准则与道德选择的具体情境的合一。这样，在宋代以来伦理思想中一直

---

① （明）王守仁撰：《王阳明全集》，吴光等编校，上海古籍出版社2011年版，上册，第56页。
② （明）王守仁撰：《王阳明全集》，吴光等编校，上海古籍出版社2011年版，上册，第238页。
③ （明）王守仁撰：《王阳明全集》，吴光等编校，上海古籍出版社2011年版，上册，第105页。

困扰的经权如何统一的问题,就被自然地融入了"致良知"和"知行合一"的理论体系之中。

三 体用关系视域下"经"与"权"的统一

宋代之后,经权统一论成为经权观上的主流思想。程颐和朱熹对于经权统一的具体方式尽管表述不同,但无论是程颐的"权即是经"还是朱熹的"权是未定之经,经是已定之权",都是在视"天理"为具有绝对性的普遍法则的理论体系之内,将"经"与"权"看作与"天理"一致的道义原则在不同情境中的体现,并以此来论证看似违背既有具体道德规范的"权",最终与作为道义原则的直接体现的"经"是根本一致的。他们的经权观,依然延续了汉儒"常者为经,变者为权"的传统,因此在具体的道德实践之中,"经"与"权"虽然被认为具有本质上的一致性,但仍然是分别适用于不同情境的两种行为方式。在陆九渊和王阳明的心学体系里,道德实践中的原则性与灵活性、必然与自由之间的关系的理解被置于"心即理"的基本观念之下,他们反对将现实生活中具体的道德准则或者经典中的道德训诫作为僵死的教条,主张回归自我的"本心"或"良知"寻找道德选择的依据和道德评判的标准,彰显了道德行为的主体性特征,肯定了道德生活中人的自主性和能动性。但是,他们将合理的道德实践的判定完全交给主体的内心自觉,贬低了具有社会性和客观性的道德准则所具有的普遍性的意义,对于道德实践的主体来说,需要很高的道德认知和觉悟能力,因而在现实的道德生活中限制了道德规范普遍的指导和调节作用的发挥。

经权统一理论的第三种类型,是将"经"与"权"视为"体"与"用"的关系,从而在"体用不二"的观念之下,论证"经"与"权"在理论上的统一。明代理学家高拱是较早从这一角度系统论证经权关系的学者之一。

无论对于汉儒"反经合道为权"的经权观,还是宋代理学家程颐"权即是经"和朱熹"经权亦当有辨"的观点,高拱都是不满意的。高拱认为,"经"和"权"都是取义于秤("称")。"经者,称之衡也,斤两各具星子,有定而不可易。如父子之必亲,君臣之必义,以至其他,莫不皆然者也。权,称之锤也,往来取中,变通而不穷。如亲,务得乎亲之正;义,务得乎义之正。以至其他，莫不皆然者也。"① 也就是说，"经"就是秤杆，"权"就是秤锤。"称之为物，有衡有权。"② 秤锤和秤杆都是秤的有机组成部分，"分之则二物，而合之则一事"③，虽然二者分开来看是两件不同的东西，但单独存在都没有意义，只有把二者合成一件事物，才能成为有用的工具。离开了秤锤，秤杆就失去了意义；离开了秤杆，秤锤也就失去了意义。同样，"经"与"权"相互为用，没有无"权"之"经"，也没有无"经"之"权"。

根据这一经权关系的理解，无论是汉儒还是程朱在经权关系上的观点，都是不正确的。关于汉儒"反经合道为权"的观点，高拱批评说："经是何物？道是何物？既曰反经，安能合道？既曰合道，何谓反经？若曰反经可以合道，是谓背其星子而可以得其分两也，有是理乎？其说'经'、'权'二字，非惟原无分晓，纵使其不流于变诈，亦自不是权也。"④ 他认为，如果说"反经"可以"合道"，那无异于说脱离秤杆上作为标准的秤星可以称量出物体的准确的重量。行为实践中的"权"也是这样，如果脱离了"经"这个标准，行为即使不流于变诈，也不可以称为真正意义上的"权"。因此，在他看来，"彼汉儒权变、权术之说，乃是无衡之锤，无所取中，故其旁行也流，亦任其诡窃而已，何可以为权也？"⑤ "彼'反经合道'之说，其谬固不足辩"⑥。同时，既然秤杆和秤锤分之为二，合之为一，相互为用，那么，分别以秤杆和秤锤为喻的"经"与"权"自然是两件不同的事物，不能将二者混同。"故谓衡即是权，权即是衡，不可也。"⑦ 由此来看，程颐"权即是经"的观点自然也是不恰当的，好比是说秤杆就是秤锤，秤锤就是秤杆。"故谓权不离经也则可，而曰权即是经，是曰权即是衡也。"⑧ 在高拱看来，如果说，程颐"权即是经"的观点是将"一事"等同于"一物"，那么，朱熹"经权亦当有

---

① （明）高拱：《高拱论著四种》，流水点校，中华书局1993年版，第159页。
② （明）高拱：《高拱论著四种》，流水点校，中华书局1993年版，第162页。
③ （明）高拱：《高拱论著四种》，流水点校，中华书局1993年版，第162页。
④ （明）高拱：《高拱论著四种》，流水点校，中华书局1993年版，第161页。
⑤ （明）高拱：《高拱论著四种》，流水点校，中华书局1993年版，第160页。
⑥ （明）高拱：《高拱论著四种》，流水点校，中华书局1993年版，第161页。
⑦ （明）高拱：《高拱论著四种》，流水点校，中华书局1993年版，第162页。
⑧ （明）高拱：《高拱论著四种》，流水点校，中华书局1993年版，第163页。

第三章　中国传统伦理思想中的经权关系理论

辨"的观点则是将"二物"等同于"二事"。对于朱熹的经权观,他评论道,朱熹因不能满意程颐混同经权,"所以又有'经权亦当有辨'之说也。但犹谓权为处变之物,故引《孟子》'嫂溺援之以手'为证。夫嫂溺援之以手,权之易见者,故直谓之权也。若夫男女授受不亲,礼也,而亦非离权也。何则人之授受,未有不亲者也,而独男女则不亲焉,何也?嫌也。不嫌则授受亲,嫌则授受不亲,非权而何?是礼之正者,亦由权而正也。而曰权而得中是为礼也,是徒以权之得中者为礼,而不以礼之得中者为权,乃似又犹有遗说也"①。高拱认为,无论是处变还是守常,行为实践中都是需要"权"的。朱熹主张"经权亦当有辨",又说"权"只是在处变的时候不得已而用之,这同样是与经权相互为用的关系不相符的。无论任何情境之下,如果想要做出恰当的行为选择,都离不开"权"这一基本的方法。总之,高拱不但赞成程颐"自汉以来,无人识'权'字"的论断,而且认为,"讵止汉人,即宋人亦未识得"。②

通过高拱对"经"与"权"两个概念的界定和对前人经权关系理论的批判可见。在他眼里,"经"和"权"相辅相成,相互为用,统一于行为实践的过程之中。同时,二者在实践中各有其功能,又体现出体与用的差别。"经也者,立本者也,犹之衡也。权也者,趋时者也。经以权为用,权非用于经,无所用之者也。"③"经"作为"有定而不可易"的本体来说,自身无法直接实现其"用"的价值,必须借助"往来取中,变通而不穷"的"权",才能在行为实践中实现其存在的意义;同时,"权"也只是在"经"的限度内的"权",脱离了"经"的范围,"权"就成了漫漶无依的权术、变诈。所以他说:"衡也者,为铢、为两、为斤、为钧、为石,其体无弗具也,然不能自为用也。权也者,铢则为之铢,两则为之两,斤则为之斤,钧则为之钧,石则为之石,往来取中,至于千亿而不穷。其用无弗周也,然必有衡而后可用也。……盖衡以权为用,权非用于衡,无所用之。"④

---

① （明）高拱：《高拱论著四种》,流水点校,中华书局1993年版,第163页。
② （明）高拱：《高拱论著四种》,流水点校,中华书局1993年版,第159页。
③ （明）高拱：《高拱论著四种》,流水点校,中华书局1993年版,第163页。
④ （明）高拱：《高拱论著四种》,流水点校,中华书局1993年版,第162页。

从高拱对于经权关系的分析可见,在他对自己的观点的论证之中,处处以秤锤和秤杆的关系为喻。这种论证方法,有助于将其观点直观地展示出来,但是,这种方法也有非常明显的局限性。对此,赵纪彬曾经分析说:"道之妙用,诚有一部分似乎权。但是,正如一切的比喻都不免于片面性一样,由'称锤'所得的世界认识,亦限于量的增减,对于质的转化,非所能辨。宋儒程朱,对此均尚有觉察。例如:《朱子四书语类》卷廿五,关于'权是称锤,秤衡是经否'问题,曾说:'这个以物譬之,难得亲切。'高拱竟而忽视'以权言道'的比喻的局限性,将其绝对化,普遍化,断然宣称'苟有一毫弗类称锤者',则'亦不可以为道之权矣。'并进而以'反经合道'的直观辩证法权说为谬。似此,对于'对立的统一体',甚至对于'称'的'权'与'衡',亦只见其'相须相成',而不见其'相对相反',遂自陷于形而上学藩篱,暴露出所有古代唯物论的根本缺陷。"① 将经权关系视为一种体用关系,固然凸显了"经"与"权"这对范畴在道德实践中应当坚持原则性和灵活性相统一的意义,但是,高拱这种把"经"与"权"看作和秤杆与秤锤关系具有绝对类似性的观点,未免显得僵化和片面。

同高拱一样,明清之际的王船山也反对以"常""变"区分"经""权"的观点,并认为"经""权"之间的关系应当是一种体用关系。根据《史记·太史公自序》中的"守经事而不知其宜,遭变事而不知其权"②,王船山认为,汉儒经权观中将"经"与"权"相对的观点是错误的。他说:"古云'处经事而不知宜,遭变事而不知权',就天下之事而言之,'经'字自与'变'字对。以吾之所以处事物者言之,则在经曰'宜',在变曰'权',权亦宜也。"③"义者,宜也。"一般情况之下按照"经"的要求去做是适宜的、合义的,在非常的情境之下行权同样也是适宜的、合义的。依照船山的这种理解,"经"与"变"是在不同情境之下的处事方式,而无论哪种方式,虽然过程和结果看起来有区别,有时称为"宜",有时称为"权",但二者最终都是追求行为合乎道义。因此,"权"并不是与"经"相对应的,更不是对

---

① 赵纪彬:《困知二录》,中华书局1991年版,第284页。
② (汉)司马迁撰:《史记》,中华书局1959年版,第10册,第3298页。
③ (明)王夫之撰:《读四书大全说》卷5,《船山全书》,岳麓书社2011年版,第6册,第741页。

立的,而是同"经"一样,是实现"义"的一种方式。

王船山认为,对于"经"与"权"可以从两个不同的角度去理解。一是具体事物("事")方面。"于天下之事言经,则未该乎曲折,如云'天下之大经',经疏而纬密也。"① 从这个角度来说,"经"只是道德准则方面一些大概的规定,正如朱熹所说:"经只是一个大纲。"② 既然只是"大纲",自然无法涵盖道德生活的所有细节。但是,与朱熹不同的是,他虽认同道德实践中的"经只是一个大纲",但并不像朱熹一样认为"权"就是用于填补"经"所留下的具体细节的,即"权是那精微曲折处"③。王船山认为,和"疏"的"经"相对的是"纬",如同"经"的本义"织纵丝"一样,一旦"经"被固定之后,就需要纬线的填补,才能够形成完整的织物。因此,"经"是"疏"的,而"纬"则是"密"的。这里的与"经"相对的"纬",在现实的道德生活中,则指的应当是各种具体情境中细节性的道德要求。二是道德修养("学问心德")方面。"于学问心德言经,则'经'字自该一切,如云'君子以经纶',凡理其绪而分之者,不容有曲折之或差,则经固有权,非经疏而权密也。"④ 从这个角度来说,"经"是依据具体的情境和道义的要求对事务进行分析和权衡的能力,一切问题的应对都需要这样的能力和素质,这样的"经"自然不能脱离体现着灵活性的"权"。而"权"则是修养和能力的实际运用。"《易》云'巽以行权',巽,入也,谓以巽入之德,极深研几而权乃定也。如风达物,无微不彻,和顺于义理而发其光辉。"⑤ "权"以"经"为内在依据和本质。"经"与"权"二者相辅相成为一体,因此也没有"疏""密"之分。

无论从上述哪个角度去理解,"经"与"权"之间的关系,王船山认为,实质上都是一种体用关系。"曰'经纬',经持纬也;曰'经纶',理其绪也;固非有体而无用。……言'权'则故不爽乎经,言'经'则自有轻重取裁之

---

① (明)王夫之撰:《读四书大全说》卷5,《船山全书》,岳麓书社2011年版,第6册,第741页。
② (宋)黎靖德编:《朱子语类》,王星贤点校,中华书局1986年版,第3册,第992页。
③ (宋)黎靖德编:《朱子语类》,王星贤点校,中华书局1986年版,第3册,第992页。
④ (明)王夫之撰:《读四书大全说》卷5,《船山全书》,岳麓书社2011年版,第6册,第741页。
⑤ (明)王夫之撰:《读四书大全说》卷5,《船山全书》,岳麓书社2011年版,第6册,第743页。

意，故曰'变而不失其经之谓权'"。① 既然"经权一揆"②，相须而成，那么，汉儒以"反经"为"权"的观点从一般意义上来说，自然就是错误的。"以已成之经言之，则经者天下之体也，权者吾心之用也。如以'经纶'之经言之，则非权不足以经，而经外亦无权也。经外无权，而况可反乎?"③ 对于"反经合道为权"的理论经常引用的几个主要的事例，王船山认为，也是不能证明"反经合道为权"的。例如，周公诛管、蔡一事中，有人认为，周公背离了兄友弟悌的人伦之大经，自然可以作为"反经合道为权"的一个例子。王船山则认为，周公如果试图"反经合权"，一定就会放了管叔和蔡叔，因为管、蔡"挟私怨，朋仇雠，乘国危主幼而作乱"，二人作为臣子，做出这样的事情来，"其必诛不赦者，自国家之大经大法"，所以，就这件事情来说，"是其诛之也，正经也"。周公诛管、蔡，在王船山看来，正是"遭变事而必守经耳，安得谓之反经?"④ 同样，孟子与淳于髡的对话中所提到的"嫂溺援之以手"的例子，王船山认为，也是"乃在事变上说"。他说："孟子姑就事之变者言之。自非豺狼，皆可信其必援。只是一时索性感怆做下来的……而又岂圣贤胸中有此本领，以待嫂之溺，为反经而合道耶?"⑤

总之，船山反对将"经"与"权"相对立，认为"经"与"权"其实是一致的，如果没有"权"，也就无所谓"经"。在《读四书大全说》中，船山分析周太王由于受狄人侵扰而去邠居岐时说："有可权者，则权以合经，故迁国图存，自保国之经也。无可权矣，则亦无经，而所守者唯舍生取义而已。"⑥ 当我们谈论"经""权"问题的时候，说明我们所面对的情境是可以通过主动的判断和权衡去进行取舍的，此时的道德主体所应当做的，就是通过权衡判断来使行为方式符合"经"的要求；如果面临着特殊的情境，根本没有权衡取舍的可能，当然也就无所谓合理的行为方式，在这样的困境之中，人能

---

① （明）王夫之撰：《读四书大全说》卷8，《船山全书》，岳麓书社2011年版，第6册，第918—919页。
② （明）王夫之撰：《读四书大全说》卷8，《船山全书》，岳麓书社2011年版，第6册，第904页。
③ （明）王夫之撰：《读四书大全说》卷5，《船山全书》，岳麓书社2011年版，第6册，第741页。
④ （明）王夫之撰：《读四书大全说》卷5，《船山全书》，岳麓书社2011年版，第6册，第742页。
⑤ （明）王夫之撰：《读四书大全说》卷5，《船山全书》，岳麓书社2011年版，第6册，第742页。
⑥ （明）王夫之撰：《读四书大全说》卷8，《船山全书》，岳麓书社2011年版，第6册，第919页。

做的,只是舍生取义而已。对于一个追求正道的人来说,任何情境之下都不可能违背"义"的要求,如果通过主体的判断权衡能够选择一种符合"义"的行动方案,这时候就既实践了"权",又遵循了"经","经""权"是统一的;相反,如果处于一种困境之中,根本没有办法通过权衡判断来选择一种符合"义"的恰当的方案,任何保存自身的行为都是违背道义的要求的,这时候,主体为了不背离"义"的准则,只能将自己交给必然性支配,在这种情况之下,无所谓"权",当然也无所谓"经",只能谨守道义,甚至舍生取义。就如同周太王当年为了避免被狄人消灭的命运,带领国人离开故土而定居岐山之下,这对于保存国家来说,正是合理的"经";如果当时有"效死勿去"的可能,也并不是非常情境之下权变的结果,只是为了守义而无从选择而已。基于这种认识,船山反对朱熹试图将"迁国以图存者权也,守正而俟死者义也"中的"权也""义也"改为"权也""经也"的做法,说:"'效死勿去',自处变之义,已早非经矣。……事无可为,只拼一死,更何经之有哉!"① 在船山看来,"经""权"是体用的关系,当事有可为时,自然有"权"有"经",而当"事无可为"时,自然是无"权"也无"经"。这里的"为",就是体现着主体能动性的自觉地行动;只要是主体的自觉能动性有可能得以发挥,自然就是"经、权一也"的,"固非有体而无用"。② 因此,一方面,船山的经权观中,并不是将遵经的行为仅仅视为对具有普遍性和权威性的客观准则的被动服从,而是同"权"一样,"经"同样也是反映着主体在道德实践中的能动和自觉的,是由主体的意志自由所参与的对道义准则的追求。另一方面,王船山经权观中的"权",意义比前人更为广泛。对于实践主体来说,在确定的道德情境之中选择何种具体的道德准则作为行为的标准之前,还需要通过理性的分析和判断,确定行为者有无通过"权"而达"经"的可能。船山说:"'权'者,心之量,量其可行而后得伸也。"③"权"作为"心"的一种权衡判断("量"),在作为一种道德选择活动的"权"

---

① (明)王夫之撰:《读四书大全说》卷8,《船山全书》,岳麓书社2011年版,第6册,第918页。
② (明)王夫之撰:《读四书大全说》卷8,《船山全书》,岳麓书社2011年版,第6册,第918页。
③ (明)王夫之撰:《礼记章句》卷49,《船山全书》,岳麓书社2011年版,第4册,第1560页。

"得伸"之前,是需要先判断("量")其可行与否的。①

在前人有关经权的理论中,王船山对程颐"权即是经"的经权观最为欣赏。他认为,程颐的经权观是最为醇正的。船山反对汉儒"反经合道为权"的观点,认为"经""权"不是相对的关系,而是体用关系。从这一意义上来说,"经权一揆",不能试图始终以"反经"的方式来行权,否则,就会导致权变、权术的结果。程颐"权即是经"的理论,从根本上堵死了将"反经"视为"权"的路径,从而保障了"经"的权威性和普遍性最大限度地实现。因此,在船山看来:"故权之义,自当以程子为正。"②

尽管对程颐的理论表现出由衷地赞赏,但王船山的观点与程颐还是有着一些明显的区别。首先,王船山"经权一揆"的思想,与程颐"权即是经"的理论并非完全一样。程颐的"权即是经"的理论,正如朱熹所说:"伊川说'经、权'字,将经做个大底物事,经却包得那个权。"③ 实质上,程颐是将"权"这一概念纳入"经"的范围之内,以此来突出"经"这一权威性、普遍性准则的重要性。王船山则是将"经""权"关系理解为一种体用关系,同时,他认为,体用不二,体用相函。因此,他的所谓"经权一揆"的观点,强调的是"经"与"权"在内容上是一致的,在形式上也是类似的。

其次,在经权关系上,王船山在程颐的理解基础上,又加入了轻重关系的理解,从而使得经权关系具有了更多的辩证性。程颐既然将"权"这一概念纳入"经"之中,那么,"经"的意义就是高于"权"的。王船山认为,从"经""权"的一般意义上来说,程颐的观点固然没有问题,但是,在具体的道德实践中,"权"往往是重于"经"的,需要更为慎重地对待。他说:"权,重于经者也。经有未审,悬重以酌其平之谓权也。而或以为轻于经而行其妙,则悖矣。重于经者,持而乃得其平。轻于经者,反而外移于衡之杪,

---

① 像周太王这种在"图存"和"效死"之间的权衡只是其中的一种极端情形,在日常的道德实践中,也是需要用"心"从这两种意义上进行权衡的。如《四书训义》卷31中,王夫之说:"人子之事亲,唯权之于心。果其真爱之不忍,真敬之不敢,则以几谏者此心,以禄仕者亦此心,即有所不谏、有所不仕者亦此心。如其未也,则即循事亲之常理而行之,而此心先已不容自昧矣。"
② (明)王夫之撰:《读四书大全说》卷5,《船山全书》,岳麓书社2011年版,第6册,第743页。
③ (宋)黎靖德编:《朱子语类》,王星贤点校,中华书局1986年版,第3册,第994页。

则权重而物轻。物轻权重,物且昂起而权坠矣,何有于权之用哉!"① 以伊尹放太甲为例,"格君心之非者,经也。放之以格之者,循经而尤重之也"②。伊尹将天子太甲放逐到桐宫,是一种特殊情境之下的权衡应变之举,在赞同"反经合道为权"者看来,正是"反经"的体现。但在王船山看来,伊尹所作所为并非"反经"的,他这样做所遵循的无非还是"格君心之非"这一正经,只不过是由于他当时面对的是"不明,暴虐,不遵汤法,乱德"的太甲,无法通过正当的途径进行劝谏,因此只能采取这种看似违背常道的做法,这样的"权"是重于一般意义上遵经的行为的。

既然"权"重于"经",那么,虽然说"经""权"统一,并且在正常的情况下不可能通过"反经"的方式来实现"合道"的"权"。在一些极端的情形之下,行权也没有必要拘泥于一般意义上的"经"。在《读通鉴论》中,对于东晋时期谢安请崇德皇后临朝摄政之事,他评论道:"汉儒反经合道,程子非之,谓权者审经之所在,而经必不可反也。于道固然,而以应无道之世,则又有不尽然者。母后之不宜临朝,岂非万世不易之大经乎?谢安以天子幼冲,请崇德皇后临朝摄政,灼然其为反经矣。王彪之欲已之,而安不从。彪之所执者经也,安之所行者权也,是又反经之得为权也。"③ 这种"反经"的"权",王船山将其称为"权之变"。这种"权"的使用必须特别慎重,一方面,必须"当无道之天下,积习深而事势违"的时候,不得已的情况下才能偶尔使用;另一方面,这种"权"不能频繁使用,是"一用而不可再者也"。王船山虽然将汉儒"反经合道为权"的经权观斥为"邪说",但是,对于在"无道之世"这种极端特殊的情境之下,他又给"反经合道"留下了一定的空间。对待汉儒经权观这种看似矛盾的态度,正是他的"权"重于"经"的经权关系理论所决定的。

王船山的经权观,由于承认了"权之变"的存在,以及"即心即权"的行权方法的论证,一定程度上弥补了高拱以体用释经权的观点中将"经"绝对化导致的对道德准则的理解容易僵化、片面的缺陷。高拱和王船山都将

---

① (明)王夫之撰:《尚书引义》卷3,《船山全书》,岳麓书社2011年版,第2册,第296页。
② (明)王夫之撰:《尚书引义》卷3,《船山全书》,岳麓书社2011年版,第2册,第298页。
③ (明)王夫之撰:《读通鉴论》卷14,《船山全书》,岳麓书社2011年版,第10册,第509页。

"权"视为一种具有普遍性的方法论原则，认为尽管高超的"权"需要达到"仁精义熟"的境界，但从一般意义上说，"权"是现实的道德生活中的每一个主体都离不开的，从而肯定了基于主体的自觉分析和判断的实践智慧在道德生活中的积极意义。到了封建社会晚期，伦理纲常的日益僵化、绝对化已经成为一种潮流，这种潮流在高拱和王船山等人的经权观中都或多或少有所反映。在这种氛围之下，通过将经权关系定位为体用关系的方式，来强调行为实践并不仅仅是对具有普遍性和权威性的客观准则的被动服从；无论是行权还是遵经，都反映着主体在实践中的能动性和自觉性，是由主体的意志自由所参与的对道义准则的追求。从这一点上来说，他们的思想又带有一些"自由解放的意味"[①]。

第四节　清代学者对汉宋经权关系理论分歧的总结

赵纪彬在谈到中国古代经权思想的发展时，说："汉人提出'反经合道'说，宋人群起而攻之；宋人提出'常则守经，变则行权'说，清人又反对宋人，回过头来复活并发展了汉人的'反经合道'说。权说史上这三个相互謦应的环节，恰是一个'否定之否定'的辩证过程。"[②] 葛荣晋赞同此说，他也认为："综观中国权说史，它的发展大体上经历了一个否定之否定的过程。"[③] 宋代之后，经权统一理论，尤其是程朱理学的经权观，取代了汉儒"反经合道为权"的观点，在经权观上占据了主流。清代之后，随着考据学的崛起，经学复兴，宋明理学渐成被批判的对象，"复古"的风潮之下，为汉人经权观辩护的声音渐趋高涨。但是，总体来说，清人在经权问题上的讨论，从理论创新的程度来说，无法与汉儒和宋儒同日而语；在历史影响上，也不能与前两者并驾齐驱。因此，恰当地说，清代的学者并无意于在经权问题的讨论上实现一个质的突破，而是用自己特殊的方式和研究方法，对宋儒与汉儒在经权问题上的对峙做出了自己的总结和评判。

[①] 嵇文甫：《王船山学术论丛》，中华书局1962年版，第121页。
[②] 赵纪彬：《困知二录》，中华书局1991年版，第261页。
[③] 葛荣晋：《中国哲学范畴通论》，首都师范大学出版社2001年版，第634页。

一 毛奇龄对《论语》"权"说的考释

梁启超评价清代学术时曾经说:"'清代思潮'果何物耶?简单言之:则对于宋明理学之一大反动,而以'复古'为其职志者也。"① 在清代的学术版图中,理学仍然有着深远的影响。尤其是清初,"正值晚明王学极盛而敝之后,学者习于'束书不观,游谈无根',理学家不复能系社会之信仰"②。回归程朱理学的立场,对王阳明及其后学进行批判,"复宋之古,对于王学而得解放"③,成为清代"以复古为解放"的学术思潮的第一步。同时,再加上清政府为了稳固统治秩序而大力扶持和提倡,程朱理学仍然有着较大的影响。"程朱学派变成当时宫廷信仰的中心……专制国皇帝的好尚,自然影响到全国。靠程朱做阔官的人越发多,程朱旗下的喽啰也越发多。"④ 然而,依靠这些倾其一生只读《四书大全》《五经大全》的道学先生,是无法再将程朱理学推上一个高峰的。他们虽然口称尊奉程朱,但实际上心思真正放在学问上的寥寥无几,只不过拾些程朱的余唾,以作追名逐利的晋身之阶。即使偶尔有若干追求学问者,也都是谨守道学的家法,不敢越雷池半步。在经权问题上,既没有当初朱熹修正程颐的经权统一理论的心胸,更没有程颐批判汉儒经权观的胆识。所以,清代的理学家们即使论及经权问题,无非一些"权不离经""权为圣人之大用"之类的陈词滥调,毫无新意可言。当然,这一现象的出现,不能完全归咎于程朱理学本身,而是随着时代的发展,理学日渐成为走向衰败没落的封建政权的统治工具,从而被教条化的结果;当时大多数自称尊崇程朱的读书人,本身就是将理学作为谋利的工具,自然只能成为只知口诵不知身行的假道学,所以根本不可能期望他们在学术上有什么创建。

清代学者中在经权观上能够给人留下印象的,是那些被梁启超称为"科学的古典学派"的考据学家。清代的考据学家,尤其是乾嘉学派,关于经权问题的讨论,往往都是通过经典笺释进行阐发的。围绕着经典笺释,他们从

---

① 梁启超:《清代学术概论》,上海古籍出版社2005年版,第3页。
② 梁启超:《清代学术概论》,上海古籍出版社2005年版,第3页。
③ 梁启超:《清代学术概论》,上海古籍出版社2005年版,第6页。
④ 梁启超:《中国近三百年学术史》,东方出版社1996年版,第118页。

训诂、音韵、校勘、辑佚、辨伪等方面做了很多的工作；关于经权问题的讨论，大多只是偶然有所涉及，除戴震、焦循之外，专门从义理方面进行系统分析的并不多。总体来说，这个时期对经权问题的讨论，是从属于经学的，从义理上阐发经权问题，并没有被学者们作为学术上的主要任务；内容上，大多是对前人观点的考证、分析、评价，或者补充论证。在具体的观点上，他们则整体倾向于反对宋儒相对抽象的经权理论，并在这一过程中"复活"了汉人"反经合道"的思想，所以，清代学者的经权观，就给人留下了"反经合道为权"理论复兴的印象。

儒家论"权"始于孔子，对于祖述孔子的后世儒家学者来说，对孔子"权"论的阐发，在各自的经权观中都占据着重要地位。朱熹《四书章句集注》中《论语·子罕》的最后两章："子曰：'可与共学，未可与适道；可与适道，未可与立；可与立，未可与权。'""'唐棣之华，偏其反而。岂不尔思，室是远而。'子曰：'未之思也，夫何远之有？'"在宋代之前的古本中，原为一章。汉代"反经合道为权"的学说产生之后，学者大多认为"唐棣"之后的文字是引《诗》以作为"权"为"反经合道"之义的佐证。董仲舒《春秋繁露》中，曾引此诗及孔子之语："故《春秋》之于偏战也，犹其于诸夏也。引之鲁，则谓之外；引之夷狄，则谓之内。比之诈战，则谓之义；比之不战，则谓之不义。故盟不如不盟，然而有所谓善盟；战不如不战，然而有所谓善战。不义之中有义，义之中有不义。辞不能及，皆在于指，非精心达思者，其孰能知之。《诗》云：'棠棣之华，偏其反而。岂不尔思？室是远而。'孔子曰：'未之思也，夫何远之有！'由是观之，见其指者，不任其辞。不任其辞，然后可与适道矣。"① 这段文字中虽然没有出现"权"字，但明显是在表达"反经"亦可以合道之义。汉魏之际的何晏撰《论语集解》，便是将后世分为两章的这段文字连为一章，并在注解中说："[唐棣]华反而后合。赋此诗，以言权道反而后至大顺也。"南北朝时为《集解》作《义疏》的皇侃沿袭此说，并认为"唐棣之华"之后的文字是"引明权之逸《诗》以证权也"，"又引孔子言证权可思也"。以"唐棣之华，偏其反而"以喻权道，那

---

① （清）苏舆撰：《春秋繁露义证》，钟哲点校，中华书局1992年版，第50—51页。

么,"权"便意味着"反经合道",与汉儒对"权"的理解正相合。"夫树木之花,皆先合而后开;唐棣之花,则先开而后合。譬如正道,则行之有次,而权之为用,先反后至于大顺,故云'偏其反而'也。言偏者,明唯其道偏与常反也。"[1] 如果真如此说,也就意味着孔子所说的"权",正是"反经合道"之义。对于程颐和朱熹等主张经权统一的学者,这种观点是无法接受的。朱熹认为:"夫子大概止是取下面两句云:'人但不思,思则何远之有!'初不与上面说权处是一段。'唐棣之华'而下,自是一段。缘汉儒合上文为一章,故误认'偏其反而'为'反经合道',所以错了。《晋书》于一处引'偏'字作'翩','反'作平声,言其花有翩反飞动之意。今无此诗,不可考据,故不可立为定说。"[2] 在他之前,北宋的苏轼就曾经以为"唐棣之华,偏其反而"是"思贤而不得之诗",与上文的"权"字无涉。朱熹尽管不认同苏轼"思贤"的说法,但这句诗与"权"无关的观点,无疑对他是有启发意义的。因此,在《论语集注》中,他将这段文字分为两章,认为文意上下并不联属,"唐棣"之后自为一章,与"权"并无关系。

　　清初毛奇龄的《论语稽求篇》中,在论及"唐棣之华"一章的归属时,极力论证其与上文应合为一章,并赞同宋代之前的孔子以偏反喻权正是"反经合道为权"之意的说法。他说:"'唐棣'二节,旧本与'可与共学'节合作一章,其又加'子曰'者,所以别《诗》文也,但其义则两下不接,颇费理解,惟何平叔谓偏反喻权,言行权似反而实出于正,说颇近理,然语尚未达。予尝疏之云:夫可立而未可权者,以未能反经也。彼唐棣偏反有似行权。然而思偏反而不得见者,虑室远也;思行权而终不行者,虑其与道远也;不知无虑也。夫思者,当思其反,反是不思,所以为远。能思其反,何远之有?盖行权即所以自立,而反经正所以合道。权进于立,非权不可立也。"[3]《晋书·王祥传》中记载,王祥临终前留给子孙的遗令中,曾引"未之思也,夫何远之有"一句。毛奇龄认为,王祥所引,正是为了说明"反经行权"之意。

---

[1] (南朝梁)皇侃撰:《论语义疏》,高尚榘校点,中华书局2013年版,第232—233页。
[2] (宋)黎靖德编:《朱子语类》,王星贤点校,中华书局1986年版,第3册,第996页。
[3] (清)毛奇龄撰:《论语稽求篇》卷4,《影印文渊阁四库全书》,北京出版社2012年影印本,第210册,第170页。

"尝读《王祥传》，知祥以汉魏遗老，身为三公，而卒预晋禅，心尝愧恨，虽不奉朝请，不立殿陛，而终不自安，故于临殁时遗言嘱后，使不澣濯，不含敛，不沐棺椁，不起坟茔，家人不送丧，祥禫不飨祀。虽不用古法，而反经行权，期合于道，故既以孝弟信让通嘱之，而终之曰'未之思也，夫何远之有'，此正取《唐棣》。是篇以反作正之一证也。"① 根据《论语》中这两章之间的关联，毛奇龄认为，"反经合道为权"并不是汉儒杜撰出来的，这种观点正是孔子"权"说的本意。无论是《公羊传》中"反于经然后有善"的说法，还是六朝时人"权也者，反经者也"等观点，"相仍不改"，"皆本夫子是语"。一直到宋代之前，不赞成这种观点的，也只有唐代陆贽的"一时一人有为之言"②。同时，他还认为，宋儒"谓权即是经，反经即非权"，不但不符合孔子"权"说的原意，与"权"字取义权衡的原始意义也不相符。"权"与"衡"尽管相资为用，但二者根本上来说还是"相反之物"。"衡者，平也；锤者，垂重之器也。然不垂重，则衡不得平。衡者，正也；锤者，偏掎之物也。然不偏掎，则衡不得正。谓垂重、偏掎所以求平正则可也，谓锤即平正，非垂重、偏掎之物，则不可也。若谓权即是经，是锤即衡矣。故《淮南子》曰：'溺则捽父，祝则名君，势不得不然也，此权之所设也。故孔子曰："可与立，未可与权。"'夫惟以捽父名君为非常之事，故惟于溺与祝时一偶施之。向使如宋儒者出曰：捽父即常，不是反常；名君即经，不是反经。则将不溺、不祝而父可常捽，君亦可常名也，而可乎哉？"③

毛奇龄之后，清代学者中，"可与共学"与"唐棣之华"两章应合为一章的观点大为盛行。乾嘉时期的考据大家王鸣盛认为："《论语》'可与适道'、'唐棣之华'，宋人分二章，《注疏》，何晏作一章，谓'思乃知权

---

① （清）毛奇龄撰：《论语稽求篇》卷4，《影印文渊阁四库全书》，北京出版社2012年影印本，第210册，第170页。
② 陆贽《论替换李楚琳状》中说："夫权之为义，取类权衡，衡者称也，权者锤也。故权在于悬，则物之多少可准；权施于事，则义之轻重不差。其趣理也，必取重而舍轻；其远祸也，必择轻而避重。苟非明哲，难尽精微，故圣人贵之，乃曰：'可与适道，未可与立；可与立，未可与权。'言知机之难也。"又说："以反道为权，以任数为智，君上行之必失众，臣下用之必陷身，历代之所以多丧乱而长奸邪，由此误也。"
③ （清）毛奇龄撰：《论语稽求篇》卷4，《影印文渊阁四库全书》，北京出版社2012年影印本，第210册，第171页。

道'。……适道立权,皆须思而后得,汉学相承,断不可易;宋人臆说,岂足为据?"① 此后的学者,如刘宝楠、戴望等,在注解《论语》时,都是将这两章合为一章。同时,既然认为这两章文意相属并连为一章,那么,也就意味着这些注解者都是认同孔子所说的"权"即为"反经合道"之义。因此,在清朝的考据学者中,不仅"引证取材,多极于两汉,故亦有'汉学'之目"②,在经权观等理论问题的立场上,也多是承汉学之绪,赞同汉人之说。

当然,对于毛奇龄等人在《论语》诠释中对于"权"说的理解,清代学者中,也有一些不以为然。比如,清晚期的李慈铭虽承乾嘉汉学余绪,并对毛奇龄的观点多有赞同,但他对于毛奇龄将"唐棣之华"和"可与共学"两章合为一章的观点,却并不能认同。在对《论语稽求篇》一书的评论中,他说:"至若《唐棣之华》二节,旧本与可与共学节合作一章,汉儒因有反经合道之说。何氏谓偏反喻权道之反,此先儒旧谊之不可从者。取诗中一反字以喻道之可反,圣门说诗,绝无此例。皇、邢二疏皆谓树木之花,皆先合而后开,唐棣之花独先开而后合,以喻权道之为用,先反而后顺,此即后世辞赋家取义,亦无若此之纤巧。盖汉人传《论语》者,此处偶失分章,遂因而附会之,其说实不可通,当以朱子分章为正。"同时,他认为,毛奇龄以《晋书·王祥传》作为论据来支撑自己的观点,是对《晋书》的曲解,并对其进行了反驳。"毛氏必申旧说,以《王祥传》为证,谓祥临殁嘱后人使不澣濯,不含敛,不沐棺椁,不起坟茔,家人不送丧,祥禫不飨祀,虽不用古法,而反经行权,期合于道,故终之曰未之思也,夫何远之有,正取《唐棣》是篇以反作正之证。案《晋书·王祥传》祥著遗令训子孙,先言生无毗佐之勋,没无以报,故自气绝,但洗手足,不须沐浴,以至大小祥,乃设特牲,无违余命,皆言终制之事。其下自言行可复,信之至也,至临财莫过乎让,此五者立身之本,颜子所以为命未之思也、夫何远之有,乃是训子孙之语,与上截然两事,辞意亦绝不相涉。毛氏任意割裂,强相比附,其谓《晋书》亦无

---

① (清)王鸣盛:《蛾术编》,顾美华整理标校,上海书店出版社2012年版,下册,第1184页。
② 梁启超:《清代学术概论》,上海古籍出版社2005年版,第4页。

人能读耶?"① 李慈铭此说,可见程朱理学的观点在清代学者中仍然有着相当的影响,但总体来说,在崇尚"汉学"的学术思潮中,这种观点已非主流。

二 戴震对理学经权理论的批判

不仅以"反经合道"解释孔子的"权"说,清代学者在对《周易》《春秋》《孟子》等经典的诠解中,也是要么直接批评了宋儒在经权问题上的看法,要么直接"复活"了汉儒"反经合道为权"的经权观。其中,尤以戴震和焦循在经权相关问题上留意最多。

戴震在《孟子字义疏证》中,专门对"权"字进行了分析。戴震认为:"权,所以别轻重也。凡此重彼轻,千古不易者,常也,常则显然共见其千古不易之重轻;而重者于是乎轻,轻者于是乎重,变也,变则非智之尽,能辨察事情而准,不足以知之。"② "权"是实践生活中人类智慧的体现,往往体现为权衡轻重之后所做出的变通行为。基于这种对"权"的理解,他对宋儒思想中所呈现出的"执理无权"的倾向进行了批判。"宋儒程子朱子,易老、庄、释氏之所私者而贵理,易彼之外形体者而咎气质;其所谓理,依然'如有物焉宅于心'。于是辨乎理欲之分,谓'不出于理则出于欲,不出于欲则出于理',虽视人之饥寒号呼,男女哀怨,以至垂死冀生,无非人欲,空指一绝情欲之感者为天理之本然,存之于心。及其应事,幸而偶中,非曲体事情,求如此以安之也;不幸而事情未明,执其意见,方自信天理非人欲,而小之一人受其祸,大之天下国家受其祸,徒以不出于欲,遂莫之或寤也。凡以为'理宅于心','不出于欲则出于理'者,未有不以意见为理而祸天下者也。"③在戴震看来,"权"所体现的,正是"圣人"于人伦日用之间"通天下之情,遂天下之欲"的观念;这种观念在人类生活中的贯彻,也就是"理"。"圣贤之学,由博学、审问、慎思、明辨而后笃行,则行者,行其人伦日用之不蔽者也,非如彼之舍人伦日用,以无欲为能笃行也。人伦日用,圣人以通天下

---

① (清) 李慈铭:《越缦堂读书记》,由云龙辑,上海书店出版社 2015 年版,上册,第 125—126 页。
② (清) 戴震:《孟子字义疏证》,何文光整理,中华书局 1982 年版,第 52 页。
③ (清) 戴震:《孟子字义疏证》,何文光整理,中华书局 1982 年版,第 53 页。

之情，遂天下之欲，权之而分理不爽，是谓理。"① 因此，他认为，不能脱离"情欲"谈"天理"。

在批评宋儒"执理无权"的片面观点的基础上，戴震以孟子性善论为理论基础，提出了"致其心之明而已"的"权"说。"圣人之言，无非使人求其至当以见之行；求其至当，即先务于知也。凡去私不求去蔽，重行不先重知，非圣学也。孟子曰：'执中无权，犹执一也。'权，所以别轻重；谓心之明，至于辨察事情而准，故曰'权'；学至是，一以贯之矣，意见之偏除矣。"② 戴震这里所谓的先于"行"的"知"，不仅指闻见之知，同时也包含德性之知；不仅指行为抉择中赖以做出判断的知识，也指用于指导实践的智慧。这种"知"，是必须依靠主体的"心之明"的，而不是偏执于任何成见而不知变通。同时，这种"心之明"，正是人的善良本性和"良知""良能"的体现，是人的具有正当性的实践的内在依据。"仁义礼智非他，心之明之所止也，知之极其量也。"③ 因此，具有合理性的"权"，也就是在实践中"致其心之明"。"《六经》、孔、孟之书，语行之约，务在修身而已；语知之约，致其心之明而已；未有空指'一'而使人知之求之者。致其心之明，自能权度事情，无几微差失，又焉用知'一'求'一'哉？"④

需要指出的是，在戴震关于"权"的阐释中，始终没有涉及经权关系问题，甚至没有论述过经权意义上的"经"。但是，从他对"权"的解释来看，他是反对宋儒所主张的将"权"局限在永恒不变的"天理"这一所谓的"大经"的范围之内，从而"执理无权"的行为方式的。日本学者村濑裕也在评论戴震的"权"论时曾经说："戴震重权的首要意义是，它与将道德的价值还原于道德规范的、将伦理学上的中心问题置于规范问题的规范主义伦理学相对峙，同时还提供了关于认识道德规范的新的视角……道德规范决非应被固执者，而应是在权的作用中适宜地被措定、被废止者。不过，虽如此说，可它也不是为了从一时的紧张状况脱出（向着那一状况的'好的结果'）便仅

---

① （清）戴震：《孟子字义疏证》，何文光整理，中华书局1982年版，第54页。
② （清）戴震：《孟子字义疏证》，何文光整理，中华书局1982年版，第57页。
③ （清）戴震：《孟子字义疏证》，何文光整理，中华书局1982年版，第28页。
④ （清）戴震：《孟子字义疏证》，何文光整理，中华书局1982年版，第56页。

基于主观的判定基准而每每任意地设定或放弃的那样一种实用主义的用具＝方便。由于权的作用是'权度事情,无几微差失'及'通天下之情,遂天下之欲',因它而形成的规范在现实、课题、目标的范围内保持其客观的妥当性及相对的安定性。"① 这里所说的"道德规范",其实也就是和"权"相对应的"经"。戴震的"权"论中,在批判宋儒"存理灭欲""执理无权"的观点时,虽然没有明确表明对于经权关系问题的看法,但从他的具体观点来看,相对来说,是更接近于汉儒"反经合道"的思想的。

三 焦循对"反经为权"的重新诠释

清代著名经学家焦循在《论语》《孟子》《周易》等经典的研究方面都颇有造诣,尤其在《周易》研究方面,他的《易通释》《易图略》《易章句》《易话》等著作,都具有较大的影响。在焦循的经典注疏和研究中,经权问题被给予了较多的关注。

焦循的经权观中,首先对"道"与"经"进行了区分。他不再延续程朱理学将"经"视为几乎与"道"具有同等含义的抽象的概念的观点,而是将"经"理解为"法",即现实生活中实存的行为法则,并认为它有正当和不正当之分。"夫经者,法也。制而用之谓之法,法久不变则弊生。"② 也就是说,"经"是为实践需要("用")而制定出来的,一经确定,便具有保守性;而现实生活是丰富多彩、周流变化的,作为"经"的确定的行为规范难免会同道德实践的需要发生脱节,从而产生种种弊病,对道德生活和社会发展起到阻碍的作用,丧失其作为行为准则的合理性和存在的正当性。根据这种理解,出于"用"的目的而人为制定出来的"经"作为道德规范的普遍性和正当性只存在于特定的时空条件之中,它与"道"的合一并非必然的;当具体条件发生变化时,其原有的正当性的基础便会失去。

由此可见,焦循对"经"的理解,是直接承接汉儒的;在经权关系上,他也赞同汉儒"反经合道为权"的观点。但是,他对"反经"之"反"也有

---

① [日]村濑裕也:《戴震的哲学——唯物主义与道德价值》,王守华等译,山东人民出版社1996年版,第292—293页。

② (清)焦循撰:《孟子正义》,沈文倬点校,中华书局1987年版,上册,第522页。

着超越汉儒观点的独特的看法。焦循对于"反经合道"中的"反"字，是从两个层次上理解的。首先，从"经"与"道"的关系上说，"反"的意思是"反复"，即通过"权"的方式对"经"反转变化而回复到"道"上。这一层含义类似于有些人解说"反经合道为权"时所使用的"返归"之义，但焦循不是让行为返归于"经"，而是使"经"返归于"道"。也就是说，"返归"的主体是"经"，目标是"道"。焦循用《周易》中的"变则通"来解释作为"反经"的"权"。在《孟子正义》中，他说："权者，变而通之之谓也。变而通之，所谓反复其道也。"① 既然随着时间的推移，"经"的正当性会逐渐丧失；一旦丧失了正当性，这些所谓的"经"便沦落到"道"的对立面。这时候，就需要"反其法以通之"。换句话说，如同日月寒暑、礼乐消盈一样，作为行为指导法则的"经"也不应拘泥于一种僵死的标准，而应当根据历史的发展和实践的需要不断进行变化。而这种变化，就是"权"。"不变则不善，故反而后有善。不变则道不顺，故反而后至于大顺。如反寒为暑，反暑为寒，日月运行，一寒一暑，四时乃为顺行。恒寒恒燠，则为咎征。礼减而不进则消，乐盈而不反则放，礼有报而乐有反，此反经所以为权也。"② 之所以要通过"权"的方式"反复"变化作为具体的道德准则的"经"，是因为一旦因时间"久"而"生弊"，也就意味着"经"这时候已背离了"道"的要求。"法不能无弊，有权则法无弊。权也者，变而通之之谓也。"③ "反经"的目的，正是为了使"经"能够始终合道。只有通过"权"的方式对作为法则的"经"适时变化，才能够使"道"流行畅通，而不为不适宜的"法"所阻滞。因此，焦循说："先庚三日成蹇、革，则变通于睽，是为后庚三日。蹇反身而通睽，是为反经。不反经，而蹇初之革四成两既济，其道穷。反经而道乃不穷，是反于经然后有善也。……夫权者，所以元亨利贞也。盈则以反经为权，失道则以制礼辨义为权。用以自救其过，即用以寡天下之过。执一则害道，变通则道不穷。行权者，变而通之也。"④

---

① （清）焦循撰：《孟子正义》，沈文倬点校，中华书局1987年版，上册，第522页。
② （清）焦循：《焦循诗文集》，刘建臻点校，广陵书社2009年版，上册，第175—176页。
③ （清）焦循：《焦循诗文集》，刘建臻点校，广陵书社2009年版，上册，第174页。
④ （清）焦循：《雕菰楼易学五种》，陈居渊校点，凤凰出版社2012年版，上册，第362页。

其次，从"经"与具体行为之间的关系上说，已经约定俗成的法则即使是一个时代里通行的，但在某个特殊的情境之中，如果遵循"经"这一常规性的普遍准则会产生违背"道"的要求的结果时，遵经也便不再具有正当性；此时的适宜的行为，自然应当是"反经"的。这里的"反经"之"反"，则为"背反"之意；而这时所要背反的"经"，主要体现为习俗，或者一般人所理解的"正当"的行为准则。在特殊的情境之下，只有这样的"反经"，才能够使行为"合道"。焦循认为，孔子、孟子等儒家的先贤就是以"权"的方式对待他们那个时代一般人所遵循的"经"的。比如，他在解释孟子和淳于髡在"权"与"礼"的问题上的认识分歧时说："孟子时，仪、衍之流，以顺为正，突梯滑稽，如脂如韦，相习成风，此髡之所谓权也。孟子不枉道以见诸侯，正所以挽回世道，矫正人心，此即孟子援天下之权也。髡以枉道随俗为权，孟子以道济天下为权。髡讥孟子不枉道是不以权援天下，不知孟子之不枉道，正是以权援天下。权外无道，道外无权，圣贤之道，即圣贤之权也。髡不知道，亦不知权矣。"[①] 孟子所谓的"权"，是以不"枉道随俗"为特征的，即不必盲随那些在当时"相习成风"、被视作"正"理的行为方式或者准则。因为这样的习俗是"枉道"的，所以对于它们的"反"，恰恰是对"道"的"合"。而淳于髡所理解的"权"，即当时相沿成习的那些行为方式，看似不受礼法的约束，但却是"突梯滑稽，如脂如韦"的，是对"道"的背离。在焦循看来，"道"才是价值判断的最终标准，而现实存在的习俗或法则，只有经过"道"的检验，才能够判断其正当性。"权"的目的之一，就是用以检验现实生活中各种行为方式和准则，哪怕它被大多数人认同，成为一个时代里流行的风气，如果不符合"道"的要求，也是应当努力寻求变通的。这样，行为选择中真正的"权"就包含缺一不可的两个方面的含义，一是不囿于成法，二是始终以"道"为旨归。而淳于髡所理解的"权"，因为"枉道"的性质，实质上就是程朱所担心的权术、变诈。

如果说，宋代自程颐起批判汉儒"反经合道为权"的观点，提出经权统

[①] （清）焦循撰：《孟子正义》，沈文倬点校，中华书局1987年版，上册，第522页。

一的主张,是中国封建制度由盛而衰,出于维护既有社会秩序的需要而期望强化道德准则的权威性和约束力的体现,那么,焦循等清代学者对汉儒"反经合道为权"观点的复兴和发展,则体现了封建秩序已经日薄西山、面临瓦解的时刻,试图变革与这一秩序相适应的规则的一种期待的表露。

第四章　道义与经权："经""权"行为正当性的价值依据

"经"作为一般情境之下应当普遍遵循的道德准则或规范，在其适用的范围之内，被视为行为正当性的依据。同时，对于某种具体的情境，是适用常态下具有普遍约束力的"经"作为行为实践的规范和指导，还是需要在"经"之外寻找一种灵活的处理方式，还需要有一个判断的原则或者标准。单纯作为一种权衡轻重的方法，"权"无所谓道德还是不道德，但是，就经权关系理论产生之后与"经"相对应的"权"字的内涵来说，它是应当在"所以然之域"的。因此，对于"权"，也有一个正当还是不正当的判断问题。对于这一问题的讨论，就涉及了中国传统伦理思想中作为价值原则的"道""义"等范畴。

第一节　"道"："经"与"权"正当性的最终来源

在中国传统经权问题的讨论中，"道"是贯穿于其中的最重要的范畴之一。它与"经"之间存在着千丝万缕的联系，同时也是判定"权"是否具有道德上的合理性的最终依据。

一　"合道"："权"的正当性的依据

在中国传统思想中，"道"是一个含义广泛的概念，既有本体论、宇宙论的意义，也有人生论、价值论的意义；从其具体内涵上说，又可以分为"天道"和"人道"。伦理学意义上的"道"，作为一种"人道"，主要是从人生论、价值论上来说的。不论"天道"还是"人道"，"道"都有规律、原理、秩序、状态等含义，它既是对宇宙、自然存在状态或运行规律的一种实然性

第四章　道义与经权："经""权"行为正当性的价值依据

的描述，也是对人类社会之中各种秩序设计和实践活动的一种应然性的期望。从价值论意义上说，在人类社会和人的活动之中，"道"就是作为主体的具有自觉性和能动性的人应当追求的最终的目标、遵循的最基本的准则；与"道"相符合，即达到理想中最完善的状态。正如金岳霖所说："每一文化区有它底中坚思想，每一中坚思想有它底最崇高的概念，最基本的原动力。……中国思想中最崇高的概念似乎是道。所谓行道、修道、得道，都是以道为最终的目标。思想与情感两方面的最基本的原动力似乎也是道。成仁赴义都是行道；凡非迫于势而又求心之所安而为之，或不得已而为之，或知其不可而为之的事，无论其直接的目的是仁是义，或是孝是忠，而间接的目标总是行道。"[①] 可以说，在中国传统伦理思想中，发挥着直接的约束、指导或调节功能的道德准则、规范或标准，如仁、义、忠、孝等，都是"道"这一最高的原则在现实的人伦关系和道德实践中的体现，"合道"是"善"的价值的最高的依据。

在先秦时期的儒家和道家等学派的伦理思想中，"道"都是一个重要的概念，也是他们的"权"论的价值归依或价值目标。尤其是孔子、荀子等儒家学者关于"权"与"道"的关系的理解，对后世的经权观产生了直接的影响。

孔子将"弘道"视为自己人生中最重要的使命，把"志于道"当作学者修养的根本，毕生求道、行道，曾发出"朝闻道，夕死可矣"（《论语·里仁》）的感慨。孔子所说的"道"，主要是作为人生实践的原则和指导的"人道"，即使是最亲近的弟子，也很少听到他谈论"天道"的问题。[②] 在谈到为学的阶次时，孔子将"适道"和"立"作为两个重要的阶段。所谓"适道"，就是能够以"道"为学习所追求的目标；所谓"立"，就是对通过学习所获得的"道""笃志固执而不变"[③]。在此基础上，孔子又提出了"权"，作为学者为学的最高境界。由此可见，在孔子的思想中，作为实践能力的"权"，是

[①] 金岳霖：《论道》，商务印书馆2015年版，第17—18页。
[②] 《论语·公冶长》："子贡曰：'夫子之文章，可得而闻也；夫子之言性与天道，不可得而闻也。'"
[③] （宋）朱熹撰：《四书章句集注》，中华书局1983年版，第116页。

建立在对"道"深刻认识和坚定执守前提之上的;如果没有这个前提一味谈"权",很可能使人在行为上失去原则的指引和约束而变成"无忌惮"的"小人"。换句话说,在孔子那里,"权"是君子求道、行道的人生实践中的一个有机环节和必备能力,而不是脱离"道"的辖制的肆意妄为。孟子继承了孔子的思想,虽然没有在他关于"权"的论述中直接谈及"道"与"权"的关系问题,但"嫂溺援之以手"的"权",显然是在"仁"这一根本的"人道"指导之下做出的灵活变通行为,因此才在特殊而紧迫的情境之下具有了正当性和必然性。

由此可见,从孔子起,儒家的思想家就试图将"道"作为行权的原则和界限,在"道"的指导下的灵活变通与主体没有任何约束的肆无忌惮被明确区分开。如果与"道"相背离,所谓的"权"就失去了正当性。荀子继承了孔子、孟子等早期儒家"权"说上所体现出来的这一基本立场,并且明确提出"道"是权衡的标准。

荀子说:"圣人知心术之患,见蔽塞之祸,故无欲、无恶,无始、无终,无近、无远,无博、无浅,无古、无今,兼陈万物而中县衡焉。是故众异不得相蔽以乱其伦也。何谓衡?曰:道。"(《荀子·解蔽》)他认为,破除各种片面观念的蒙蔽的途径,首先必须在对事物进行判断、对行为进行取舍时有一个明确的对是非、善恶进行衡量的标准;标准确定了,无论面对的事物多么纷繁复杂,也就不会再因受制于偏颇之见而举止失措,使行为失去条理而陷入混乱和不当。这个衡量的标准,就是"道"。因此,对于一个具有理性判断能力的人来说,都应该时刻以"道"作为对行为方式进行判断和取舍的最终依据。如果标准不正确,势必作出错误的选择。"人无动而不可以不与权俱。衡不正,则重县于仰,而人以为轻;轻县于俛,而人以为重。此人所以惑于轻重也。权不正,则祸托于欲,而人以为福;福托于恶,而人以为祸。此亦人所以惑于祸福也。道者,古今之正权也;离道而内自择,则不知祸福之所托。易者以一易一,人曰无得亦无丧也;以一易两,人曰无丧而有得也;以两易一,人曰无得而有丧也。计者取所多,谋者从所可。以两易一,人莫之为,明其数也。从道而出,犹以一易两也,奚丧?离道而内自择,是犹以两易一也,奚得?其累百年之欲,易一时之嫌,然且为之,不明其数也。"

第四章 道义与经权:"经""权"行为正当性的价值依据

(《荀子·正名》)在这里,荀子明确提出了"道者,古今之正权也"的命题。他认为,"道"就是在权衡变通中具有永恒性、普遍性和绝对性的标准。否则,一个人如果脱离了"道"的约束而完全靠自己的主观意志"内自择",对行为的得失、结局的福祸就无从判断。所以,荀子认为,根据"道"的要求和指引进行行为选择,就如同"以一易两"的交易一样,是每一个有理智的人都觉得划算,愿意接受的;而"离道而内自择"的行为,则像是在交易中"以两易一",从根本上说是有害而无益的。所以,在他看来,那些"累百年之欲,易一时之嫌,然且为之"的人,是何其不明智啊!

因此,根据荀子的观点,人的行为选择,就是在"道"的约束之下,通过主体的认识、理解、分析、比较而能动、自觉地进行抉择的过程。在这一过程中,既不能背离"道"的要求而任性胡为,也不能拘泥于僵死的具体标准而不知变通。行为的可否与取舍的最终依据,就是看它是否与"道"相合。他以孝子之行为例分析说:"入孝出弟,人之小行也;上顺下笃,人之中行也;从道不从君,从义不从父,人之大行也。若夫志以礼安,言以类使,则儒道毕矣。虽舜不能加毫末于是矣。孝子所以不从命有三:从命则亲危,不从命则亲安,孝子不从命乃衷;从命则亲辱,不从命则亲荣,孝子不从命乃义;从命则禽兽,不从命则修饰,孝子不从命乃敬。故可以从而不从,是不子也;未可以从而从,是不衷也。明于从不从之义,而能致恭敬、忠信、端悫以慎行之,则可谓大孝矣。《传》曰:'从道不从君,从义不从父。'此之谓也。故劳苦雕萃而能无失其敬,灾祸患难而能无失其义,则不幸不顺见恶而能无失其爱,非仁人莫能行。《诗》曰:'孝子不匮。'此之谓也。"(《荀子·子道》)一般情形之下,作为儿女,是应当听从父母的命令的,"可以从而不从,是不子也",应当听从父母的命令而不听从,是违背儿女之道的。但是,现实生活中,往往会存在按照这一一般情形下应当遵守的规则行事就会导致不良后果产生的情境,这时候,不听从父母的命令,避免使父母置身于危险、屈辱之中,就成为恰当的行为方式。相反,在这样的特殊情境之下仍然按照"从命"的原则去做,而使父母陷入患难、灾祸,则不是真正从内心中敬重父母、亲爱父母的做法。因此,荀子认为,"从道不从君,从义不从父",才是真正难能可贵的大德行。这里所谓的"从道不从君,从义不从父"

包含两个方面的含义。其一，作为有德的忠臣或者孝子，不能仅仅简单而被动地将君主或者父母的命令作为行为的依据，以服从命令作为永恒的法则，而是要具有理性的判断能力；根据自己主动的判断，去分析君主或者父母的命令是否应当无条件地接受和服从。其二，服从还是不服从君主或者父母的命令，抉择的最终依据，是由此而产生的行为是否符合道义原则；如果根据分析权衡发现服从君主或父母命令的行为选择将会违背道义原则，这时候，就需要以道义原则作为行为的指导，按照道义原则的要求去做，而不再遵循"从命"这一法则。

在道家有关"权"的思想中，也是有"道"贯穿其中的。无论是老子《道德经》中所体现出来"与时迁移，应物变化"的观念，还是庄子"知道者必达于理，达于理者必明于权"的论述，都是将权衡、变化看作对"道"的体验和实践。汉代的黄老道家的"权"论中延续了对"权"与"道"之间关系的这种理解。《淮南子》中，明确将"道"作为"权"的根本依据和最终标准，并进行了系统的论证。

《淮南子》以"道"作为最高的原则。"道"既有"覆天载地，廓四方，柝八极，高不可际，深不可测，包裹天地，禀授无形"[①]的形而上的本体意义，也有作为人类行为的指导的终极性的价值准则的意义。"道"具有永恒性和绝对性，但这种永恒性和绝对性不是通过某种形而下的固有的形态表现出来的，它"可以弱，可以强；可以柔，可以刚；可以阴，可以阳；可以窈，可以明；可以包裹天地，可以应待无方"[②]。它"无为无形"，又始终是一种相对性的存在。不但作为客观存在的本体意义上的"道"具有这种性质，作为行为指导的价值意义上的"道"同样具有这种性质。"所谓道者，体员而法方，背阴而抱阳，左柔而右刚，履幽而戴明，变化无常，得一之原，以应无方，是谓神明。"[③]也就是说，遵循"道"的要求的行为，是在变化无常中"得一之原，以应无方"。这个"一"，便是作为最高原则的"道"；而"无方"，则意味着在变化无常的现实世界之中，并没有固定不变的普遍性准则可

---

① 刘文典撰：《淮南鸿烈集解》，冯逸、乔华点校，中华书局 2013 年版，上册，第 1 页。
② 刘文典撰：《淮南鸿烈集解》，冯逸、乔华点校，中华书局 2013 年版，上册，第 454 页。
③ 刘文典撰：《淮南鸿烈集解》，冯逸、乔华点校，中华书局 2013 年版，下册，第 592 页。

第四章 道义与经权:"经""权"行为正当性的价值依据

作为永恒的行为标准。只要不背离"道"这个根本,具体情境中的应对方式是无穷的。

现实生活中的行为准则值得遵循,并非因为它们自身具有永恒性或绝对性,而是由于它们在一定的条件下是具有合理性的。从这个意义上说,礼义规范的正当性依据,不是因为它们自身就是"天之经,地之义",而是由于它们恰好能够同一定的客观条件以及人的主观需要相适应,都是人的真情的自然流露和体现。"四夷之礼不同,皆尊其主而爱其亲,敬其兄;猣狁之俗相反,皆慈其子而严其上。夫鸟飞成行,兽处成群,有孰教之!"① 礼义规范,最重要的是其内在的精神实质,而不是用于约束人的行为的外在的规则和标准。"礼者,实之文也;仁者,恩之效也。故礼因人情而为之节文,而仁发怃以见容。礼不过实,仁不溢恩也,治世之道也。"② 即使外在的准则和行为方式有所区别,只要是合于其"实"的,就是合理的;而这个"实",就是"一",也就是"道"。"故礼丰不足以效爱,而诚心可以怀远。故公西华之养亲也,若与朋友处,曾参之养亲也,若事严主烈君,其于养,一也。故胡人弹骨,越人契臂,中国歃血也,所由各异,其于信,一也。三苗髽首,羌人括领,中国冠笄,越人劗鬋,其于服,一也。帝颛顼之法,妇人不辟男子于路者,拂之于四达之衢。今之国都,男女切踦,肩摩于道,其于俗,一也。"③

因此,《淮南子》中认为,日常生活中礼义等具体的行为规范,只是适合于一定的条件的,只有"道",才是对行为进行是非善恶判断时所能够依据的终极性的原则。这就是《淮南子》中所说的:"故通于道者,如车轴,不运于己,而与毂致千里,转无穷之原也。不通于道者,若迷惑,告以东西南北,所居聆聆,一曲而辟,然忽不得,复迷惑也。故终身隶于人,辟若倪之见风也,无须臾之间定矣。故圣人体道反性,不化以待化,则几于免矣。"④ 通达于"道"的人,就像车轴一样,自己不用不停运转,但是可以行驶到千里之外,可以到任何地方去。这其实就是所谓的"得一之原,以应无方"。相反,

---

① 刘文典撰:《淮南鸿烈集解》,冯逸、乔华点校,中华书局2013年版,上册,第426—427页。
② 刘文典撰:《淮南鸿烈集解》,冯逸、乔华点校,中华书局2013年版,上册,第427页。
③ 刘文典撰:《淮南鸿烈集解》,冯逸、乔华点校,中华书局2013年版,上册,第426页。
④ 刘文典撰:《淮南鸿烈集解》,冯逸、乔华点校,中华书局2013年版,上册,第441—442页。

如果不明白"道",总是在具体的地方辨别方向,就会像迷路之人一样,你在一个地方告诉了他东西南北,他也非常认真地弄明白了,但是,一旦拐到一条小路上去,他就又糊涂了。这种人一辈子都会为别人所左右,一刻也不能安宁。所以,真正的"圣人"与"道"的要求合一,返归天性,以不变应万变,就可以自由自在,应变无穷。因此,在《淮南子》的作者看来,世人根据世俗的规则或者标准所说的"是非",都只不过是一偏之见;而真正的"是非"标准,是适合整个宇宙的。所谓"权",就是依据"道"这一真正的是非标准而对瞬息万变的复杂情境所做出的恰当的反应。

总之,虽然儒家和道家在对"道"的内涵的理解上有异,但以合乎各自所理解的"道"作为"权"的正当性的依据和来源,却是一致的。汉代之后,虽然提出了"反经合道为权"、经权统一等各种不同的经权关系理论,但无论被视为"返归""经"还是"背反""经",或者与"经"本质上是体用关系,在道德实践中具有积极意义的"权",都是以"道"作为最终的追求目标,至少是不能脱逸于"道"这一原则的范围之外。即使在程颐等宋代之后的理学家看来必然导致权术、变诈的汉儒的"反经为权"的理论中,虽然主张行权必然意味着"反经",但也一再强调"权虽反经",必须"有道""合道","必在可以然之域"。

二 "经":"道"在现实实践中的具体化

如果说,在"权"与"道"的关系上,"权"虽应始终与"道"保持一致,但毕竟存在着作为行为选择结果的权变会与具有普遍约束力的道德准则相背离的可能。也就是说,在价值指向上,"权"虽然以"合道"作为目标,以"道"为其合理性的最终依据,但它是有着与人们所公认的道德标准相违背的可能的。因此,对于行权,人们往往保持谨慎或慎重的态度。"经"则与此不同。"经"往往被认为是"道"在具体的生活实践中的体现,是人们在经验世界中对具有道德上的正当性的行为进行总结概括而提炼出来的,从理论上说,它是"道"的现实化和具体化,因此具有天然的合理性和正当性。即使主张特殊的情境之下可以"反经"的人,也并不认为"经"本身在价值指向和道德属性上存在问题,只不过是因为特殊的情境导致了"经"的合理

第四章 道义与经权:"经""权"行为正当性的价值依据

性暂时性地丧失。"经"作为规则,与"道"在价值指向上始终是一致的,特殊情境下的"反经"并不能否定"经"的普遍性约束力的存在。

但是,理论所展示出来的逻辑并不等同于理论生成的逻辑。从生成的逻辑上说,"道"并不是可以通过经验感知到的对象,这一概念是在观念中被构造出来的;之所以构造这一概念,就是为了为现实中的事物或行动建立一个有说服力的理论根基。先有对人类生活的理解,然后才将这些理解灌注到"道"这一概念之中,所以中国传统思想中,无论哪一个学派或者学者的"道",必然始终是与其对事物或行为的合理性和正当性——即"善"——的理解相一致的,对于行为正当性的判断也具有终极性的意义。

在某一特定的学派之内,"道"的内涵一经确定,它对于现实的道德生活就具有了原则性和指导性。同时,由于现实生活本身是复杂的、变动的,为了使其在复杂多变的经验世界中始终保持与合理性和正当性的理解相一致,它就不应当是过于具体的。否则,作为观念的"道"便会凝固、僵化,从而丧失作为绝对性原则对现实世界的涵盖和统摄。因而,在一个道德规范体系中,"道"必然被规定为具有抽象性、宏观性和至上性的原则。从道德生活的角度来说,这一原则对人类社会中所有行为都是具有指导意义的。在这一点上,作为原则的"道"必然是要区别于日常生活中具体的行为准则,即"礼"或"经"的。

同"道"一样,作为具体的道德准则或标准的"经"也是从现实的道德生活中抽象或概括出来的。但与"道"不同的是,"经"虽具有一定的抽象性和概括性,但为了保持它对于现实的道德生活的直接指导功能,无论在内容上还是形式上,它又不能是完全抽象的。一定的抽象性保障了它的普遍性价值的存在,而过于抽象和概括则又会使其现实的指导作用降低或丧失。因此,普遍适用于某一类情境或道德关系的"经",需要在抽象和具体之间保持一种张力。这样,它所覆盖的情境就是有限的,换句话说,它的约束力的普遍性必然是相对的。而"道"作为一种具有绝对的普遍性和适用性原则,可以说是在"经"的基础上进一步的抽象概括。但是,过度的抽象化、形式化,很容易使其脱离现实的道德生活,甚至游离于人们的经验世界之外。中国传统哲学中一直警惕这种理论与现实的脱节,从而努力在"极高明"和"道中庸"之间寻求一种平衡和兼顾。在这种思想观念中，作为现实生活中的行为规范或标准的"礼"或"经"，就变成了连接抽象的"道"与具体的道德生活之间的中介：它被视为"道"的体现和落实，但又不能离开现实的道德生活，一端连接着原则性的"道"，一端又连接着丰富而生动的现实世界。

这样，在具有原则性的"道"和需要灵活性的具体道德实践之间的关系的处理上，就需要一种高超的实践智慧，"权"便是这一实践智慧的体现。一方面，具体道德准则与道德情境之间的适应与否需要进行分析判断，这就是"权衡"意义上的"权"；另一方面，当通过判断发现通行的道德规范体系中的准则或规范（"经"）不适用于某一特殊的情境时，又需要主体及时进行变通，以免因死守教条造成违背"善"的期望或背反"道"的原则的后果，这就是"权变"之"权"。由此可见，无论"经"还是"权"，都是使行为能够符合合理性和正当性所需要的，从理论上说，也就是使行为"合道"所需要的。以"经"和"权"为中介，才能够达到道德实践与道义原则之间的始终一致。

由于现实中本来就存在着遵经和行权两种使行为"合道"的可能，所以，历史上大部分学者都是把汉儒将"经""权"对举所提出的"权者反于经，然后有善者也"或"反经合道为权"命题中的"反"字，按其本字理解为"背反"或"违背"之义。但是，清代之后，有人提出了不同的解释，认为这一"反"字应是"返"的通假字，意思是"返归""回归"。最早明确提出这种观点的是俞正燮，他认为："《春秋》桓十一年《公羊传》云：'权者，反于经然后有善者也。行权有道，杀人以自生，亡人以自存，君子不为也。'谓权反归于经，然后见其善。适变不同道，必反归于经。'反经'之'反'，为'十年乃字，反常也''尧舜性之也，汤武反之也'之'反'，为反归之反，非背反之反。《文子·道德》篇云：'先迕而后合者，谓之权；先合而后迕者，不知权。不知权者，善反丑矣。'亦以反为先开后合之合，反归之反。"并且认为："以背反于经为权，汉以前经传笺注实无此说也。"[①]

一些现代学者沿袭了这种看法。比如，蔡仁厚曾经说："《公羊传》云：

---

① （清）俞正燮撰：《癸巳存稿》，商务印书馆1937年版，第63页。

第四章　道义与经权："经""权"行为正当性的价值依据

'权者，反于经然后有善者也。'无经则权无所用，故必须反（返）于经而后乃能成其善。由此可知，一个不能守经的人，根本不足以言'行权'。"① 在引用《公羊传》的论述之后，他特意对"反"字加了一个"返"的注解，来说明他所理解的行权和守经的一致性。李新霖也持此说。他不仅认同俞正燮的观点，而且进行了补充论证。在其所著的《春秋公羊传要义》中，他首先以"《公羊传》中言及'反'而有'返'意者，所在多有"为论据，通过对《公羊传》中其他部分出现的"反"字的分析，总结认为："无论'反'接虚词再接实词，或'反'接实词而虚词而实词，皆有'返'意。故用是而观，《公羊传》云：'权者反于经，然后有善者也。'意指道有经有权，若经立大常，权则用以应变。但经权虽不同，却不相反，甚至通变之权原本于经。换言之，经与权间之变化，就形式上言虽有变，实质上仍不变也。至于所以行权者，缘宇宙万事万物，皆在变动不居之中，若犹贪执故常，不悟变之不可御，必窒碍难行。因此趣时应变，无往而可离于经，非惟'权'之真谛，亦正所以体'经'知'常'也。"接着，他又"就《公羊传》论断大夫遂事之是非，证明'权'有返经而善之意"②。

尽管在传统典籍中，"反"常用作"返"义，甚至有可以将"反经"解释为"返经"的先例，如《孟子·告子下》中的"君子反经而已矣"中的"反经"。但是，将《公羊传》中"权者反于经"的"反"字也训为"返"，则是不恰当的。俞正燮仅仅因为汉代以前的经传笺注中没有将"反"训释为"背反"之"反"的先例，就认为将《公羊传》中这一"反"字理解为"返归"之"返"才是合理的。这种研究方法过于狭隘，所得结论未免草率。虽然汉代的经传笺注中未见这一解释，但在汉人的著作中论及经权问题时，却都是在与"经"相对的意义上来使用"权"的。换句话说，"权"与"经"是在两种不同的实践情境中的行为选择方式，"经"适用于一般的情境（"常"），"权"适用于特殊的情境（"变"）。这里的"经"，既是指一般情境下普遍适用的道德准则本身，也表明一般情境下普遍适用的道德准则在具体

---

① 蔡仁厚：《孔孟荀哲学》，台北：台湾学生书局1984年版，第345页。
② 李新霖：《春秋公羊传要义》，台北：文津出版社1989年版，第195—201页。

情境中的应用限度，即，这些准则仅仅被视为在一般情境下（"常"）适用的，在某些特殊的情境中可能失效。而在这些不同于一般情境的特殊情境中，则需用"权"。《韩诗外传》所说的"夫道二，常之谓经，变之谓权"①，正表明"经"和"权"是在"常"和"变"两种情境下实践"道"的两种方式。根据这种观点，如果说"权"应"返"于"道"，则可；但如果说"权"应"返"于"经"，则不可。西汉的公羊学家董仲舒也说："夫权虽反经，亦必在可以然之域。"② 这里特别突出强调"权""亦必在可以然之域"，如果董仲舒也将"权"理解为"返于经"，这种强调则全无必要；之所以作这种强调，是因为在他心目中"权"是要违背一般情境下普遍适用的准则的，如果没有一定的限制，就有可能溢出于"可以然之域"。而可以作为"权"的限制的，是在道德规范体系中地位高于一般情境下的具体准则的道义原则。因此，单从汉代学者的论述可见，他们所主张的"权"，就是与"经"相反的；同时，他们所说的"经"，也是与"道"处于道德规范体系中的不同层次的。

之所以会将"反于经"之"反"字解释为"返"，从基本立场上说，是继承了宋代理学家经权统一的观点，认为"一般人既无所守，而又侈言通权达变，不过是'饰非自便'的说辞而已"③。但是，如果要因此而否定汉儒所说的"权"字就是背反于经之义，则全无必要。从程颐提出"权即是经"的经权统一理论开始，汉儒的经权观都是这一理论抨击的对象，恰恰说明，在主张"权"不离"经"的理学家眼里，汉儒的"权"就是违背"经"的。违背"经"而能"合道"的"权"的存在，也恰恰证明"经"与"道"之间在约束力的普遍性上的不同。这也正是宋代之后提出各种经权统一理论的意义之所在，否则，如果认为汉儒的经权观强调的就是"权"返归于"经"，则程颐等人的观点，只是对汉儒主张的进一步诠释和补充，他也就不必再感慨"自汉以下，更无人识权字"④。

程颐说汉人提出"权者反于经"的观点是由于不识"权"字，今人将汉

---

① （汉）韩婴撰：《韩诗外传集释》，许维遹校释，中华书局1980年版，第34页。
② （清）苏舆撰：《春秋繁露义证》，钟哲点校，中华书局1992年版，第79页。
③ 蔡仁厚：《孔孟荀哲学》，台北：台湾学生书局1984年版，第345页。
④ （宋）程颢、程颐：《二程集》，王孝鱼点校，中华书局1981年版，上册，第295页。

第四章 道义与经权:"经""权"行为正当性的价值依据

儒的"权"理解为返归于"经",则是误解了汉人所说的"经"字。林义正在批评李新霖的观点时,曾经指出:"这些不恰当的解释,乃造因于对'经'字没有清楚的了解,因袭旧说,把它和'道'、'善'等同。"[①] 准确地说,将"权者反于经"中的"反"字解释为"返",是由于对汉儒经权观中的"经"字"没有清楚的了解",混淆了汉儒经权观中的"经"与"道",将"经"看作与"道"等同的概念。从"道"的高度和意义上理解"经",这与程颐"权即是经"理论中的"经"与"道"的关系相符,但却不是汉儒经权观中二者之间关系的理解。蔡仁厚有一种观点,说:"常理常道虽然永恒而不可变,但表现理、表现道的方式,则必须随宜调整,因时制宜。一般人把'理道'和'表现理道的方式'混为一谈,所以引出许多无谓的夹缠。"[②] 如果按照这种区分,汉儒所说的"经",应为"表现理道的方式",而非"理"或"道"本身。正是将二者混为一谈,所以才导致对汉儒经权关系理解上出现了偏差。

既然基本立场和观点上是有误的,所以对将"权者反于经"的"反"字解释为"返"的观点进行论证的各种论据,当然也就是牵强附会的。因有学者对这些论据进行过针对性的批判,这里不再赘述。[③]

总之,同"权"字一样,在中国传统经权观的发展演变中,"经"字含义的重心也是不断变化的。汉儒在先秦诸子关于"权"的论述的基础上提出"经"这一概念时,指的就是一般情境下普遍适用的具有共识性的道德准则或

---

① 林义正:《春秋公羊传伦理思维与特质》,台北:台湾大学出版中心2003年版,第140页。
② 蔡仁厚:《儒学传统与时代》,河北人民出版社2010年版,第154—155页。
③ 例如,林义正针对李新霖相关观点的论据,反驳说:"《公羊传》文中,'反'字并非皆作'返'意,如'反袂拭面'之'反'即作'背反'解;依《公羊传》,大夫无遂事是经,是礼,而遂事是背反经,虽是背反经,却带来善的结果,这样的'遂事'才是'权'。"(《春秋公羊传伦理思维与特质》,第139—140页)陈明恩也指出:"就《公羊传》本身而言,其言'反'而具'返'义者,亦所在多有。惟此处之'反',似难作'返'解。盖依前引传文所示,权若'归返'于经,又何必再次强调必须'有善'?且若以'归返'释权,则权亦只是经,又何必再拈出'权'字,徒增理解之困扰?是经、权之间,当有区隔。本文认为,传文所谓之'有善',实乃《公羊传》对于'权'之行使所设之限制。之所以另设条件限制,盖不欲世人误以为权既可违反经之原则,遂乃'滥权'妄为,此固圣人之所不乐见者。准此,'权者反于经'之'反'实当作'违反'解,如此方符传文之旨意。"(陈明恩:《诠释与建构——董仲舒春秋学的形成与开展》,台北:秀威资讯科技股份有限公司2011年版,第173页)

规范，它可以说是"道"落实于具体的实践生活的体现。"权"的合理性依据之所在，并非"返于经"，而是"合于道"。背反于"经"的"权"与"经"一道，构成了"道"在现实中落实的两种实践方式。二者相互背反，但俱在"道"的范围之内。

三 "道"统"经""权"的方式及路径

在中国传统伦理思想中，不同时期或不同学派学者之间对"经"和"权"两个概念的含义的理解以及使用往往是不同的，因此也就决定了他们在解释"道"统"经""权"的方式和路径时的观点是不一样的。

在汉儒"反经合道为权"思想中，"经"的合理性既取决于是否体现"道"的要求，又取决于是否适应具体的生活情境，只有两个条件都满足，才能够被视为"善"的、合理的，需要认真恪守的。在这里，"经"其实就是"道"的一般性要求在客观的生活世界中的落实，由于社会生活的复杂性，作为现实生活中公认的道德准则或规范的"经"会有"所不及"，在其"所不及"的特殊的情境之下行权而对"经"的违背，并不是因为"经"本身是违反"道"的，而是因为这时再按照"经"的要求去做，则不能取得"善"的结果，而只能选择既合乎"道"的要求又能符合当时当地的特殊情境的行为方案。因此可见，无论是"经"还是"权"，都是对"道"这一具有更高道德价值的原则的遵守，在价值优先性上，因为"道"优先于"经"，所以约定俗成的"经"（或"礼"）在特殊情境下同"道"发生冲突时，要通过"权"的方式来保障"道"的要求的实现。换句话说，"道"是具有绝对普遍性价值的行为准则，特殊的情形之下用"反经"的方式来"行权"恰恰是为了维护其普遍性的实现，避免因拘泥于具有保守性、稳定性的"经"而偏离了"道"的要求。在"经""权""道"等范畴的关系上，"道"是普遍适用的，"经"和"权"是实现"道"的两种具体方式。总之，在"反经合道为权"的经权观中，道德准则是普遍性和特殊性的统一，其特殊性主要体现在"权"的运用上，而普遍性又分为两个层次：一是"经"在一般情况下（即"常"）具有普遍的约束力，但这种普遍性是不严格的、相对的，在极少数的特殊情境之下允许有变通的可能；二是"道"对道德生活的绝对的普遍指导

第四章 道义与经权:"经""权"行为正当性的价值依据

意义,虽然在现实的道德行为选择中允许违背作为"常礼"或常规的"经",但无论如何,都是不能脱离"道"的约束和指导作用的。特殊情境下允许行权反经,并不意味着在"经"这一"常行之道"之外存在着另外一套可普遍通行的道德规范体系,"权"只是在具体时空条件之下的一种临时性变通,它对立于"经",但统辖于"道"。

由此可见,汉儒关于"经"和"权"两个概念的基本含义的界定,即,"经"是现实道德生活中具有普遍约束力的具体道德准则或规范,"权"是特殊情境之下当"守经"不能达到"有善"的结果,甚至违背"道"这一更高层次的道德原则时,通过权衡变通在"经"之外寻找另外一种"合道"的行为方式的权变活动。因为在汉儒的经权观中,"夫道二,常之谓经,变之谓权"。"经"和"权"是实现"道"的两种方式,只有"行权"时使用的准则是违背或者背反于"经"的,才能够体现这两种方式的不同,也才能够显示出"权"在道德实践中的价值。"道"是一个"统体",体现于遵经和行权两种实践类型之中。这就是汉儒"道"统"经""权"的基本方式和路径。

在程颐的"权即是经"的经权统一理论中所使用的"经"字,已经与汉儒的理解有了极大的不同。韦政通曾经分析说:"汉儒意识到的经,相当于男女授受不亲的'礼',而程子所意会的'经'则近乎'道',这近乎道的经如何能反?既说反经(无异反道)又说合道,岂不自相矛盾?正因为程子主观地认定汉儒'反经'之'经'乃近乎'道',道只是常行之理,因而他连权变权术之论也一并非之,于是在'汉儒以反经合道为权,故有权变权术之论,皆非也'之后接着说'权、经也'也成为逻辑上必然的推论。"[①] 正是由于对"经"的这种理解,在"经""权""道"三者之间的关系的处理上,程颐将"权"直接置于"经"这一概念之内。"经"是"道"的直接体现,并且是在道德生活中的唯一体现,而"权"则不但是在特殊情境下实现"经"的一种方式,而且是认识"经"、发明"经"的一种方式;它不但要求与"道"始终保持一致,而且通过"权"所选择的行为方式,贯穿于其中作为行为的具体准则的,也必定可以称为"经"。

---

① 韦政通:《传统与现代之间》,中华书局 2011 年版,第 117 页。

同汉儒"反经为权"的观点相比，程颐的关注点是不应当使行权成为背弃道义原则的借口，必须循着孔子"可与立，未可与权"的思路，将"权"牢牢控制在道义的范围之内，而不是离经叛道的任意胡为。因此，在程颐看来，如果没有对道义原则的深刻理解，正确的"权"是不可能的；没有很高修养的人不可轻易言"权"，更不可轻易用"权"。"多权者害诚，好功者害义，取名者贼心。"① 一般情况之下，人们遵照"经"的要求，便可做出恰当的行为选择；过多地使用"权"，自然会降低"经"的权威性和对作为常道的"经"的信仰和恪守，而不自觉地沦为道德相对主义者。在现实生活中，太多的人一使用"权"，便成了不守道义的权诈。有鉴于此，在程颐看来，如果没有对义理的深刻领会，即未达到孔子所谓的"可与立"的境界，是不可轻易论"权"、言"权"、用"权"的。对于学者来说，如果没有对道义的深刻把握，而只是将注意力集中于"权"本身，就会像汉儒一样，一言"权"，便成为变诈或权术。与其这样，不如老老实实地守"经"，以免因漫漶行权而离经叛道。

　　这样，在程颐的思想体系中，即使承认"经"有所不及而必须引入"权"这一概念进行弥补，以确保人类的道德生活始终不偏离对"善"的结果的追求，他也要特别强调不应以损害对道德准则的普遍性的认同为代价。在他看来，不但"经"是"理"的普遍性的体现，"权"同样也是"理"的普遍性的体现，它们所遵循的规则或依据都是具有必然性和不可变易性的。因此，在程颐的经权观中，并没有因为承认"权"的价值而否认"经"作为道德准则的绝对普遍性。"权"的意义尽管在于其能够"济经之所不及者"，但这种"不及"，并不是说"经"对于现实道德生活的作用范围存有空白，从而需要用另外一种行为方式——"权"——来填补。"权"是内在于"经"的，不可能有"经"外之"权"，具有道德合理性的"权"只能内含于"经"之中，亦即"权即是经"。通过"权"的方式来实现行为合理化的过程，也正是具有普遍性的"经"在现实的道德生活中落实和展开的过程。这样，内在包含了"权"的"经"便不再如汉儒所以为的只具有相对的普遍性，而是

---

① （宋）程颢、程颐：《二程集》，王孝鱼点校，中华书局1981年版，上册，第318页。

第四章 道义与经权:"经""权"行为正当性的价值依据

具有了绝对的普遍性。在现实的道德生活中,"经"的规范、约束作用就成了永恒的、"百世不变"的。道德准则不但在抽象的形而上的层面上具有了普遍性,而且在现实的道德生活中,也成了具有普遍性的原则或规范。作为"天下不易之理","经"的普遍性同"道"一样,是绝对的、不容有任何质疑的。

作为二程理学体系的继承和发展者,朱熹虽然不赞同程颐"权即是经"的结论,但是,他并非要从根本上否定程颐的经权观,更无意反对程颐在道德实践问题上的基本立场,而是要求人们对这一观点"须著子细看"[①]。对于程颐经权理论的现实意义,尤其是程颐对于汉儒"反经合道"理论支配下可能导致的"借权以自饰"的结果的担忧,他也有着清醒的认识和深切的认同。更为重要的是,由于同样是将伦理思想体系建立在"天理"这一核心范畴之上,朱熹对于道德准则的普遍性和权威性也是非常看重的。因此,在朱熹的经权观中,他一面要考虑如何避免汉儒"反经合道为权"观点可能导致的"一向不合道理,胡做了"的流弊,一面又要思考如何纠正程颐"权即是经"的经权观存在的"如程先生之说,则鹘突了"的弊端,从而在"天理"这一概念之下,对"权""经""道"等概念之间的关系进行了重新梳理。

朱熹对"权"和"经"的含义进行了分析。同程颐将"经"看作同"道"一样的具有绝对普遍性的道德原则不同,他从两个层面上来理解"经"的含义。有时候,朱熹同程颐一样,也是将"经"作为同"道"一样的抽象的道德原则来理解。如,他说:"只是虽是权,依旧不离那经,权只是经之变。"[②] "既是合用,此权也,所以为经也。"[③] 如果按照这种理解,程颐的"权即是经"的命题无疑就是合理的。然而,在大多数情况下,朱熹是将"经"和"权"作为两个实践性的范畴来理解的,从而使得他对"道""经""权"之间的关系的理解与汉儒又有了几分相似之处。在他看来,作为"道"在道德实践中实现的两种可能方式,"经"和"权"不能被理解成直接同一

[①] (宋)黎靖德编:《朱子语类》,王星贤点校,中华书局1986年版,第3册,第989页。
[②] (宋)黎靖德编:《朱子语类》,王星贤点校,中华书局1986年版,第3册,第994页。
[③] (宋)黎靖德编:《朱子语类》,王星贤点校,中华书局1986年版,第3册,第991页。

或者包含的关系。二者应当是"常"和"变"的关系。"经者，道之常也；权者，道之变也。"① 也就是说，"经"是具有普遍性的"万世常行的道理"，而"权"则是在特殊的情境之下"不得已而用之"的变通之法。之所以在这种情境之下必须用"权"的方式，而不是直接遵循"经"的要求，在朱熹看来，是由于这种特殊的情境是"那常理行不得处"，只能用变通的方式以期使行为符合"道"的要求。

当孔子和孟子等早期儒家试图以"权"的方式来挽救礼制的僵化和衰败时，他们并没有将礼制中的每一条具体的规定都看作神圣而不容变通的。虽然在孔子关于"权"的理论中，没有明确表明它是在现实生活中具体的行为准则之内的"权"还是具体准则之外的"权"，但在孟子的"男女授受不亲，礼也；嫂溺援之以手者，权也"的论述中，我们可以发现他这里所说的"权"，是在正常情境下应当普遍遵守的具体道德准则（即"礼"）之外，即与礼制中某一特殊的一般规定相违背的。只要这种由"权"所选择的行为方式，是更加符合儒家的"道"的精神的，它就是正当的。汉儒"反经合道为权"的经权观中，认为道德生活中值得称道的"权"，也是背反于"经"的。这种观点，既是对主体在道德实践中的能动性的肯定，也是对具体的道德准则在现实的道德生活中的涵盖范围有限性的承认。宋代之后，随着封建秩序的成熟，道德规范体系日渐完善，尤其是封建制度盛极而衰的气象的日趋明显，对于与封建宗法等级的社会秩序维护要求相一致的道德准则和规范的约束力的绝对普遍性的需求也日益强烈。在这一时代背景之下，不但将现实的道德规范和要求视为"天理"的理论应时出现，在经权观上，以"经"的绝对普遍性为基础的经权关系理论也随之而起。程颐的"权即是经"的理论，即在经权观上维护道德准则普遍约束力的一种体现。尽管程颐将"权"纳入"经"的内涵，但是，他至少承认"权"在形式上是对现存的具体道德规范体系的偏离。到了明代，高拱以体用定位经权关系的理论，则将"权"的实践完全纳入"经"的范围之内。

在高拱看来，既然"经"与"权"之间的关系为相辅相成的体用关系，

---

① （宋）黎靖德编：《朱子语类》，王星贤点校，中华书局1986年版，第3册，第989页。

第四章　道义与经权："经""权"行为正当性的价值依据

那么，汉儒和宋儒所共同秉持的以"常""变"区分"经""权"，并认为"权"只有在非常情境下"不得已而用之"的观点就是荒谬的。通过以秤为喻，高拱反驳说："经"和"权""盖无常无变，无大无小，常相为用，而不得以相离。若谓常则守经，变则行权，是常则专用衡而不用锤，变则专用锤而不用衡也，而可乎？"① 他认为，无论是汉儒还是宋儒，"盖皆以为'常则守经，变则行权'，故其为言，且开且合，而不得其理也"②。因此，对于程颐"权"只是"以济经之所不及"和朱熹"权者不得已而用之"的观点，高拱认为，都是经不起推敲的。他评论程颐"所谓权者，于精微曲折处曲尽其宜，以济经之所不及尔"，说："夫权以称轻重，非以尽细微也。正理所在，莫非经；称之而使得轻重之宜者，莫非权。孰为专立其大？孰为独尽其细？孰为之阙？孰为之补？若曰经可自用，用之而有所不及，则以权济之。是谓衡可自用，用之而有所不及，则以锤济之也，而可乎？"③ 关于朱熹"权者，不得已而用之，大概不可用之时多"的观点，他则认为："夫谓'经乃常行之道，权则不得已而用之'，是谓衡乃常用之物，锤则不得已而用之者也。谓'权之于事，不可用之时多'，是谓锤之于称，不可用之时多也，而可乎？"④ 高拱之所以旗帜鲜明地反对以"常""变"区分"经""权"的做法，这是因为，在他看来，在现实生活中，无论做任何事情，想要做出恰当的行为选择，都需要运用"权"这一基本的方法。"非谓不得已始用之，而得已可不用也，一时无权，必不得其正也。非谓钧、石始用之，而铢、两可不用也，一物无权，必不得其正也。"⑤ 对于行为主体来说，"权"是须臾不可离的。无论任何时候，如果不能恰当用"权"，不但违背了孔子、孟子教人重视"权"的一片苦心，而且也无法在现实生活中真正做出恰当的行为选择，往往会差之毫厘失之千里，偏离"圣人""圆而通"的本旨。所以高拱说："而世之君子，徒曰权者，济一时之急，非悠久之用，居常无事，则置诸空虚之地，遂

---

① （明）高拱：《高拱论著四种》，流水点校，中华书局1993年版，第159页。
② （明）高拱：《高拱论著四种》，流水点校，中华书局1993年版，第159页。
③ （明）高拱：《高拱论著四种》，流水点校，中华书局1993年版，第159页。
④ （明）高拱：《高拱论著四种》，流水点校，中华书局1993年版，第160页。
⑤ （明）高拱：《高拱论著四种》，流水点校，中华书局1993年版，第162页。

使圣人大中至正之极,旁行顺应之方,虚灵洞达之机,精邃渊微之旨,晦塞不明。于是大道隐,曲学兴,胶柱一偏之说,守株一节之行,东向望不见西墙,南向望不见北方,而不知其合之圆也。"①

同样基于体用关系的理解,王船山也不同意以常变定位经权,因此同高拱一样,不仅反对汉儒"反经合道为权"的经权观,对于朱熹用"经权亦当有辨"为汉儒辩护的观点,他认为也是站不住脚的。王船山评价说:"朱子曲全汉人'反经合道'之说,则终与权变、权术相乱。"② 在汉儒"反经合道为权"的理论中,认为"经"与"权"的关系是"常"与"变"的关系,"权"只能在非常的情境下才能够被运用。对此,朱熹也是赞同的。他说:"经,是常行道理。权,则是那常理行不得处,不得已而有所通变底道理。权得其中,固是与经不异,毕竟权则可暂而不可常。"③ 王船山则认为,经权是体用的关系,而不是常变的关系。"权"也并非只有在不得已时才可以用,而是日常道德生活中一种最基本的进行道德选择的方法。"万事交于身,万理交于事,事与物之轻重无常,待审于权者正等。目前天理烂漫,人事推移,即在和乐安平之中,而已不胜其繁杂,奚待不得已之时,而后需权耶?"④ 不仅如此,王船山还认为,不但不能说"权"仅仅适于应变,而在常态的情境中只能循"经"。恰恰相反,在常态的情境中,才是最适合用"权"的;而在非常情境之下,更多的是要守"正"。"圣贤之权,每用之常而不用之变。"⑤ "圣贤之权,正在制治未乱上,用其聪明睿知、神武不杀之功。若到不得已临头,却只守正。"⑥ 因此,王船山认为,朱熹沿袭汉儒的学说,以"常""变"区分"经""权",并且认为"权"只有"不得已"的时候才能用的观点是不准确的。"朱子云:'"可与立,未可与权",亦是甚不得已,方说此话。'使然,则独伊、周为当有权,而尧、禹为无权乎?孟子讥'执中无权',初不论

---

① (明)高拱:《高拱论著四种》,流水点校,中华书局1993年版,第164页。
② (明)王夫之撰:《读四书大全说》卷5,《船山全书》,岳麓书社2011年版,第6册,第741页。
③ (宋)黎靖德:《朱子语类》,王星贤点校,中华书局1986年版,第3册,第990页。
④ (明)王夫之撰:《读四书大全说》卷5,《船山全书》,岳麓书社2011年版,第6册,第743页。
⑤ (明)王夫之撰:《读四书大全说》卷5,《船山全书》,岳麓书社2011年版,第6册,第743页。
⑥ (明)王夫之撰:《读四书大全说》卷5,《船山全书》,岳麓书社2011年版,第6册,第743页。

得已、不得已。"①

高拱和王船山的这种对经权关系的定位，进一步强化了"经"在道德生活中普遍约束力的绝对性。在体用关系的视域之下，"经"和"道"一样，不但被认为具有涵盖社会道德生活中所有情境的可能，而且也变成了具有绝对普遍约束力的准则。这样，在道德实践中，就完全没有了在既有的封建伦理准则之外进行权变的可能。这一观念，看似最大限度地维护了道德准则的权威性和严肃性，又在确定的道德规范体系之内承认了道德实践的灵活性，但实际上，一方面，从道德规范体系本身角度来说，大大增加了将其教条化和僵化的可能，另一方面，从道德实践主体角度来说，行为者在道德生活中的能动性和创造性也受到了极大的制约。伦理思想上的这一发展倾向，可以说是中国社会发展到封建时代晚期的必然，行将崩解的封建秩序对用以维护这一秩序的伦理纲常的依赖程度不断加深，在学者们的理论体系中不能不有所体现。当然，也有一些学者基于道德生活的实际而模糊地意识到了道德规范体系僵化、固化给道德实践和社会生活带来的弊端，因此试图在理论体系内部进行一些必要的弥补和修正。比如，在王船山的经权观中，尽管他主张"权"以"经"为体，没有"经外之权"，但他同时又承认"一用而不可再"的"权之变"的存在，认为"经"和"权"在现实的道德实践中存在着"权重于经"的关系，就是为了克服道德规范体系僵化性所做的一种理论上的努力。但是，他们并没有从根本上认识到，同晚期封建社会的制度一样，封建道德规范体系的没落已在所难免，仅凭对固有的道德规范体系的普遍约束力的强化，已经无法挽回世道人心。

第二节 "义"："经"与"权"正当性的当然之则

在中国传统道德规范体系中，"道"从形而上的高度为行为的正当性提供了来源和依据，"义"则是行为正当性体现于实践中的一个总括性的准则。《论语·季氏》中说："行义以达其道。""义"是实现"道"的路径，"道"

---

① （明）王夫之撰：《读四书大全说》卷5，《船山全书》，岳麓书社2011年版，第6册，第742页。

是"义"始终追求的目标。朱熹在解释《孟子·公孙丑上》篇中的"配义与道"时说:"义者,人心之制裁。道者,天理之自然。"① "义"作为一种德性,在道德体系中并没有具有形而上的意义的"道"那样的至高无上的地位,但是,从作为道德行为的正当性和合理性的标准角度来说,它也是道德选择和道德判断中的绝对的准则,从而在经权理论中,被视为贯穿"经""权"的当然之则。

一 "义"的确定性与不确定性

在中国传统伦理思想中,"义"被视为一种重要的德性。作为实践的准则和行为判断的标准,人们遵循"义"的行为,便被认为在道德上是具有合理性和正当性的;反过来说,一种在道德上具有合理性和正当性的行为,必然是符合"义"的行为。从这个意义上说,合乎"义"的,就是合乎道德的;违背"义"的,就是不道德的。"义"可谓对行为的道德性,即道德上的合理性和正当性判断的最为确定的德性要求或标准。因此冯友兰曾经概括说:"人在某种社会中,如有一某种事,须予处置,在某种情形下,依照某种社会之理所规定之规律,必有一种本然底、最合乎道德底、至当底处置之办法。此办法我们称之曰道德底本然办法。此办法即是义。"② "义"是"道德底本然办法",自然也就是对行为正当性判断的当然之则;一种行为无论是遵经还是行权,如果它是"合道"的,必然也是与"义"的标准相一致的。

关于"义"是道德实践中应遵循的基本准则和道德判断的确定的标准,在中国传统伦理思想中,除了主张"绝仁弃义"的道家之外,可以说是绝大多数学派或学者的共识性的观点。"义"不但被视为人应尽的本分,而且也是人生实践的"正路""大道"。从前者的意义上说,"义"的意思接近于今天所说的"义务"概念;从后者的意义上说,"义"的含义则有似于现在的"正义"一词。在"百家争鸣"的局面形成之前,"义"的观念就早已出现。先秦各学派中,对"义"最为重视、论述最为详尽的当属儒家。孔子曾经说:

---

① (宋)朱熹撰:《四书章句集注》,中华书局1983年版,第231页。
② 冯友兰:《贞元六书》,中华书局2014年版,上册,第140—141页。

"君子义以为上"(《论语·阳货》),"君子义以为质"(《论语·卫灵公》)。又说:"君子喻于义。"(《论语·里仁》)在他看来,"义"是重德的"君子"最重要的素质要求,也是他们人生中最根本的价值追求和实践目标。孟子则将"义"视为"人之正路"(《孟子·离娄上》),也就是每个人都应当由之而行的大道。墨家、法家等学派也对"义"表现出浓厚的兴趣,同样将其作为行为是否具有正当性判断的依据和人应当遵循的基本准则。墨家不但提出了"万事莫贵于义"(《墨子·贵义》)的主张,而且认为,"义者,正也","天下有义则治,无义则乱"(《墨子·天志下》)。管仲学派和韩非等法家则明确以"宜"释"义"。《管子·心术上》篇中说:"义者,谓各处其宜也。……礼出乎理,理出乎义,义因乎宜者也。"韩非也说:"义者,谓其宜也,宜而为之,故曰:'上义为之而有以为也。'"(《韩非子·解老》)以"宜"释"义",成为汉代之后对"义"最通行的解释。"宜"是适宜、应当的意思,因此"义者,宜也",实际上也就是将"义"视为道德上的当然之则、"本然底办法"。

　　无论是将"义"看作人生实践的正路,还是道德判断上的应当,从上面诸种解释或论述可见,"义"都不是一种具体的行为规范,而是与行为的合道德性含义相同的概念。相对于"仁"等其他的德性来说,它并没有为人们提供一种应当如何行动的具体标准,而仅仅是一种形式化的告诫,要求人们必须遵守某种道德规范体系而行动。正如冯友兰所说:"义的观念是形式的观念,仁的观念就具体多了。人在社会中的义务,其形式的本质就是它们的'应该',因为这些义务都是它应该做的事。"[1] "义"既然意味着道德上的"应该",那么,它就成了一种人们在道德上应当始终遵循、不能有任何违背的"绝对的命令"。"义是事之'宜',即'应该'。它是绝对的命令。社会中的每个人都有一定的应该做的事,必须为做而做,因为做这些事在道德上是对的。如果做这些事只出于非道德的考虑,即使做了应该做的事,这种行为也不是义的行为。"[2]

---

[1] 冯友兰:《中国哲学简史》,涂又光译,中华书局2017年版,下册,第573页。
[2] 冯友兰:《中国哲学简史》,涂又光译,中华书局2017年版,下册,第573页。

"义"是一种"形式的观念",使其在某种道德规范体系之内具有绝对普遍的约束力,成为确定不移的道德准则的总称具有了可能。因此,"义"作为"绝对的命令"与康德所谓的"绝对命令"有着显著的区别。它作为道德命令不仅是无条件的,可普遍化的,而且还是具有绝对的总括性和涵盖性的。一种行为,只要是合乎某道德规范体系之内的道德原则或要求的,我们都可称其是合乎"义"的。这种观念的形式化的特征,使它虽然不是一种具体的行为标准或规范,但却可以将一切合乎道德要求、具有积极的道德价值的行为包括其中。一种行为违背"义",即意味着它在某种伦理思想体系之内失去了道德合理性;符合"义",则意味着它必然是正当的、合理的。换句话说,一个人根据某种伦理思想的要求做符合道德的事,他的行为就必然是合"义"的;相反,违背了这一伦理思想体系内的道德准则,他的行为就可被认定为"不义"的。由此可见,合"义"还是不合"义",在一种伦理思想体系之内,实际上也就是说行为是合理的还是不合理的、正当的还是不正当的。从这个意义上说,与其说"义"是作为行为正当性判断的确定的标准,不如说它是根据一定的道德规范体系对行为的合道德性所下的一个断语,或者人在人生实践中在行为取舍的价值标准上的一种明确的态度。

同时,作为一种"形式的观念","义"要始终保持其作为行为正当性判断标准的地位,就不能是死板的、僵化的。因此,在具体内容上,"义"是不确定的。韦政通说:"义就像道德套子,本身是空的,宜于此也可以宜于彼,完全要看实际的情况来取舍定夺。也就是说,在任何情况下遭遇到任何事,凡是处理得当的,都可以叫做义。义并不是合理行为的保证,也不是具体行为的指导,它只是提醒人在伦理行为中,无论遇到任何困难,都要慎重考虑应该还是不应该去做。"[①] 正由于此,尽管一个准则或观念一旦被装进这个"套子"之中,便被认为是正当的、合理的、道德的,但是,不同思想体系中对"义"的具体内容的阐发,往往是不同的;在不同情境之下,对"义"也往往会有不同的解释。"义"并不是一个单一的、确定的行为准则或标准。

首先,不同的学派对"义"的具体内容的解释是不同的。孔子曾经说:

[①] 韦政通主编:《中国哲学辞典大全》,世界图书出版公司1989年版,第634页。

第四章 道义与经权:"经""权"行为正当性的价值依据

"君子义以为质,礼以行之,孙以出之,信以成之。君子哉!"(《论语·卫灵公》)"君子"是以"义"为根本的价值追求的,在现实的实践活动中,这种作为"质"的"义"必须通过"礼""逊""信"等具体的道德准则体现出来。由此可见,孔子的"义",是同其以"克己复礼为仁"为具体内容的道德规范体系联系在一起的。与儒家不同,墨子在解释"义"的具体内容时,为其赋予的则是"兼爱""非攻"等道德内容。"曰:义正者何若?曰:大不攻小也,强不侮弱也,众不贼寡也,诈不欺愚也,贵不傲贱也,富不骄贫也,壮不夺老也。是以天下之庶国,莫以水火毒药兵刃以相害也。"(《墨子·天志下》)在法家关于"义"的具体内容的描述中,也体现着他们对于社会秩序的设想,以及对建立用以处理各种社会关系和具体事务的基本观念体系的期待。"义有七体。七体者何?曰:孝悌慈惠,以养亲戚。恭敬忠信,以事君上。中正比宜,以行礼节。整齐撙诎,以辟刑僇。纤啬省用,以备饥馑。敦懞纯固,以备祸乱。和协辑睦,以备寇戎。凡此七者,义之体也。"(《管子·五辅》)这是管仲学派对于"义"的具体内容的勾画。"所谓义者,为人臣忠,为人子孝,少长有礼,男女有别。非其义也,饿不苟食,死不苟生。此乃有法之常也。"(《商君书·画策》)"义者,君臣上下之事,父子贵贱之差也,知交朋友之接也,亲疏内外之分也。臣事君宜,下怀上宜,子事父宜,贱敬贵宜,知交友朋之相助也宜,亲者内而疏者外宜。"(《韩非子·解老》)这是商鞅、韩非等三晋法家对"义"的内容的理解。总之,由于理论立场和思想观点的不同,不同学者或学派对于"义"的具体内容的解释往往是不一样的。

其次,即使在某种道德规范体系之中,"义"的内容也具有层次性和复杂性。一方面,现实生活是具体而生动的,对应着不同的情境或角色要求,就会有不同的合乎"义"的行为方式,这就需要行为者不仅要具备明确的道德观念,还必须始终保持清醒的判断,才能做出恰当的选择。"遇君则修臣下之义,遇乡则修长幼之义,遇长则修子弟之义,遇友则修礼节辞让之义,遇贱而少者则修告导宽容之义。无不爱也,无不敬也,无与人争也,恢然如天地之苞万物。"(《荀子·非十二子》)在一种情境或条件下具有合理性的行为方式或标准,如果置于另外一种情境或条件之下,很有可能便会失去作为"义"

的正当性。另一方面，由于作为"形式的观念"的"义"可以包容某种道德规范体系中所有的准则和标准，因此，这些准则和标准必然存在着一定的层次性。"有一人之正义，有一时之大义，有古今之通义；轻重之衡，公私之辨，三者不可不察。以一人之义，视一时之大义，而一人之义私矣；以一时之义，视古今之通义，而一时之义私矣；公者重，私者轻矣，权衡之所自定也。三者有时而合，合则亘千古、通天下、而协于一人之正，则以一人之义裁之，而古今天下不能越。有时而不能交全也，则不可以一时废千古，不可以一人废天下。"[①] 这也就是说，"义"并非僵死的判断标准，而是一个复杂的系统，不仅存在着部分与整体的差异，还有着暂时与永恒的区别。对于某种具体的行为来说，采用"义"的哪一层次上的含义，并不是固定的。

总之，在中国传统伦理思想中，"义"体现着确定性和不确定性的统一。由于社会生活是复杂的，它的作为行为正当性评价标准的确定性，必然要求具体内容上的不确定性。具体内容上的不确定性，又必须以某种特定的道德规范体系为确定的边界，一旦溢出这种边界之外，便不再具有合理性和正当性的意义。

由于"义"作为行为正当性判断标准的确定性，所以，从道德实践的角度说，它被认为是行为决断中具有普遍性和永恒性的依据。对"义"的严格遵循，体现着行为者对某一道德规范体系的深刻认同，以及与此相应的坚定的道德意志和信念。《白虎通·性情》中说："义者，宜也，断决得中也。"[②] "义"便是决断的关头用以选择出恰当的行为方式的那个确定的标准。正是在此意义上，朱熹将"义"比喻成"利刀""横剑"。"义如利刀相似，胸中许多劳劳攘攘，到此一齐割断了。""'义'字如一横剑相似，凡事物到前，便两分去。"[③] 他的弟子陈淳则对此进行了更为详尽的解释，说："义就心上论，则是心裁制决断处。宜字乃裁断后字。裁断当理，然后得宜。凡事到面前，便须有剖判，是可是否。文公谓：'义之在心，如利刃然，物来触之，便成两片。'若可否都不能剖判，便是此心顽钝无义了。且

---

① （明）王夫之撰：《读通鉴论》卷14，《船山全书》，岳麓书社2011年版，第10册，第535页。
② （清）陈立撰：《白虎通疏证》，吴则虞点校，中华书局1994年版，上册，第382页。
③ （宋）黎靖德编：《朱子语类》，王星贤点校，中华书局1986年版，第1册，第120页。

第四章 道义与经权:"经""权"行为正当性的价值依据

如有一人来邀我同出去,便须能剖判当出不当出。若要出又要不出,于中迟疑不能决断,更何义之有?此等处,须是自看得破。"① 这里所说的"义",侧重的已不再是一种道德标准,而是一种道德规范体系或道德观念在实践中的权威性和确定性。

由于"义"在内容上的不确定性,所以,在对它的遵循实践中,体现着人的主体性和能动性。"义(義)"字从"羊"从"我"。"羊"字有美、善之意,"我"指主体自身。因此,董仲舒解释说,"义"就是"宜在我者",是用以端正自身的。② "义在正我,不在正人,此其法也。夫我无之而求诸人,我有之而诽诸人,人之所不能受也。其理逆矣,何可谓义?义者,谓宜在我者。宜在我者,而后可以称义。故言义者,合我与宜,以为一言。以此操之,义之为言我也。故曰有为而得义者,谓之自得;有为而失义者,谓之自失。人好义者,谓之自好;人不好义者,谓之不自好。以此参之,义,我也,明矣。"③ 董仲舒的这种解释,突出了"义"是体现着主体自觉的德性的意义,但并没有明确涉及主体在"义"的具体内容的把握上的能动性。朱熹也认为"义"是一个具有主体性的概念,并强调了"义"在作为具体的行为标准时,是主体根据对于"理"的理解而自主、自觉进行判断和取舍的。他说:"不可执定,随他理去如此,自家行之便是义。"④ 这种含义,和以"宜"释"义","义"的体现就是"断决得中"的基本理解是一致的。道德抉择中所得的"中",在朱熹的理论体系中,就是与"理"相符合。由于"义"本身所具有的层次性和多样性的特征,因此,必须通过主体在具体情境中的具体分析,才能选择真正合乎"义"的要求的行为方式。否则,"执其一义以求伸,其义虽伸,而非万世不易之公理,是非愈严,而义愈病"⑤。

---

① (宋)陈淳:《北溪字义》,熊国祯、高流水点校,中华书局1983年版,第19页。
② 根据学者对早期文字的考证,董仲舒的解释只是根据"义(義)"的字形,而非它的词源学上的本义。"义(義)"中的"我"字,一般认为在早期是指刀锯之类的工具或一种类似于戈的长柄三叉的武器。因此,对"义(義)"字原始含义的解释比较常见的两种观点:一是用刀锯类的工具宰羊以祭祀;一是将羊头置于名为"我"的武器上象征威仪。
③ (清)苏舆撰:《春秋繁露义证》,钟哲点校,中华书局1992年版,第253—254页。
④ (宋)黎靖德编:《朱子语类》,王星贤点校,中华书局1986年版,第1册,第120页。
⑤ (明)王夫之撰:《读通鉴论》卷14,《船山全书》,岳麓书社2011年版,第10册,第535页。

二 "合义":"反经"之"权"的界限

"义"意味着行为合道德性,从具体的道德准则和标准的角度来说,它是所有现实的和可能的道德准则和标准的全称。因此,现实的道德生活中,在必要的情况下,某一具体的规则可以违背,但"义"不可以违背;即使违背了具体的规则,只要它被认为还是合乎"义"的,行为就仍然是具有正当性的。

从先秦时期起,立足于日常生活的儒家伦理就在道德规范的绝对普遍性和现实生活的生动复杂性的关系上采取了一种务实的态度。孔子说:"君子之于天下也,无适也,无莫也,义之于比。"(《论语·里仁》)"君子喻于义",但是,他们对"义"的通晓不是仅仅记住一些该这样做或者该那样做的教条,而是要在"道"的指引之下始终保持处事方式的合宜、恰当。所以他又说:"言必信,行必果,硁硁然小人哉。"(《论语·子路》)孟子也说:"大人者,言不必信,行不必果,惟义所在。"(《孟子·离娄下》)孟子所说的"大人",与孔子所说的"小人"是相对而言的。"小人"和"大人"的根本区别,就在于是"言必信,行必果"还是"言不必信,行不必果"。一般来说,出言必信,行必有果,是人们在言行上的基本要求或期待。但是,如果将其作为死板的教条,不知道根据情境灵活应变,那也只能落入"小人"的境地。因而,对于"大人"而言,由于他们是着眼于丰富多彩的日常生活和行为情境的,所以往往在他们的言行中看到不"信"的"言"和不"果"的"行",这不但不影响他们被称为"大人",而且还表明他们在言行上是比"小人"高明的。原因就在于,"大人"是以一种明智而灵活的方式来处理一般情境之下人们在言行上所追求的"信"与"果"。他们的"言不必信,行不必果",并非在言行上不追求"信"与"果",而是不把它们作为生硬死板的教条。"不必",意味着在他们的实践之中,有一般情境和特殊情境的区分;在特殊的情境之下,是允许价值目标上的变通的。"小人"的"必",表明他们将"信"和"果"当成了对言行正当性进行判断的具有绝对性的僵化标准;而"大人"的"不必",则在言行正当性判断问题上,在一般性的通行标准之外,留出了通过发挥主体的能动性和创造性进行权衡判断的空间。

孔子和孟子承认一般性的通行标准或普遍性的具体准则是可以暂时违背

第四章　道义与经权："经""权"行为正当性的价值依据

的，但是，他们又特别提出"义之于比"，"惟义所在"。如果要保持行为在道德上的正当性，则始终不能偏离"义"的范围。一个人不应当死守应当这样去做或者应当那样去做的死板教条，但是他的行为必须在保持与"义"相一致的情况下才是正当的；一个人的言可以不"信"，行可以不"果"，但前提是他的言或行必须是符合"义"的要求的。由此可见，在孔子和孟子等早期儒家的观念中，人们在现实生活中应当遵循普遍性的行为准则，用一般性的通行标准对行为进行评判，因为这些标准相对于日常生活和行为实践的需要来说是恰当的和应当的。人们出于对行为各方面因素的综合权衡判断，允许在特殊的情境之下暂时违背一般性的通行标准或普遍性的具体准则，但前提是这种行为整体上必须是合"义"的。只有合"义"，这种变通的行为才具有道德上的正当性和合理性。这一观念，如果放在后世经权关系的理论体系之中，则可以说，作为正常情况下应当普遍遵守的"经"的正当性，在于它们是合"义"的；在非常情境之下暂时违背一般性的道德准则要求的"权"，如果想要具有正当性，它们也必须是合"义"的。

　　在汉儒的经权观中，除了以"有善""合于道"作为行权的理由和正当性依据之外，还往往将是否合乎"义"作为是否"知权"的判断标准。比如，在《春秋繁露·竹林》中，董仲舒对比了宋国的祭仲和齐国的逢丑父的行为，对《春秋公羊传》中为什么称祭仲"知权"却没有称逢丑父"知权"进行了解释。他分析说，逢丑父通过假扮自己的国君齐顷公骗过了晋军，以自己身死的代价帮助国君逃脱，他的行为和祭仲一样都是"枉正以存其君"，但其所作所为的难度比听从宋国人的建议回国废掉了自己的国君的祭仲大得多。祭仲得到了公羊家的称赞，逢丑父却受到了公羊家的指责，原因就在于，祭仲的行为是让郑国国君为了保全国家而将君位主动让给了自己的弟弟，这种"去位而避兄弟"的行为是为人所称道的，可以给国君带来荣耀；逢丑父让他的国君为了避免被敌人俘虏而乔装逃遁，这种在危险面前临阵脱逃的行为是为人所鄙视的，必然给国君带来耻辱。祭仲的行为是将自己的国君置于一个人人称道的位置来保全了国君的性命，所以《春秋公羊传》中认为他"知权"并且褒扬他；逢丑父的行为是将自己的国君置于一个人人鄙视的位置来保全了国君的性命，所以《春秋公羊传》中认为他"不知权"而简薄他。

167

他们二人虽然都是"枉正以存君",在表面上是相似的,但一个使国君得到荣耀,一个使国君得到羞辱,其实质却不同。由此,董仲舒得出结论说:"故凡人之有为也,前枉而后义者,谓之中权,虽不能成,《春秋》善之,鲁隐公、郑祭仲是也。前正而后有枉者,谓之邪道,虽能成之,《春秋》不爱,齐顷公、逢丑父是也。"[①] 在董仲舒看来,"权"在形式上是以"枉",即对一般情境下所适用的道德准则的违背为前提的,但是,并非一切违背一般情境下所适用的道德准则的行为都可以称为"权",哪怕这种行为的直接后果是"自贬损"而利于他人;行为能不能称为"中权",必须看它最终是否与"义"的要求相合。如果最终的结果偏离了"义"的标准,即使行为者做出了巨大的牺牲,并且行为取得了预期的成功,但因其违背了正道,所以也只能被称为"邪道",是没有什么值得称赞的。

因此可见,在儒家传统的理论中,"义"始终是作为权变行为的合理性标准之一而存在的。从孔子、孟子的"义之与比"和"惟义所在",到董仲舒的"前枉而后义",都表明了"义"在经权问题的处理中是不能违背的。具有正当性的"权"的行为,必须是合乎"义"的。"义"与"道"一样,都是行权所追求的价值目标。

但是,汉代之后,在一些学者的经权理论中,不但"经"与"道"之间的界限变得逐渐模糊,"经"与"义"之间的区分也被忽视。在一个道德规范体系之内,对"义"的遵循实际上就是对这一道德规范体系的认同和恪守,是行为主体强烈的道德责任感和道德自觉性的体现。从这个意义上可以说,对于"义"的否定,就是对道德规则的约束作用的否定,脱离"义"的约束而行权的观点,大大增加了"权"流为权诈、权谋的理论风险。

三 "义"兼"经""权"

为了避免儒家所倡导的"权"变成权术、变诈,维护道德准则的权威性和严肃性,在二程、朱熹的理学体系中,除了与"道"的关系之外,"经""权"与"义"之间的关系也需要重新梳理,以将"经"与"权"能够纳入

[①] (清)苏舆撰:《春秋繁露义证》,钟哲点校,中华书局1992年版,第60—61页。

第四章　道义与经权："经""权"行为正当性的价值依据

"义"的统辖之下。

程颐首先恢复了"义"对于"权"的正当性价值的决定意义。他说："何物为权？义也。"①"权"必然是要和"义"的标准相一致的。只有合"义"的"权"才是具有道德合理性的"权"，"权"必然以合"义"为其本质的规定。在他所提出的"权即是经"的思想中，将"经"与"权"沟通起来的，正是"义"。他认为，"权只是经所不及者，权量轻重，使之合义，才合义，便是经也"②。也就是说，"经"是行为中应当遵循的准则，原因就在于它是恰当的、适宜的，合乎"义"的要求的；同时在他看来，合乎"义"的要求的恰当的、适宜的行为方式，也是应当能够成为具有普遍性的准则，即"经"的。儒家所倡导的"权"，正是为了在实践之中当遇到还没有确定的"经"与之相对应的情境时，通过主体的权衡判断，找到一种与道义原则相符的恰当的行为方式。既然通过"权"所选择的行为方式是"合义"的，因其"合义"，自然便可称为"经"。朱熹虽然不赞同程颐"权即是经"的观点，但他也认为，同守经一样，用权实质上也是在行"义"。"义似称，权是将这称去称量。"③"义"是行为正当性判断的当然之则，行权的行为如果是具有正当性的，自然不能逾越"义"的界限，更不能"反义"。

程颐为了突出"义"对于"权"的前提性意义，却简单化地将"权"从属于"经"，导致了在朱熹看来"不活络"，"鹘突了"，甚至"废了那'权'字"的结果，重要的原因之一，就是没有分清"经"与"义"的关系，将二者混同起来。"经"是合"义"的，但不能将"经"等同于"义"；如果将"经"等同于"义"，"权"的道德合理性便无从措置。汉儒的经权观中有行权应当合"义"的观点，但没有对"经"与"义"之间的关系进行明确的区分；魏晋之后的学者在论述经权问题时，往往将"经"与"义"视为等同的概念，因此才有《刘子》中"反义"为"权"的说法。隋代学者王通曾经著《元经》15卷（现已亡佚）。在评价自己的这部著作时，他曾经说："《元经》有常也，所正以道，于是乎见义。《元经》有变，所行有适，于是乎见权。

---

① （宋）程颢、程颐：《二程集》，王孝鱼点校，中华书局1981年版，上册，第164页。
② （宋）程颢、程颐：《二程集》，王孝鱼点校，中华书局1981年版，上册，第234页。
③ （宋）黎靖德编：《朱子语类》，王星贤点校，中华书局1986年版，第3册，第987页。

权、义举而皇极立。"① 王通这里将"义"替代"经"变成与"权"相对的概念，显然是受魏晋以来混淆"经"与"义"之间关系的影响。对此，朱熹明确表示不认同。他说："文中子云：'权义举而皇极立。'若云'经、权举'，则无害。今云'权、义举'，则'义'字下不得。何故？却是将义来当权。不知经自是义，权亦是义，'义'字兼经、权而用之。若以义对经，恰似将一个包两物之物，对着包一物之物。"② 朱熹认为，"权"与"义"并非相对的概念，"义"应当是总括"经"与"权"而言的。"义可以总括得经、权，不可将来对权。义当守经，则守经；义当用权，则用权，所以谓义可以总括得经、权。若可权、义并言，如以两字对一字，当云'经、权举'乃可。"③ "经"固然是合"义"的，"权"也是合"义"的；"经"和"权"都是内含于"义"的概念，如果用"义"来替代"经"以与"权"相对，就会造成对三者之间关系认识上的混乱。程颐"权即是经"的理论受人诟病，正是在于他对前人的经权观进行分析批判的过程中，看到了"权"与"义"的一致性，但没有看到"经"与"义"之间的区别。

在朱熹看来，在道德实践中，"经"侧重的是行为选择所达到的应当、合宜的状态，而"权"则侧重于行为选择的过程。当有学生问他既然"权是称锤"，那么能否说"称衡是经"时，朱熹经过良久思考之后，说："称得平，不可增加些子，是经；到得物重衡昂，移退是权，依旧得平，便是合道，故反经亦须合道也。"④ 意思是说，"经"意味着称量物体斤两准确时，秤杆所达到的平衡的状态，而不是秤杆（"称衡"）本身，亦即在道德选择中道德准则与具体情境相匹配的合宜的状态；"经"是道德实践中与情境要求相一致的普遍性准则，只有使行为具有合理性和正当性的"经"，才是有意义的。"权"是当发现称量物体斤两定位不准确而使得秤杆倾斜时，通过移动秤锤，重新使秤杆平衡的过程，亦即当发现原来使用的道德准则不再适用于变化了的道德情境时，选择合适的行为标准以使行为恰当的一种活动。而使秤杆保

---

① 张沛撰：《中说校注》，中华书局2013年版，第206—207页。
② （宋）黎靖德编：《朱子语类》，王星贤点校，中华书局1986年版，第3册，第995页。
③ （宋）黎靖德编：《朱子语类》，王星贤点校，中华书局1986年版，第3册，第990页。
④ （宋）黎靖德编：《朱子语类》，王星贤点校，中华书局1986年版，第3册，第988页。

第四章　道义与经权:"经""权"行为正当性的价值依据

持平衡的状态,就是在称量物体中追求的"道";使行为合宜,就是行为选择中所追求的"道"。根据这种理解,"义"(合宜)是和"道"同一层次的概念,而"义"的实现有两种可能:"经"和"权"。这就是朱熹所说的:"义可以总括得经、权","'义'字兼经、权而用之"。他的弟子陈淳在《北溪字义》中也说:"权固义精者然后用得不差,然经亦无义不得。盖合当用经时须用经,当用权时须用权,度此得宜便是义,便是二者都不可无义。"①

程颐和朱熹明确强调"义"的标准在包括守经和用权在内的道德实践活动中的意义,一方面是为了避免汉代之后脱离了道义原则的"权"导致权术、变诈的风险,另一方面也是对儒家重"义"的权衡、权变思想的重建。韦政通在分析朱熹的权变思想时曾经说:"义之所以介入于权变之说,是因义本身就具有随应时变的特性。义即是宜,而宜不是一定不易的,同此一事,在此为宜,在彼可以转成不宜,宜不宜要看具体的情况来决定,不顾具体情况而一味拘执,当年孔子即深不以为然,因有'疾固'、'绝固'之说,固就是拘执,即一旦认定为宜便永不改变。孔子主张对天下事,没有一定专主的(无适),也没有一定反对的(无莫),只要合于义(良知认可)的便可依从('义之与比'),在这里,与比和与权,二者同须依于义而后可,这就是朱子说权须是合义之所本。"② 行权须合"义",本来就是儒家的基本立场,魏晋之后出现的个别"反义"的权变理论,注定不会在中国传统思想的发展演变中产生太大的影响。因此,程朱之后,"权"应当以"义"为前提和正当性标准的观念,基本成了在经权问题讨论上的定论。

然而,在"经"与"义"的关系上,由于二者都是具有共识性的行为正当性判断标准,朱熹之后,有些人对于它们的区分,往往还是会模糊不清,甚至被完全等同。元代何荣祖有《权说》一篇,文中说:"权亦事之宜也。"但同时又说:"有常之宜曰义,临时之宜曰权。""权与义无非道也。然君子之用心,所当日进者,学也;深造者,道也;谨守者,义也;不可预知者,权也。"③

---

① (宋)陈淳:《北溪字义》,熊国祯、高流水点校,中华书局1983年版,第52页。
② 韦政通:《传统与现代之间》,中华书局2011年版,第119页。
③ (元)何荣祖:《权说》,载(元)苏天爵编《元文类》,商务印书馆1958年版,下册,第503—504页。

何荣祖说"权"是"宜之事",如果按照"义者,宜也"的通行解释,无疑是和程朱关于"权"与"义"的关系的理解是一致的。但是,他却并非将"义"与"宜"看作相同的概念,而是将"宜"分为两种:"有常之宜"和"临时之宜",前者称为"义",后者称为"权"。根据这种理解,"义"并不是具有绝对普遍性的行为正当性的判断依据或者标准,而只是适用于一般情境下的"宜"。这样,"义"与作为临时变通性的"宜"的"权",便成了相对的概念,它们是"宜",即具有正当性的行为的两种形式。由此可见,何荣祖所说的"义",显然就是汉代之后经权观中的"经",与传统儒家所说的"义之与比""惟义所在"的"义"的含义是不同的,实际上也正是朱熹所反对的王通所使用的"义"。

明代高拱在对朱熹的经权观进行评价时,则明确使用了"义即是经"的说法。针对朱熹所说的"经者,万世常行之道;权者不得已而用之,须是合义"和"权者,不得已而用之,大概不可用之时多",他说:"夫谓'经乃常行之道,权则不得已而用之',是谓衡乃常用之物,锤则不得已而用之者也。谓'权之于事,不可用之时多',是谓锤之于称,不可用之时多也,而可乎?且义即是经,不合义便是拂经,拂经便不是权,非经之外别有所谓义,别有所谓权也。"[①] 根据朱熹的理解,"义"兼"经""权",也就是说,没有"义"之外的"经",也没有"义"之外的"权"。高拱将"经"比作秤星,将"权"比作秤锤,行为选择的过程就是由"经""权"共同参与的过程,在这一过程中,二者是体用关系,因此,没有脱离"经"的"权"。同时,如同不能在秤星之外寻找重量判断的标准一样,"经"涵盖了行为合理性和正当性的所有可能,因此,"经"就是与"义"等同的概念,没有"经"之外的"义"。这样,由于"义即是经","经"也便成了在行为选择和判断中具有完全的绝对性的标准。高拱对"经"与"义"之间的关系以及"经"作为道德准则的意义的理解,不但与汉儒是不同的,与程颐和朱熹也是不同的。如果说,在程颐和朱熹的经权观中,由于承认"经"有所不及而为道德规范体系的发展和主体在道德实践中创造性的发挥保留了一些可能,那么,高拱

---

① (明)高拱:《高拱论著四种》,流水点校,中华书局1993年版,第160页。

完全将"经"与"义"等同的观点,则将现存的道德规范体系看成不再需要任何变革和更新的,个体也不可能在现存道德规范体系之外找到任何正当性的行为方式。这种观点,是封建制度日薄西山、封建礼教千疮百孔的时代背景下维护既有的社会秩序的需要在经权观上的直接反映。

总之,"经""权""义"之间的相互关系,在不同的经权理论中有着不同的定位。但总体来说,作为一种实践智慧的经权观中,通过"权"来体现主体的能动性和创造性,就不能将现实中既存的具体行为规范和准则视为僵化死板的教条;同时,"权"并非主体脱离任何价值准则的任意妄为,又要以某种恰当性的标准作为其界限。这样,在"经""权""义"的关系上,"义"作为行为正当性判断的当然之则,就必然要求是能够涵盖"经"与"权",成为"经""权"的价值指引和实践依据的。

第三节 道德准则的普遍性及其限度

在任何一种道德文化之中,如果要使道德规范能够正常发挥作用,就需要将其视为具有普遍约束力的准则。但是,现实生活的复杂性又告诉我们,如果将任何一条道德准则都看作具有绝对的普遍约束力的,在有些情境之下又会产生具体的行为准则与道义原则之间的冲突,这又需要在对待道德准则的普遍性问题上采取一种灵活的态度。

一 "道"与"经"在道德规范体系中的地位

在中国传统伦理思想中,"道"作为道德规范体系的最高原则,其约束力具有绝对的普遍性,这一观点没有太大的分歧。但作为行为正当性或合理性判断的准则,"经"与"道"在价值指向上虽然具有一致性,但并不能将他们视为意义等同的概念。二者在道德规范体系中,是有层次的分别的。一般来说,"道"作为价值判断的原则,它是具有明显的抽象性的。而与"权"对举的"经",包括先秦时期"经"观念形成之前的"礼",在道德规范体系中,是作为现实生活中具有直接的指导意义的具体行为规范或标准存在的。换句话说,它是道德生活中可以直接对人的行为起着规范和调节作用的准则。

先秦时期，与"权"相对的概念一般是"礼"。从作为具有普遍约束力的道德准则的意义上来说，汉代之后经权关系理论中所使用的"经"字，其内涵大致上可以等同于先秦时期的"礼"。在先秦时期儒家关于"礼"的观念中，"礼"被视为"道"的体现，守礼、"复礼"被看作遵道而行的有道之士的必然要求。"孔子曰：'夫礼，先王以承天之道，以治人之情，故失之者死，得之者生。'"（《礼记·礼运》）孔子"克己复礼为仁"的观念，可以说就是"志于道"者的使命在现实的实践之中的具体化。

孔子绍述文、武、周公，把纠正殷商极端"尊神事鬼"的观念和风气的"革命"进一步深刻化、理论化。他依然相信"天"和"天命"的存在，认为"天"是人类行为法则的最终依据；"大哉，尧之为君也！巍巍乎，唯天为大，唯尧则之。"（《论语·泰伯》）能够效法上天的尧被视为伟大君主的楷模；"天"也依然被认为是命运的主宰，"君子有三畏"，其中之一，便是"畏天命"（《论语·八佾》），否则，"获罪于天，无所祷也"（《论语·八佾》）。但是，承认"天"和"天命"的存在，并且以"天"为行为准则的依据，并不意味着将主体的行为完全交给必然性支配。"先秦儒家道德意志自由的自觉，使人的生命由混沌导入清明，有了一个大转机。"① 由孔子所创立的儒学，无论是形式上还是内容上，都以对人事的关注和对人本身的自信为特征。孔子将"天道"仅仅作为最高的价值标准，行为的抉择取舍，主要还是在于主体能动性和自觉性的发挥。他认为，人的行为与天道的一致，这是在主体自强不息的努力和清醒理智的判断中实现的。因此，孔子一方面郑重申饬着"畏天命"，另一方面又"知其不可为而为之"；一方面强调"克己复礼为仁"，另一方面又主张"为仁由己"。在现实的道德生活中，在他看来，理想的状态是对法则和规则的服从与主体的自主和自决的完美统一，"从心所欲不逾矩"。

孔子的上述观念体现在现实的道德实践中，是给予生活中的道德准则——尤其是"礼"——以充分的尊重，强调要"约之以礼"，但是，他并没有因突出准则或者礼的约束力的普遍性而将其视为死板的教条或者戒律。

---

① 韦政通：《儒家与现代中国》，上海人民出版社1990年版，第83页。

第四章 道义与经权:"经""权"行为正当性的价值依据

"麻冕,礼也;今也纯,俭。吾从众。拜下,礼也;今拜乎上,泰也。虽违众,吾从下。"(《论语·子罕》)一方面,随着时代的发展和环境的变化,"礼"的具体内容是会有因循变革的。"殷因于夏礼,所损益,可知也;周因于殷礼,所损益,可知也。其或继周者,虽百世可知也。"(《论语·为政》)"周监于二代,郁郁乎文哉!吾从周。"(《论语·八佾》)由此可见,在对待"礼"的态度上,首先,孔子认为,"礼"的发展传承中,既有继承延续的部分,也有革新损益的部分,它的具体内容并非一成不变的,因此,将礼制中的具体准则看作具有永恒的合理性的教条式做法就是错误的。其次,孔子还强调,对于当下实行的礼制(周礼),由于它是对以往传承下来的"礼"结合时代特征进行继承创新的结果,内容完备而优美,所以还是应当要认真恪守的,所以他说"吾从周"。总之,在孔子看来,"礼"本身在个体立身处世和社会治理中的价值不容怀疑,然而,尽管他竭力维护周礼的合理性,但是,通过与夏礼和殷礼之间的因革损益关系的分析,他又主张"礼"的具体内容并非不可变更的、神秘的。另一方面,对于"礼"的内容,孔子认为,其重点并非烦琐的仪节形式,而是包含于其中的价值准则和精神实质。他说:"礼云礼云,玉帛云乎哉?乐云乐云,钟鼓云乎哉?"(《论语·阳货》)"礼"必须有仁爱等精神实质贯穿其中,否则,只有空洞的形式是没有意义的。

因此可见,在孔子那里,"道"可谓"礼"的精神实质和本质内涵,"礼"则是"道"与丰富多彩的现实生活相结合而形成的准则或规范。二者对于道德生活来说,作为行为正当性和合理性判断的标准,在价值指向上是一致的,但"道"是抽象的、玄远的,具有原则性的,而"礼"则是具体的、生动的,应当具有灵活性的,它们并不是同一层次上的概念。

虽然在理论的发展演变过程中,后世的学者对于"经"的含义的理解不尽相同,但不得不说,经权关系理论的产生,正是由于意识到"经"和"道"(或"善")之间在普遍性程度上的差异。汉代儒家学者以"经"取代"礼"作为与"权"相对应的概念,他们所理解的"经",像"礼"在一般意义上的含义一样,也是被视为日常生活中可以作为直接的行为指导和善恶判断标准的具体的准则和规范。因为它们是与"道"的要求一致的,所以应当成为正常情况下应当普遍遵循的准则;因为它们是具体的,所以确定的"经"

在应对丰富多彩的现实生活中可能会出现的各种情境时，允许做灵活性地变通。这便是汉儒对"经"的含义的一般理解。所以，"经"与"道"虽然具有价值指向上的一致性，但它们不是同一层次的概念；虽然汉儒没有直接使用"反经合道为权"的表述，但以"反经合道"定义"权"，用以概括汉儒的经权观，却是恰当的，从中可以清晰体现出"经"与"道"在经权关系理论体系中的层次差别。

在人类的生活之中，道德总是具有一定的理想性的特征。它是人们对善的追求的反映，凝结着人们对于好生活的期望。在中国传统伦理思想中，作为道德原则的"道"所体现的，正是这种价值目标上的意义。各学派或不同学者对"道"的追求，其实也就是对"善"乃至"至善"的追求在理论上的呈现。因此，作为原则的"道"在各学派中都被认为对于人生实践来说是必要的，但是，有没有必要建立一套固定的道德规范体系，却是各持不同见解。与儒家持一种务实的态度，主张建立一套准则体系，同时对其可能背离原则本身的僵化性持谨慎的态度不同，先秦时期的道家，无论是老子还是庄子，都在"道法自然"的观念之下，反对以人为的规范来约束人的自然本性，主张"绝仁弃义"，"退仁义，宾礼乐"，把返归自然作为通往至善的生活方式。

然而，"道"作为行为的准则毕竟是抽象的，让人们完全停留在"自然"的状态上也是行不通的。用道德规范来调整人们的行为、维护社会的秩序还是必要的。到了汉代，以《淮南子》的作者们为代表的黄老道家对于仁、义、礼等道德观念的态度，与老庄相比，发生了一些微妙的变化。一方面，同老子和庄子一样，《淮南子》认为仁、义、礼等都是大道沦丧的体现。《本经训》中说："古之人，同气于天地，与一世而优游。当此之时，无庆贺之利、刑罚之威，礼义廉耻不设，毁誉仁鄙不立，而万民莫相侵欺暴虐，犹在于混冥之中。逮至衰世，人众财寡，事力劳而养不足，于是忿争生，是以贵仁。仁鄙不齐，比周朋党，设诈谞，怀机械巧故之心，而性失矣，是以贵义。阴阳之情，莫不有血气之感，男女群居杂处而无别，是以贵礼。性命之情，淫而相胁，以不得已，则不和，是以贵乐。……是故德衰然后仁生，行沮然后义立，和失然后声调，礼淫然后容饰。是故知神明然后知道德之不足为也，

第四章 道义与经权:"经""权"行为正当性的价值依据

知道德然后知仁义之不足行也,知仁义然后知礼乐之不足修也。"① 这一观点,与老子"失道而后德,失德而后仁,失仁而后义,失义而后礼"的思想是一脉相承的。《淮南子》中也设想古代曾经有过"仁义不布而万物蕃殖,赏罚不施而天下宾服"②的时代,在那样的时代里,人们完全按照"道"的要求生活;随着时代的发展,道德堕落,仁、义、礼等伦理观念才在社会中有了存在的土壤和必要。但另一方面,与老子和庄子不同的是,《淮南子》虽然认为"心反其初而民性善","道德定于天下而民淳朴",但是,它并没有完全否定德衰而生的仁、义等道德观念在现实的社会生活中的积极作用。在"衰世"之中,仁、义、礼、乐等作为社会治理的手段,还是有它们的现实价值的。"仁义礼乐者,可以救败,而非通治之至也。夫仁者所以救争也,义者所以救失也,礼者所以救淫也,乐者所以救忧也。"③ 因此,在《淮南子》中,一面从历史发展的角度,论证了仁、义、礼等道德观念的出现是社会衰败的体现,是与理想的社会状态和社会治理方式背道而驰的;一面又从社会的现实出发,认为仁、义、礼等在社会治理中仍然是有用的工具。尤其是在与曾经流行的法治的对比中,它认为仁义为"治之本","不知礼义"则"民不可治"。

《淮南子》对于仁、义、礼等道德观念的这一态度,是具有鲜明的时代特征的。首先,西汉初年,对秦亡教训的反思,是学术界一大核心课题;反思的具有普遍共识性的一个结论,是秦朝灭亡的根本原因在于"仁义不施"。《淮南子》不可能不受当时这一思想潮流的影响,也不可能再完全回到先秦道家"绝仁弃义"的老路上去,对于仁、义等道德观念作为治国的手段的认识上,更为现实和理性。其次,从《淮南子》一书编纂的初衷来说,为现实的社会治理寻找出路,是其主要的目的。正如该书的作者自己所述:"若刘氏之书,观天地之象,通古今之事,权事而立制,度形而施宜,原道之心,合三王之风,以储与扈冶,玄眇之中,精摇靡览,弃其畛挈,斟其淑静,以统天下,理万物,应变化,通殊类,非循一迹之路,守一隅之指,拘系牵连之物,

---

① 刘文典撰:《淮南鸿烈集解》,冯逸、乔华点校,中华书局2013年版,上册,第300—301页。
② 刘文典撰:《淮南鸿烈集解》,冯逸、乔华点校,中华书局2013年版,上册,第59页。
③ 刘文典撰:《淮南鸿烈集解》,冯逸、乔华点校,中华书局2013年版,上册,第301页。

而不与世推移也，故置之寻常而不塞，布之天下而不窕。"① 由此可见，《淮南子》写作中遵循的宗旨，是"权事而立制，度形而施宜"；内容和观点上，"非循一迹之路，守一隅之指"。虽然它的基本立场定位于道家，但方法和思路上是关注社会现实，面向社会实践的，所以并非完全局限于先秦道家的主张。因此，《淮南子》的作者虽然向往"质真而素朴"的时代，但同时他们也意识到在现实的社会状态之下，仁、义、礼、乐尽管不是"通治之至"，却是需要它们来"救败"的。更为重要的是，随着社会的发展，人们越来越认识到，在现实的道德生活中，为了简化道德判断的过程和降低道德实践的难度，在现实中将同常见道德情境相对应的道德要求以"礼"或"经"的名义固定下来，为其赋予一定的权威性和严肃性，成为道德生活中具有普遍意义的道德准则是必要的。在一个社会之中，不仅需要"道"作为价值判断基本原则和行为的终极性的标准，也需要各种具体的道德规范为人们的行为提供直接的指导和善恶判断的标准。

从理论上说，"道"是具有至上性的原则，但其要落实于实践之中，就需要有一种将抽象原则与具体实践情境结合起来的中介。作为具有一定的普遍性的规则的"经"便起着这种中介的作用。它是以已经经历过的情境中的行为方式为对象而概括出来的在某类情境中具有共识性和普遍适用性的行为方式，可以说就是"道"在此类具有共性的情境中的体现或落实。所以，一方面，"经"是"道"的具体化。有了"经"这一连接具有绝对性、原则性、普遍性和抽象性的"道"与具体生活的中介，可以使人们遇到某类情境时减少分析判断的难度，直接将其所对应的行为方式付诸行动即可。另一方面，相较于"道"，由于"经"是更具体的，它涵盖和调整的范围就是有限的，难免在时间上和空间上存在"所不及"之处。

同时，作为一般性的道德准则的"经"，一旦被确定下来之后，就变成了固定的甚至僵化的标准，缺少了因地制宜和与时俱进的可能性。由于道德生活的具体性和丰富多彩性是永恒的，在生动的道德生活中，如果过分强调作为道德实践的标准的"经"的普遍性、权威性和严肃性，就很容易产生胶柱

---

① 刘文典撰：《淮南鸿烈集解》，冯逸、乔华点校，中华书局2013年版，下册，第864—865页。

鼓瑟的现象。因此，作为道德实践中一般性要求的"经"对于道德行为选择的意义就只能是指导性的，而不是详细规定出每种情境下"应当如何"的绝对的命令或教条。在中国传统伦理思想中，将具体的道德情境区分为"常"与"变"，与此相对应，在对待一般性的道德准则的方式上区分出"经"与"权"，就是既认识到道德实践和道德情境的共性特征，又考虑到道德生活的具体性和道德情境的多样性，从而保障主体的行为始终都能符合合宜的要求，而又不为僵化的规范所约束。

总之，在道德规范体系中，"道"是最高的原则，它的普遍约束力是具有绝对性的，而"经"则源于对现实中被认为合乎"道"的行为方式的概括和总结，它的约束力的普遍性是相对的、有限的，不可能涵盖"道"与现实情境相结合的所有可能。因此，"经"建立在经验中"合道"的事实基础上，作为道德准则，在一般情境之下是应当被普遍遵守的，但当遇到以前未曾经验过的情境或者与一般性的情境不一致的特殊情况时，"经"对行为的普遍约束力就会暂时性失效，因而必须回到"道"本身，去寻找合宜的行为方式。这种处理方式，就是汉儒所说的"权"。因此，无论是从权衡的意义上来理解"权"，还是从权变的意义上来理解"权"，如果不将"经"与"道"从层次上区别开，并将"经"定义为可以为人们的行为选择和道德评判提供直接的依据的具有具体性和普遍性的道德准则，经权观作为实践智慧的意义都会大打折扣。因为如果将"经"与"道"混淆，要么就会将"经"视为像"道"一样具有抽象性的形式化的原则，使其在现实的道德实践中失去直接的调节和指导作用；要么就会将"经"看作与"道"一样的具有绝对的普遍性和权威性的准则，从而使"权"变成在"经"的范围内的权衡取舍，不能发挥主体在实践中的能动性和创造力，行为方案的选择，体现的仅仅是行为者在不同道德准则之间的重视程度上的差异甚至偏好的不同。

二 "道"的普遍性的相对化及其风险

"道"和"经"在道德规范体系中的不同地位，决定了"道"具有绝对普遍的约束力，而"经"的约束力的普遍性则是相对的。如果无视这种差异，将导致两种可能：一是将"道"的约束力相对化，从而导致道德相对主义的风险；二是将"经"的约束力绝对化，从而使道德规范体系变得僵化。

尽管汉儒的经权观中，在"经"与"道"两个概念的使用上有着明确的区分，"经"在约束力的普遍性上是弱于"道"的，但这并不是否定一般情境下应当遵循的具有共识性的"经"的约束力是具有普遍性和恒久性的。特殊情境下的变通并不是对其普遍性价值的完全否定。"经""权"并举接续的是先秦时期"礼"与"权"相对的观念，用"经"这一可以凸显出永恒性和普遍性价值的概念，来指代现实生活中某项具体的礼制或道德规范。比如，《春秋公羊传》中关于祭仲"出忽而立突"一事的讨论中，祭仲行权所违背的"经"，正是大夫不得擅自废立国君这一具体的礼制规定。如果不是在危急存亡的特殊情境之下，这一"经"还是应当被普遍恪守的。"经"的永恒性和普遍性，反衬出"权"的偶然性和特殊性。

但是，"反经合道为权"的经权关系理论在流行演变的过程中，"经"逐渐偏离了汉初公羊家所赋予它的含义而被泛化，"道"与"经"之间的界限逐渐被抹杀。"权"字的含义也随之逐渐庸俗化，由经权之"权"而流于权谋诈变。尤其是魏晋之后，"道"与"经"作为行为准则或规范，往往被等量齐观。由于忽视了二者在层次上的差异，"反经合道为权"就变成"反经合经为权"或"反道合道为权"的矛盾语句。对此，林义正曾经分析说："其实，'经'与'道'有别，'道'与'善'亦有别。传统上，'道'是多义字，'道'有活动的'行'义，有平时待人处事的'常规'义，有绝对应遵守的'人道'义，有宇宙的本体义，亦有价值论里的'善'义，常随各思想家的取义而有不同。但是，魏晋以来对'道'的用法，常偏重在后三义。而'经'由常礼义、常规义渐向不可变易的、绝对的'常典'义引申，遂向'道'靠近，甚至视'道'为'经'，以'道'释'权'。"① 一般意义上说，"经"是指"常道"，即日常生活中具有普遍约束力的规则，其含义既可以是抽象原则意义上的，也可以是具体规则意义上的。也就是说，"常典""常道"本来就是"经"原有的含义之一，究竟应理解为"常典""常道"还是"常礼""常规"，重点要看的是它所使用的语境。无疑，汉儒所使用的，是

---

① 林义正：《春秋公羊传伦理思维与特质》，台北：台湾大学出版中心2003年版，第140页。

第四章 道义与经权:"经""权"行为正当性的价值依据

"经"的后一种含义,如果意识不到这一点,脱离这一固定的含义去使用"反经为权"的理论,必然会造成理论上的混乱和实践上的偏差。"汉儒将'权'以背反于'经'释之,但却不流于权谋诈术,盖以'然后有善'为限制之故。晋以后,以'道'为'善',但又视'道'为'经',当然就成了'反经而合经'的矛盾语句。"① 如果说,"以'道'释'权'",将"权"视为"道之变",或者权变应当"合道"的主张,还没有违背汉儒经权观的本旨,那么,"视'道'为'经'",混淆"经"和"道"之间的界限,则极有可能将"反经"所"反"的范围大大扩大,从而产生道德虚无主义的可能,"合道"自然也就成了违背道德的行为的空洞的掩饰。

也就是说,如果无视"道"与"经"在层次上的差异,并依然承认"反经"之"权"是现实生活中一种合理的和必要的实践策略,那么,它就必然会演变为无视任何准则约束的权术、变诈。事实上,随着"经"与"道"之间的关系变得模糊,在理论上也的确出现了"反道"为"权"的观点。

成书于南北朝时期的《刘子》中,有《明权》一篇,其中说:"夫有道则无权,道失则权作,道之于用,犹衣冠之在身也;权之轻重,犹介胄之卫体也。"② 在这里,"权"所对应的不是"常",也不是"经",而是"道",并且将"权"与"道"对立起来。这一观点,明显是混淆了汉儒"反经合道为权"中"经"与"道"的区别,并脱离了"合道"对于"权"的限定。唐代冯用之曾经作《机论》和《权论》各一篇。在他所作的《权论》中,说:"鼓天下之动,成天下之务,反于常而致治,违于道而合利,非权其孰能与于此乎?"③ 将"权"视为"反于常""违于道",显然也是本于汉代"反经为权"之说,但是,在汉儒的经权观中,作为常礼或者常规的"经"在特殊的情境下可"反",而"道"始终是不可违背的;"道"不但不可违背,"反经"还必须"合于道"。在冯用之这里,"反经"不但是"反于常",而且是"违于道",无疑已经完全背离了汉儒对于"经"的含义的界定。不仅如

---

① 林义正:《春秋公羊传伦理思维与特质》,台北:台湾大学出版中心2003年版,第142页。
② 王叔岷:《刘子集证》,中华书局2007年版,第190页。
③ (唐)冯用之:《权论》,载(宋)姚铉编《唐文粹》,浙江人民出版社1986年影印本,第2册,第166页。

此，冯用之主张"违于道而合利"，将"利"作为行为正当性判断的最终依据，更是与儒家经权观的基本立场背道而驰。按照这一观点，任何规范的约束力，都将变成相对的，行为的取舍，只是依据趋利的原则进行判断。"圣人知道德有不可为之时，礼义有不可施之时，刑名有不可威之时，由是济之以权也。其或不可为而为，则礼义如画饼充饥矣；不可施而施，则礼乐如说河济渴矣；不可威而威，则刑名如治丝而棼矣。岂惟乖理，实足资乱。故用权之际，道德可弃，礼义可置，刑名可弛。"① 如果依据这种理论，现实中的行为主体将成为赤裸裸的机会主义者和道德相对主义者。

不但"经"与"道"之间的界限变得逐渐模糊，"经"与"义"之间的区分在一些人的观念中也被忽视。在儒家传统的理论中，虽然对于"义"的具体内涵可以有不同的理解，但"义"本身始终是与"道"的价值指向相一致，并作为权变行为的合理性标准之一而存在的。《刘子·明权》中在解释"权"的含义时，说："权者，反于经而合于道，反于义而后有善。若唐棣之华，反而更合也。"② 虽然《刘子》中也承认，"古之权者，审于轻重，必当于理，而后行焉"③，并且行权就是在不同的价值标准之间进行判断取舍，说："慈爱者，人之常情；然大义灭亲，灭亲益荣，由于义也。是故慈爱方义，二者相权，义重则亲可灭。若虞舜之放弟象傲，周公之诛管叔，石碏之杀子厚，季友之酖叔牙，以义权亲，此其类也。欺父矫君，臣子悖行；然舜取不告，弦高矫命者，以绝祀之罪，重于不告，矫命之过，轻于灭国，权之义也。"④ 然而，它不但认为可以反"经"行权，而且明确说可以反"义"行权，这种观点明显没有分清汉儒经权观中"经"与"义"两个概念之间的区分，就使得道义原则对"权"的约束和指导作用变得松弛。冯用之的《权论》中，则认为道德礼义都是可"弃之置之弛之"的。根据这一观点，道德礼义无非都完全成为统治的工具，如果弃置道德礼义可以给统治者带来成功，便可将它

---

① （唐）冯用之：《权论》，载（宋）姚铉编《唐文粹》，浙江人民出版社1986年影印本，第2册，第166页。
② 王叔岷：《刘子集证》，中华书局2007年版，第188页。
③ 王叔岷：《刘子集证》，中华书局2007年版，第188页。
④ 王叔岷：《刘子集证》，中华书局2007年版，第189—190页。

们完全抛在一边。

三 "经"的普遍性的绝对化及其利弊

除了"道"的普遍性的相对化之外，混淆"经"和"道"在道德规范体系中的层次性上的差别，另外一种可能是，"经"被当作具有原则性且不容变通的准则，从而使其普遍约束力绝对化。这种将具体道德规范绝对化的倾向，在经权关系理论被明确提出之前，先秦时期关于礼的理解中就已经出现。

先秦时期，与"权"相对的"礼"一般被理解为现实生活中具有普遍约束力的共识性准则或标准，但到了战国晚期，在荀子的伦理思想中，"礼"是一个核心的甚至最高的概念。荀子不但说："程者，物之准也。礼者，节之准也。程以定数，礼以定伦"（《荀子·致士》），认为礼是"道"的体现，应当成为行为正当性和合理性判断的直接依据，而且将礼上升到与"道"同等的高度，认为它可以像"道"一样，成为人类社会中具有原则性的价值判断标准。在他看来，"礼"是古代的"圣人"制定出来的，而"圣人"则是"道"的人格化。"天者，高之极也；地者，下之极也；无穷者，广之极也；圣人者，道之极也。"（《荀子·礼论》）"圣人"是"道之极"，因此"圣人"所制定出的"礼"，就是"道之极"的体现。"天地以合，日月以明；四时以序，星辰以行；江河以流，万物以昌；好恶以节，喜怒以当；以为下则顺，以为上则明；万物变而不乱，贰之则丧也。礼岂不至矣哉！立隆以为极，而天下莫之能损益也。本末相顺，终始相应，至文以有别，至察以有说。天下从之者治，不从者乱；从之者安，不从者危；从之者存，不从者亡。"（《荀子·礼论》）从荀子对"礼"的这一段描述可见，他所说的"礼"，并不仅仅是仪节程式，可以说就是"道"的另外一个名称。因此，同"道"一样，"礼"也是具有权威性、绝对性和普遍性的原则和标准，应当成为人们在实践活动中应当遵循的具有原则性的准则和要求。"绳墨诚陈矣，则不可欺以曲直；衡诚县矣，则不可欺以轻重；规矩诚设矣，则不可欺以方圆；君子审于礼，则不可欺以诈伪。故绳者，直之至；衡者，平之至；规矩者，方圆之至；礼者，人道之极也。"（《荀子·礼论》）由此可见，在荀子的心目中，作为"人道之极"的"礼"，就是行为主体在现实的道德实践中发挥主体能动性的界限和最终的标准。权衡变通如果脱离了"礼"的限制，无论对于个体的安身立命、为人处世来说，还是国家的秩序稳定、社会和谐来说，都将失去基础而难以实现。如果将"礼"作为"人道之极"，它在与"权"的关系上，就不再像孟子的"男女授受不亲，礼也；嫂溺援之以手者，权也"中的论述一样，是一种相对的关系。无论行为如何变通，都不能超出"礼"的界限之外，"礼"对于行为的合道德性的判断来说，成了一种具有绝对性的标准。荀子的这种思想，可以说是封建大一统的社会伦理秩序的一种先声。

汉代公羊家在先秦儒家论"权"的基础上，用"经"取代"礼"作为与"权"相对应的概念，明确提出了经权关系理论，本为弥补现实中作为普遍性共识的具体的道德准则无法涵盖道德生活的所有可能的缺陷，用"合道""有善"的"权"来为面临特殊情境的行为主体提供一种灵活应变的处置方式。因此，他们的经权理论中的"经"字，仍然是在具体的道德规范含义上，而不是作为道德原则来使用的，其约束力的普遍性是相对的。魏晋之后，由于混淆"经"与"道"之间的区别而导致了"权"演变成权术变诈的风险，在程颐明确对汉儒"反经合道为权"的观点提出反对并试图对经权关系理论进行修正的时候，他所说的"权便是经"，实际上已然是将"经"看作与"道"至少是在所适用的范围上处于同一层次的概念。[①] 与将"反经"延伸为"反道""反义"的观点的不同之处在于，他认为，"经"和"道"一样，也是不能"反"的。

程颐之所以会提出"权即是经"的观点，是因为他看到历史上和现实中出现了太多打着"行权"的幌子做违背道德要求的事情，但他又不愿意轻易放弃孔、孟等儒家创始人所重视的"权"字。也就是说，他虽然极端反对不合规范的变诈、权术，但他并没有去否定"权"在现实的道德生活中存在的意义和价值。可是，如果接受了"权"这一概念，则意味着"经"在现实的道德生活中是有"所不及"的；"经之所不及者"，正是"权"发挥作用的领域。否则，"权"可能就无用武之地，道德生活中只要有"经"

---

① 宋明之后的儒者甚至有明确将"经"与"道"等同者。如明代罗汝芳《明道录》卷5中说："盖经即道也，统天彻地，贯古贯今，不可须臾离，不可毫发爽，万物万事无一可出其外。"

第四章 道义与经权:"经""权"行为正当性的价值依据

的指导就可以了。汉儒的经权观中内在包含着这一点,程颐的经权观中也承认这一点。然而,程颐对"经之所不及者"之具体所指的理解,同汉儒是不同的。在"反经合道为权"的理论中,认为"经"尽管体现着"道"的要求并且约定俗成地为社会所公认,但在丰富多彩的社会生活中,是不能适用于所有可能出现的道德选择情境的。这样,就需要"权"来补充,才能实现人们对于"善"的追求。因此,在汉儒看来,对应于"常"和"变"两种情境,"道"在现实的道德生活中也有两种具体的实现方式,一为"经",一为"权"。根据这种理解,"经之所不及"处,也就是其所不能涵盖之处。程颐则将"经"置于同"理"或"道"一样的地位,也是具有高度的宏观性和抽象性的准则或标准。所谓"经之所不及者",指的是对于道德生活中的某些细枝末节,"经"可能没有提供直接的、明确的行为准则,因而当陷于这种情境时道德主体就无法直接求助于已有的道德准则。这时候,就需要把道义原则与现实情境结合起来,通过权衡分析,从而保证所选择的行为方式能够合乎道义之"中"的要求。这就是明代高拱的《问辨录》中在谈及程颐的经权观时所说:"伊川云:'权者,经之所不及也。经者,只是存得个大纲大法,正当的道理而已。其精微曲折处,固非理之所能尽也。所谓权者,于精微曲折处,曲尽其宜,以济经之所不及尔。'"[1] 根据程颐这种理解,"经"有"所不及",只是因为已有的"经"作为"大纲大法"不可能将人类道德生活中的各种可能性都明确地描述出来,以至于使得现实生活中有许多"精微曲折处"由于我们以前没有经历过,没有将这种"非常"情境下具体的合乎道义原则的行为方式留在我们的经验之中,所以无法直接用现有的规则来指导我们的行为,因此必须用"权"。但是,用"权"的方法所找到的行为方式或标准,其实仍然是"经",只不过是人们以前还没有发现的"经"而已。这样,凡是具有道德合理性,即合乎"道"或"义"的行为,便无非都是"经"。

程颐的经权观,最大限度地维护了道德准则约束力的普遍性,对于纠正魏晋之后在经权观上所产生的道德相对主义甚至道德虚无主义的流弊,

---

[1] (明)高拱:《高拱论著四种》,流水点校,中华书局1993年版,第159页。

具有积极的理论意义。但是,"权即是经"的理论将"权"从属于"经",也就意味着作为具体准则的"经"与作为原则的"道"在道德规范体系中都具有了绝对的普遍性。这一主张,一定程度上体现了封建制度走下坡路的过程中期望用更严格的道德准则来维持封建伦理秩序的需要。作为程颐理论的继承者,朱熹虽然理解程颐维护道德准则的普遍约束力的初衷,但他却不同意程颐简单混同"经""权"的做法。而如果要将"权"与"经"进行区分,首要的,就是先将"经"与"道"区分开。因此,对于汉儒的"反经合道为权",他并不是像程颐一样予以全盘否定。他认为,汉儒在区分"经"与"道"的基础上提出的"权也者,反经而合于道"的经权观,"若浅说,亦不妨"。① 并且举例说:"且如君臣兄弟,是天地之常经,不可易者。汤武之诛桀纣,却是以臣弑君;周公之诛管蔡,却是以弟杀兄,岂不是反经!但时节到这里,道理当恁地做,虽然反经,却自合道理。但反经而不合道理,则不可。若合道理,亦何害于经乎!"② 朱熹这里所说的"经",显然同汉儒一样,只是从具体的行为准则或标准的意义上使用的。他对这种"亦未十分有病"的经权观所担心的,并不是这种观点本身,而只是如果行为者对儒家义理理解不透彻,在这种观点掩盖下"一向不合道理,胡做了"的流弊。因此,朱熹对汉儒"反经合道"的经权观的总体评价是:"汉儒'反经合道'之说,却说得'经、权'两字分晓。但他说权,遂谓反了经,一向流于变诈,则非矣。"③ "公羊以'反经合道'为权,伊川以为非。若平看,反经亦未为不是。"④ 朱熹对于汉儒经权观的这种理解,应当说还是准确的。朱熹对汉儒经权观的同情,其实也就意味着他对汉儒区分"经"与"道"的立场的认同。

朱熹认为,在现实的道德生活中,离不开具有灵活变通性的"权"的作用的发挥。"经只是一个大纲,权是那精微曲折处。"⑤ 这是因为,在具体的

---

① (宋)黎靖德编:《朱子语类》,王星贤点校,中华书局1986年版,第3册,第988页。
② (宋)黎靖德编:《朱子语类》,王星贤点校,中华书局1986年版,第3册,第990页。
③ (宋)黎靖德编:《朱子语类》,王星贤点校,中华书局1986年版,第3册,第988页。
④ (宋)黎靖德编:《朱子语类》,王星贤点校,中华书局1986年版,第3册,第990页。
⑤ (宋)黎靖德编:《朱子语类》,王星贤点校,中华书局1986年版,第3册,第992页。

第四章　道义与经权:"经""权"行为正当性的价值依据

道德实践中,尽管我们可以把"经"理解为从道德生活中提炼出来的适合"常"境的道德准则,但既然是经过提炼,对于生活中一些具体情境中细微的差异就无法一一体现出来,而现实的道德实践活动是不能回避这种道德情境的具体性的,只能通过"权"的方式,发挥主体的能动性和实践智慧,去选择适宜的行动方案和行为准则。这就是朱熹所说:"盖经者只是存得个大法,正当底道理而已。盖精微曲折处,固非经之所能尽也。所谓权者,于精微曲折处曲尽其宜,以济经之所不及耳。所以说'中之为贵者权',权者即是经之要妙处也。"① 从这个意义上说,不区分"权"和"经"的差异,人在道德实践中的能动性就无从体现,也无法做出合理的道德选择;而不区分"经"与"道"的差异,则又不能从理论上体现出"经"与"权"的差别。

对于作为具体道德准则的"经"的普遍性和权威性的绝对化理解,在高拱的经权体用理论中,体现得更为明显。程颐和朱熹的经权观,尽管在"天理"为核心的思想体系中竭力论证道德准则的普遍约束力,但也是建立在作为具体道德准则的"经""有所不及"才不得不用"权"的认识基础之上的。高拱的经权观,将"权"视为"经"之用,只是在"经"的范围之内用"权",如同秤锤的移动只能在秤杆上的星子之内才有意义一样,其认识的前提是,"经"是可以涵盖道德生活的所有可能的,这与汉儒和程朱论"权"的出发点就有所不同。因此,在这种经权观之中,"权"的适用范围,只是在具体的道德规范体系之内。这也就意味着,并不存在现实生活中作为普遍性共识的道德规范体系之外的合理的"权";对于道德主体来说,行权其实也就是遵经。如果说,这样的"权"能够涵盖道德生活的所有可能性的话,那么,这种经权观下的"经"必然与"道"所存在的时空范围是一致的,没有任何"不及"之处。"其日用彝伦之际,虽至纤至细,莫不各有当然不易之则。"② 这里所谓的"日用彝伦之际"的"当然不易之则",即为现实的道德生活中可以对行为起到直接的指导、约束和调节作用的"经"。换句话说,作为现实生活中的具体道德准则的"经"已经是完全的,不需要再做任何的改变

---

① (宋)黎靖德编:《朱子语类》,王星贤点校,中华书局1986年版,第3册,第992页。
② (明)高拱:《高拱论著四种》,流水点校,中华书局1993年版,第164页。

和补充。① 因此，高拱的经权观中的"权"是"随时取中"，看似大大扩展了行权的主体，但是，他也将对现实生活中具体道德准则的普遍性和绝对性的强调推到了极致。对于现实生活中的道德主体在既有道德规范和要求之外通过自己的权衡判断来选取符合"道"的恰当行为方式的必要性和可能性，被完全消除了。

总之，将具体的道德规范的普遍约束力绝对化，对于维护既有的社会伦理秩序来说更为有力，但是，它却可能导致一种道德规范体系的日益僵化和教条化，从而最终在整体上凌驾于人的现实生活需要之上，脱离人们对善和幸福的期望，甚至因压制人的正常需求而变成"吃人""杀人"的工具。

---

① 高拱的《问辨录》中曾经说："经乃有定之权，权乃无定之经。"这一论断，与朱熹的"经是已定之权，权是未定之经"似乎如出一辙，但二者想要表达的观念，却截然不同。朱熹的"经是已定之权，权是未定之经"是为了弥补程颐"权即是经"的经权统一理论过于简单化的弊端，建立在"经""有所不及"的认识前提之上，认为之所以需要"权"，是由于行为主体在现实的实践中会遇到前人没有经历过的情境，从而需要在"道"或"天理"的范围之内寻求一种恰当的行为方式。这种行为方式一旦找到并被确定下来之后，就可以运用于所有同类的情境之中，所以也就成了具有普遍约束力的"经"。也就是说，既有的作为普遍性共识的具体道德准则的"经"是不完全的，需要在实践中不断进行丰富。高拱的论断，则是为了说明"经""权"相互为用的体用关系。"经"和"权"是"一事"之中的"二物"，就如同称量物体重量过程中的秤杆和秤锤一样，"经"作为"权"的标准是固定的，而"权"作为"经"的运用则是需要不断移动的。"无定也而以求其定，其定乃为正也。"不断移动的秤锤一旦落到某个星子上并实现了秤杆的平衡，这就意味着得到了物体的正确的重量。同样，作为行为选择方法的"权"一旦认定某条作为道德准则的"经"是适用于特定的情境的，就意味着找到了正确的行为方案。

第五章　中庸与经权："经"与"权"的实践尺度

在道德实践中，行为始终与道义原则的要求完全一致，或者用冯友兰的话说按照"道德底本然办法"做，便是做到了恰到好处。这一恰到好处的状态，在中国传统思想中被称为"中"。"中"和"道""义"一样，也被视为行为是否合理、正当的判断标准。

第一节　"时中"："经"与"权"的实践目标

在中国人的传统观念中，中和、中正、中允等都是值得赞赏的优良品格或行为状态。作为行为评价标准的"中"，是相对于极端来说的，但它并不是固定不变的僵化模式，而是需要随着各种条件的变化由主体来灵活掌握的。

一　"中"的基本含义

"中"的本义为"射箭中的之中，象矢贯的之形"[1]，后引申为中心、中央之"中"。[2] 这两种意思至今都一直沿用，只是在读音上有了区分。前者作为动词，读为 zhòng，并引申出命中、达到中心或者合乎某标准等义；后者作为名词或形容词，读为 zhōng，并引申出恰当、中正等义。同时，这两种含义之间又是相互联系的。作为动词的"中"应以作为名词或形容词的"中"作为目的或标准，作为名词或形容词的"中"则以作为动词的"中"为其实现的途径。因此，"中"既是指追求与某种标准相合的实践活动，又是指与某种

---

[1] 高亨：《文字形义学概论》，齐鲁书社1981年版，第141页。
[2] 关于"中"字的本义，诸家众说纷纭，这里所取为郭沫若、高亨等人之说。

标准相合的状态。

在中国传统哲学、伦理学中，"中"都是一个非常重要的概念。关于它的含义，朱熹解释说："中者，不偏不倚、无过无不及之名。"① 他又说："中只是个恰好道理。"② 简单地说，"中"就是恰到好处，从事物所处的状态角度说，它不偏向于任何一个极端；从行为达到的程度角度来说，它处于"过"和"不及"之间的最合理的位置。"不偏不倚、无过无不及"或者"恰好道理"，便是从行为的目的或标准的角度对"中"的定义。这一意义上的"中"，并不是两个极端之间的中点或中心，也不是一个确定的比例关系，而是一个需要灵活把握的实践意义上的概念。对它的判断，必须和具体的事物或者行动结合起来。就如程颐所说："中字最难识，须是默识心通。且试言一厅则中央为中，一家则厅中非中而堂为中，言一国则堂非中而国之中为中，推此类可见矣。且如初寒时，则薄裘为中，如在盛寒而用初寒之裘，则非中也。更如三过其门不入，在禹、稷之世为中，若居陋巷，则不中矣。居陋巷，在颜子之时为中，若三过其门不入，则非中也。"③

"中无定体，因时制宜。"④ 既然"中"不是绝对的、固定的中点或中心，那么，在具体的事物或行为中，如何是"中"，就需要一个基准或参照物。只有通过与这一基准或参照物的比对，人们才可能判断某种情境中的某一事物或行为是否存在"偏"或"倚"、"过"或"不及"的现象。换句话说，"中"是一个行为正当性、合理性判断的标准，但这一标准又必须依赖于另外的某一具有客观的准则或标准才能够成立。在中国传统伦理思想中，这一基准或参照物，或者说作为"中"的标准的标准，便是"道"。行为达到"中"，便是合乎"道"的要求。所以，朱熹在解释《孟子》中"子莫执中，执中为近之"时说："近，近道也。"但是，与"道"有显著的本体意义不同，"中"则侧重于实践的方面。它所考察的角度，是实践中的行为目标或行

---

① （宋）朱熹撰：《四书章句集注》，中华书局1983年版，第17页。
② （宋）黎靖德编：《朱子语类》，王星贤点校，中华书局1986年版，第3册，第840页。
③ （宋）程颢、程颐：《二程集》，王孝鱼点校，中华书局1981年版，上册，第214页。
④ （元）袁俊翁撰：《四书疑节》卷11，《影印文渊阁四库全书》，北京出版社2012年影印本，第203册，第875页。

第五章 中庸与经权:"经"与"权"的实践尺度

为结果与作为原则性准则或标准的"道"的符合与否以及符合程度("宜")。《中庸》中说:"诚者不勉而中,不思而得,从容中道,圣人也。"这句话中的两个"中"字,都应当读为 zhòng,是作为动词使用的。作为行为上的理想状态,"中"(zhōng)字所中(zhòng)的,即作为行为所追求的目标或者标准的"道"。如果没有"道"作为最终的正当性的依据,便无所谓中与不中,恰好与不恰好,也无所谓偏或者倚,过或者不及。同时,由于现实生活的复杂性,在不同的情境中,这一恰好、符合的状态又不是固定不变的,甚至在经验中也没有先例可循。这样,就需要主体在实践活动中发挥能动性和创造性,戒惧谨慎,使得具有主体性的行为选择与具有原则性、客观性的"道"之间始终保持一致。这种达到或者保持一致的状态,即为"中(zhòng)道",亦即"得中(zhōng)"。

由于"中"意味着与"道"相符合,所以,符合"中"的标准的行为,就是适度的、恰到好处的,它意味着事情只有如此做,才具有最大的合理性和正当性。在一般人的观念中,一提到"中",就会想到折中、模棱两可或者做事不彻底,这是与中国传统哲学中"中"的精神不符合的。冯友兰曾经分析说,无论是从道德方面说还是从功利方面说,"中"都没有不彻底的意思。"若所谓彻底者,就道德方面说,是说,我们做事,必须做到我们应该做到的地步,此应该做到的地步,正是讲中道者所谓恰到好处之点。我们不可过此点再求彻底。于彻底之外,再求彻底,即所谓'贤者过之'了。若所谓彻底者,就利害方面说,是说,我们做一事,须将其做到完全成功的地步,此完全成功的地步,亦正即是讲中道者所谓恰到好处之点。我们决不可过此点再求彻底。若过此点而再求彻底,则可致'前功尽弃',不惟不能成功,而且还要失败。若所谓不彻底者,是说,我们做事,未做至恰好之点,而即停止。如此则所谓不彻底者,正是讲中道者所说之不及,亦正是讲中道者所反对者。"[1]《中庸》中说:"君子遵道而行,半涂而废,吾弗能已矣。"在追求"道"的道路上,君子"和而不流","中立而不倚","国有道,不变塞焉","国无道,至死不变"。如果没有一种追求彻底的精神,态度模棱两可,做事

---

[1] 冯友兰:《贞元六书》,中华书局 2014 年版,上册,第 469—470 页。

寻求折中，这种状态肯定是不可能达到的。

在中国文化中，有着悠久的崇尚中道的传统。仅《尚书》中，就有"民协于中""允执厥中"（《大禹谟》）、"各设中于乃心"（《盘庚》中）、"作稽中德"（《酒诰》）等记载。《论语》中说："尧曰：'咨！尔舜！天之历数在尔躬，允执其中。四海困穷，天禄永终。'舜亦以命禹。"（《尧曰》）《中庸》中说："舜其大知也与！舜好问而好察迩言，隐恶而扬善，执其两端，用其中于民，其斯以为舜乎！"孟子说："汤执中，立贤无方。"（《孟子·离娄下》）这些论述虽然难免有假托之辞，但由此可见，在儒家学者的心目中，尧、舜、禹、汤等圣人，都是以"中"作为行为标准的。后来提出的"中庸""中和"等观点，便是对这一传统的继承和发展。

二 "时中"："中"与"时"的统一

"在儒家，比之任何其它学派为更着眼于历史发展的概念。孔子倡导因应损益，并昭示'温故而知新'（《论语·学而》篇）。所以中道绝非固定的胶柱鼓瑟。古代有古代的中，近代有近代的中，而且甲某在其时地有其特殊的中，乙某在其时地又有其另一特殊的中。"[①] 达到"中"的过程，必然意味着两个方面趋于一致：一是被视为具有绝对性和原则性的价值准则的"道"；一是主体在具体情境中的实践活动的目标或结果。但是，不仅生活情境是多变的，"道"也是"一本万殊"，即使对于一个在道德规则方面了解精熟的行为者来说，行为选择与"道"始终保持或趋向一致也并非必然的，这就需要主体根据不同情境对行为的方式进行细致的判断、审慎的取舍、不断的调适，以使行为在实现现实目标的过程中不至于偏离"不可须臾离"的"道"。这种因时因地制宜且需要主体灵活把握的"中"，即古人所说的"时中"。

中国传统思想中对"时"的重视，一般认为，与古人对于农业生产中的规律性认识有关。"时"的本义为季节，一年中的春、夏、秋、冬四节称为"四时"，后引申为广义上的时间的通称。农业生产中的基本规律，就是气候和季节变换的规律。顺应时节的变化进行耕种稼穑，作物就能够正常生长成

[①] 谢扶雅：《生之回味》，香港：道声出版社1979年版，第6页。

熟；在禽畜的饲养繁殖中"不失其时"，动物才能够正常成长发育。相反，如果违背了季节的规律或者错过农时，农业生产就无法正常进行，影响一年的收成，从而威胁人的生存和社会的稳定。因此，在农业社会里，能否遵循"时"的规律和变化，就被视为事情成败的关键。正如《管子·霸言》中所说："圣人能辅时，不能违时。知者善谋，不如当时。精时者，日少而功多。夫谋无主则困，事无备则废。是以圣王务具其备而慎守其时。以备待时，以时兴事，时至而举兵。""时"由一个描述自然的客观规律的概念，逐渐引申成了对人的行为的合理性进行判断的标准。能不能应"时"而动，被看作事情能否取得成功的前提。

作为实践判断的价值标准，"时"与"中"在含义上有着内在的一致性。一方面，"时"本质上强调的是对自然变化、社会运行等过程中所体现出来的客观规律的尊重与遵循，这些客观规律，用中国传统思想中的概念表达就是"道"；"中"也是主体的行为与"道"的符合。另一方面，中国传统思想中"中"的观念所追求的是一种顺应客观条件变化、因时因地制宜的"中"，而不是一种僵化的标准；顺应客观条件的变化而因时因地制宜，正是"时"的基本内涵。因此，在中国传统思想的系统之内，谈"时"必然包含着"中"，说"中"必然包含着"时"。这一观念，在中国早期的典籍中都有着鲜明的体现，尤以《周易》中体现得最为集中。清代易学家惠栋在其所著《易汉学》中，明确提出了"易尚时中说"，认为学《易》者"知时中之义，其于《易》也，思过半矣"。他说："易道深矣，一言以蔽之曰时中。孔子作《彖传》，言时者二十四卦，言中者三十五卦。《象传》言时者六卦，言中者三十八卦。其言时也，有所谓时者，待时者，时行者，时成者，时变者，时用者，时义、时发、时舍、时极者。其言中也，有所谓中者，中正者，正中者，大中者，中道者，中行者，行中者，刚中、柔中者，而《蒙》之《彖》则又合时中而命之。"他认为，儒家从孔子始便重"时中"，正是对《周易》思想的领悟和发挥。"孔子晚而好《易》，读之韦编三绝而为之传，盖深有味于六十四卦三百八十四爻时中之义，故于《彖传》《象传》言之重，词之复。子思作《中庸》述孔子之意，而曰：'君子而时中。'孟子亦曰：'孔子圣之时。'

夫执中之训,肇于中天,时中之义,明于孔子,乃尧舜以来相传之心法也。"①

尽管中国古代的不同学派都以不同的方式表达了对"时"的思想的重视,但将"时"与"中"联系起来成为一个概念,是从儒家开始的。《周易·蒙·彖传》有"以亨行时中也",《礼记·中庸》中则说"君子而时中"。"时中"之"时"字,首先是时常或时时之义。也就是说,"中"无时无刻不是行为追求的目标。任何事情,都有一个与"道"相合的"中"的状态;一件事情是否做到了恰到好处,就是以是否达到"中"的状态为根本标志的。其次,"时"还有适时、合于时宜之义。比如,对于《论语》首章中"学而时习之"之"时"字,杨伯峻解释说:"'时'字在周秦时候若作副词用,等于《孟子·梁惠王上》'斧斤以时入山林'的'以时','在一定的时候'或者'在适当的时候'的意思。"② 从这个意义上说,"时中"又总是与具体的生活情境相适合的"中"。"时"字的时常或时时之义,表明了"中"在道德行为中应具有的时间上的恒久性;而其适时、合于时宜之义,则说明"中"在行为实践中应具有与各种具体情境相适应的灵活性。因此,前人在解释"时中"一词时,往往以"当其可"或《中庸》中的"时措之宜"为"时中"之义。一方面,"时中"指的是行为在任何情境之下都应保持与"道"的要求相一致;另一方面,这种一致又不是僵化的、死板的,而是原则性的"道"与丰富生动的道德生活的有机统一。如同南宋张栻所说:"事事物物,莫不有中。中者,天理之当然,不可过而不可不及者也。毫厘之差则失之矣。"③ "中"尽管是"天理"或"道"的体现,是行为判断的"当然"的准则,但是,它却是存在于"事事物物"之中的。如果离开了"事事物物",不但"中"会成为抽象、僵死的标准,"道"也会与现实的人伦日用脱节而成为空泛无用之理。

三 "时中"与经权之道的内在一致性

儒家伦理思想中所谓行为正当性判断标准的"中",必然是"时措之宜"

---

① (清)惠栋:《易汉学》卷7,转引自梁韦弦《清人易学二种:惠栋〈易汉学〉王夫之〈周易大象解〉评解》,黑龙江人民出版社2010年版,第220—222页。
② 杨伯峻译注:《论语译注》,中华书局2009年版,第1页。
③ (宋)张栻:《张栻集》,杨世文点校,中华书局2015年版,第1册,第189页。

第五章 中庸与经权:"经"与"权"的实践尺度

的"中",即行为始终保持一种灵活的与"道"一致。这种"时中",既包括正常情境下的守经,也包括非常情境下的行权。而无论是守经还是行权,都离不开主体根据既有的道德观念、生活经验和知识积累所做的权衡判断。反过来说,无论是守经还是行权,其实践目标,都是使行为达到"中",即与"道"完全符合,不偏不倚,无过无不及。

首先,"时中"是原则性与灵活性的统一,包含了守经和行权两种可能,需要权衡轻重的能力和意识的全过程参与。"中本为道之经,而实有权存焉。权以中行,中因权立。知中则知权,不知权则是不知中也。"[①] 以"道"作为判断依据的"中",在一般情境之下,是遵循"经"的标准即可达到的,但是,在循"经"以达"道"之"中"的实践过程中,必然有"权"贯彻其中。这里所说的"权",是指权衡之"权"。在道德实践中,无论哪种类型的道德选择,都有主体的权衡判断在其中。通过权衡,才能够确定对于某一具体情境中的行为抉择,究竟遵守一般性的道德准则是恰当的,还是应该摆脱既有道德准则的约束而进行变通。从最终选择的行为方式角度来说,前者为"经中之权",后者为"经外之权"。"经外之权",即权变之"权"。"当治乱改革之际,天命人心如是,不得不用权以通其变耳。此经外之权,即不背乎道,终不可以为经也。"[②] "中因权立",是从权衡的角度来说的,它既包括"经中之权",也包括"经外之权"。也就是说,只要是以道德上的正当性和合理性为追求的行为,无论从方式上讲是遵经的,还是行权的,在实践的过程中,总离不开主体的权衡判断。"权者道之体也。道体千变万化,而不离乎中,非权而何?"[③] 在现实的道德生活中,如果不经过权衡判断的过程,在众多的选择方案中,哪种方案是最符合"道"的要求的,就无从进行取舍,尤其是在特殊的情境中,当遵循通行的某种道德准则会产生不良的后果,或者没有既有的具体道德准则可以遵循,必须通过权变来选择一种"合道"或

---

① (元)袁俊翁撰:《四书疑节》卷11,《影印文渊阁四库全书》,北京出版社2012年影印本,第203册,第875页。
② (明)汪应蛟撰:《汪子中诠》卷6,《续修四库全书》,上海古籍出版社1996年影印本,第941册,第724页。
③ (明)刘宗周:《刘宗周全集》,浙江古籍出版社2012年版,第2册,第388页。

"有善"的行为方式时，如果没有高超的权衡判断能力，是不可能实现的。

同时，因"中无定体"，对于意味着行为与"道"相符合的"中"本身，也不能不知变通地僵化固执，而是必须以"权"作为"用中"的基本方式。孟子曾经说："杨子取为我，拔一毛而利天下，不为也。墨子兼爱，摩顶放踵利天下，为之。子莫执中。执中为近之。执中无权，犹执一也。所恶执一者，为其贼道也，举一而废百也。"（《孟子·尽心上》）子莫的"执中"，从形式上说，是处于杨朱的"为我"与墨子的"兼爱"两个极端之间的中道；相对于走极端来说，"执中"是更合理一些的。但孟子又强调，"执中"者如果将"中"当成一个僵死的标准而不知权衡轻重、灵活变通，也是和偏执一端没有区别的。它们都是"举一而废百"，是不符合"道"的要求的。在儒家心目中，合理的"中"必然是"时中"，即在具体时空条件下体现着"道"的"中"；而在具体的时空条件下想要"得中"，就必须通过"权"才能实现。所以程颐说："中无定体，惟达权然后能执之。"① 他的弟子谢良佐也说："君子而时中，无往而不中也。中无定体，须是权以取中。"② 朱熹在解释孟子的上述观点时则说："为我害仁，兼爱害义，执中者害于时中，皆举一而废百者也。此章言道之所贵者中，中之所贵者权。"③

"时中"的"中"是活的、动的；"执中无权"的"中"则是死的、僵的。朱熹曾经区分了"中之活者"和"中之死者"，二者的不同，就是是否有"权"贯彻其中。他说："三圣相授，允执厥中，与孟子所论子莫执中者文同而意异。盖精一于道心之微，则无适而非中者。其曰'允执'，则非徒然而执之矣。子莫之为执中，则其为我不敢为杨朱之深，兼爱不敢为墨翟之过，而于二者之间执其一节以为中耳。故由三圣以为中，则其中活；由子莫以为中，则其中死。中之活者，不待权而无不中；中之死者，则非学乎圣人之学不能有以权之而常适于中也。权者，权衡之权，言其可以称物之轻重而游移前却，以适于平。盖所以节量仁义之轻重而时措之，非如近世所谓将以济乎

---

① （宋）程颢、程颐：《二程集》，王孝鱼点校，中华书局1981年版，下册，第1182页。
② （宋）谢良佐撰：《上蔡语录》卷2，《影印文渊阁四库全书》，北京出版社2012年影印本，第698册，第578页。
③ （宋）朱熹撰：《四书章句集注》，中华书局1983年版，第357页。

第五章　中庸与经权："经"与"权"的实践尺度

仁义之穷者也。"① "允执厥中"出自《尚书·大禹谟》，相传是尧、舜、禹"三圣"递相授受的心法。它与"子莫执中"都是用的"执"字，但在朱熹看来，两个"执"字是不同的。"三圣"的"执"是"精一于道心之微"，所以在现实的实践中能够"无适而非中"。这种"执"称为"允执"，"允"即允当、公平得当之义。"允执"的"中"是"中之活者"，由于其是"精一于道心之微"，所以不用刻意地去"权"，自然能够"从心所欲不逾矩"，行为时时刻刻都符合"中"的要求。子莫所"执"的"中"则与此不同，他"为我不敢为杨朱之深，兼爱不敢为墨翟之过，而于二者之间执其一节以为中"。这种"执"是生硬的、死板的，所以他所"执"的"中"是"中之死者"。这种主体在道德上没有达到圣人的境界，不能以"精一于道心之微"作为前提的"中"，只能通过"学乎圣人之学"，才能够经过自觉而主动的权衡判断使其始终保持真正与"道"相合。也就是说，如果还没有像圣人一样在道德上达到完全自由的境界，使得行为自然地"无适而非中"，在实现"中"的目标的道路上就很容易生硬地死守固执而陷入同"执一"一样的偏执。这时候，就需要在以学习"圣人之学"以达到"仁精义熟"的前提下，经过主体谨慎的权衡取舍，能动地让"中"的标准在具体的行为实践中活起来，才能够做到"节量仁义之轻重而时措之"，即通过自觉地追求而达到行为与"道"一致的"时中"。如果没有这种"权衡之权"，所"执"之"中"就会成为死的"中"，不仅对现实的道德生活无益，甚至会产生"贼道"的后果。对于现实生活中的人来说，"圣人"的境界是可望而不可即的，因此"权"总是使"中"不至于沦为"中之死者"的必然要求，它是通往"时中"目标的必由之路。

其次，无论是守经还是行权，其目标都是要使行为始终保持"时中"，即不偏离"道"的要求。守经和行权，其实都是"时中"的原则在不同情境下的具体实现。守经自不必说，因为在中国传统的主流经权观中，无论哪种理论观点之下，"经"都意味着在总体上"合道"的准则以及与此准则相符的

---

① （宋）朱熹：《朱熹集》，郭齐、尹波点校，四川教育出版社1996年版，第5册，第2965—2966页。

行为方式，符合时宜的守经行为必然是与"道"的要求一致，即合乎"中"的标准的。而对于"权"来说，"权是时中，不中，则无以为权矣"①。"时中"是"权"的本质规定，这是区分儒家所称道的"权"与权术变诈之"权"的根本标志。汉代之后，无论是主张经权统一还是反经为权的学者，都将"合道"作为"权"的基本要求；如果偏离甚至违背了"道"，"权"便失去了在道德上的正当性。行权不仅体现着具有正当性的行为具有"时"的特征，而且要以"中"为价值目标和追求。它的目的，在于使得行为与"时中"的要求相一致，宋代王宗传说："盖权也者，所以称物也，其或抑或扬，皆欲当夫时中而已矣。"②使行为或事物符合"时中"的标准，正是"权"的意义之所在。如果行为偏离了"时中"的标准，这样的"权"是不具有正当性的。

《中庸》中说："君子之中庸也，君子而时中；小人之中庸也，小人而无忌惮也。"君子和小人各自都有他们对"中庸"的理解，他们之间最根本的区别，就是所理解的"中庸"是"时中"还是"无忌惮"。所谓"时中"，就是虽然承认实践中要应时而变，但是，必须以合乎"道"的要求为始终不变的原则。也就是说，君子在现实生活中是以"道"为值得敬畏的原则的，所以他们"戒慎乎其所不睹，恐惧乎其所不闻"，生怕行为须臾偏离"道"的要求，无论在实践中如何根据情境的变化而灵活应对，但总是以"中"作为追求的目标。小人则与此不同，他们以在生活中随波逐流甚至同流合污为"中庸"，为了追求利益，不惜"行险以徼幸"。他们与君子的区别就在于，虽然他们的行为选择也是应时而变，但在他们的心目中，并没有什么值得敬畏的原则，所以在行为上自然没有任何的底线，也没有任何的忌惮，只是在逐利的道路上肆意而为。没有"道"为最终依据的权衡变通，也就成了权术变诈。程颐的弟子尹焞说："权也者，权量以归之至当，犹衡有权，非世所谓变诈之术也。"③经权之"权"与权术变诈之"权"的区别，就在于前者是有明确的

---

① （宋）黎靖德编：《朱子语类》，王星贤点校，中华书局1986年版，第3册，第989页。
② （宋）王宗传撰：《童溪易传》，上海古籍出版社1990年影印本，第368页。
③ （宋）朱熹撰：《论孟精义》卷5上，《影印文渊阁四库全书》，北京出版社2012年影印本，第198册，第224页。

第五章 中庸与经权:"经"与"权"的实践尺度

价值目标,要"归之至当"的,而后者则没有值得敬畏的价值目标为依据。"能应变而无其本,则流而入变诈矣。"①

由于"权"与"中"或"时中"之间这种紧密的内在联系,因此,宋代之后,学者们往往将权衡意义上的"权"与"中"或"时中"看作含义等同的范畴。元代朱公迁说:"'君子时中','时措之宜',皆与权字异名而同义。"② 清代陆世仪也说:"权只是中字。权,称锤也。古人遇事必量度以取中,故借权以为言,孟子云'权然后知轻重'是也。既知轻重,则中自出,故曰:'权而得中,是乃礼也。'"③ 这种观念,反映了人们对于"权"和"中"或"时中"之间的紧密联系的认识,但是,直接将"中"与"权"等同起来,则是不恰当的。"权"有权衡之义,也有权变之义。古人经常"经""权"对举,在儒家的经权观中,不但"权"要符合"中"或"时中","经"也是符合"中"或"时中"的。如果直接将"权"等同于"中"或"时中",则难免造成几个概念之间关系理解上的混乱。即使从权衡之义上讲,达到"中"或"时中"需要用"权",或者用"权"的目标是追求"中"或"时中",但也不意味着"权"等同于"中"或"时中"。陆世仪说,如果明白了"权只是中字"的道理,那么,"今人讲权字不如讲中字,权字有错,中字无错"④。如果单从"权"字的含义来说,现实中行权的行为有符合"道"的要求的,也有不符合"道"的要求的;如果说符合"道"的要求的"权"是对的,那么,不符合"道"的要求的"权"就是错的。也就是说,不仅有对的"权",而且有错的"权",并非所有的"权"都是具有正当性的。"中"字则不同,只要说一个行为是符合"中"的,那么它就一定是对的、正当的。因此他建议,与其倡导人们用"权",不如倡导人们用"中",这无疑是用"中"字否定了"权"字在实践中的价值。正如朱熹批评程颐"权只是经"

---

① (宋)黎靖德编:《朱子语类》,王星贤点校,中华书局1986年版,第5册,第1893页。
② (元)朱公迁撰:《四书通旨》卷3,《影印文渊阁四库全书》,北京出版社2012年影印本,第204册,第569页。
③ (清)陆世仪撰:《思辨录辑要》卷28,《影印文渊阁四库全书》,北京出版社2012年影印本,第724册,第266页。
④ (清)陆世仪撰:《思辨录辑要》卷28,《影印文渊阁四库全书》,北京出版社2012年影印本,第724册,第266—267页。

的观点时所说:"若如伊川说,便用废了那'权'字始得。"① 程颐虽然说"权只是经",但他并没有明确否定"权"的实践价值,只是在朱熹看来,程颐的观点存在这种理论上的可能性。但在"权只是中字"的观点之下,陆世仪则明确说因"权字有错","讲权字不如讲中字",无疑是因噎废食,明显要"废了那'权'字"。

关于"中"与"权"之间的关系,陈淳曾经说:"中之在事物,即其恰好处而无过不及者也。权则称其轻重而使之恰好无过不及者也。故中者,权之极,极犹屋极之极;权者,中之则,则犹准则之则。中所以行权,权所以取中。论理则知中然后能权,就事则由权然后得中。犹之秤焉,或斤或两,莫非有中也;然必识斤两之所在,然后能以权而称;能以权而称,然后物之轻重得其斤两之平也。"② "知中然后能权,由权然后得中。中者,理所当然而无过不及者也。权者,所以度事理而取其当然,无过不及者也。"③ "中"是"权"所追求的行为的理想状态,"权"是实现"中"的基本方式或途径。明白"中"之所在,才能够恰当行权;只有通过自觉的"权",才能够达到"中"。陈淳对于"中"与"权"之间关系的这种理解,相对来说是比较合理的。

总之,在道德实践中,"中"既是守经或行权是否正当可行的判定标准,同时也是道德行为的追求目标。符合"中"的标准,也就意味着行为是合乎"道"的,并且具有了"义"的属性。因此,"中"也和"道""义"一样,都是经权行为正当性判断的基本标准。

第二节 作为道德实践方法的"中庸"

"中"是相对于具体的行为或情境来说的,必须在实践中才能够体现其作为价值的正当性判断标准的意义。讨论"中",必然要立足于人们日常的道德

---

① (宋)黎靖德编:《朱子语类》,王星贤点校,中华书局1986年版,第3册,第994页。
② (宋)陈淳撰:《北溪大全集》卷6,《影印文渊阁四库全书》,北京出版社2012年影印本,第1168册,第548页。
③ (宋)陈淳:《北溪字义》,熊国祯、高流水点校,中华书局1983年版,第51页。

生活，而不能将其看作完全脱离现实世界或此岸世界的抽象的原则或标准。因此，"中道"和"庸道"，存在着紧密的关联，中国古人经常用"中庸之道"，来指称立足于现实的人伦日用追求至善的道德目标的实践活动。

一 释"中庸"

关于"中庸"的"庸"字，最常见的解释有两种：一是释为"用"，一是释为"常"。先秦典籍中用到"庸"字时，大多都是借为"用"字。《说文解字》中的解释是："庸，用也。"郑玄为《礼记·中庸》所作的注中，也是以"用"释"庸"。根据这种理解，所谓"中庸"，就是"以其记中和之为用也"。也就是说，"中庸"是一种以"中和"作为价值目标的实践活动。朱熹的《四书章句集注》，则将"庸"字解释为"庸，平常也"。根据这种理解，"中庸"的意思就是："中庸者，不偏不倚、无过不及，而平常之理，乃天命所当然，精微之极致也。"朱熹理解"庸"，侧重点在于"不偏不倚、无过不及"——即"中"这一原则——是"平常之理"。对"庸"字的这两种解释看似不同，实际上，都是突出了儒家所理解的"道"不离日常的人伦日用这一根本特点。"用"说明了它是可以并且应当落实于日常的生活实践中的道理，"常"则强调了它的根基在现实的生活世界之中。[①] 正如徐复观所说："所谓'庸'，是把'平常'和'用'连在一起，以形成其新内容的。"[②]

儒家所说的"中庸"的"庸"不离人伦日用，但它并不是庸俗或者平庸。冯友兰曾经对几种误解"庸"字本义的代表性观点进行过批评。他说，误解"庸"字本义的人，要么说"庸"即庸碌的意思，要么说"庸"就是庸俗的意思，并且认为，中国人之所以缺乏进取冒险、敢作敢为的精神，都是吃了儒家教人行庸道的亏；中国人之所以都"俗"，没有高雅的追求，都是中了儒家教人行庸道的毒。冯友兰认为，"庸"字的本义里并没有庸碌或者庸俗

[①] 林义光认为，"庸"字的这两个意思都是包含于其本义之中的。"庸"字在《毛公鼎》中写作"🕮"，《虢季子白盘》中写作"🕮"，都是从"🕮"从"🕮"。"🕮"即缶，"🕮"即床（牀）。二者"皆常用之物。故'庸'训为'常'、为'用'"。（林义光：《文源》，上海古籍出版社2017年版，第221页）

[②] 徐复观：《中国人性论史·先秦篇》，上海三联书店2001年版，第99页。

的意思，先不论中国人是不是真的有上述缺点，即使有，也不是吃了儒家教人行庸道的亏，中了儒家教人行庸道的毒，而是吃了误解儒家教人行庸道的亏，中了误解儒家教人行庸道的毒。① 无论是将"庸"字理解成庸碌的人，还是理解成庸俗的人，都只是看到了"庸"字立足于平常生活、体现于日常生活实践之中的特征，而忽视了"中庸"中的"庸"字所说的"用"究竟用的是什么，或者要在"平常"的生活之中发现或者追求的是什么，从而将"庸"仅仅视为局限于现实、满足于现状的一种观念。而脱离了价值原则的指导和追求，不加分析地将现状中的一切看成实践的全部意义，从而在生活中随波逐流甚至同流合污的观念，正是儒家所极力反对的。这种行为方式，被儒家称为"乡原"，孔子和孟子斥其为"德之贼"。

关于"乡原"，《论语·阳货》中记载孔子的话说："乡原，德之贼也。"《孟子·尽心下》中对孔子关于"乡原，德之贼"的思想进行了进一步的阐发。根据孟子的解释，"乡原"之所以称为"德之贼"，就在于他们"阉然媚于世"，"同乎流俗，合乎污世"而又"自以为是"。因为"自以为是"，所以他们没有接受儒家所追求的"道"的动力和态度。而他们之所以"自以为是"，则是由于他们老于世故，深于对人与人之间关系的事实的把握，而没有丝毫对做人"应当如何"去思考的意识。因此，他们讽刺狂者："何以是嘐嘐也？言不顾行，行不顾言，则曰：古之人，古之人。"又批评狷者："行何为踽踽凉凉？"在他们看来，值得追求的生活方式便是"生斯世也，为斯世也，善斯可矣"。因为将行为可否、对错的判断建立在对社会现状和流俗的观察和完全屈从之下，所以他们否定追求"道"的意义；因为要将行为可否、对错的判断建立在当下的社会现实之中，所以他们必然老于世故。他们活在当下的感觉之中，将心思完全用于对当下的人们的心理和行为的揣测之上，沾沾自喜于自己可以左右逢源、八面玲珑，行为中不仅没有，而且排斥作为价值原则的"道"的指引。从根本上说，"乡原"既没有对"道"的执守，也没有求"道"的自觉，完全丧失了通过学习而成为"君子"的可能，当然行为上也就不可能达到儒家所说的"道"的标准。

---

① 参见冯友兰《贞元六书》，中华书局2014年版，上册，第467—468页。

儒家所说的"庸",是和"中"相联系的"庸"。庸道强调实践的原则和标准立足于现实生活,但并不是局限于日常生活的层面,而是把人伦日用看成理解和践行"道"的起点和基础。《中庸》开篇即说:"天命之谓性,率性之谓道。"顺应人的天赋的本性,即遵循"道"的要求。《中庸》中又说:"道不远人,人之为道而远人,不可以为道。""君子之道,辟如行远必自迩,辟如登高必自卑。""道"在形式上看似是高远、抽象的,但其根源,却在人类的生活之中;对于"道"的追求和实践,必然要从日常生活中与自身最切近处开始。"中庸"中的"庸"字,描述的就是"道"的这种"迩"和"卑"的性质,是它作为价值准则的"人道"的"不远人"的特征。根据庸道的要求,有德的"君子"在日常生活中的态度应该是:"庸德之行,庸言之谨;有所不足,不敢不勉,有余,不敢尽。"(《中庸》)因此,"迩"和"卑"是道德实践的起点和立足点,但不是人生追求的价值目标。一个人如果没有"高"和"远"作为目标,而是将目光永远局限于"迩"和"卑"之处,在行为选择上,就会执着于眼前的利益得失,变成"无忌惮"的"小人";如果将本应作为高远的追求的起点的"迩"和"卑"本身当作了价值目标而又自以为是,这种人将"不可与入尧舜之道",就会成为"乱德"的"乡原"。在孔子、孟子等早期儒家的学者看来,"小人"尚可以通过教育引导让他们走上正道,具有教化的可能,而唯独自以为是的"乡原",则是"过我门而不入我室,我不憾焉者"(《孟子·尽心下》)。

中道和庸道尽管思考问题的角度不同,但其作为实践的标准或指导原则本质上是一致的。"中"提出了一种与"道"的要求相一致的不偏不倚、无过无不及的行为实践标准,符合这种标准便意味着日常生活中的行为是具有正当性和合理性的;"庸"则要求对于"道"的实践要立足于人类的日常生活,不能脱离人伦日用去追求空洞的所谓"道"。二者的视角不一样,但"中"作为行为标准与"道"的符合,必须是随"时"应变的"中",即不能脱离人们的现实生活做抽象的判断;"庸"要求以对"道"的追求作为目标,则意味着现实生活中的行为是要以适中作为合理性判断依据的。换句话说,在儒家的观念中,真正合乎"中"的标准的行为,也就是符合"庸"的要求的;而在"庸"的原则下的实践活动,必然也是与"中"的要求一致的。对此，冯友兰曾解释说，符合中道的行为，也就是合乎道德律的行为；合乎道德律的行为，都是可以成为"社会上底公律"的。"所谓社会上底公律者，是在原则上，人皆应该完全照着行，在事实上，人皆多少照着行者。"由此可见，"中道亦即是庸道"。① 冯友兰这里所说的"在原则上，人皆应该完全照着行"，其实就是《中庸》中所说的"道也者，不可须臾离也，可离非道也"；"在事实上，人皆多少照着行"，就是《中庸》中所说的"夫妇之愚，可以与知焉"，"夫妇之不肖，可以能行焉"。从事实上"人皆多少照着行"处入手，以追求原则上的"人皆应该完全照着行"的价值理想，这是"庸"道的含义，也是"率性之谓道"的实践意蕴；以"人皆应该完全照着行"的原则为依据，力求将"人皆多少照着行"的生活引导到一种完善的恰到好处的状态，这是中道的要求，也是"修道之谓教"的理想目标。二者的统一，就是"中庸"。

二　中庸：实践中的"经"与"权"

由以上分析可见，作为实践方法的中庸，必然意味着原则性与灵活性的统一。其原则性的一面，在于不可须臾偏离"道"这一最高的价值准则；其灵活性的一面，则体现于实践的正当性判断不能脱离丰富生动的现实生活。从伦理学的意义上说，中庸所强调的，是作为行为最高指导的道义原则与现实生活实践的有机统一，这是和儒家的经权之道完全一致的。程颐说："欲知中庸，无如权。"② 事实上，不仅"权"是理解儒家中庸思想的一把钥匙，中庸也是理解儒家经权观的一个重要的切入点。

作为按照体现于日常生活中的道义原则行事的一种实践建议，中庸的基本要求，就是期望人们能够遵循人伦日用中的一般的规律和规则，而不是"素隐行怪"，追求隐僻怪异和与众不同。徐复观认为，"中庸"一词所表现的特殊意义，主要是通过"庸"字体现出来的。"所谓'庸'者，乃指'平常的行为'而言。所谓平常的行为，是指随时随地，为每一人所应实践，所

---

① 冯友兰：《贞元六书》，中华书局2014年版，上册，第476页。
② （宋）程颢、程颐：《二程集》，王孝鱼点校，中华书局1981年版，上册，第164页。

第五章　中庸与经权："经"与"权"的实践尺度

能实现的行为。坏的行为，使人与人间互相抵迕、冲突，这是反常的行为，固然不是庸。即使是有道德价值，但为一般人所不必实践，所不能实践的，也不是庸。因此'平常的行为'，实际是指'有普遍妥当性的行为'而言；这用传统的名词表达，即所谓'常道'。"[1] 也就是说，中庸之道，就是要求人们在道德实践中遵循"常道"。而"常道"在日常生活中被赋予具体的内容，成为有直接约束力的规则的时候，就变成了在经权理论中所谓的"经"。因此，在中国传统经权观中，学者们往往以"常道"释"经"。

但是，尽管中庸和"经"本质上都可视为"常道"，但二者作为道德实践的指导，具体含义上还是有区别的。"经"是日常生活中具有普遍约束力的道德准则或规范，从形式上说，它体现为具体的规则，是"常道"在现实生活中的落实或具体化。由于"道"本身是抽象的，现实生活又是复杂多变的，不同情境中与"道"的要求相一致的恰当的行为方式往往不是固定的，因此，作为具体规则的"经"在某些"非常"的情境之中，则是有失效的可能的。所以，当将"经"称为"常道"时，在"常"的含义里面，尽管也包含着普遍性、恒久性，但其侧重点，却是在"常态"的意义上，是与非常态——"变"——相对的。非常态下的"变"哪怕是偏离"经"的，但也有可能具有正当性。而当我们说中庸是"常道"时，"常"字的侧重点在平常、日常上。虽然平常、日常的东西如果能够成为规律或规则，也是应当具有普遍性和恒久性的，但在它的含义里面，却没有一个可以与其相对并仍然能够使行为保持正当性的"变"。违背中庸、"素隐行怪"的行为或现象，必然是不具有正当性和存在的合理性的。这是因为，中庸并不是具体的、在人们的观念中固定下来的规则，它只是一种实践原则或者建议。它将作为善恶判断的最高原则的"道"和变动不居的现实生活连接起来，要求人们无论在任何情境之下，都应当"素其位而行"，始终保持与"道"的一致。也就是说，中庸作为行为正当性判断的标准，直接以"道"为依据，而不是经验世界中被固定下来的具体规则，是以一种原则性和灵活性相统一的方式，实现其具有普遍性和恒久性的行为准则的意义。

---

[1] 徐复观：《中国人性论史·先秦篇》，上海三联书店 2001 年版，第 99 页。

因此可见，中庸之道在所应对的情境上，既包括了"常"，也包括了"变"；在道德实践的行为方式上，则既包含"经"，也包含"权"。它强调在实践之中必须遵循正道，以保持行为的正当性和合理性，但这种对正道的遵循，并非在某种确定的道德规则上的循规蹈矩。人的生活是丰富多彩、变动不居的，中庸所主张的就是一种在千变万化的生活过程中对于"道"的精准把握和始终遵循。二程说："不偏之谓中，不易之谓庸。中者天下之正道，庸者天下之定理。"① 他们的弟子郭忠孝则说："极天下至正谓之中，通天下至变谓之庸。"② 二程强调"中庸"之"庸"字是"不易"的，是"定"的，而郭忠孝则以"至变"说"庸"，二人的表述看似矛盾，但观点上实则是一致的。"庸"字的核心含义，正是原则性与灵活性、不变性与变通性在实践中的统一。如果没有实践中的"变"，它就不可能成为"不易"的法则；如果没有"不易"的"定理"为贯彻始终的依据，"变"就会成为放荡无依，当然也不能提供任何实践的法则。没有了灵活性，其原则性也就会丧失。其实，在"中"字的"时中"之义中，所突出的也正是这种将原则性寓于灵活、变通之中的实践要求。明代的王阳明对《孟子》"执中无权，犹执一也"的解说中，则对实践活动中应灵活应变，反对执守固定的道德准则的观念说得更为直接。他说："中只有天理，只是易。随时变易，如何执得？须是因时制宜。难预先定一个规矩在。如后世儒者要将道理一一说得无罅漏，立定个格式，此正是执一。"③ 遵经尽管是现实的道德生活中的一项重要的要求，但如果将追求正当性、合理性的行为与遵经等同起来，不能越雷池半步，则难免会产生求善而不得的结果。

正是由于原则性中包含着灵活性和变通性，所以作为实践原则的"道"才具有恒久性和普遍性。这既是中庸思想中的一个核心的观念，也是经权理论中的一个基本观点。清代焦循的《权说》中，曾经对经权、常变、中庸之间的辩证关系进行了阐释。他说："经者何？常也。常者何？久也。《易》：

---

① （宋）程颢、程颐：《二程集》，王孝鱼点校，中华书局1981年版，上册，第100页。
② （清）黄宗羲原著，（清）全祖望补修：《宋元学案》，陈金生、梁运华点校，中华书局1986年版，第2册，第1027页。
③ （明）王守仁撰：《王阳明全集》，吴光等编校，上海古籍出版社2011年版，上册，第21—22页。

'穷则变，变则通，通则久'，未有不变通而能久者也。"如果没有变通，事物就不可能常、久，也就不可能有作为常道的"经"。因此，"经"虽然被称为常道，看似与"变"相对，但正因为其中包含着"变"的观念，它才可能真正"常"。"非变化不可以久，亦未有久而不变化者也。"经常被训为"常"的"庸"也一样，其中也包含着"变"之义。"常亦庸也，《说文》：'庸，用也。从用从庚。庚，更事也。''更'犹变也。子思子作《中庸》，直以'庸'字名书。一则云'君子之中庸，君子而时中'，以'时'字解'庸'字，非变通不可以趣时也；一则云'执其两端，用其中于民'，以'用'字解'庸'字，非变通不可以利用也；又以'天下之达道'为和，而以中和明'中庸'，'达'即通也。于是畅言之云：'庸德之行，庸言之谨，有所不足，不敢不勉，有余不敢尽。'不足则增，有余则减，此变通也。所为'庸'也，即所谓常也。"不但常中包含着变，变中也包含着常。"权"作为灵活性、变通性的体现，它的"变"并非没有规则的、纯粹偶然性的变动不居。"权之于称也，随物之轻重以转移之，得其平而止。物增损而称则长平，转移之力也。不转移则随物为低昂，而不得其平，故变而后不失常，权而后经正。"[1] 从权变的意义上说，"权"所面对的情境是具有偶然性的，这是生活的复杂性和多变性的体现，但是，"权"作为行为选择的策略，其目的是使行为合乎"道"的要求。也就是说，"权"的目标是在"变"中寻求一种与原则性相符的"常"。正是在"常"与"变"的辩证统一中，才能够体现"权"的意义和价值。如果没有"常"作为"目标"，"权"便失去了正当性而沦为权术、变诈。

三 "极高明而道中庸"：道德行为的理想追求

无论是中庸之道，还是经权理论，体现的都是常与变的统一。这种统一，根源于中国传统思想中对于实践准则和人生理想的理解。中国哲学崇尚极高尚的价值追求与极平常的生活现实的统一，用《中庸》中的话说，就是"极高明而道中庸"。"君子之道费而隐。夫妇之愚，可以与知焉，及其至也，虽圣人亦有所不知焉。夫妇之不肖，可以能行焉；及其至也，虽圣人亦有所不

---

[1] （清）焦循：《焦循诗文集》，刘建臻点校，广陵书社2009年版，上册，第176—177页。

能焉。"(《中庸》)人们的实践活动,一头扎根于生动具体的日常生活,一头则连接着至善的人生目标。相应地,在中国传统伦理中,一方面,无论是"权"还是"经",在伦理道德的范围之内,最终追求的都是行为的合理性和正当性;这种正当性和合理性,即意味着与作为原则的"道"相符合。另一方面,作为实践正当性依据的"道",并非脱离人伦日用的抽象的命令或规则,也不是在日常生活中将所有事实都视为应当的无原则的"自由",而是被赋予了极高明和极平常两种性质。

在中国传统的天人合一的理论框架下,对社会生活中具有普遍约束力的道德准则或标准的论证,不是从与人类的现实世界和经验世界对立的理念世界或彼岸世界开始的,而是将其深深地植根于现实的道德生活之中。中庸之道所传达给人们的基本信息就是,在中国人的道德生活中,"并不自认为拥有作为道德终极基础的神的清楚确实的知识,相反,它明确肯定:普通的人类经验即是道德秩序依存的中心"[1]。因此,从形式上看,中国传统伦理思想遵循着从"天道"到"人道"的论证逻辑,但事实上,道德准则或标准归根结底却被认为是来自人们的日常生活和经验世界的。陈鼓应在论及老子哲学中的"道"这一概念时,曾经说:"老子哲学的理论基础是由'道'这个观念开展出来的,而'道'的问题,事实上只是一个虚拟的问题。'道'所具有的种种特性和作用,都是老子所预设的。老子所预设的'道',其实就是他在经验世界中所体悟的道理,而把这些所体悟的道理,统统附托给所谓'道',以作为它的特性和作用。当然,我们也可以将'道'视为人的内在生命的呼声,它乃是应合人的内在生命之需求与愿望所开展出来的一种理论。""形而上的'道'渐渐向下落,落实到生活的层面,作为人间行为的指标,而成为人类的生活方式与处世的方法了。"[2] 在中国古代哲学中,不只是道家,在儒家等其他学派的思想体系中也是如此。尽管文本上的论证逻辑是从形而上的"天道"到形而下的"人道",但在事实上,从思想形成的脉络上来说,人的现实生活,才是"道"的观念的来源。

---

[1] [美] 杜维明:《中庸:论儒学的宗教性》,段德智译,生活·读书·新知三联书店2013年版,第84页。
[2] 陈鼓应:《老庄新论》,上海古籍出版社1992年版,第3、13页。

第五章 中庸与经权："经"与"权"的实践尺度

由于"道"的观念在生成逻辑上的这一特征，因此在中国传统伦理思想中作为最高价值原则的"道"，不仅具有价值原则本身所应具有的理想性或"极高明"的特征，同时，它又是扎根于经验世界的，具有现实性或极平常的特征。中国传统伦理思想的这种性质，冯友兰将其称为"即世间而出世间"的。他说："中国哲学有一个主要底传统，有一个思想的主流。这个传统就是求一种最高底境界。这种境界是最高底，但又是不离乎人伦日用底。这种境界，就是即世间而出世间底。这种境界以及这种哲学，我们说它是'极高明而道中庸'。"所谓"即世间而出世间"的，也就意味着，它既不同于"世间"的，也不同于"出世间"的。"出世间底哲学，所讲到底境界极高，但其境界是与社会中的一般人所公共有底，所普通有底生活，不相容底。社会中一般人所公共有底，所普通有底生活，就是中国哲学传统中所谓人伦日用。照出世间底哲学底说法，最高底境界，与人伦日用是不相容底。这一种哲学，我们说它是'极高明而不道中庸'。""有些哲学，注重人伦日用，讲政治，讲道德，而不讲，或讲不到最高底境界。这种哲学，即普通所谓世间底哲学。……这种哲学，我们说它是'道中庸而不极高明'。"冯友兰认为，出世间的哲学是理想主义的，太不实用，太消极；世间的哲学则太现实主义，太肤浅。中国哲学则与它们不同，它将"极高明"与"道中庸"有机地结合起来。"有这种境界底人的生活，是最理想主义底，同时又是最现实主义底。它是最实用底，但是并不肤浅。它亦是积极底，但不是如走错了路而快跑底人的积极。"① 因此，这种哲学不但是人人能知、能行，人人都或多或少地已知、在行的，而且还能够为人们提供一个精神上的"安身立命之地"。对于人们的道德生活来说，它具有双重的作用，不但能够为人们提供一种切实的实践方案，而且可以让人们在其中找到生活的意义和价值。

根据这种道德观念，道德追求上的理想境界，就在此岸的世界之中，并不需要向外去寻找；在人伦日用之间通过不懈地学习和修养，在现实的生活之中，就能够实现道德上的自由状态，达到"至善"的目标。所以《中庸》

---

① 冯友兰：《贞元六书》，中华书局2014年版，下册，第764—765页。

中说:"君子之道,造端乎夫妇,及其至也,察乎天地。"因此,在修养的工夫上,就要求一个人必须从身边最切近处下手。"道不远人,人之为道而远人,不可以为道。"(《中庸》)从伦理道德的角度说,这种体现于"人"的生活之中的"道",最重要的,就是人的最基本的角色义务和人与人之间交往的最根本的准则。在日常生活中不断领会这些义务和准则,并将其贯彻于具体的生活实践之中,以达到"从心所欲不逾矩"的状态,便是道德修养的工夫。同时,按照这种修养的路径,即使达到"极高明"的圣人一般的境界,其行为也是不离人伦日用的。"圣人"尽管在道德境界上已经达到了"至善",但其所做的事情,也无非一般人日常生活中所要面对的各种事务,而不是超绝于人类生活的奇节异行。普通人虽然没有圣人那样高超的德性修养,但他们日常生活中的每一言一行,也都是构成圣人的"至道"的基本内容;一个人只要愿意努力,"择善而固执之",在理论上也是有达到圣人那样的崇高境界的可能的。这不仅意味着现实中的每一个人都有成圣成贤的希望,而且也表明,成圣成贤的道路,就在于对现实生活中的各种具体的人伦规则的深刻理解和恰当践行。因为正是渗透于日常生活中的各种义务和准则,构成了"道"的基本内涵。

"极高明而道中庸"表明"至善"的理想与平常的生活之间的内在一致性,但是,这并不是说人们只要顺应流俗就都有达到高尚境界的希望,而只是说明"极高明"不是来自与人们的现实生活相对立和隔绝的彼岸世界或者抽象的理念世界,而是存在于极平常的日常生活之中,是人人都能行的,也是人人都在行的。它告诉人们,道德上的高尚境界无非对日常生活中的伦理规则的精熟与实行,道德修养要从身边的事情做起,要像舜那样"好问而好察迩言"。然而,要达到高超的道德境界,还是需要坚定的意志、艰苦的努力和合理的方法的。"人莫不饮食也,鲜能知味也。"(《中庸》)在这个世界上,没有人不需要饮食,每天都要饮食。如果没有道德修养上的自觉和领悟,就如同普通人的饮食一样,虽然都有这样的需求,都在做着这些活动,但对于其中所包含的道理,却始终不能够有所领会。所以,"极高明"的"道"尽管存在于平常的生活之中,但它却不能够自然地进入人的观念之中,变成人的思想和境界的一部分。只有通过主体的自觉和努力,通过自身主动的学习和修养,才能够转化为人的德性品质和实践能力。这一由自然存在的客观的"道"转变为主体的本质力量的"道"的前提,冯友兰称之为"觉解"。"中国哲学总是倾向于强调,为了成为圣人,并不需要做不同于平常的事。他不可能表演奇迹,也不需要表演奇迹。他做的都只是平常人所做的事,但是由于有高度的觉解,他所做的事对于他就有不同的意义。换句话说,他是在觉悟状态做他所做的事,别人是在无明状态做他们所做的事。禅宗有人说,觉字乃万妙之源。由觉产生的意义,构成了他的最高的人生境界。"[①] 如果没有"觉解"作为前提,人们对于隐含于生活中的"道",就只能像"无明状态"下的饮食一样,"视而不见,听而不闻",无法使其具有主体性,变成自我观念的一部分。

由此可见,在中国传统伦理思想中,日常生活始终是道德观念最扎实的基础和最深厚的根基。即使像天那样的"高明"和地那样的"博厚",也无非是由"及其无穷"的"昭昭之多"和"及其广厚"的"一撮土之多"构成的。所谓的"善"也正是在日常生活之中,于人们的人伦日用之间,才能够体现其价值。一方面,中国传统伦理追求至善的境界,期望人们能够不断提升自身的道德修养,以达到与"道"完全一致的理想状态,即"诚"。"诚则明矣",达到了"诚"的状态,自然就有了对事事物物的明晰洞察和恰当应对。另一方面,它又强调人类生活对于价值原则的根源性的意义,不主张脱离现实的生活空谈高远的道德理想,更不主张将任何具体的道德规范视为凌驾于人的生活需要之上的神圣的法则或命令。因此,在道德生活之中,理想的状态便是与"道"的始终合一,而不是在道德规范体系束缚下的亦步亦趋。道德规范尽管在一个社会中是必要的,但是,与既有的道德规范的始终一致并不是道德实践追求的目标。当行为主体面对具体的情境时,合理的行为方式是要求主体首先能够对这一情境之下道德规范的适用性或适用哪一条道德规范做出权衡判断;当一般情境中公认的道德规范与人的生活需要发生冲突时,还要求主体能够在"道"的指导下主动做出恰当的权变。只有这样,才能够使行为不会背离"善"的理想。

[①] 冯友兰:《中国哲学简史》,涂又光译,中华书局2017年版,下册,第847页。

第三节 "中"在不同情境中的实现路径

现实生活中，持有一定的道德观念的主体的道德实践活动，最重要的形式之一，就是在各种具体的情境中选择出在道德上具有合理性或正当性的行为方式。这种选择，伦理学上一般称为道德选择。对于一个在某种道德规范体系上有着深刻的认同和强烈的道德责任感的实践主体来说，道德选择的过程，也就是在不同的价值准则或者角色义务中做抉择的过程。由于面对的事件本身所具有的道德属性的差异性，道德选择的方式和主体选择的难易程度也存在着不同。这种选择的方式和难易程度的不同，往往决定了在实现"中"的路径和方式上的差异。

一 遵经即可实现"中"的情境

在现实的道德生活中，对于认同任何一种道德规范体系的人来说，由于不同可能性方案中价值准则或角色义务之间矛盾冲突程度的不同，会遇到不同的选择情境。在一般情境之下，如果不同选择方案之间所体现的道德价值差异明显，这种选择一般来说是比较容易的，只要遵循"经"的要求，就可做出恰当的行为。也就是说，在某种确定的道德规范体系之内，这种情境中备选的两种或两种以上的可能性方案之间存在着明显的善恶价值的对立。在这种情境之下，对于一个服膺这一道德规范体系并有着强烈的道德责任感的有正常的判断能力的人来说，并不会存在选择上的困难。不同的行为主体在这一情境中会选择不同的行为方案，唯一的原因，就是道德修养上的差异，或道德境界上的不同。

比如，在某一情境之中，我们可以通过欺骗获得实际的利益。当主体进入这一情境之中后，就面临着两种选择的可能：一是欺骗别人，使自己得利；二是保持诚实，但无法使自己获利。在一种视欺骗为不道德的社会文化之中，一个有道德的主体，会很轻易地做出正确的道德判断，选择出恰当的行为方式。如果有人为了自身的利益而选择欺骗，只能说明他的道德水平不高，要么意识不到欺骗行为的不道德性，要么明知欺骗是不道德的却没有坚定的意志去抵御利益的诱惑，从而不能将其道德认识落实到行动之中。

在这类情境之中，道德规范的意义是明显的。在长期的道德生活实践中，人们将这一类事件中明显具有道德上的合理性的行为方式固定下来，便成为具有共识性的具体的行为准则，即"经"。不论对于任何主体来说，当再遇到此类事件或情境时，遵经而行，便可使选择的行为符合道义原则，即"得中"。正是有鉴于此，在传统伦理思想中，有人认为，对于普通人来说，日常的道德生活中只要遵经即可，根本不需要"权"。汉代之后，由于权变意义上的"权"被视为"反经"，如果要使"反经"的行为始终"合道"，则需要对于"道"的深刻理解和精熟运用，因此"权"被认为只是达到"至善"的境界的圣人的专利。这一观点，汉代就已出现。如《淮南子·氾论训》中就有："唯圣人为能知权"，"权者，圣人之所独见也"。唐代李翱在《论语笔解》中解释《论语·子罕》中的："可与立，未可与权"时，则直接将"权"与圣人"深于道"的能力联系起来，说："权之为用，圣人之至变也，非深于道者莫能及焉。"[1] 宋代朱熹《论语集注》引洪兴祖曰："权者，圣人之大用。未能立而言权，犹人未能立而欲行，鲜不仆矣。"[2] 意思是说，一般人如果没有达到"立"于"道"的境界而打算行权，就如同没有学会站立就想走路一样，很少有不摔跤的。

宋代之后，依据孔子"可与立，未可与权"的论述将"权"看作"圣人之大用"是经权理论中一种流行的观点。这种观点认为，不用说普通人，即使是没有达到"圣人"境界的"君子"，也只能遵经，而不能轻易用"权"。正如元代许谦所说："经与权皆圣人所制，以君子言之，则但可循圣人已立之经，不能用圣人未制之权。"[3] 这种观点其实是对孔子"权"说的一种误解。孔子所说的"可与立，未可与权"，描述的是学者为学的境界，意思是一个人不仅仅追求在"道"上有深刻的认识，还要有将其灵活地运用到现实实践中的意识和能力。从"权"与"道"的关系上来说，一方面，只有在对"道"

---

[1] （唐）韩愈、李翱撰：《论语笔解》卷上，《影印文渊阁四库全书》，北京出版社2012年影印本，第196册，第12页。
[2] （宋）朱熹撰：《四书章句集注》，中华书局1983年版，第116页。
[3] （元）许谦：《许谦集》，蒋金德点校，浙江古籍出版社2015年版，上册，第241页。

的理解上达到高超的境界，才能够做到合乎时宜的"权"，"尽权之用"；另一方面，对"道"的追求必须以能做到"权"作为目标，这样才能够在实践上符合"时中"的要求，而不至于使"道"沦为空虚无用的空洞理论。因此，在孔子的思想中，"权"虽然是学者为学中追求的一种高尚境界，但并没有只有达到高尚境界才允许行权的意思。

从道德实践的角度来说，即使在方案之间不存在激烈价值冲突的情境中，最终选择的行为从结果上看固然是与"经"的要求一致的，但如果不经过权衡的过程，也是无法做出选择的。明代的杨起元曾经对流行的将"权""独归之圣人"的观点进行了反驳。他说："盖尝观权之为体，非独圣人有之，众人莫不有也。出入之作息，冬夏之裘葛，孰非权哉？又非独众人有之，万物莫不有也。鱼鸟之飞跃，草木之枯荣，孰非权哉？盖大化之流行已司其大权，故有生之类无一物而无权，无一息而不用权。……昧者以为是权也，惟圣人能用之也。不知由众人以至于万物，日变化于权之中而不觉。圣人之用，固即众人之用，即万物之用，而未尝分毫增且异也。是故物之所同出者，圣人亦出；物之所同入者，圣人亦入；物之所同福者，圣人亦福；物之所同祸者，圣人亦祸；物之所同是者，圣人亦是；物之所同非者，圣人亦非。岂有所选择于其间，而为圆以自避，为通以自亨哉？"[①] 他认为，"权"是贯彻于现实中的事事物物之中的，圣人所用的"权"，并不能脱离普通人的日常生活，而是同普通人趋善避恶的行为选择相一致的。吕坤则对有些人将"道"视为圣人私有，普通人只能被动地遵循圣人所制之"经"的观点提出了批评："道者，天下古今共公之理，人人都有分底。道不自私，圣人不私道，而儒者每私之，曰'圣人之道'。言必循经，事必稽古，曰'卫道'。嗟夫！此千古之大防也，谁敢决之？然道无津涯，非圣人之言所能限；事有时势人，非圣人之制所能尽。后世苟有明者出，发圣人所未发，而默契圣人欲言之心；为圣人所未为，而吻合圣人必为之事，此固圣人之深幸而拘儒之所大骇也。呜呼！此可与通者道，汉、唐以来鲜若人矣。"[②] 在他看来，那些拘于"圣人之言"，

[①] （明）杨起元撰：《证学编》，谢群洋点校，上海古籍出版社2016年版，第252—253页。
[②] （明）吕坤撰：《吕坤全集》，王国轩、王秀梅整理，中华书局2008年版，中册，第642页。

"言必循经，事必稽古"的人，虽然口口声声说是在"卫道"，实际上恰恰是没有真正以"道"作为实践的价值追求，这种行为方式恰恰是圣人所反对的。

由于"经"是在具有相似性的大量情境或关系中对体现着"道"的行为方式的总结和概括，因此通过"经"去领悟"道"，是学习和修养的一条途径。但是，如果将"经"与"道"之间的关系僵化、片面化，看到大量的情境中遵经做出的行为是合理的，而又担心没有达到对"道"的深刻领悟之前，妄言行权或许会流入权术变诈，因此索性否定了普通人用"权"的权利。这种做法，无异于因噎废食。固然"权"字"非圣人无以尽之"[①]，"须圣人理明义精，方用得不差"[②]，只有达到了圣人的境界才能够在"权"上得心应手，但是，对于任何道德主体来说，否定了"权"，也就否定了道德选择的自由和可能。因此，虽然可以说"权"是"圣人之大用"，但不能说"凡人皆不可用权，只是守经"，这种观点，未免"太拘滞了"。[③] 在现实的道德生活中尽管存在大量的合理的行为选择恰好与通行的道德规范相一致，但由此而得出一般人不需要进行权衡判断，只需要遵经的观点，实质上否定了他们主动地追求"道"的意义，完全抹杀了学者为学的主动性和创造性；这样的学者只能够拾些"圣贤"的余唾，而完全失去了通过自身的学习和修养成为"圣贤"的可能。

二 价值冲突情境中"权"的必要性

不仅任何的道德实践都离不开权衡，任何一个道德主体都需要经过权衡才能够做出合理的道德选择，更不用说，在现实生活中还存在大量只是被动地遵循"经"的要求无法解决的价值冲突，这时候不但需要权衡意义上的"权"，还需要权变的意义上"权"。"若以我之不可学柳下惠之可，及揖让、征诛、放君、杀弟诸大事，此行权不如守经者也；若嫂溺手援之类，虽未至

[①] （宋）邵雍：《邵雍集》，郭彧整理，中华书局 2010 年版，第 562 页。
[②] （宋）陈淳：《北溪字义》，熊国祯、高流水点校，中华书局 1983 年版，第 51 页。
[③] （明）蔡清：《易经蒙引》，刘建萍等点校，商务印书馆 2017 年版，上册，第 334 页。

圣人地位，岂可谓权字难行，坐视其死而不救欤?"① 普通人在现实的道德实践中如果只有"经"而没有"权"，就不可能成为一个真正的有道德的人，也不可能使行为始终与道义原则的要求相一致。

从道德情境的角度说，在现实的道德生活之中，除了上述所分析的这种不同选择方案之间所适用的价值准则或角色义务所体现的善恶价值差异明显的情境之外，常见的还有一种情境。在这种情境之中，存在着的是几种都具有善的价值或恶的价值的可能方案，不同方案之间的道德价值并不存在显著的差异。在这一情境之下，为了遵循某种道德价值而选择了一个行为方案，就意味着对另外一条或多条同样具有积极的道德价值的准则的违背。如果想要做出恰当的选择，除了对道德规范体系的精准理解和熟练掌握之外，清晰的权衡判断能力甚至灵活变通能力，就显得尤为必要。当一个有着强烈道德责任感的主体面临这样的情境之时，便会遇到一些选择上的困惑。当然，价值冲突也有程度上的不同。其中，有些情况之下，不同方案善或恶的价值性质虽看似一致，但其程度上是有明显差异的。这时候，只要经过理性的分析，厘清不同的价值准则在其所信守的道德规范体系中的优先次序，就能够做出最符合道义原则的要求的选择。

在《孟子》中两次提到的舜"不告而娶"的例子，就属于这种情境。在《离娄上》篇中，记载了孟子关于舜的一条论述："不孝有三，无后为大。舜不告而娶，为无后也，君子以为犹告也。"在《万章上》篇中记载的孟子与万章的一次对话中，对于这一案例有着更为详尽的解释："万章问曰：'《诗》云："娶妻如之何？必告父母。"信斯言也，宜莫如舜。舜之不告而娶，何也？'孟子曰：'告则不得娶。男女居室，人之大伦也。如告则废人之大伦以怼父母，是以不告也。'"在中国传统社会中，孝对于任何一个人来说，都是重要的道德要求。同时，在孝这一道德观念之下，又有着许多细节的规定，这也就意味着违背孝的要求，即"不孝"的行为表现有许多种。在一般的情境之下，孝的这些节目之间并不存在必然的冲突，一个孝子甚至可以做得面

---

① （清）陆世仪撰：《思辨录辑要》卷28，《影印文渊阁四库全书》，北京出版社2012年影印本，第724册，第266页。

面俱到，在孝行上毫无亏缺。然而，在某些特殊的情境之下，这些准则之间也会有发生冲突的可能，如孟子所提到的舜所面临的这种情境。由于逃避后母、弟弟等人的迫害，舜离开了父母，并在此期间娶妻生子。但是，在礼制的规定中，娶妻这样的大事必须是由父母作主的，个人无视父母的意见而擅作主张便被视为"不孝"。在孟子看来，一般情境之下，这条规则当然没有问题。但是，舜当时所面临的是一个特殊的情境，如果遵循"告"然后娶的常规，不但娶妻生子的可能性无法实现，而且还会因此怨恨父母，破坏孝道的情感基础。同时，相对于"不告而娶"这种"不孝"的做法来说，"无后""废人之大伦"是更严重的"不孝"行为。因此，两相权衡，孟子认为，舜"不告而娶"是完全正当的选择。

　　现实的道德生活中，即使在同一道德规范体系之下，也会存在着各种具体的道德准则或者角色义务，一般情况下，这些道德准则或角色义务不会发生冲突。但是，在某种特殊的情境之中，一个人想要同时兼顾两条或者两条以上的规则或义务是不可能的。这时候，就需要主体运用权衡判断的能力来消除选择上的困惑。如果在这些暂时发生了冲突的准则或义务之间能够通过理性分析，衡量出它们之间的轻重关系，就可以遵循"两害相权取其轻，两利相权取其重"的原则，做出一个相对来说最为恰当的行为选择。在这种情境之下，因为被人们公认的具有普遍约束力的准则或规范之间出现了冲突，行为者想要使选择符合"中"的要求，就不是简单地遵经可以达到的，而必须经过主体的权衡判断才有可能。经过主体的权衡判断，发现不同价值准则之间轻重程度上的差异，这时候，即使因为要遵循某条在道德规范体系中更重要的道德标准而违背了其他相对来说次要的道德要求，在道德上也是可以接受的。同时，在这一情境下不得不放弃或违背某一被认为次要的道德准则或角色义务，并不意味着主体认为这条准则或义务不值得认真对待，而只是因为这一特殊的情境而采取的临时的举措，并不会影响这条准则或义务在一般意义上的普遍性和约束力。

　　在任何一种道德文化之中，对于信奉任何一种道德规范体系的实践主体来说，现实的道德生活中总会遇到价值准则或角色义务之间发生冲突的情况。如果再考虑到道德规范体系的不完善性、历史变动性，同一个社会之内道德观念的多样性等因素，道德实践所面对的情境会更为复杂。由于道德情境的这种复杂性特征，只有对道德规范本身的熟知和恪守，或者只靠守经一种方式，是根本不可能使行为选择永远符合"中"的要求的。即使在不同方案之间所适用的价值准则或角色义务在善恶性质上存在明显差异这种看似简单的道德选择情境之中，对于情境是属于正常还是非常，这种情境之下应当遵循哪种道德准则，如何行动才能够做到与确定的道德准则相符合，也是需要主体事前的分析判断和事中的随时调适的。换句话说，只要有道德实践，就离不开权衡判断；只有经过审慎而精确地权衡判断所选择的行为，才有可能符合"时中"，不会脱离甚至违背"道"的要求。

在寻求"得中"的道德实践中，"权"的基本意义首先是从权衡的意义上来说的。没有权衡，就不可能做出正确的道德判断，选择出正当的行为方式。无论是"中所以行权，权所以取中"，还是"欲知中庸，无如权"，在这些"中"与"权"统一的主张中，"权"字所使用的都是权衡的意义。经过权衡判断之后，根据具体情境的道德性质的不同，行为者可能会遵循公认的道德准则而行事，也可能需要暂时摆脱具体道德准则的束缚，通过灵活变通寻找一种突破常规的行为方案，但无论做出哪种选择，价值目标都是使行为能够保持与"道"的一致，即符合"中"的要求。从这个意义上来说，无论是守经还是行权，都是在不同的情境之中实现"中"的一种途径。

三　道德困境中的经权之道

在有些情境之下，不仅存在着两种或两种以上同样具有善的价值或恶的价值的可能方案，而且不同方案之间善或恶的价值的大小还有可能并没有明显的差异。如果说，在类似于舜"不告而娶"的事例中，主体经过细致的权衡判断，还能够找到一种可以让他"心安理得"的行为方案，但是在这种情境中，由于没法确定行为选择所涉及的哪条价值准则或哪种角色义务更次要而可以被放弃，因此，对于一个对所信守的道德规范体系中的每一条准则都严肃对待的主体来说，无论做出何种选择，他可能都是难以接受的。这种选择的情境，一般称为道德困境。

《史记·循吏列传》中，记载了楚昭王时的国相石奢的事迹。石奢性格

第五章　中庸与经权："经"与"权"的实践尺度

"坚直廉正，无所阿避"。有一次，他在属县的路上遇到有人行凶杀人，当他追上去后才发现，杀人者是自己的父亲。出于做儿子的孝心，他把父亲放掉，并命人将自己囚禁起来请求楚王治罪。他对楚王表示："杀人者，臣之父也。夫以父立政，不孝也；废法纵罪，非忠也；臣罪当死。"但楚王并没有打算追究他，而是替他打圆场，说："追而不及，不当伏罪，子其治事矣。"可是，石奢自己却并不这样认为，他说："不私其父，非孝子也；不奉主法，非忠臣也。王赦其罪，上惠也；伏诛而死，臣职也。"于是，他并没有接受楚王的赦免，而是自刎而死。[①] 在中国传统社会中，对国家或国君的忠和对父母的孝都被认为是最重要的道德义务。一般情况之下，一个人成为忠臣和孝子并不相冲突，但是，在石奢所遇到的这个情境之中，就出现了"忠孝不能两全"的情况。他遵循孝的义务放走了犯罪的父亲，但由此而对忠的义务的违背却又让他无法接受。因此，即使楚王没有打算依法惩治他，但道德上的负疚感还是让他选择了自杀。这样的悲剧在中国古代并非个例，《后汉书·独行列传》记载，东汉辽西太守赵苞也曾经历过类似的事情。赵苞的母亲被鲜卑人劫持，并以她为人质要挟赵苞。他的母亲深明大义，要求赵苞不要顾私恩、毁忠节。于是赵苞决定与鲜卑人死战，尽管大获全胜，但他的母亲却为敌所害。"苞葬讫，谓乡人曰：'食禄而避难，非忠也；杀母以全义，非孝也。如是，有何面目立于天下！'遂欧血而死。"[②]

关于石奢和赵苞之事，历史上的学者多有论及或剖析。除有人为他们能够死于节义而慨叹，或因他们没有能够找到一个万全之策而遗憾之外，还有人试图对他们的所作所为做出自己的分析评价。其中有一种观点认为，石奢和赵苞的这种行为根本就不具有积极的道德价值，不仅不足称道，甚至应予以谴责，因为他们追求一种价值而违背了另外一种价值，而他们所追求的那种价值，相对于被违背的价值来说是不值得的。但这种观点，大多是要么将他们的行为进行超出一定的道德规范体系的分析，要么是出于对既存的以忠

---

① （汉）司马迁撰：《史记》，中华书局1959年版，第10册，第3102页。
② （南朝宋）范晔撰：《后汉书》，中华书局1965年版，第9册，第2692—2693页。

孝为核心的僵化的封建道德规范体系进行抨击的需要①，因此这里不予展开分析。

事实上，石奢或赵苞所面对的这种极端的情境虽然一般人很少遇到，但道德困境却是现实的道德生活中难以避免的。因此，在中国传统社会中，大多数对石奢和赵苞的行为进行的论述，都是基于既定的道德规范体系而对道德选择的可能性和方法的讨论。王夫之在论及赵苞之事时认为，赵苞在其母被鲜卑人劫持为人质时，已经陷入了一种绝对的困境，"无可为计，虽君子亦不能为之计也，无往而非通天之罪矣"。在他那种处境之下，任何一种道德上的建议都是无效的。"以苞之死战，为能死于官守；苞与手刃其亲者均也，为此论者，无人之心。以苞当求所以生母之方，不得已而降于鲜卑；分符为天子守邑，而北面臣虏，终身陷焉，亦不可谓有人之心也。故至于苞，而求不丧其心之道穷矣。"既然赵苞陷入了根本无从选择的道德困境，那么王夫之为什么还说他"无往而非通天之罪"呢？原因在于，王夫之认为，这种困境本身是由赵苞一手造成的。作为人子，孝敬父母本理所当然，但赵苞不该到处于边陲险恶之地的辽西不久，就要将母亲接到身边来奉养，"奉衰老妇人以徼幸于锋镝之下"。孝敬父母有许多种方式，不能拘泥死板。正是他的这一个错误，导致了难以收拾的局面。因此在他看来，"苞之罪通于天，奚待破贼以致母死之日邪？"②也就是说，赵苞的错误是发生在母亲陷于敌手之前，而不是道德困境已经产生之后。所以根据他的观点，为了避免陷入道德困境，主体在任何一个决策上，都要小心谨慎；等到困境一旦出现，当事的主体就已经

---

① 例如，宋代叶适评价《史记·循吏列传》中石奢等人的事迹时说："全似杂说，不经质正，学者安所效法！"他认为，司马迁将石奢等人列为"循吏"，是出于"奉职循理，亦可以治"的认识，但他们严于刑杀，轻于德化的做法，依据儒家的治理理念，是本末倒置。石奢之所以在父亲杀人犯法之后寻求一死，正是这种"吏治已趋于酷"的体现。根据他的观点，石奢并不是要在忠和孝之间做出选择，而是要在以德化民和严刑峻法之间做出选择；如果按照孔子"子为政，焉用杀，子欲善而民善矣"的观念，石奢根本就不用必求一死；他之所以做出自杀的举动，正是因为他重刑罚轻德化的治国理念的结果。[（宋）叶适：《习学记言序目》卷20，参见《习学记言序目》，中华书局1977年版，上册，第291页] 明代被视为"异端"的李贽所著的《藏书》中，则直接将赵苞列入"杀母逆贼"之列，说他是"咲名客杀母"。（《藏书》卷59，参见张建业主编《李贽文集》第3卷，社会科学文献出版社2000年版，第1139页）

② （明）王夫之撰：《读通鉴论》卷8，《船山全书》，岳麓书社2011年版，第10册，第325—326页。

第五章 中庸与经权:"经"与"权"的实践尺度

无能为力了。

王夫之的这种主张审慎地进行选择,以预防"无可为计"的道德困境出现的观点,当然可以视为一种避免道德困境的思路。① 但是,在现实的道德生活之中,由于主体理性的有限性和客体条件的复杂性,道德困境往往是不能完全避免的,在道德价值相当的准则或义务之间做抉择却是每个人都可能遇到的事情。当道德困境不期而遇时,还是要求主体能够尽量选择一种相对合理的行为方式。正因做出非此即彼的选择的困境的不可避免性,在道德实践中,使得将每一条道德规则都视为应当绝对服从的戒律或教条变得不可能。这时候,恰当的行为方式就是暂时摆脱一般情况之下应普遍遵守的道德规范的约束,回到具有更高的道德价值的原则(即中国传统思想中的"道")的层面上,选择一种相对合理或最容易被接受的行为方案。二程在谈到石奢之事时,说:"石奢不当死,然纵法当固辞乞罪,不罪他时,可以坚请出践更钱,此最义。"② 在谈到赵苞之事时,又说:"东汉赵苞为边郡守,虏夺其母,招以城降,苞遽战而杀其母,非也。以君城降而求生其母,固不可。然亦当求所以生母之方,奈何遽战乎?不得已,身降之可也。"③ 在二程看来,无论是石奢还是赵苞,当他们处于当时难以抉择的处境时,只要是能够审慎地权衡取舍,还是能够找到相对恰当的行为方案的。他们给出的建议是,石奢代父受罚或者出钱让人代为服役,而赵苞为了救母则可以只身去投降鲜卑,而将守土的责任交给其他的同僚。

实际上,在《孟子》中就有与程颐类似的思想。孟子意识到道德困境的不可避免性,因此他主张,主体在具体的道德情境之中,应当善于运用"权"的能力,依据"良知"的指引,通过自己的理性分析和判断取舍寻找出更为合乎"道"的要求的行为方式。同样是面对类似于"忠孝不能两全"的情

---

① 明代的吕柟也持类似的观点。《泾野子内篇》卷26中说:"《易》曰:'君子以思患而豫防之。'赵苞不能豫处其母于无虞之地,及其为寇所得,则亦末如之何己也。"[(明)吕柟撰:《泾野子内篇》,赵瑞民点校,中华书局1992年版,第266页]

② (宋)程颢、程颐:《二程集》,王孝鱼点校,中华书局1981年版,上册,第92页。

③ (宋)程颢、程颐:《二程集》,王孝鱼点校,中华书局1981年版,上册,第314页。这两条语录,前一条出自《河南程氏遗书》卷6,本卷为"二先生语",因此无法判断是程颢还是程颐所说,后一条出自《河南程氏遗书》卷24,本卷为"伊川先生语",为程颐所说。

境,在《尽心上》篇中,有一段孟子与桃应的对话:"桃应问曰:'舜为天子,皋陶为士,瞽瞍杀人,则如之何?'孟子曰:'执之而已矣。''然则舜不禁与?'曰:'夫舜恶得而禁之?夫有所受之也。''然则舜如之何?'曰:'舜视弃天下,犹弃敝蹝也。窃负而逃,遵海滨而处,终身欣然,乐而忘天下。'"在儒家学者的心目中,舜是古代圣王的楷模,也是后世所通行的道德准则的制定者之一,其一言一行,对于后人都有着示范的作用。在这段对话中,桃应将舜置于一个角色义务冲突的情境之中:他既是天子,又是瞽瞍的儿子。作为天子,他有为天下惩凶除恶的职责义务;作为儿子,他又有对父亲瞽瞍尽孝的义务,任由手下依法处置自己的父亲是难以接受的。在这一情境之中,作为天子的角色义务和作为儿子的角色义务,舜只能并且必须选择其一。这时候,如果依照石奢或赵苞的做法,舜应当代父而死,或者出于公正之心眼睁睁看着父亲被处死,然后自己愧疚而亡。但是,孟子最终却替舜做出了抉择,即辞去天子的职位,以保全自己的父亲。

对于孟子和程颐在"忠孝不能两全"的道德困境中的这种建议,冯友兰认为,在以家庭为本位的中国传统社会中,还是可取的。他的分析是:"在朝做官,是替皇家办事,皇家亦是别家也。所以若在平常情形下,人固然须先国后家,移孝作忠,但如因替别人做事,而致其父母于死地,则仍以急流勇退,谢绝别人之约,还其自由之身,而顾全其父母。在以家为本位底社会中,这是说得通底。"[①] 他还认为,《后汉书》中之所以将赵苞列入《独行传》,就是因为他当时的行为选择是不符合"中道"的。《独行传叙》中说:"孔子曰:'与其不得中庸,必也狂狷乎!'又云:'狂者进取,狷者有所不为也。'此盖失于周全之道,而取诸偏至之端者也。然则有所不为,亦将有所必为者矣;既云进取,亦将有所不取者矣。"[②] 冯友兰认为,所谓"周全之道",就是"中道"。"独行"的行为因其在某一方面的难能或壮烈而让人感慨,但它只是"偏至之端"。他将这种"偏至"而又崇高的行为比喻成奇花异草,将立足于人伦日用的"中道"比喻成菽粟布帛。奇花异草自有其可爱之处,但

[①] 冯友兰:《贞元六书》,中华书局2014年版,上册,第298页。
[②] (南朝宋)范晔撰:《后汉书》,中华书局1965年版,第9册,第2665页。

它们不是不可或缺的。"社会上人人都种菽粟,不种奇花,是可以底。但社会上人人都种奇花,不种菽粟,是不可以底。菽粟是平常底,但是不可缺底;奇花是非常底,但是可缺底。中道底行为是平常底,但是可以为公律底;'贤者过之'底行为,是非常底,但是不可以为公律底。"①

尽管如此,但在将忠、孝都视为最核心、最基础的道德义务的中国封建社会中,像程颐这种建议赵苞在紧迫的处境之下,就应当像东汉末年因为曹操胁持其母而离开刘备投奔曹营的徐庶一样,"不得已,身降之可也"的观点,还是难免受到人们的非议甚至明确的反对。②

《中庸》中说:"天下国家可均也,爵禄可辞也,白刃可蹈也,中庸不可能也。"中庸之道看似平常,但它却比那些在某一方面表现得崇高或壮烈的行为更难以做到。原因就在于,他不仅需要对一定的道德规范体系的精准认识和真诚服膺,还需要高超的"权"的意识和能力。尤其是当一个人身处道德困境时,这种"权"的意识和能力显得尤为重要。明代方孝孺在评论赵苞之事时说:"苞善守官矣,然而未知义也。千金与盈尺之璧孰重?人必曰璧重。函璧之椟与千金孰重?人必曰千金重。璧固重于千金矣,以椟而敌千金不可也。君固有重于亲者,亲亦有重于君者。使守一城而君在焉,城存则君存,城亡则君亡,寇虽劫母以胁降,吾尽死以存君可也。苞之所守者,汉之君恃此以为存亡乎?抑土地而已乎?如土地而已,土地者,璧椟之类也,固不宜以此易母而不救也。况善于谋者未必失君之土地于彼。鲜卑者众多而可以计取,性贪而可以利诱。其质母而攻城也,所欲得者货财耳。能出数十万赂之,而以母为请,彼乐得吾之利,未必不从者也。苟利未足盈其心,则求而避之,彼虽得吾城,吾徐以计攻之,未有不胜者也。不此之图,而使母死于寇手,虽可以存天下,君子犹不忍也,况一城乎?"在他看来,赵苞的悲剧,在于他

---

① 冯友兰:《贞元六书》,中华书局2014年版,上册,第478页。
② 例如,南宋末年的俞德邻认为:"[赵苞]苟以亲之故弃城而降,其亏大节多矣。母子俱存,如吾父何?况吾为君之臣,吾之父母亦君之臣妾。苟不幸而处于不测之地,吾能破贼,吾之忠也;父母而死于贼,亦吾父母之忠也。事定之后,辞爵赏而不受,如苞之死斯已矣。……苟降矣,使其母为王陵之母,则亦非所以慰母心也。故为人子者,不忍于其亲,必不舍吾亲而仕,可也;辞亲而仕,则为人臣矣,为人臣而避其难,可乎?"(《佩韦斋集》卷19,《影印文渊阁四库全书》,北京出版社2012年影印本,第1189册,第148页)

没有在具体的情境中对忠、孝等规范进行具体的分析,而僵化地将它们都视为始终不可违背的行为准则。"义者,合乎道而宜乎人心之谓也,不可以固而不知变也。弃母以全城与全母而弃郡,其非义则一,然不若弃母之愈甚也。权其轻重,使合乎宜,上不失亲,下不失职,惟达于义者能之。惜乎苟之不足以及此也。"[①] 在道德困境中,想要进行恰当的"权",就必须合理对待道德原则与具体规范之间的关系。在道德规范体系之中,只有作为最高原则的"道"才是唯一不可违背的具有绝对性的准则。否则,如果将任何一条具体的规范都当作具有绝对约束力的不容违背的准则,当处于道德困境时,行为者将无所适从,或者凭一时的冲动做出"偏至"的选择,在轰轰烈烈地履行了某种道德义务之后而放弃了人生中其他的所有道德义务。

总之,尽管道德困境无法避免,尽管做出了任何选择,主体事后都可能会感到遗憾甚至歉疚,但当一个人面对道德困境时,合理处理"经"与"权"之间的关系,不因过分偏执一端而背离"周全之道",却是这种无奈的情形之中一种相对可行的行为方式。但是,对于面临紧迫情境的道德主体来说,想要真正选择一种完全符合周全之道的行为方式,又不是一件容易的事情。这不仅需要对道义原则的精熟把握,还要有足够的理性和清醒的判断能力,并非像旁观者的分析那样简单。因此,"权"不仅是一种必要的实践方法,还是一种高超的实践智慧。

---

① (明)方孝孺:《方孝孺集》,徐光大点校,浙江古籍出版社 2013 年版,上册,第 170—171 页。

第六章 经权观中道德实践的辩证智慧

简单地说，道德实践就是人们在一定的道德意识和道德观念指导之下，按照相应的善恶准则的指引所展开的活动，也就是主体将一定的道德理想、道德观念、道德原则、道德规范运用于日常生活中各种事务和关系的处理的活动。道德实践的目标、方式、过程和结果，既与实践主体所信奉和持守的道德观念有关，也与将这些观念付诸现实的方式、方法和途径有关。在伦理学上，前者一般被认为属于"知"的范畴，而后者则属于"行"的问题。无论是"知"还是"行"，都体现着人的价值理想和实践能力。恰当的道德实践既需要充分的道德知识和健全的道德观念，也需要清醒的分析、判断能力和灵活的权衡、应变能力。在这个过程中，应当对各种关系进行辩证的理解和把握，而不能偏执一端，死守教条。这就是中国传统经权观中关于道德实践的最为核心的观点。

第一节 道德实践中的客观性与主体性

在现实的道德生活中，道德实践往往被视为用人的理性控制本能和欲望的一种活动。同时，一般认为，作为对本能和欲望进行控制的规则或标准的道德原则和道德规范，是人类社会生活和人伦关系中的具有客观性和普遍性的规律的体现；之所以用这些规则或标准对人的行为进行控制或约束，则是出于人类追求完善甚至至善的生活理想的需要。因此，道德实践不仅具有客观性的特征，意味着对某些具有规律性的规则的遵循，同时也具有鲜明的主体性的特征，体现着人对美好、完善的生活的向往和追求。

一 道德规范来源上的客观性与主体性的统一

在伦理思想史中,对于道德准则或标准的来源或起源问题,解释五花八门,有人认为它来自神或上帝的命令或启示,有人将它视为"天理"或"自然法则"的体现,有人认为它植根于人的某种特殊的禀赋之中,有人则认为它是人类社会中的某些"圣人"或先觉者制定出来的。这些观点都可以为我们理解道德准则或标准的来源或起源问题提供一些思考的线索或者启发,但不能真正揭示道德规范体系产生的根源和实质。从一般意义上说,作为行为善恶判断的规则或行为的价值指导,道德规范总是产生于人的生活需要,同人们关于完善的人生和有序的社会的理想联系在一起,并且是在历史发展的过程中逐渐形成和完善的。

德国伦理学家包尔生在谈到道德律的特征和作用时,说:"道德律表现了接受它的集体诸成员的相对统一的行为,它在各方面都是一个据以普遍地判断行为的原则。……假如没有原因与结果之间、行为与个人及社会生活之间的统一联系,就不会有任何道德律令。道德律不是任性的产物,不是一位高居万民之上的君主或一种不可控制的'内在声音'的专横命令,而是人类生活的内在规律的表现。人类生活(即一种包含着人的精神历史内容的生活)只有在所有的个人以一种相对的统一性行动,符合道德律的情况下才是可能的,所以道德律在此具有与生物学定律一样的确实性。对道德律的偏离有扰乱个人与社会生活的倾向,而对道德律的绝对违反首先要导致人的历史生活的毁灭,最后也会引向它的动物性存在的毁灭。"[①] 也就是说,道德律,或者说一种社会中的道德规范,所体现的是人类生活中的内在规律,同时对于维护人类的生存和发展是必不可少的。"人类生活的内在规律的表现",反映的便是人类社会中的道德准则或规范的客观性的特征。在规范伦理学中,无论它的核心概念是义务、良心还是正义,也不管它所主张的道德评价的基础是动机还是结果,各种理论体系,都在试图论证一套具有普遍适用性或者体现

---

① [德]弗里德里希·包尔生:《伦理学体系》,何怀宏、廖申白译,中国社会科学出版社1988年版,第19页。

着某种客观必然性的道德规范体系,甚至将这种道德规范体系中的每一条规范或准则都看作不容违背的道德律令。反映人类生活或社会发展的一般规律和要求,并具有一定的普遍约束力,是道德规范能够发挥其应有的功能的前提。而内容上的客观性,则是功能上的普遍性的基础。

中国传统伦理思想中,将在社会道德生活中具有共识性和普遍约束力的道德规范称为"经",其目的之一,就是表明这些规范具有客观性的来源。《左传·昭公二十五年》中谈到"礼"时,说:"夫礼,天之经也,地之义也,民之行也。""天之经""地之义"所表达的,是"礼"以"天"和"地"作为其来源和根据;它是不以人的意志为转移的,具有崇高的权威性和客观性。先秦时期的伦理思想中,与"权"字相对的,正是这种被视为"天之经""地之义"的"礼"。从战国时期开始,在伦理思想上又出现了一股明显的试图为道德行为的正当性寻找一个客观的来源的趋向。"这股思潮对人心的客观运作抱持很大的怀疑,因之希望借着客观的力量或规律作为人类行动的依归。墨家的'天志'观念,老庄(包括战国中期开始发展出的黄老)思想中的'道'的观念,法家所主张的'法'的观念,荀子的'百王之道'的观念,以及战国末年流行的阴阳家的'五德终始'的宇宙观及历史观,都属这个思潮的一部份。"① 汉代之后,儒家学者更是直接将"权"字与包含着确定性、普遍性、恒久性内涵的"经"字相对,一定程度上可以说是对伦理思想这种发展趋势的延续。

正如前文所分析,将具有普遍性和共识性的道德规范称为"经",同汉代经学的兴起有着直接的关系,但更深层次上,体现的是"大一统"的社会秩序对道德准则普遍性和权威性的必然要求。在"经"的旗帜之下,不仅强化了道德规范的客观性和权威性的特征,也为维护与封建伦理秩序要求相一致的道德规范和准则的权威性、普遍性与恒久性提供了更大的可能。一方面,它强化了道德准则和规范在社会生活中的约束力,有利于发挥其维护社会秩序的稳定、避免人际交往中的冲突的功能。封建的伦理纲常"可上求于天"的观念,将道德规范体系建立在了客观的来源之上,不但为它构造了一个坚

---

① 张端穗:《西汉公羊学研究》,台北:文津出版社2005年版,第196页。

实的理论根基，对于普通老百姓来说，伦理观念也具有了实实在在的外在约束力。这样，同民间流行的天命、报应等观念结合起来，使得儒家伦理思想真正融入了人们的日常生活，下行成为可能。另一方面，这种将现实生活中的道德规范直接视为"经"的观念，与经典意识的形成一起，使得伦理思想体系更有利于传承和交流，在历史的发展中具有了更大的稳定性。林存光在对儒家的经学进行分析时认为，儒家经学不仅是一种经典解释之学，更是一种致用之学。与其说它是一种学术思想形态，毋宁说它主要体现了一种儒生士人乃至统治阶层的官僚思想、态度、价值观、信仰和情感的共同范式。"相对于极不稳定的个体之间思想的传承、交流与对话，经学则具有相当稳定的传承谱系，而且由经传的代代相承的解释与笺注，持续不断地构造了儒学自身生命力基础的极具再生能力的经典传习的文化精神传统。"[1] 儒家向来有"述而不作"的传统，但所谓的"述而不作"，并非对传统观念和典籍毫无损益地刻板因循，而是将"作"寓于"述"之中。尊"经"观念的形成，将"述"的对象和载体明确下来，从而使得思想观念的发展演变有了一个稳固的核心和主干。

为道德准则赋予"经"的形式，强化其客观性和权威性，其作用是双重的。对于道德准则和规范的客观性和权威性的强调，不可避免地会对主体的能动性和创造性形成压制和束缚，从而对社会文明的发展和个体幸福的实现形成障碍。"在经学时代，儒家已定为一尊。儒家的典籍，已变为'经'。这就为全国老百姓的思想，立了限制，树了标准，建了框框。在这个时代中，人们的思想都只能活动于'经'的范围之内。人们即使有一点新的见解，也只可以用注疏的形式发表出来，实际上他们也习惯于依傍古人才能思想。"[2] 过度强调道德规范的客观性的弊端，也可以体现为两个方面。一方面，如果过分强调这种客观性和权威性，则难免会使道德规范成为凌驾于人类生活之上的外在化的力量，从而产生与人类"善"或幸福的追求相背离的可能。从根本上说，社会历史的发展中形成的各种具体的道德规范以及道德规范体系，

---

[1] 林存光：《儒教中国的形成——早期儒学与中国政治文化的演进》，齐鲁书社2003年版，第136页。

[2] 冯友兰：《三松堂自序》，人民出版社2008年版，第190页。

"是人类为实现至善而制订的"。"道德规范的目的在于使个人和社会的生活成为可能,道德行为具有促进个人和社会利益的倾向。可以说,道德画了个圆圈,人们在圈内可以安全地追求各自的目的而不会相互损害。"① 道德规范体系如果脱离了人的生活,无视人的需要和意志,便无疑使其失去了在人类社会中存在的正当性和必要性的基础。另一方面,对客观性的强调,往往会将道德规范的应然性的内容视为不容变更的必然性的规则,从而使得一个思想体系因缺乏灵活性而导致保守和僵化;趋于保守和僵化的理论体系,必将日益丧失生命力与活力。一种将道德准则完全客观化、权威化的理论体系,往往将前人的思想看作亘古不变的教条,是天意或神意的真实体现,自然就缺少了通过不断创新而与社会现实相协调的可能性,在生动丰富的生活世界中逐渐丧失活力而变得僵化,最终走向腐朽和没落。

因此,在社会道德生活之中,必须辩证地看待道德规范的客观性与主体性之间的关系。首先,客观的社会生活是道德规范的来源和活力的源泉,道德规范必须体现社会关系、历史发展的客观规律和人类生活的客观需要。尤其是从道德教化的角度来说,突出道德规范的客观性和权威性,是保障其基本功能实现的必要基础。正如包尔生所说:"我们必须记住,道德宣讲者强调道德律的普遍性而非道德的个性是有一个理由的。个人会出于本性和爱好去关心获得自己的权利,而对一个普遍规范的服从却不合他的味口。确实,个人是很容易要求使自己的情况成为一个例外的,他要求根据他的特殊性格和环境、他的脾气和社会地位而在别人和自己的良心面前原谅他的行为,而不是从较高的道德立场来为自己辩护。康德的严格态度在反对人的自然爱好方面是完全适当的。使感官方面的意志受普遍法则的支配是十分重要的事情,是所有较好、较个性化的道德的起点和基础。"② 其次,在人类的道德生活中,需要审慎地把握规范的客观性与人的主体性之间的关系,才能够使道德真正成为人们"善"的生活的指引,而又不会导致对人的生命力量的压制,成为社会文明进步的羁绊。对于伦理思想来说,最重要的是对"应然"的追问,

---

① [美]弗兰克·梯利:《伦理学导论》,何意译,广西师范大学出版社2002年版,第183页。
② [德]弗里德里希·包尔生:《伦理学体系》,何怀宏、廖申白译,中国社会科学出版社1988年版,第26页。

而非对"实然"的屈从。这就要求理论和现实之间、客观性和主体性之间一定张力的存在。这种张力,不仅体现在以经权智慧对道德生活中各种矛盾和难题的应对上,而且也体现于对道德观念和道德规范本身的来源和性质的理解和认识之中。

在中国传统伦理思想中,往往认为道德规范是"圣人"制定出来的,并将"天"视为"圣人"制定道德规范的依据。但是,中国传统思想中的"天",并非像西方宗教中的上帝一样是凌驾于人类社会之上的,"天心"与"民彝"之间,是相通的,甚至是完全一致的。《尚书》中说:"天视自我民视,天听自我民听"(《泰誓中》);《易传》中说:圣人"仰则观象于天,俯则观法于地,观鸟兽之文与地之宜,近取诸身,远取诸物,于是始作八卦,以通神明之德,以类万物之情"(《系辞下》);《礼记》中说:"舜好问而好察迩言,隐恶而扬善"(《中庸》)。"天"虽然是道德观念和道德准则的最终的依据,但圣人们在制定道德规范、确定行为标准时,却是从身边最切近的地方开始的;民心、民情、"迩言",就是天心最直接的体现。伦理思想在理论上的这种处理方式,一方面,保障了道德观念或规范具有形而上的客观的依据;另一方面,又使其不脱离作为道德实践的主体的人的实际的生活和需要。

明末清初的思想家王船山曾经说:"圣人所体者天心也,所同者民彝也,而时不同焉,遇不同焉,则行亦不同也。"[①] 作为道德规范的"经",其合理性依据,不但在于它是"顺于天理"的,而且还应当是"合于人心"的。它是客观性和主体性的统一。同时,在宋明理学以"天理"为核心的思想流行的背景之下,王船山还着重论证了道德规范来源上的主体性的特征。首先,他认为,"经"在来源上具有主体性的特征。在理学家看来,"天理"是具有绝对性、普遍性和必然性的规则,具有不以人的意志为转移的客观性,体现着人的主体性的"人欲"则是与"天理"相对的。在道德修养中,要使"天理"充盈,就必须克尽"人欲"。王船山不认同这种对立,他认为,"天理"和"人欲"本质上是统一的。"天无欲,其理即人之欲。……人欲之各得,即

---

① (明)王夫之撰:《四书训义》卷33,《船山全书》,岳麓书社2011年版,第8册,第605页。

天理之大同；天理之大同，无人欲之或异。"① 王船山这种将"天理"还原为"人欲"的观点，体现在经权观上，是对本应具有客观性和必然性的"经"赋予了更多的主体性和能动性的色彩。在中国传统社会中，在现实的道德生活中具有普遍约束力的礼往往被视为与"经"具有同样的意义。比如，《孟子》中的"男女授受不亲，礼也；嫂溺援之以手者，权也"，往往被当作儒家早期关于经权关系的经典论述。王船山也沿袭了这种观点，说："夫礼，经也。"② 他认为，礼作为"经"，其普遍性和必然性的依据，正是由于它是主体"人心"中所包含的具有共性和不容变通性的需要的条理化和规则化，在于它体现了人心中的"大不容已者"。"礼何从生乎？即从人心自然不容已之情，而通贤不肖以自然各得之道，则礼与食色同原而出，而不可分。"③ 也就是说，"礼"同"食色"一样，都是人的需要和意志的体现，而不是来自人类社会之外的某种客观性的神秘力量。

其次，王船山认为，道德实践中的"经"也具有主体性的特征。他说："权不爽于经，经亦自有权。"④ "经"本身就包含着主体的权衡判断，反映着主体的意志和需要。孟子说过："执中无权，犹执一也。"将没有权衡判断的"经"当作万世不变的法则，循规蹈矩，不知变通，在道德生活中也是不可取的。经权统一，正是统一于现实的道德实践之中；道德实践中使用的"经"，必然是经过主体的理性和意志进行分析、判断和选择的"经"。"盖于己于人，苟无伤于大义，则可以行吾因时济物之大志，而不绝人以不可近之高。内不失己，外不失人，经权之大用合矣。"⑤ 从这一意义上说，"经"与"权"在道德实践中实际上是一致的，这也就是王船山所说的"经权一揆"。

王船山的这种将"天心"和"民彝"、"天理"和"人心"统一起来理解道德规范和道德行为的观点，既是对"理学"体系偏重强调道德规范的权威性和客观性的矫正，也是先秦以来中国传统伦理观念的继承和延伸。虽然圣

---

① （明）王夫之撰：《读四书大全说》卷4，《船山全书》，岳麓书社2011年版，第6册，第641页。
② （明）王夫之撰：《礼记章句》卷3，《船山全书》，岳麓书社2011年版，第4册，第131页。
③ （明）王夫之撰：《四书训义》卷36，《船山全书》，岳麓书社2011年版，第8册，第753页。
④ （明）王夫之撰：《四书训义》卷34，《船山全书》，岳麓书社2011年版，第8册，第645页。
⑤ （明）王夫之撰：《四书训义》卷34，《船山全书》，岳麓书社2011年版，第8册，第645—646页。

人创制道德准则的理论从根本上说是不符合历史的事实的，但它相对于西方哲学中将现象和理念分割对立或宗教传统中神启论的观念，在道德规范的客观性和主体性关系的处理上，还是更具可取之处和辩证色彩的。

二 道德实践方法上客观性与主体性关系的处理

中国传统伦理思想中不仅在道德规范的来源问题上重视客观性和主体性的统一，在道德实践的方法上，也不同于西方占主流的律法主义传统，主张合理处理客观性与主体性之间的关系。① 经权理论既承认具有共识性的道德规范在一般情境下的普遍约束力，又强调灵活应变的权衡和权变能力。前者意味着对于任何一个道德行为者来说，道德行为需要遵循某些具有一定的客观性的"公律"；后者则意在说明在现实的道德生活中，主体的能动性的发挥，是使其行为保持道德上的合理性与正当性的必由之路。因此，从这一角度来说，中国传统经权理论本身就体现了实践方法上客观性和主体性的兼顾。

然而，在现实的道德生活中，出于道德教化的需要，道德规范往往被描述为具有权威性和不容置疑性的戒律或教条，以维持其普遍约束力的存在。对于这种权威性和不容置疑性的强调，很容易造成道德行为上的僵化死板，限制主体能动性的发挥。这样，就产生了一个在道德生活中如何辩证看待前人留下来的道德规范和道德标准的问题。因此，中国古代的思想家们，一方面强调记录在典籍中的规则或标准对于人的行为和观念的指导作用，一方面又主张应灵活地看待著作中的文字记载，尤其不要将书中记载的行为标准或准则看作僵死的教条。孟子曾经说："尽信书，则不如无书。"（《孟子·尽心下》）孟子这里所说的"书"虽然仅指《尚书》而言，但他所提出的读书的

---

① 美国学者弗莱彻认为，在道德决断时，实际上只有三种可供选择的路线或方法，即：律法主义方法、反律法主义方法和境遇方法。这三种方法在西方道德史上都具有一定的影响，其中律法主义是最为常见和久远的方法。西方三大宗教传统——犹太教、天主教和新教都是律法主义的。所谓律法主义，就是一种方法或者对待道德规范的态度："依照这种方法，人们面临的每个需要做出道德决定的境遇，都充满了先定的一套准则和规章。不仅仅律法的精神实质，连其字面意义都占据支配地位。体现为各项准则的原则，不仅是阐明境遇的方针或箴言，而且是必须遵循的指令。解决办法早已预先确定，你到书——《圣经》或忏悔神父的手册——中查找便是。"（[美] 约瑟夫·弗莱彻《境遇伦理学——新道德论》，程立显译，中国社会科学出版社1989年版，第9—10页）

方法，还是反映了对于典籍的一般态度。

对于道德观念的养成和道德实践过程中应当客观地对待前人的经验的问题，古人在谈及读书等问题时多有涉及，尤其是宋代之后陆九渊、王阳明为代表的心学家，对于这一问题尤其重视，议论也较为透彻。

陆九渊对于具有普遍性和权威性的道德规范与道德主体在实践中的能动性和主体性之间关系的理解，可以通过他对"经"与"我"的关系的态度和定位直接体现出来。在中国传统典籍中，同"经"字所内含的"常"，即固定性、永恒性、普遍性的意义相联系，"常道"和"经典"都是其经常使用的含义。陆九渊心目中的"经"，首要的含义也是"常"。在《经德堂记》中，他说："经也者，常也。"① 同时，他所使用的"经"字，大多是在经典的意义上。在陆九渊看来，经典，即作为"常道"的文本载体的"经"，对于读书求道的人来说，是必须尊重的；读《诗》《书》《礼》《易》《春秋》等古人的经典，是获得学问的根本途径之一。他告诫年轻人，学习修养的过程中不但要看经书，前人的注疏和解释也是需要读的。"后生看经书，须着看注疏及先儒解释，不然，执己见议论，恐入自是之域，便轻视古人。至汉唐间名臣议论，反之吾心，有甚悖道处，亦须自家有'征诸庶民而不谬'底道理，然后别白言之。"② 但是，对于历史上流传下来的经典中的文字，陆九渊并非将其视为不容置疑的神圣性的教条，而是需要通过阅读者自身的分析进行判断和取舍。"昔人之书不可以不信，亦不可以必信，顾于理如何耳。"③ 是否合乎"理"的要求，是对典籍中的文字是否值得相信进行判断的依据，而不是因为它是什么时候留下来的，或者出自何人之手。"使书而皆合于理，虽非圣人之经，尽取之可也。况夫圣人之经，又安得而不信哉？如皆不合于理，则虽二三策之寡，亦不可得而取之也，又可必信之乎？盖非不信之也，理之所在，不得而必信之也。"④ 因此，在他看来，读书的目的，在于"发明本心"，"稽求师式，至于为圣为贤"，而不是"疲精神，劳思虑，皓首穷

---

① （宋）陆九渊：《陆九渊集》，钟哲点校，中华书局1980年版，第235页。
② （宋）陆九渊：《陆九渊集》，钟哲点校，中华书局1980年版，第431页。
③ （宋）陆九渊：《陆九渊集》，钟哲点校，中华书局1980年版，第380页。
④ （宋）陆九渊：《陆九渊集》，钟哲点校，中华书局1980年版，第381—382页。

年",穿凿于文字之间,"以求通经学古"。①

陆九渊所说的"我",即孟子"万物皆备于我"之"我",也就是认识和实践的主体,而指导主体的认识和实践的,则是"心"。陆九渊思想中的"心",是指"无有不善"的"本心"。他引用孟子的话说:"孟子曰:'所不虑而知者,其良知也;所不学而能者,其良能也。''此天之所与我者','我固有之,非由外铄我也'。故曰:'万物皆备于我矣,反身而诚,乐莫大焉。'此吾之本心也。所谓安宅、正路者,此也;所谓广居、正位、大道者,此也。"②"本心"或"心",即"道"或"理"在人身上的落实和体现;"道"或"理",是"心"的实质性规定;"发明本心",则是具有主动性和能动性的主体修养和实践上的目标。"四端者,即此心也;天之所以与我者,即此心也。人皆有是心,心皆具是理,心即理也,故曰'理义之悦我心,犹刍豢之悦我口'。"③无论在"天"还是"人"那里,"理"都是具有普遍性和一致性的,既然"心即理",那么,作为不同的个体的"人"的"心",也是具有共同性和相通性的。"东海有圣人出焉,此心同也,此理同也。西海有圣人出焉,此心同也,此理同也。南海北海有圣人出焉,此心同也,此理同也。千百世之上至千百世之下,有圣人出焉,此心此理,亦莫不同也。"④"心只是一个心,某之心,吾友之心,上而千百载圣贤之心,下而千百载复有一圣贤,其心亦只如此。心之体甚大,若能尽我之心,便与天同。"⑤从这一意义上说,虽说主体是一个个从事认识和实践活动的个体,但作为这些主体的主宰的"心",却只是一个"心"。这个"心",不但是行为正当性判断的标准,也是价值准则普遍性的依据。

"心"是"我"的"主宰","我"是"心"的具体化;同时,"经"是"道"或"理"的文字载体,"道"或"理"是"经"之所以可以称为"经"的内在依据。这样,在"心即理"的思想体系之下,"我"与"经"就具有

---

① (宋)陆九渊:《陆九渊集》,钟哲点校,中华书局1980年版,第382页。
② (宋)陆九渊:《陆九渊集》,钟哲点校,中华书局1980年版,第5页。
③ (宋)陆九渊:《陆九渊集》,钟哲点校,中华书局1980年版,第149页。
④ (宋)陆九渊:《陆九渊集》,钟哲点校,中华书局1980年版,第483页。
⑤ (宋)陆九渊:《陆九渊集》,钟哲点校,中华书局1980年版,第444页。

了共同的本质。"经"中所载的道理是与"我"心中的道理一致的,"六经"中的每一条言语,都只是作为认识和实践主体的"我"的活动注解,所以,"六经皆我注脚";反过来说,"我"心中的道理与"六经"中所载的道理也是一致的,在"本心"的指导下的"我"的活动,都是"道"或"理"的生动体现,"我"的每一个思想、每一个行动,都不过是对"六经"中的文字间所隐藏的"道"或"理"的认识和实践,"我"自然也就成了"六经"最鲜活的注脚。因此,陆九渊著名的命题"六经注我,我注六经"中的"我",不是作为诠释主体的"我",而是作为认识和实践主体的"我"。对于"我"来说,彰显自我价值的途径,不是通过"著书",即通过文字来阐发"道"或"理",并获得世人的认同,而是通过在"本心"的指引之下,去实践"道"或者"理","还我堂堂地做个人"[1]。因此,当被问及"先生何不著书"时,陆九渊很自然地说出"六经注我,我注六经"八个字。[2]"道"或"理"本身是抽象的,以文字书写的"经"是抽象的道理具象化的途径;在陆九渊看来,由于"心即理","我"的活动同样是使道理具象化的途径。在中国古代的经学传统之下,著书无非是对"六经"为代表的古代典籍的注释或阐发,这种阐发是通过文字来进行的,目的是更清晰地揭示和弘扬"道"和"理"。但陆九渊认为,对于"道"和"理"的印证和弘扬,最为根本的,还是主体的活动。所以他说:"学苟知本,六经皆我注脚。""六经皆我注脚",即"六经注我",这是学者在为学的过程中"知本"的体现。在他看来,大部分学者不知道这个"本",不知道首先要"发明本心","先立乎其大者",所以难免"支离",甚至像韩愈一样,"欲因学文而学道",完全是本末倒置的"倒做"[3]。

由此可见,陆九渊"六经注我,我注六经",并不是单纯经学或诠释学上的命题,更是实践论和人生论上的。在人类的生活中,"理"或"道"有两种主要的具象化的方式:典籍的文字和主体的活动。两种方式具有共同的内在本质,"六经"的文字与"我"的活动是相互印证、互为注脚的。所以说,

---

[1] (宋)陆九渊:《陆九渊集》,钟哲点校,中华书局1980年版,第447页。
[2] (宋)陆九渊:《陆九渊集》,钟哲点校,中华书局1980年版,第399页。
[3] (宋)陆九渊:《陆九渊集》,钟哲点校,中华书局1980年版,第399页。

"六经"通过文字为"我"作注解,"我"也在通过活动为"六经"作注解。但是,两种方式在形式上又有着显著的不同。典籍中的文字无非前人对于"道"或"理"的实然性的描述和应然性的阐发,一旦通过文字的形式记录下来,就成为"陈迹",有了固定性;而"我"的"心"是活的,"心之官则思","我"是活动者,也是思考者,可以在"道"和"理"的认识和实践中反复进行质疑和验证。

同陆九渊一样,明代的心学大家王阳明也认为"经"既可指"常道",也可指用于记载这些"常道"的《诗》《书》《礼》《乐》《易》《春秋》等典籍,并且多是在经典的意义上使用"经"字的。如,在《稽山书院尊经阁记》中,王阳明说:"经,常道也。……是常道也,以言其阴阳消息之行焉,则谓之《易》;以言其纪纲政事之施焉,则谓之《书》;以言其歌咏性情之发焉,则谓之《诗》;以言其条理节文之著焉,则谓之《礼》;以言其欣喜和平之生焉,则谓之《乐》;以言其诚伪邪正之辩焉,则谓之《春秋》。"[1] 同时,王阳明的心学思想体系中,也保留了"理"这个理学的核心概念,并且同陆九渊一样,认为"理"对于道德主体来说,不是向外求的外在规则,而是"心即理"。

在王阳明看来,"道"也好,"理"也好,总不出"良知"二字。因此,我们可以说"理"是"经"之所以为"经"的内在原因,也是行为正当性的直接来源,但是,这里的"理",并非外在于"我"的事事物物中的所谓的"定理",而是"我""心"中的"良知"。"人惟不知至善之在吾心,而求之于其外,以为事事物物皆有定理也,而求至善于事事物物之中,是以支离决裂,错杂纷纭,而莫知有一定之向。今焉既知至善之在吾心,而不假于外求,则志有定向,而无支离决裂、错杂纷纭之患矣。"[2] 如果说,"经"是现实的道德行为中应当遵循的规矩或准则,那么,这个规矩或准则的形而上的依据,也只能从我们内心中的"良知"那里去寻求。现实世界千变万化,只有依据"良知",我们才能够知道在纷繁复杂的道德情境之中,应当如何做才是善的、

---

[1] (明)王守仁撰:《王阳明全集》,吴光等编校,上海古籍出版社2011年版,上册,第283—284页。
[2] (明)王守仁撰:《王阳明全集》,吴光等编校,上海古籍出版社2011年版,中册,第1068页。

正当的。他说:"夫良知之于节目时变,犹规矩尺度之于方圆长短也。节目时变之不可预定,犹方圆长短之不可胜穷也。故规矩诚立,则不可欺以方圆,而天下之方圆不可胜用矣;尺度诚陈,则不可欺以长短,而天下之长短不可胜用矣;良知诚致,则不可欺以节目时变,而天下之节目时变不可胜应矣。"① 否则,如果只是通过向外寻求普遍性的规则作为指导,以期使行为符合恰当、适度的要求,是不可能的。"中只有天理,只是易。随时变易,如何执得?须是因时制宜,难预先定一个规矩在。如后世儒者要将道理一一说得无罅漏,立定个格式,此正是执一。"②

根据这种理解,就不应将作为常道的文本载体的"经"视为神圣的教条,而在现实的道德实践中按图索骥,亦步亦趋。这是因为,一方面,经典载籍从目的上说是用来"明道"的,"圣人述六经,只是要正人心,只是要存天理、去人欲"③;"使道明于天下,则六经不必述"④。经典再浩繁,文字毕竟是有限的,因而经典中所记载的"道"只能是大的纲领,其中的一些细节性和具体性的东西,无法事先一一描绘出来。"人心天理浑然,圣贤笔之书,如写真传神,不过示人以形状大略,使之因此而讨求其真耳;其精神意气,言笑动止,固有所不能传也。后世著述,是又将圣人所画,摹仿誊写,而妄自分析加增,以逞其技。其失真愈远矣。"⑤ 如果只是依据经典中的描述作为现实道德实践的指导,必然在生动活泼的现实面前无所适从,或者只能做胶柱鼓瑟式的生搬硬套。另一方面,"《六经》者非他,吾心之常道也"⑥。作为"常道"的载体,经典文本的依据即"吾心"的"良知",而"良知即是《易》,'其为道也屡迁,变动不居,周流六虚,上下无常,刚柔相易,不可为典要,惟变所适'。此知如何捉摸得?"⑦ 既然"良知"是动的不是静的,是活的不是死的,那么,以"良知"为根本的对行为进行正当性判断的准则也

---

① (明)王守仁撰:《王阳明全集》,吴光等编校,上海古籍出版社2011年版,上册,第56页。
② (明)王守仁撰:《王阳明全集》,吴光等编校,上海古籍出版社2011年版,上册,第21—22页。
③ (明)王守仁撰:《王阳明全集》,吴光等编校,上海古籍出版社2011年版,上册,第10页。
④ (明)王守仁撰:《王阳明全集》,吴光等编校,上海古籍出版社2011年版,上册,第8页。
⑤ (明)王守仁撰:《王阳明全集》,吴光等编校,上海古籍出版社2011年版,上册,第13页。
⑥ (明)王守仁撰:《王阳明全集》,吴光等编校,上海古籍出版社2011年版,上册,第284页。
⑦ (明)王守仁撰:《王阳明全集》,吴光等编校,上海古籍出版社2011年版,上册,第142页。

就不是固定的、僵死的。"义理无定在，无穷尽。……圣如尧、舜，然尧、舜之上，善无尽；恶如桀、纣，然桀、纣之下，恶无尽。使桀、纣未死，恶宁止此乎？使善有尽时，文王何以'望道而未之见'？"① 因而，在道德实践中，如果枝枝节节都试图到经典中寻求，也是毫无意义的。

陆九渊和王阳明所讨论的"经"的直接含义是经典，但其所要阐发的观点的本质，还是如何看待前人所留下的对于生活实践的教条或建议的问题。在"经"与"我"或"心"的关系的解释中，可以看出他们既对于前人总结的反映着普遍性和必然性的规则保持着充分的重视，又突出强调这些规则中所包含的主体性的要素以及现实的道德主体通过自己的体认去认识和践行这些规则的必要性。虽然中国思想史上的思想家们并非都像陆九渊和王阳明一样重视"我""心""良知"等具有鲜明的主体性色彩的概念，但主张道德实践中客观性与主体性应当尽量保持协调却是中国传统伦理思想的一贯主题，所不同之处，更多的是对待二者之间轻重关系上的尺度的差异和理解分歧，而不是用一个极端反对另一个极端。

三 "即心即权"：道德实践中客观性与主体性的完美统一

在《论语》中所记载的孔子关于为学的阶程或境界中，有两段著名的论述。一段是《为政》中的："吾十有五而志于学，三十而立，四十而不惑，五十而知天命，六十而耳顺，七十而从心所欲不逾矩。"一段是《子罕》中的："可与共学，未可与适道；可与适道，未可与立；可与立，未可与权。"在后人的注解中，往往将这两段论述中作为为学的最高阶程或境界的"可与权"与"从心所欲不逾矩"相提并论，认为二者说的是同一个意思，"可与权"即"从心所欲不逾矩"。如宋代陈祥道在《论语全解》中说："可与权者"，"惟七十从心，然后能之耳"。② 元代王充耘在《四书经疑贯通》中也说：上述两段记载，"一则自言其终身积学，故其积累为甚详；一则言其教人有序，不可躐等。而其始之所发端，皆在于学；其终之所至极，皆在于权。盖可与

---

① （明）王守仁撰：《王阳明全集》，吴光等编校，上海古籍出版社2011年版，上册，第14页。
② （宋）陈祥道撰：《论语全解》卷1，《影印文渊阁四库全书》，北京出版社2012年影印本，第196册，第72页。

第六章 经权观中道德实践的辩证智慧

立即所谓守矩,而从心所欲即所谓权。"① "使学而至于可与权,则与圣人从心所欲者无以异矣。"② 所谓"矩",指的就是一个社会中要求行为者所应自觉遵循的道德规范,对于行为者来说,它是客观的约束;所谓"心",则是指主体的意志或动机。"从心所欲不逾矩",意味着行为主体不需要经过刻意的判断取舍,行为自然就合于道德规范的要求,从而在道德实践中实现客观性要求和主体性需要的一致。这种状态,是道德实践的完美的理想境界;达到这种境界的"权",也就是实践者在权衡取舍中的最高的境界和最终的追求。因此程颐说:"圣人则不以权衡而知轻重矣,圣人则是权衡也。"③ "圣人"所具有的这种"权",已经不是普通人在道德实践中所刻意而为的权衡或者权变。"圣人"是理想人格的最高境界;"圣人"的行事方式,当然也是权衡和权变的最高的境界。在这种境界中,不用刻意地去遵循"经",也不用刻意地去考虑"权",行为自然就是合乎道义原则的要求,具有正当性和合理性的。

这种在道德实践中道德规范与主体意志的完美统一状态,王船山将其概括为"即心即权"。他说:"程子云'圣人则不以权衡而知轻重矣,圣人则是权衡也',显此为'从心所欲,不逾矩'之妙。权之定轻重,犹矩之定句股;而权之随在得平,无所限量,尤精于矩;则必从欲不逾矩,而后即心即权,为'可与权'也。"④王船山继承了孔子"共学""适道""立""权"的逻辑思路,将心德学问上的"立"看作"权"的基础和前提。他认为,如果从日常生活中纷繁复杂的具体事务的处理上说,"权"是每个人的道德实践中都不可或缺的。如,"孟子云'嫂溺援之以手',乃在事变上说。岂未可与权者,视嫂溺而不援乎?"⑤ 但是,心德学问上的"可与权",作为学者的最终目的,不能达到"盛德积中,大用时出"的"从心所欲不逾矩"境界,则是不可能的。这就是他所谓的"而权之随在得平,无所限量,尤精于矩;则必从欲不

---

① (元)王充耘撰:《四书经疑贯通》卷3,《影印文渊阁四库全书》,北京出版社2012年影印本,第203册,第913页。
② (元)王充耘撰:《四书经疑贯通》卷2,《影印文渊阁四库全书》,北京出版社2012年影印本,第203册,第900页。
③ (宋)程颢、程颐:《二程集》,王孝鱼点校,中华书局1981年版,上册,第384页。
④ (明)王夫之撰:《读四书大全说》卷5,《船山全书》,岳麓书社2011年版,第6册,第743页。
⑤ (明)王夫之撰:《读四书大全说》卷5,《船山全书》,岳麓书社2011年版,第6册,第741页。

239

逾矩，而后即心即权，为'可与权'也"。也就是说，达到了"可与权"的境界，"心""权"与"道"便达到了合一的境界，也便实现了在道德上的完全的自由，即"从心所欲不逾矩"。这一境界，与能够自觉遵循社会道德准则的"可与立"比起来，主体的意义和价值得到了完全的彰显，人在道德选择中不会有任何被动和不自然的感觉。因此王船山说："立者因道，权者因心。立者心合道，权者道从心。心合道则道画心，道从心则心生道。欲心生道，必无往而非道。"① 他认为，达到"可与立"的境界，人就可以在实践生活中遵循具有客观规律的性质的道的要求行事，而达到"可与权"的境界，则是遵从内心的指引。在"可与立"的境界上，人的内心意志是与道的要求相符合的；而在"可与权"的境界上，道的要求便是从人的内心意志中体现出来的。前者道规范着人的内心，而后者则是在人的内心中生出道的准则。这种"心生道"的境界如何才能达到呢？王船山认为，一定要使"道"在"心"中充盈，达到"心"与"道"的合一，即"心"即"道"，因而也就能够"即心即权"。这也就是船山在解释《孟子》中的"君子深造之以道，欲其自得之也"时所说："而无不与吾心之大全之理相符合，逢其原矣。至于此而可经可权，可大可久，君子之道，乃以尽万事周万物而无遗。"②

"即心即权"需要在道德修养上达到极高的境界，这种境界的高度甚至是道德主体在有限的生命历程之中难以真正企及的。而对于一般人来说，在以道义原则为指导的道德实践中，则需要"以心循理"。正如《中庸》中所说："君子之道，费而隐。夫妇之愚，可以与知焉，及其至也，虽圣人亦有所不知焉。夫妇之不肖，可以能行焉；及其至也，虽圣人亦有所不能焉。""即心即权"尽管是很高的境界，是人们在心德学问的修养中不懈追求的目标，但在具体道德实践中，"权"却是每个人都离不开的。对于没有达到圣人境界的普通人来说，"权"是有界限和分寸的；关于现实的道德主体的"权"在具体的道德生活中是否合理的判断，就看它与道义原则的契合程度。以追求道义为目标并且符合道义要求的"权"，就是合理的；相反，不符合道义原则，甚

---

① （明）王夫之撰：《春秋家说》卷中，《船山全书》，岳麓书社 2011 年版，第 5 册，第 204 页。
② （明）王夫之撰：《四书训义》卷 32，《船山全书》，岳麓书社 2011 年版，第 8 册，第 503 页。

第六章 经权观中道德实践的辩证智慧

至违背道义的所谓"权",就是机权、权诈。对于后者,王船山是坚决反对的。

同时,王船山还认为,"道"并非僵死的准则,而是富有生机和活力的。"天理者不息,不息故密,其唯纯粹以精,退藏不忒,而吉凶善败亦于此乎受度。"① 这样,对于道德实践者来说,就不能"立一义以该一切",必须"参乎常变而尽其宜也"。"道在常,而可以通变也;道在变,而不失其常也;必不于辞受生死之中而求宜也。"② 在船山的理论中,人类生活中的"道"固然是"事物当然之理",具有客观性,但同时,它也是人对于具有客观性的"当然之理"的主观认识和把握。"以心循理,而天地民物固然之用、当然之则各得焉,则谓之道。"③ 对于这种转化为人的主观认识和原则的"道"来说,人的主体意识和自由意志在客观性的"道"与主体的结合中起着关键的作用,而其赖以发挥作用的方式,就是主体的"权"。因此,船山说:"心者道之权,德之流行者也。"④

从自觉的"以心循理"到标志着主体自由的"即心即权",表明了主体道德实践能力不断提升的过程。这一过程,贯穿于主体的生命历程之中。王船山认为,主体的实践能力,不但在理解和遵循道德规范的层面上,其意识和水平是随着主体的成长而不断发展和完善的,即使在自如地运用权衡、权变能力的层面上,也是如此。他说:"生之初,人未有权也,不能自取而自用也。惟天所授,则皆其纯粹以精者矣。天用其化以与人,则固谓之命矣。生以后,人既有权也,能自取而自用也。自取自用,则因乎习之所贯,为其情之所歆,于是而纯疵莫择矣。"⑤ 在这段论述中,首先,船山将"权"视为人的一种"自取自用",即自主地选择和实践的能力。人如果"有权",就意味着具备这种自主能力;相反,如果"未有权",就意味着不具备这种能力。"权"是人在道德实践中的意志自由的体现,当然,这种

---

① (明)王夫之撰:《春秋家说》卷中,《船山全书》,岳麓书社2011年版,第5册,第202页。
② (明)王夫之撰:《四书训义》卷32,《船山全书》,岳麓书社2011年版,第8册,第496页。
③ (明)王夫之撰:《四书训义》卷8,《船山全书》,岳麓书社2011年版,第7册,第377页。
④ (明)王夫之撰:《春秋家说》卷中,《船山全书》,岳麓书社2011年版,第5册,第205页。
⑤ (明)王夫之撰:《尚书引义》卷3,《船山全书》,岳麓书社2011年版,第2册,第300—301页。

意志自由有可能带来不同的善恶结果，也就为主体道德责任的判定提供了前提。其次，"权"不但在实践中体现为一种自主能力，同时，它的养成也是同主体自我的发展联系在一起的。在中国传统伦理思想中，"生之谓性"是人性论上一个基本的共识，无论是主张性善者、性恶者，或者是认为性有善有恶、无善无恶或者善恶混者，都是将人性视为人与生俱来的品质和属性，是先天的。王船山在中国人性论史上独树一帜。在他看来，人性就不应该是"初生之独受"的，而应当是"天日命之，人日受之"。① "习与性成"，"性日生日成"，现实的人性是主观与客观、先天与后天交互作用的结果。"性"的主观、后天的方面的形成，是伴随着人的"自取自用"的"权"的能力的养成和发展的。如果说，"命"是"性"中所包含的先天的、客观的成分，那么，"权"体现的则是人的主体性和能动性。同"性"相一致的是，"权"也是"日生日成"的，要经历一个"生之初，人未有权"到"已生以后，人既有权"的发展过程。

总之，人一旦来到这个世界上，就面对着一套既定的道德规范体系，无论在理论上对道德规范体系的来源做何种解释，但对于个体的人来说，它首先是具有客观约束力的规则和标准。而道德作为人类精神的一种自律，这种先在地存在于社会生活之中的规则和标准必须内化到主体的观念之中，才能够真正发挥作用。因此，道德素质的养成过程，必然经过一个从他律到自律，从必然到自由的发展过程，最终将与一定的社会生活要求相适应的道德观念完全内化在主体的观念之中，将遵循道德规范行事彻底变成主体的一种行为习惯。这时候，主体在道德实践中，就不会再感觉到道德规范和要求的束缚或者压抑，甚至无论在任何情境之中，不需要刻意地选择，就能够遵从内心的指引使得行为符合相应的道德原则的要求。这就是孔子所说的"从心所欲不逾矩"，也就是王船山所说的"即心即权"。达到这种状态，来源和性质上具有一定的客观性的道德规范就完全与主体的意志和需要实现了合一，人在道德上也就达到了自由的境界。

---

① （明）王夫之撰：《尚书引义》卷3，《船山全书》，岳麓书社2011年版，第2册，第301页。

第二节　道德评价中的道义与结果

在传统的规范伦理学中，道义论（或称义务论、非结果论等）和结果论（或称目的论、后果论等）是两种主要的类型，二者相互对峙，前者以行为是否符合某种道德准则作为应当不应当的判断标准，后者则认为行为是否应当取决于其所取得的效果的好坏。在中国传统伦理思想中，义利之辨是一个始终备受瞩目的问题，并且重义轻利的道义论立场占据着主流，甚至有人直称作为中国传统思想主干的儒家思想所秉持的就是一种道义论的立场。关于中国传统的义利之争，理论界多有阐发，这里不再赘述，仅从经权观的视角，来考察中国传统伦理思想中对于道义与结果问题的基本态度，以此作为探究中国传统伦理思想的属性和特质的一个视角。

一　经权观中的道义与结果

从总体上说，中国古代伦理思想中的大多数学派，尤其是儒家，在道德问题上是强调道义准则的指导和约束作用的。中国传统的经权观中，将"经"视为"常道"，本身就是这种重视道义的立场的体现。同时，尽管具有客观性的"天道"常常被作为道德规则的终极的依据，但从西周时期起，道德的根本着眼点却在于人事。"天视自我民视，天听自我民听"，天道是玄远的，现实世界中的人的生命活动，是认识和理解天道的最重要的依据；"天道远，人道迩"，"人道"，即人的现实生活中呈现出的道理、应遵守的规范，才是最值得予以注目的。对于生活于现实世界中的人来说，"天"通过揭示人类生活的规律，以规则和要求的形式给人们的生活所提供的指导，只能是概括性、全局性甚至抽象性的，而人类生活却是具体、现实、复杂甚至琐屑的。任何道德规则，如果忽视了人的需要、特性以及人类生活的生动鲜活的性质，甚至与人的生存和生活背道而驰，终将丧失生命力而被人们抛弃。这种直接以"好生活"为指向的思维方式，使得以儒家为代表的中国传统伦理思想没有将现实生活中具有普遍约束力的道德准则视为僵死的、绝对的教条或者戒律。当在特殊的情境之下，如果按照常态下普遍适用的规则将带来严重消极的后果时，暂时脱离这些规则的束缚，根据主体的理性判断，选择一个比死守教条更具有"善"的价值的行为方案，在这一特定的时空条件之下，便具有了正当性和合理性。

在中国传统伦理思想中，"善"这一概念，既有目的层面的含义，也有道义标准层面的含义。孟子曾经说："可欲之谓善。"（《孟子·尽心下》）所谓"可欲"，就是说"善"是值得追求的，是人生实践的目的之所在，只不过孟子认为真正"可欲"的，不是一般人孜孜追逐的功名利禄，而是作为"良贵""天爵"的仁义道德。《大学》中说："大学之道，在明明德，在亲民，在止于至善。"这里所谓的"至善"，就是指所有善德善行的最高的标准。"至善"作为善德善行的最高标准，在人生实践之中，是用来"止"的。"止"，便有目的、目标之意。同时，作为目的的善和作为道义标准的善往往又是相通的。孟子认为"善"作为人生实践的目的，其实质的内容就是道义原则和标准，因此作为"可欲"的对象，道义甚至比生命过程的延续本身更重要。"生，亦我所欲也，义，亦我所欲也，二者不可得兼，舍生而取义者也。生亦我所欲，所欲有甚于生者，故不为苟得也。死亦我所恶，所恶有甚于死者，故患有所不辟也。"（《孟子·告子上》）

最早将"经""权"对举并论证二者之间关系的《春秋公羊传》中说："权者反于经，然后有善。"结合引出这一观点的史实，即祭仲"出忽而立突"一事可见，《公羊传》中作为行权的正当性判断依据的"有善"，从其直接意义上来说，是从结果的角度来说的；先有"反于经"的"权"，"然后"才"有善"。但是，儒家毕竟是重道义的，承认"权"的合理性，并不能改变他们的这一根本的立场。虽然"权者反于经，然后有善"所直接指向的是对行为所带来的结果的道德价值的判断，但是，行为选择毕竟是在结果产生之前的。对于汉代的公羊家们来说，祭仲是历史人物，因其有"权"而被褒奖，是事后所做出的评价性的结论。为了支持这一结论，公羊家们煞费心机地对祭仲行权的动机进行了设想。他们认为，之所以称祭仲的行为符合"权"的标准，就是因为他在动机上是"自贬损""不害人"的；如果没有这一动机的设定，将很难说明祭仲行为的正当性。事实上，除了《公羊传》之外，《左传》《谷梁传》等诠释《春秋》经的著作中，对于祭仲"出忽而立突"的行为都是负面的评价；在后世学者的眼中，祭仲甚至常常与王莽、董卓等祸国殃民的乱臣贼子相提并论。之所以做出这样的评价，就是因为公羊家之外的其他学者并没有想当然地通过"以迹考心"，得出祭仲动机善良的结论，而是直接根据他的所作所为做出的评判。因此，虽然对合理的"权"的认定依据是"有善"的事后结果，但如果从道德选择的角度来说，行权的主体所做出的行为能否被认为是正当的，还要看他的原始意图与这一结果是否是一致的；如果不能通过各种事实推求出他内在动机上的"善"，其道德价值便可能无从判断；甚至会因其行为违背了普遍适用的道德准则，而被直接认定为是不道德的。对于道德行为的主体来说，在特殊的情境之下，如果想要放弃一般情境下具有普遍约束力的准则而直接将可能的后果作为抉择的依据，从动机上说，也必须出于良好的意愿，而不是自私自利等卑劣的打算。

尽管如此，不容否认的是，《公羊传》中在评价祭仲时所提出的经权观，直接体现出的是重后果的倾向。董仲舒则极力试图将对经权问题的理解拉回到儒家重道义的立场上来。在《公羊传》中谈到祭仲行权的效果时，曾经说：通过"出忽而立突"的行为，"君可以生易死，国可以存易亡"。生死存亡之间，这一选择给君和国所带来的"以生易死""以存易亡"的结果，彰显了行权的正当性和可取性。但是，在董仲舒看来，能否称为"知权"，不是单纯通过"生其君"或"存其君"来判断的，如果以不合"义"的方式使其君得以生存，也是不可取的。在《春秋繁露》中，董仲舒通过对比祭仲和逢丑父的行为，说："其俱枉正以存君，相似也；其使君荣之与使君辱，不同理。故凡人之有为也，前枉而后义者，谓之中权，虽不能成，《春秋》善之，鲁隐公、郑祭仲是也。前正而后有枉者，谓之邪道，虽能成之，《春秋》不爱，齐顷公、逢丑父是也。"[①] 在这里，董仲舒依然认为"知权"与"不知权"的判断是看行为的结果，但是，他所指的结果并非生死存亡这样的功利性的后果，而是行为结果是否合乎"义"的要求。如果一个行为初始时违反共识性的规则，但结果却是合乎"义"的，这就叫作"中权"；这样的行为即使没有获得成功，《春秋》中也是称道的。相反，如果一种行为初始时看似合乎正道，

[①] （清）苏舆撰：《春秋繁露义证》，钟哲点校，中华书局1992年版，第60—61页。

但最后的结果却不符合道义原则,这就叫作"邪道";这样的行为即使成功了,《春秋》中也不会褒奖。以祭仲和逢丑父为例,祭仲作为大夫擅自废立,这是违背礼制的要求的。尽管祭仲"出忽而立突"的行为没有达到让郑国稳定的目的,此后很长时间内郑国的局势因君位之争混乱不堪,郑昭公忽最终死于内乱,但是,他的这一行为的结果是使他的国君因"去位而避兄弟"而受到人们的敬重,所以是"知权""中权"。逢丑父为了救君而舍身赴死,这本来是难能可贵的高尚行为,并且最终也使其国君得以逃生。但是,他的这一做法使齐顷公"冒大辱以生","为辱宗庙于齐",因此只能称为"邪道","欺而不中权,忠而不中义"。

由此可见,在董仲舒看来,在一个行为是否合乎"权"的判断中,结果是重要的,但他所理解的结果是最终能否使行为符合"义"的要求。在儒家的思想中,"义"是一个比"经"与"权"具有更高的价值优先性的标准。孔子说:"君子之于天下也,无适也,无莫也,义之与比。"(《论语·里仁》)孟子说:"大人者,言不必信,行不必果,惟义所在。"(《孟子·离娄下》)一直到宋代之后,程朱理学中在论及经权关系时,依然坚持"义统经权"的主张。经权观中对"义"的强调,是儒家重视道义的一贯原则的体现。从《公羊传》中的"反于经然后有善",到董仲舒的"前枉而后义","把'权'和荣辱、义不义、正邪的关系联系起来,使经权关系不仅关系到生死存亡的问题,而且跟孔子的'杀身成仁'、孟子的'舍生取义'统一起来"[1],可以看出董仲舒在经权问题上回归重道义的立场的努力。

董仲舒不但将"义"与"权"直接联系起来,而且还将"道"或"天道"作为"权"的合理性判断的最高标准。《公羊传》中将"有善"作为行权的正当性依据,是将这一判定标准置于现实的实践之中。董仲舒则试图为"经""权"的正当性判定寻求一个形而上的终极标准。在他的"天人合一"的理论体系之中,这一标准就是天道。在董仲舒看来,"经"和"权"的依据,都在"天"那里。"天之道有伦、有经、有权。"[2] 也就是说,"经"和

---

[1] 周桂钿:《董学探微》,北京师范大学出版社2008年版,第286页。
[2] (清)苏舆撰:《春秋繁露义证》,钟哲点校,中华书局1992年版,第340页。

"权",本身就是内在于"天之道"的。根据这种理解,在实践之中,无论是"守经",还是"行权",都可以是遵循天道的体现。值得注意的是,董仲舒这里所说的"道",与孔子和孟子思想中多用"道"来指称人们实践中所追求的最高价值标准不同,也不同于《公羊传》中"行权有道"的"道"和《韩诗外传》中"夫道二,常之谓经,变之谓权"的"道",而是强调了标准的客观性。列国纷争局面结束之后,封建大一统的形成将对稳固的社会秩序的需求突出出来,孔、孟儒学诉诸人性体验和人心直觉基础上的伦理思想对社会秩序的供给来说,难以满足社会的需要。大一统的国家的建立在伦理思想上必然要求道德标准日益"规范"化、客观化,并且被赋予越来越多的神圣性和权威性。董仲舒思想中具有主宰者和监督者的意义的"天",便承担起赋予道德行为判断的标准以客观化和权威化的任务。

因此,在董仲舒那里,对行为的合道德性判断的最终依据,不是人性,也不是人心,而是具有客观性的"道"。"《春秋》有经礼,有变礼。为如安性平心者,经礼也。至有于性,虽不安,于心,虽不平,于道,无以易之,此变礼也。"[①]"经礼"和"变礼",二者的区别在于,前者因与礼的一般性要求相一致,所以行为者依此行事,会感到心安理得;而后者因为是与礼的一般性要求相违背的,所以行为者依此行事,会产生不安的心情。但是,二者本质上又是一致的,他们都是在各自不同的情境之下遵循"道"的要求的行为,因而都是正当的,合乎道德的。因此,董仲舒说:"明乎经变之事,然后知轻重之分,可与适权矣。"[②] 如果能够明确区分"经"和"变"两种情境,就能够清楚行为选择中的轻重缓急。如果能做到这一点,就是达到了孔子所说的"可与权"的境界。所谓"明乎经变之事",最为关键的,就是能够在具体的情境之下做出如何行动才是符合"道"的要求的理智判断。合乎"道"的要求,既是"经"和"权"的共性,又是行权的界限。"权"表面上虽然看似违背了共识性的道德准则,但从根本上说,它与作为最高原则的"道"仍然是一致的。"权谲也,尚归之以奉巨经耳。"[③] 这里所说的"巨经",

---

[①] (清)苏舆撰:《春秋繁露义证》,钟哲点校,中华书局1992年版,第74页。
[②] (清)苏舆撰:《春秋繁露义证》,钟哲点校,中华书局1992年版,第75页。
[③] (清)苏舆撰:《春秋繁露义证》,钟哲点校,中华书局1992年版,第80页。

指的其实就是作为"第一原理"或者最高原则的"道"。

董仲舒的这一思想,就是后人概括汉儒经权观时常用的"反经合道为权"。"'经'、'权'既皆依天道而立,彼此之间即无所谓矛盾冲突之问题。盖无论'依经而行'或'据权而为',率皆符合'天道'之原则。"① 董仲舒发展了《公羊传》中"权者反于经,然后有善"的观点,将"经"与"权"的合理性依据建立在"天道"这一客观且至上的基础上,从而为"经""权"相辅相成的经权观找到了一个相对坚实的理论基础,使得经权观牢牢地站立在一个坚固的道义论的立场之上。但是,从经权观提出的初衷上来说,这一理论的基本诉求是希望能够在坚持道义原则的前提之下兼顾行为的后果,却是不容否定的。

在中国传统的思想之中,合乎道德的行为,必然是"顺乎天而应乎人"的,而要"顺乎天",就不得不重视体现着"天道""天理"的道义准则,而要"应乎人",就不能背离人的特殊生活方式、生活情境、生活需要和幸福追求。经权问题的讨论,正是为了弥合遵守具有抽象性、确定性的道义准则与具体生活情境中行为结果的具体性、变动性之间可能会出现的缝隙。朱熹曾经以生病服药为喻,说:"如人之病,热病者当服凉药,冷病者当服热药,此是常理。然有时有热病,却用热药去发他病者;亦有冷病,却用冷药去发他病者,此皆是不可常论者。然须是下得是方可。若有毫厘之差,便至于杀人,不是则剧。然若用得是,便是少他不得,便是合用这个物事。既是合用,此权也,所以为经也。"② 在日常生活之中,固然有作为共识并在一般情况下具有普遍适用性的"经"的存在,但这些"经"作为行为的指导规则能不能直接用于实践,还是要判断它们是否"合用"或者"下得是"。由此可见,在中国传统的道德观念中,尽管努力倡导人们应当遵循道义原则行事,但并没有放弃对于结果或目的的追求,而是将道义准则寓于结果的判断之中,努力地将道义准则与行为结果结合起来。

---

① 陈明恩:《诠释与建构——董仲舒春秋学的形成与开展》,台北:秀威资讯科技股份有限公司2011年版,第180页。

② (宋)黎靖德编:《朱子语类》,王星贤点校,中华书局1986年版,第3册,第991页。

二 经权观中道义与结果的关系

在西方伦理学中,道义论(义务论)与结果论(目的论)在观点上往往是两相对立的。"道义论从基于规则之上的视角出发,对伦理进行探讨。在这种探讨中,道德原则具有绝对的、无条件的规定性地位。"① 道义论(义务论)认为行为的道德价值取决于它所遵循的道德准则,而与行为的结果无关。结果论(目的论)则以结果的好坏作为行为道德价值的判断标准,它认为:"判断道德意义上的正当、不正当或尽义务等等的基本或最终标准,是非道德价值,这种非道德价值是作为行为的结果而存在的。"② 这种观点上的对立,在近代西方两种最著名的伦理学理论——康德的义务论和边沁的功利主义(结果论的一种)——中有着鲜明的体现。然而,在中国传统伦理思想中,虽然也一直有"义"与"利"、道义与功利问题的争论,却很少有将道义与结果完全割裂对立的学说。不同的思想家虽然所主张的侧重点不同,却都试图在二者之间寻求一种统一或平衡。这种尝试和努力在经权关系学说中有着鲜明的体现。

中国传统经权观中既体现着对道义的重视,又体现着对结果的关注,但二者却并不是简单调和,也并非平行并立。总体来说,在二者之间关系上,对道义的重视处于支配性的地位,而对结果的考量往往只是为了更好地实现道义原则的一种实践策略。

首先,在中国传统经权观中,无论是"经"还是"权",都不能偏离"道"和"义"的要求,而是以"合道""合义"作为行为正当性判断的最根本的依据。这一观点,反映了中国传统伦理思想重视道义原则的基本立场。在孔子关于"权"的思想中,便是在"可与适道""可与立"之后,才谈论"可与权"的问题,后世的诠释者一般认为,孔子是认为只有在仁精义熟之后,才能够恰当行权的。经权关系理论产生之后,无论是汉儒所强调的"行权有道","必在可以然之域",还是宋明之后学者主张的"权量轻重,使之

---

① [英]金伯莉·哈钦斯:《全球伦理》,杨彩霞译,中国青年出版社2013年版,第42页。
② [美]威廉·K. 弗兰克纳:《伦理学》,关键译,生活·读书·新知三联书店1987年版,第28页。

合义",都是为了阐明道义原则在行为实践中的根本指导意义,即使是为了结果的考虑使行为偏离一般情况下具有普遍约束力的道德规范,也不能超出道义原则的范围之外。"夫道二,常之谓经,变之谓权。"① "经者,道之常也;权者,道之变也。"② "义当守经,则守经;义当用权,则用权,所以谓义可以总括得经、权。"③ "经"是道义原则之内的"经","权"也是道义原则之内的"权",道义原则始终是行为实践具有道德正当性的依据和标准。"道是原则性;权是灵活性。灵活性,在表面上看,似乎是违反原则性,但实质上正是与原则性相合。"④ 对道义原则的坚持,是经权观的核心和精髓;无论守经还是行权,其实都是为了更好地实现道义原则。

其次,尽管在"经"和"权"两个概念中都不同程度地体现着对道义与结果的关注,但相对来说,在中国传统经权观中,"经"更多的是对道义原则的强调,"权"则侧重于对行为后果的好坏的重视。一般认为,在道德实践中,"经"具有更根本的意义,"权"的地位则相对次要。从权变的意义上说,从汉代明确提出经权关系理论之后,"经"便被视为"常道",而"权"只是"道之变",是用来弥补"经"的。在现实的道德生活中,"经"和"权"实际上代表了道德选择的两种可能,大多数情况下,应当"遵经""守经",按照"经"的指导行事,便可以使行为具有道德上的合理性。在这一点上,朱熹也大致赞同汉儒的观点。他认为,"经"是"万世常行的道理",在道德生活中是具有普遍的约束力和指导作用的,而"权"只能"不得已而用之",是在特殊的情境之下,当"常理行不得"时的变通之法。也就是说,"经"的适用性是远远强于"权"的,道德生活中的主要部分,是遵经而行,"权"只是特殊情境下偶尔用之的权宜之计。

从权衡的意义上来说,在程颐的"权即是经"的理论中,"权只是经所不及者,权量轻重,使之合义,才合义,便是经也"⑤。由此可见,程颐的"权

---

① (汉)韩婴撰:《韩诗外传集释》,许维遹校释,中华书局1980年版,第34页。
② (宋)黎靖德编:《朱子语类》,王星贤点校,中华书局1986年版,第3册,第989页。
③ (宋)黎靖德编:《朱子语类》,王星贤点校,中华书局1986年版,第3册,第990页。
④ 冯友兰:《中国哲学史新编》上卷,人民出版社2007年版,第93—94页。
⑤ (宋)程颢、程颐:《二程集》,王孝鱼点校,中华书局1981年版,上册,第234页。

第六章　经权观中道德实践的辩证智慧

即是经",并不是说"权"等于"经",而是"经"包含着"权","权"内在于"经"。换句话说,"权"是从属于"经"的。在高拱、王夫之等以体用关系理解经权的理论中,尽管都承认在现实的道德实践中离不开"经",也离不开"权",二者不是常变的关系。但从他们的理论中,也可以发现对待"经""权"二者的态度上,是更侧重于"经"的。"经"是体,"权"是用,在体与用之间,体具有更根本的意义和价值。高拱说:"夫物各有则,经之谓也;称物而使当其则,权之谓也。"① 王船山说:"权之度之,须吾心有用权度者在,固亦非外。然权度生于心,而人心之轻轻、重重、长长、短短者,但假权度以熟,而不因权度以生也。"② "考三王,俟百世,精义以中权,存乎道而已矣。"③ 具有合理性的"权",不但要建立在对道德准则有着深刻的理解之上,而且权衡判断要以符合内心中的道义准则为基本要求。"经"与"权"相辅相成,统一于现实的道德实践之中,但是,二者也存在着目的和手段的差异,"权"是手段,用"权"的目的是"称物而使当其则",即通过权衡判断,使行为合乎"经"的要求。在价值判断的各因素中,一般来说,目的无疑是比手段重要的。

总之,在中国传统经权理论中,虽然没有因为对道义准则的重视而排斥结果,但总体来说,是更侧重于道义准则的。在正常情况下,遵循作为"常道"的"经",便被认为在行为上具有了道德上的合理性,即使在特殊情况下的行权,也不能背离道义的要求。同时,由于始终与道义要求相一致的恰当的行权既需要对道德规范体系的深刻理解和认同,又需要高超的判断能力和智慧,许多人甚至反对普通人行权,认为只要遵循"经"的要求就足够了,而"权"是只属于圣贤的专利。这些观点,都是中国传统伦理思想在道义和结果之间更偏重于道义的体现。因此可以说,从经权观上所体现的中国传统伦理思想的整体倾向上是道义为主、结果为辅的,这反映了中国人在道德生活中既追求高尚的道德理想,重视道德价值,又从总体上关注现实生活的复

---

① (明)高拱:《高拱论著四种》,流水点校,中华书局1993年版,第163页。
② (明)王夫之撰:《读四书大全说》卷10,《船山全书》,岳麓书社2011年版,第6册,第1064页。
③ (明)王夫之撰:《宋论》卷1,《船山全书》,岳麓书社2011年版,第11册,第45页。

杂性，试图以高超的智慧最大限度地将道德理想与美好生活结合起来的努力。

三 经权观视域下的德性与智慧

一般来说，在道德实践中，能否遵循道义，往往体现的是一个人的德性修养，而对结果的判断是否准确，则反映了一个人所具有的智慧。因此，道义与结果之间的关系，同德性与智慧之间的关系又息息相关。无论是中国传统伦理思想还是西方伦理学中都认为，道德实践的完成，既需要德性作为基础，也需要一定的智慧作为保障，缺少其中的任何一个，行为可能都是有缺陷的。古希腊思想家亚里士多德说："必定存在着某种品质，一个人出于这种品质而做出的行为都是好的，就是说，好像是出于选择的和因为那个行为自身之故的。使得我们的目的正确的是德性。而使得我们去做为实现一特定目的而适合于去做的那些事情的却不是德性，而是另外一种能力。""德性使得我们的目的正确，明智则使我们采取实现那个目的的正确的手段。"[1] 在亚里士多德看来，德性决定了行为的方向和目标，而明智[2]则提供了达到目标的手段。

在中国传统伦理思想中，一般用于表达德性和智慧的含义并对举的一对概念是"仁"和"智"（或"知"）。在孔子所创立的儒家思想中，"仁"是最核心的德性，后世学者甚至将其视为德性的总称。"智"与"知"往往通用，既有认识、知识之义，也有智慧之义，作为一种德性的"智"，指的就是智慧。在儒家所倡导的德性系统中，无论是"三达德"（智、仁、勇），还是"四德"（仁、义、礼、智）、"五常"（仁、义、礼、智、信），"仁"和"智"都是最核心的德性。从孔子开始，儒家就认为，如果想要成为一个有德

---

[1] ［古希腊］亚里士多德：《尼各马可伦理学》，廖申白译，商务印书馆2003年版，第187—188页。

[2] 在亚里士多德的伦理学中，明智（又常常被译为"实践智慧"或"实践的智慧"）和智慧是存在着区别的两个概念。智慧是"对普遍的思考"，亚里士多德称它是"科学与努斯的结合，并且与最高等的事物相关"。明智则是"一种同善恶相关的、合乎逻各斯的、求真的实践品质"。明智"是与实践相关的，而实践就是要处理具体的事情"，因此它"不是只同普遍的东西相关。它也要考虑具体的事实"。（《尼各马可伦理学》，廖申白译，第172—177页）但在中国传统思想中，"明智"和"智慧"两个词则一般没有这个区分，它们往往都被认为是与实践或具体事务的处理相关的素质和能力。

第六章　经权观中道德实践的辩证智慧

的人，仁和智两种德性是必备的。《论语》中记载，孔子多次仁、智并提，并认为二者存在着相辅相成的关系。比如，他说："仁者安仁，知者利仁。"（《论语·里仁》）"知者乐水，仁者乐山；知者动，仁者静；知者乐，仁者寿。"（《论语·雍也》）"知者不惑，仁者不忧，勇者不惧。"（《论语·子罕》）在《孟子》中记载了孔子与子贡的一段对话："昔者子贡问于孔子曰：'夫子圣矣乎？'孔子曰：'圣则吾不能。我学不厌而教不倦也。'子贡曰：'学不厌，智也；教不倦，仁也。仁且智，夫子既圣矣。'"（《孟子·公孙丑上》）在子贡（和孟子）看来，像孔子一样具有了"仁且智"的品质，就接近于圣人的境界了。汉代的董仲舒继承和发展了这种思想，在《春秋繁露》中载有《必仁且智》一篇，对"莫近于仁，莫急于智"的思想进行了较为系统的阐发。总之，在儒家，尤其是早期儒家看来，仁和智两种德性相辅相成，构成完善人格的基础。

　　魏晋之后，有人将经权与仁智联系起来，认为经是仁之事，权是智之事，"仁必知经，智必知权"，并提出"仁经""权智"等说法。在南北朝隋唐时期的文献中，常常可以见到诸如"仁经义纬"或"经仁纬义"等词句，也经常用"权智"来指代军事或政治活动中的权谋智慧。这一做法事实上是分别以仁与智对应经与权，在"反经合道为权"的经权观占主导的背景下，不但存在割裂仁与智的可能，也有片面理解经和权的风险。因此，唐代著名文学家、思想家柳宗元反对这一观点。他说："果以为仁必知经，智必知权，是又未尽于经权之道也。何也？经也者，常也；权也者，达经者也。皆仁智之事也。离之，滋惑矣。经非权则泥，权非经则悖。是二者，强名也。曰当，斯尽之矣。当也者，大中之道也。离而为名者，大中之器用也。知经而不知权，不知经者也；知权而不知经，不知权者也。偏知而谓之智，不智者也；偏守而谓之仁，不仁者也。知经者，不以异物害吾道；知权者，不以常人怫吾虑。合之于一而不疑者，信于道而已者也。"[1] 柳宗元此论，不但在经权关系问题上开了宋代之后占主流的经权统一理论的先河，而且对于"经""权"与"仁""智"之间的关系进行了梳理。他认为，由于"权"是"达经"的途

---

[1] （唐）柳宗元：《柳宗元集》，中华书局1979年版，第1册，第91页。

径,因而不能把"知权"和"知经"分割对立。无论是"经"还是"权",都既包含"仁",也包含"智"。离开"智"的"仁"和离开"仁"的"智"都不能做出恰当的行为,不符合"大中之道",从而只能成为"偏守"之"仁"和"偏知"之"智"。"偏守"之"仁"和"偏知"之"智",并不是真正的仁和智。

在柳宗元看来,作为常道的"经"和用以"达经"的"权"是目的和手段的关系,而德性("仁")和智慧("智")之间的关系则并非目的和手段,更不能割裂对立,二者相辅相成,统一于人们的认识和实践之中。这一观点,和孔子等早期儒家学者对于仁智关系的理解是一致的。

德性和智慧相辅相成,在中国传统伦理思想中,既有工夫论的意义,也有实践论的意义。从工夫论的意义上来说,在德性的养成过程中,仁和智、德性和智慧互为支撑、相互促进,无论缺少了哪一方面,都构不成完善的人格,养不成高尚的德行。从实践论的意义上来说,在道德实践的过程中,德性和智慧也是缺一不可的,德性是使行为符合道义准则的前提,智慧则是使行为取得善的结果的保障。经权观中的德性和智慧问题,主要是从实践论的角度说的。

在现实的道德实践中,不论是"反经合道为权"理论中的一般情境下的守经和非常情境下的行权,还是经权统一理论中为了符合"经"的要求所进行的权衡判断,都需要德性和智慧的共同参与,才能够保证行为具有道德上的正当性和合理性。正如王船山所说:"圣人到精义入神处,也须有观物之智,取于物为则。然谓轻重长短茫无定则于吾心,因以权称之、以度量之而义以出,则与于外义之甚者矣。"[①] 但是,宋代之后,随着对于"经"的普遍约束力的绝对性和权威性的不断强化,不但"经外之权"被否定,而且用"智"行权也成为被反对的做法。二程的弟子杨时说:"世人以用智为知权,误矣。孟子曰:'所恶于智者,为其凿也。如智者若禹之行水,则无恶于智也。'盖禹之行水,循固然之理,行其所无事而已。若用智以为权,则皆智之

----

① (明)王夫之撰:《读四书大全说》卷10,《船山全书》,岳麓书社2011年版,第6册,第1064页。

凿,孟子之所恶也,可不慎欤?"① 杨时所引孟子的论述出自《孟子·离娄下》。孟子认为,真正值得称道的"智"应当是"循固然之理"的,而不是无中生有、穿凿附会。杨时这里将行权的"智"也称为"智之凿",并予以明确反对,则是不恰当的。无论是汉儒还是宋儒都承认,"权"是应当符合"道"的要求的,因此在行权时用智,也是在"道"的范围内用智,符合"循固然之理"的要求,并非歪曲事实、耍弄伎俩的"智之凿"。杨时此说,无非是为了强化"权"字的权衡之义,以及遵经的意识,但对"权"中所包含的"智"的要素的否定,无疑削弱了道德实践中的主体自觉性和能动性。"权,所以别轻重也。凡此重彼轻,千古不易者,常也,常则显然共见其千古不易之重轻;而重者于是乎轻,轻者于是乎重,变也,变则非智之尽,能辨察事情而准,不足以知之。"② 如果没有"智"的参与,不但无法尽"权"之用,也会使"权"字有名无实,丧失了存在的意义和价值。

总之,在现实的道德生活中,德性与智慧都是必要的,动机的善良和结果的"有善"应当尽量平衡兼顾。封建社会晚期,"愚忠""愚孝""愚节"盛行,屡屡出现打着遵循道德规范的旗号造成违背人道甚至惨绝人寰的结果的极端事例,便是在道德生活中否定智慧所带来的后果。因此近代之后,"治愚""开民智",成为改造国民性,改变中国积贫积弱局面首要的任务之一。

第三节 道德生活中的共性与殊性

道德生活是具体而生动的,其中充满着需要行为者通过审慎的分析和清醒的判断才能解决的矛盾或难题。贯穿于道德生活的矛盾之一,便是普遍性与特殊性、共性与殊性之间的矛盾。这不仅表现在某个具体的时代的道德生活之中,而且包含在道德的历史发展规律之中。

---

① (宋)杨时撰:《杨时集》,林海权校理,中华书局2018年版,第2册,第550页。
② (清)戴震:《孟子字义疏证》,何文光整理,中华书局1982年版,第52页。

一 道德情境的常规性与特殊性

任何人类的道德知识和道德观念，归根结底，都和一定的生活经验有关。在具有文化继承性的人类生活中，道德知识和道德观念是一代代人在生活实践中逐渐概括、总结和积累出来的。即使是抽象的理论，也是这种感性经验凝练和升华的结果。人类的日常生活是复杂多变的，道德知识和道德观念则是从看似无序和琐碎的生活之中具有一般性、普遍性和常规性的现象和经验中提取出来的。因此，冯友兰将道德称为"社会上底公律"。所谓"公律"，就是具有普遍性的规律。因其是普遍性规律的体现，所以能够转化为价值准则对于人们的行为具有普遍的约束力和指导作用。

作为道德知识和道德观念最重要的组成部分之一，体现着常规性、一般性的道德准则相对于具体生动的生活实践来说，都具有不同程度的抽象性，需要回到生活之中，才能发挥其价值指导和行为规范的作用。但是，日常生活中的每一个具体的事情或情境都是多种主客观因素综合而产生的结果，既具有体现着一般规律的必然性，也具有一定的偶然性。从过往的经验中获得的道德知识、总结的道德规范，与新出现的情境或事件并不一定能始终保持一种恰如其分的结合。在某些事件或情境之中，如果照搬一般性的规则的话，其中某一个微小变量的不同，便可能使得结果与人们的期望差之千里。因此，在现实的道德生活中，往往会出现因道德准则的抽象性而使其运用于现实的道德实践时需要重新诠释，不同的道德准则或角色义务发生冲突，以及因情境的差异而导致依照常规的道德规范无法取得"有善"的结果等种种可能。这就需要在道德准则的原则性和道德实践的灵活性之间保持适度的张力，既尊重道德准则在一般情境下的普遍约束力，又兼顾特殊的情境下主体的主动性和能动性的发挥。中国传统伦理思想中的经权观，就是为了应对道德生活中的这一现实而产生的一种理论。

在中国传统的经权观中，除了打着"权"的旗号的权谋、变诈之外，都是首先承认"经"，即与常规性的生活情境相适应的共识性道德准则的严肃性和先在性的。更为根本的是，在"经"和"权"之上，还有一个始终不能违背的"道"作为行为正当性判定的最高依据，并且"经"和"权"都以

"义"作为价值追求的目标,以"中"作为行为实践的尺度。对道义原则的强调以及对"经"的普遍约束力的承认,使得中国传统经权观尽管认为主体在道德实践之中运用自己的智识进行权衡判断不仅是可行的,甚至是必要的,但是,却没有使中国传统伦理思想陷入道德虚无主义或者反律法主义的泥沼。同时,在承认特殊情境之下可以反经行权的理论中,由于区分了"道"与"经"在道德规范体系中所处的层次的不同,"道"在现实生活中的约束力是具有绝对的普遍性的,而"经"的普遍约束力则具有一定的相对性。这样,既可以给道德原则以最大限度的尊重,又不会像教条主义或律法主义一样在道德实践中否定了人的主观能动性。而在宋代之后流行的各种经权统一理论中,由于承认"权"的合理性和必要性,在严格要求遵循"天理"的道德体系中,仍然给主体性留下了较大的空间。

道德生活中存在的由于情境的复杂性所导致的实践的难题,在任何一种伦理传统中都是存在的。因此,如何将具有抽象性的道德准则运用于现实的道德实践中,就是在道德生活中不得不面对的问题。在西方的历史中,决疑论(决疑法)的出现便是为了解决这一问题。对于决疑论,弗兰克纳是这样定义的:"一个道学家可能列举大量特殊情况,并对它们加以描述,然后告诉我们在每一种情况下应该如何行动,通过这种方法试图提供伦理指导。这就是所谓的决疑法,它流行于十七世纪。"[①] 这里所说的"流行于十七世纪"的决疑论是从狭义上说的,它是16—17世纪在欧洲流行的一种基督教神职人员或信徒运用基督教的基本原则对具体个案进行分析的方法。但从广义上说,西方从古希腊罗马时期开始,就存在着介于绝对主义与相对主义之间的所谓古典的决疑论,亚里士多德"考虑具体的事实"的"明智",便具有类似于决疑论的特征。因此现代元伦理学的开创者摩尔认为,虽然一般人认为决疑论与伦理学不同,前者更详细和特殊,后者则更普遍,但决疑论所处理的并不是什么绝对特殊的东西,它和普遍东西之间并不能画一条完全精确的界线。所以,他认为:"决疑论确实可以比较特殊,而伦理学可以比较普遍;可是,

---

[①] [美]威廉·K. 弗兰克纳:《伦理学》,关键译,生活·读书·新知三联书店1987年版,第26页。

这意味着它们仅仅在程度上、而不是在类别上有所不同。"同时，他还认为："决疑论不能满足于仁爱是一种德性这一普遍规律，而必须力求发现每个不同形式的仁爱的各种相对价值。因此，决疑论构成伦理科学的理想的一部分：伦理学缺少它，就不可能是完备的。"① 但是，作为一种道德决策方法的决疑论在西方后来衰落了，甚至"决疑论"这个名称在许多人心目中都成为一个具有贬义的词语。关于它的衰落，摩尔认为原因在于，"决疑论者不能辨别那些决定它所处理的事情的价值的因素。因此，他常常把两个实际上仅仅在某一别的方面相同的事件，看作在价值上是相同的"。换句话说，"它过去之所以失败，仅仅是由于在我们现在的知识状况下，它是一个过分难于适当加以处理的题目"②。

  知识上的错误或者不足可能是造成曾经在西方兴盛一时的决疑论衰落的原因之一，但更为根本的，是这种试图在具体个案中寻找判例的道德决断方法在处理道德原则与现实的具体情境中的关系时过于随意，导致二者之间的脱节。兴盛于16—17世纪的决疑论的基本方法是将基督教中的道德准则应用于现实的具体事例之中，以解决不同原则或价值之间产生的冲突。宗教组织用这种方法，为忏悔者的行为进行判定。但是，由于缺乏一种不容动摇的至高的原则作为界限，所以对于任何罪责，神职人员都能够为其找到一个得到谅解或宽恕的理由。这样，本应为道德实践提供指导的方法，就变成了逃避道德约束和谴责的途径。那些"令人尊敬的神父""把肉体的世俗的策略隐藏在圣袍和基督教的审慎下面；好像信仰，以及信仰相关的圣传因不同时间和不同地点可以有所不同的；好像对于它的臣民欲擒之则必先纵之，乃是一条规则似的；好像灵魂要得到净化，涤除污染，就只有破坏上帝的律法，取消清明、纯洁的上帝的律法似的，让沉浸在罪恶中的灵魂去听从耶稣会的有益教训似的！"③ 从帕斯卡对当时宗教组织所使用的决疑法的尖锐抨击可见，这种方法的最重要的问题，在于它在解决各种规范或准则之间的矛盾时，完全

---

① ［英］乔治·爱德华·摩尔：《伦理学原理》，长河译，上海人民出版社2003年版，第11—12页。
② ［英］乔治·爱德华·摩尔：《伦理学原理》，长河译，上海人民出版社2003年版，第12页。
③ ［法］巴莱西·帕斯卡：《致外省人信札》，姚蓓琴译，上海社会科学院出版社2002年版，第58页。

缺乏一个更具有普遍约束力的原则作为依据或界限,从而完全消解了道德准则的约束力,因而"成为一切不道德的根源和基础"①。

在中国传统的经权观中,自始至终都在警惕着在特殊性的情境或事件中主体运用权衡或权变可能会造成的对具有普遍性的价值准则的背离,因此一方面强调道义原则的不可违背性,另一方面又始终尊重具有共识性的道德准则的一般情境下的普遍约束力,要么认为"权"只是"不得已"的情况下的应变之举,要么认为"权"只能在"经"的范围之内被运用,而不是在"肉体的世俗的策略"与道德准则之间做交易。因此,在中国传统社会中,只要不是对"权"进行偏离道义原则的歪曲理解,即使承认"权"的必要性,也并没有对道德秩序的维护造成消极的影响。

20世纪60年代,在西方又出现了一种"新决疑法"——境遇伦理学。它的倡导者弗莱彻认为,"同传统决疑法一样,这种新决疑法也是注重事实的、具体的,它关心把基督教命令付诸实际应用。但与传统决疑法不同的是,这种新决疑法根据存在的特殊性,反对提前做出实际生活决定的企图"②。境遇伦理学的"强烈的基本意识"是"境遇决定实情",甚至可以说是"境遇改变规则和原则"。具体来说,"境遇论者在其所在社会及其传统的道德准则的全副武装下,进入每个道德决断的境遇。他尊重这些准则,视之为解决难题的探照灯。他也随时准备在任何境遇中放弃这些准则,或者在某一境遇下把它们搁到一边,如果这样做看来能较好地实现爱的话"③。许多研究者认为,境遇伦理学或境遇论与中国传统的经权观是两种类似的理论,二者都重视道德情境的重要性,都突出主体在道德实践中通过理性进行权衡和抉择的意义。从上述两点来说,境遇伦理学与经权理论的确有相似之处,说明了不同文化传统下的学者都看到了将具有普遍性、常规性的道德准则与特殊性的道德情境结合起来的必要性。但是,这两种理论在对待道德准则和道德情境的态度

---

① [法]巴莱西·帕斯卡:《致外省人信札》,姚蓓琴译,上海社会科学院出版社2002年版,第58页。
② [美]约瑟夫·弗莱彻:《境遇伦理学——新道德论》,程立显译,中国社会科学出版社1989年版,第124页。
③ [美]约瑟夫·弗莱彻:《境遇伦理学——新道德论》,程立显译,中国社会科学出版社1989年版,第17页。

上，还是存在一些显著的差异的。

首先，具有常规性和共识性的道德准则在境遇伦理学是具有相对性的。弗莱彻认为，他的境遇伦理学的理论前提有四个，其中最重要的两个是实用主义和相对主义。这两种理论，在他对于道德准则的态度上就可以鲜明体现出来。他特别强调了"探照灯"在对境遇论者描述中的意义。他说："用前已提到的术语来说，原则、箴言或一般规则是探照灯，而不是导向器。……境遇伦理学要求我们把律法置于从属地位，在紧急情况下惟有爱与理性具备考虑价值！"① 弗莱彻认为，在境遇伦理学中，只有唯一的一条原则，就是基督教教义中的"爱"。同时，"至于爱在实践中的涵义，没有任何预定处方。其余一切所谓的原则或准则都是相对于特殊的具体境遇的！如果说还有什么规则的话，那只是些根据经验行动的方法而已"②。由此可见，境遇伦理学中对待一个社会中具有常规性和共识性的道德准则的态度，完全是实用主义和相对主义的，这一点与中国传统的经权理论有着显著的区别。经权理论中虽然也承认"道"作为善恶判断的最高的依据，但同时认为，日常生活中具体的道德准则是体现着"道"的要求的，不论认为这些准则在特殊情境下可以违背，还是认为权变只能在既有准则体系的范围之内，无论哪种经权观，都没有否定具体的道德准则或规范在道德生活中的普遍约束力，只不过对其普遍性的限度存在着分歧。但在境遇伦理学中，境遇无论在任何情况下，都是道德决策要考虑的首要要素，而具有常规性和共识性的道德准则，则完全变成相对的。因此弗莱彻自己也承认："境遇论是我们时代的实用主义和相对主义在基督教伦理学中的结晶。"③

其次，境遇伦理学对于个体特殊境遇的关注方式和道德要求与中国传统经权观也是不一样的。境遇伦理学以"爱"为唯一的、最高的原则，这一点看似与中国传统经权观中以"道"作为行为正当性判断的最终依据类似。但

---

① [美] 约瑟夫·弗莱彻：《境遇伦理学——新道德论》，程立显译，中国社会科学出版社1989年版，第21页。
② [美] 约瑟夫·弗莱彻：《境遇伦理学——新道德论》，程立显译，中国社会科学出版社1989年版，第26页。
③ [美] 约瑟夫·弗莱彻：《境遇伦理学——新道德论》，程立显译，中国社会科学出版社1989年版，第124页。

是,"爱"和"道"这两个原则对于人类社会的意义却有着明显的不同。中国传统伦理思想中的"道",归根结底是对人类生活需要和社会规律的一种形式化的概括,对"道"的遵循和恪守,体现的是对社会发展和人生幸福的理想的追求。以"道"作为行为是否具有道德上的正当性的判断依据,实际上体现的是对人的生活需要的尊重。而境遇伦理学中的"爱",则是从上帝出发的一种观念。"基督教境遇伦理学只有一条规范、原则或律法(随你怎么叫)具有约束力而无可指摘,不论境遇如何它总是善的和正当的,这就是'爱'——关于爱上帝、爱世人这一综合诫律的神爱。其他一切律法、准则、原则、典范和规范,毫无例外都是有条件的,只有当它们在某一境遇下恰好符合爱时,它们才是正当的。"①"爱"中虽然包含着对"世人"的悲悯关怀,但它是以上帝或神为中介的。因此它所说的"爱","是感恩的爱、对上帝感恩的爱,因为上帝为我们、为人类,特别是在耶稣基督的生、死与复活中付出了努力"。②

总之,道德情境的常规性和特殊性之间的矛盾,由人类生活经验概括出来的具有一定的普遍性的道德准则与丰富多彩的特殊情境之间如何实现有效的协调等问题,都是相伴人类的道德生活始终的。中国传统经权观是立足于生活实践,将原则性与灵活性有机结合起来,对这一矛盾和问题进行思考的结果。这种辩证智慧成为中国人的道德生活中的有效的方法论指导,在中国传统社会中对于维护社会的道德秩序和价值观念,都发挥了重要的作用。

二 道德观念的恒久性与时效性

经权观中所体现的共性与殊性之间的矛盾,不仅表现在某个确定的时代里情境的常规性与特殊性之间的矛盾,以及由此引申出的从常规性情境中总结出的具有共识性的道德规范的普遍约束力与道德实践中所面对的具体情境的特殊性之间的矛盾,而且还体现在道德观念在人类社会生活中的永恒性与不同历史

---

① [美]约瑟夫·弗莱彻:《境遇伦理学——新道德论》,程立显译,中国社会科学出版社1989年版,第20—21页。
② [美]约瑟夫·弗莱彻:《境遇伦理学——新道德论》,程立显译,中国社会科学出版社1989年版,第131页。

时代中的时效性之间的矛盾。在伦理学的发展历史中，尽管具体道德观念上可能会有所差异，但古今中西的大多数伦理学家往往喜欢将道德原则或规范建立在神意、"天理"或普遍的人性、客观的自然法则之上，试图为道德准则寻求一种超越时空限制的理论根基，以论证其具有绝对的普遍约束力。但是，人类社会总是处于发展变动之中的，虽然不能否认道德观念中包含着一些反映社会的一般规律和人类共同属性或共性需要的成分存在，但社会秩序总是特定的历史时代的社会秩序，人的需要和对好生活的理解也会随着时代的发展进步而有所变化。从历史中所沉淀下来的道德准则，尤其是具体的道德规范，往往会因时代的变迁而丧失其历史的合理性。尽管不是每一条道德准则都会随着历史发展的变化而变化，但总体上来说，人类的道德观念是具有变动性、时效性的特征的，而不是完全永恒的、固定不变的。中国传统经权观在尊重道德准则的普遍性基础上，承认变通的合理性，这里所谓的变通，既包括在现实的道德生活中运用道德准则时应当根据情境的需要而灵活变通，也包括道德观念、道德准则本身随着历史的发展而有所变通损益。因此，从恒久性和时效性的关系上来说，中国传统经权观也试图在二者之间寻求一种辩证的平衡与兼顾。

中国传统经权观中道德观念的恒久性与时效性，首先表现在"经"与"权"的关系上。相对来说，"经"侧重于道德观念的恒久性，"权"体现更多的则是时效性。"经"所体现的是"常道"，"常道"之"常"，既包括空间上的涵盖性，也包括时间上的永恒性。汉儒明确提出经权关系问题，原因就在于意识到在特殊的时空条件之中，体现着恒久性和普遍性的"经"对于善的实现来说会失去效力，所以必须用"可暂而不可常"的"权"来处理某些特殊情境下的特殊事例。在人类社会中，历史的变动性和情境的多样性一样，都是其复杂性的表现。经权理论的提出，正是为了给处理社会生活中道德实践的复杂性提供指导。"'应变'的实践之所以会在儒家构成左右两难，主要系来自社会结构的不断变迁与人类生活的复杂性，两者跟道德规范之间的龃龉。此由于为了维持秩序所发展出来的道德体系，经常是有了共识慢慢形成或事后设计出来的，因此永远落在社会变迁之后；再者，人类社会的复杂度，绝非道德体系所能全面涵盖，因此道德规范与实际社会生活之间，经常存在着矛盾冲突。"① 道德规范与实际社会生活之间的这对矛盾如果处理不好，在理论上，要么就会因强调道德规范的恒久性特征而拒绝道德上的革新与发展，从而使得落后的道德观念成为社会发展的障碍；要么便会否定任何具有普遍性的道德准则的存在，现实生活中拒绝道德准则的指引和规范，从而走向道德相对主义甚至道德虚无主义。焦循在解释《易传》中"巽以行权"时说："圣人既示人以人道之常，又谆谆于变则通、通则久之义，盖不独为一时计，且为万世计。"② 中国传统伦理思想重视经权问题，正是为了试图避免上述两种极端的倾向，以维护稳定和良性的社会道德秩序。

其次，从道德规范体系的内在结构上来说，中国传统经权观中对恒久性和时效性的辩证理解还体现在"道"和"经"之间的关系上。"道不可须臾离也，可离非道也。"（《中庸》）在中国传统思想中，"道"被看作贯彻于人类生活甚至与宇宙相始终的原则。"天不变，道亦不变。"它是具有永恒性的。从具体生活中具有共识性的规范或准则角度说，"经"虽然也有一些超越历史的特征，但它总体上来说则是可以随着社会历史的变迁而有所损益的。即使从抽象的意义上说"经"意味着永恒、稳定，但其具体内容方面则一般也被认为是可以应时而变的。"古之人以是为礼，而吾今必由之，是未必合于古之礼也；古之人以是为义，而吾今必由之，是未必合于古之义也。夫天下之事，其为变岂一乎哉？固有迹同而实异者矣。今之人諰諰然求合于其迹，而不知权时之变，是则所同者古人之迹，而所异者其实也。"③ 礼义规范不过是"道"之"迹"，总是会随着时代或环境的差异而有所不同的；时代变换之后，仍然循着古人之"迹"而求行为合乎"道"之"实"，则无异于刻舟求剑。"经"和"道"在恒久性的限度上的区别，成为中国传统思想中重视"权"、强调"时中"的依据之一。宋代之后，许多人认为没有"经外之权"，原因就在于抹杀了"经"和"道"之间的区别，将"经"也视为了不容变更的具有绝对的普遍性和恒久性的准则。因此，封建社会晚期的学者虽然碍于

---

① 卢瑞容：《中国古代"相对关系"思维探讨——"势""和""权""屈曲"概念溯源分析》，台北：商鼎文化出版社2004年版，第222—223页。
② （清）焦循：《雕菰楼易学五种》，陈居渊校点，凤凰出版社2012年版，上册，第193页。
③ （宋）王安石撰：《王安石全集》，张鹤鸣整理，崇文书局2020年版，第5册，第642页。

早期儒家重视"权"的传统仍然在讨论和阐释"权"的问题,但终究没有能够阻挡被绝对化了的"经"因僵化、异化而成为"杀人""吃人"的工具的事实。

在现实的道德生活中,恒久性与时效性之间的关系是辩证统一的。"变则通,通则久。"只有承认具体规则具有的时效性特征,适时调整,才能保证道德生活的持久。中华文明五千年绵延不绝,原因之一就在于能够保持不断地与时更新,最大限度地保持与社会发展规律和人们生活需要的一致,使其核心和精髓能够保持生机和活力。同时,承认反映着普遍规律和人们的共同价值理想的具有永恒性的原则的存在,是具体道德准则随时代的变迁不至于演变为"从一个极端跳到另一个极端,只会如同从油锅跳进火坑"[①]的局面的保障,让沉淀在文化中的优良的成分能够始终薪火相传,也可以尽量避免因道德观念在极端之间的摇摆而导致的价值观上的混乱和理想信仰的缺失。

另外,值得一提的是,道德观念上的恒久性与时效性的问题,在中国历史中,往往成为主张复古、保守者和要求变法、革新者在进行辩论时的重要理论依据。一般来说,前者都会强调准则、规范的永恒性和不可变更性,而后者则突出权变的意义,强调准则和规范的历史性、变动性。比如,宋代改革家王安石区分了礼义规范的"迹"与"实",主张应当"辨义行权"。他说:"事同于古人之迹而异于其实,则其为天下之害莫大矣,此圣人所以贵乎权时之变者也。"[②] 这一思想,成为他呼吁变革的重要依据之一。清代焦循也曾借"权"的理论,反对盲目复古的思想。他说:"权之义,孟子自申明之。圣人通变神化之用,必要归于巽之行权。……儒者未达其指,犹沾沾于井田封建,而不知变通,岂知孟子者哉!"[③] 近代的康有为前期是戊戌变法的主要领导人之一,因此在这个时期的著作中,他对死守教条不知变通的思想进行猛烈抨击,对权变的思想予以充分肯定,并将其作为倡导变法的依据。"圣人举动与贤人殊,适道学立,未可与权,言不必信,惟义所在。况受天显命为

[①] [美]约瑟夫·弗莱彻:《境遇伦理学——新道德论》,程立显译,中国社会科学出版社1989年版,第17页。
[②] (宋)王安石撰:《王安石全集》,张鹤鸣整理,崇文书局2020年版,第5册,第642页。
[③] (清)焦循撰:《孟子正义》,沈文倬点校,中华书局1987年版,上册,第167页。

制作主，当仁不让。圣人畏天，夫岂敢辞？"①"传曰：可与立，未可与权。《易》曰：巽以行权。权者，知轻重之谓。拨乱救民，硁硁必信，义孰重轻？巽辞托先王，俾民信从，以行权救患。孔子乎，将为硁硁必信之小人乎？抑为唯义所在之大人乎？"②这些充满情感的言辞，无不体现着他对于准则和规范具有时效性和变动性观点的笃切认同。辛亥革命之后，成为保皇党人的康有为则反对革命，反对新道德代替旧道德的新文化运动，成为保守势力的代表。这时候，他曾经激烈批判过的"天不变，道亦不变"的观点，变成了他自己关于伦理道德的思想的核心。"有疑孔教为古旧不切于今者，有以为迂而不可行者。吁！何其谬也。夫伦行或有与时轻重之小异，道德则岂有新旧、中外之或殊哉？而今之新学者，竟嚣嚣然昌言曰：方今当以新道德易旧道德也。嗟夫！仁义礼智，忠信廉耻，根于天性，协于人为，岂有新旧者哉？"③从口口声声"言不必信，惟义所在"，到"道德则岂有新旧、中外之或殊哉"，正是由于他对于社会变革主张上的变化，导致了对于道德观念的特征的认识态度上的不同。

三　道德主体的同质性与差异性

《中庸》中说："道不远人，人之为道而远人，不可以为道。"在中国传统伦理思想中，作为道德规范体系的最高原则的"道"，是以人类的生活为根基的。尤其是在儒家思想中，"天道远，人道迩"。尽管承认天道与人道之间是可以相沟通的，但仍然明确强调与人类切身生活更为接近的"人道"才是行为选择的依据和价值判断的标准。对于"道"的这种理解，不仅决定了中国传统伦理思想以着眼于人的生存和发展为目的，而且也表明了它是深深扎根于人的生活之中，以对人的生活的经验和体悟为基础的。虽然在有些思想家的伦理思想的论证中往往会使用"天"这个概念，但中国传统伦理思想的

---

① 康有为撰：《康有为全集》第2集，姜义华、张荣华编校，中国人民大学出版社2007年版，第365页。
② 康有为撰：《康有为全集》第3集，姜义华、张荣华编校，中国人民大学出版社2007年版，第141页。
③ 康有为撰：《康有为全集》第10集，姜义华、张荣华编校，中国人民大学出版社2007年版，第91页。

主导并非"天"或者神，人才是它的真正的核心。

以人道为基础思考道德生活，有两种可能的视角，一是人类的普遍本质，二是人的具体的生活境遇。从道德规则的来源和依据角度来说，在伦理思想史上，前者往往更受关注。能够成为道德上的具有普遍约束力的规则的，必然是来自人的普遍的本质或者需要，而不是由特殊的偏好、情感、经历或者境遇等偶然性因素决定的。换句话说，这种体现着人的普遍本质的规则，才可能成为"经"。但是，任何道德行为，最终都要落实到个体的行动上，以个体的内在道德观念、道德选择的方式以及具体的道德情境的判断为基础。在现实的道德生活之中，道德主体的差异性同样构成道德选择情境的特殊性的一个方面。杨国荣在谈到中国传统经权思想时，说："道德既体现了人的普遍本质，又与人的具体存在相关，道德原则的绝对性（经），从一个侧面突出了人的本质力量，而其相对性（权），则折射了人在具体境遇中的存在。"[1] 中国传统的经权思想，从总体上说，体现了对作为道德主体的人的同质性与异质性、普遍本质与具体存在的兼顾。

首先，道德准则，无论是抽象的道德原则（"道"）还是具体的道德规范（"经"），在中国传统伦理思想中，都被认为是来自人的共同属性或需要的。有些学者或者学派的伦理思想，即使以"天"作为理论上的中介，但伦理意义上的"天"归根结底所体现的依然是人的禀赋或人的需要。[2] 在中国传统的道德起源理论之中，人性是最重要的理论基础之一。所谓人性，简单地说，就是人生来具有的共同本性。由于对人性的理解不同，对道德准则的来源的解释也不同，大致来说，有两种主要的观点：一是道德准则建立在人类本性中所具有的某种禀赋的基础上；二是道德准则的产生源于应对人的本性中所具有的某种弊端的需要。前者以孟子的性善论为代表，后者则以荀子的性恶论为代表。

---

[1] 杨国荣：《理性与价值——智慧的历程》，上海三联书店1998年版，第239页。
[2] 这里需要区分开理论本身的逻辑和理论生成的逻辑。从理论本身来说，有些理论体系中，"天"被视为人类社会中的道德准则的最终来源。但是，从理论生成的角度说，具有伦理意义的"义理之天"或"道德之天"，本质上来说是为了表达人的道德认识、价值理想或者善恶观念而构造出来的。所以从这个角度来看"天"这一概念，只是表达人的某种观念的理论中介。

在孟子看来:"凡同类者,举相似也,何独至于人而疑之?圣人与我同类者。"(《孟子·告子上》)所有的人既然都可以称为"人",成为一类,必然有相似的属性。这种类似性,不仅表现在感觉经验上,还反映在价值追求上。"口之于味也,有同嗜焉;耳之于声也,有同听焉;目之于色也,有同美焉。至于心,独无所同然乎?心之所同然者,何也?谓理也,义也。"(《孟子·告子上》)孟子认为,人类中的每一个个体,"心"中都具有四"端"。"无恻隐之心非人也,无羞恶之心非人也,无辞让之心非人也,无是非之心非人也。恻隐之心,仁之端也;羞恶之心,义之端也;辞让之心,礼之端也;是非之心,智之端也。人之有是四端也,犹其有四体也。"(《孟子·公孙丑上》)恻隐之心、羞恶之心、辞让之心、是非之心是每一个人生来具有的共同的本性的体现,它们分别是仁、义、礼、智这四个儒家最看重的德性品质的开端。一个人如果想要成为道德的人,需要做的,就是对这四"端"进行呵护和扩充。

荀子不同意孟子的性善论,在他看来:"人之性恶,其善者伪也。"(《荀子·性恶》)既然人性是恶的,那么,与善的理想相一致的道德准则或德性品质就不可能直接来自人性之中。但是,道德准则与人性并非没有关系。荀子认为,它们是圣人出于维护人类共同的社会秩序的需要,针对人性本恶的事实而制定出来的。他说:"力不若牛,走不若马,而牛马为用,何也?曰:人能群,彼不能群也。人何以能群?曰:分。分何以能行?曰:义。故义以分则和,和则一,一则多力,多力则强,强则胜物,故宫室可得而居也。"(《荀子·王制》)从自然资质上说,人的力气没有牛大,跑得没有马快,但人"最为天下贵",牛马等动物都要为人所驱使,原因就在于人的生活方式是社会性的,而这种生活方式能够维持,则有赖于人类群体中的角色分工;为了保障分工的社会正常运转,又需要礼义规范作为人们行为的指导和约束。因此,维持社会性生活方式的存在和稳定,是人类的共同的需要。"故人生不能无群,群而无分则争,争则乱,乱则离,离则弱,弱则不能胜物;故宫室不可得而居也,不可少顷舍礼义之谓也。"(《荀子·五制》)但是,由于人的本性是恶的,礼义规范不可能从人性中直接引申出来,它只能是圣人在意识到人类的本性和需要的基础上制定出来的。这就是荀子说的:"古者圣王以人性恶,以为偏险而不正,悖乱而不治,是以为之起礼义,制法度,以矫饰人之情性而正之,以扰化人之情性而导之也,始皆出于治,合于道者也。"(《荀子·性恶》)

由此可见,尽管不同的人性论对道德准则的来源的解释不同,但都是认为,道德准则或规范是来自人类的某种共通性的,是人在禀赋或需要上的共性的体现。建立在共通性基础之上,不仅使道德准则的普遍约束力有了扎实的根基,而且也使其在一般情境之下的规范和指导作用的实现成为可能。

其次,"权",无论是权衡之"权"还是权变之"权",都一定程度上反映了道德实践主体的差异性和存在的具体性。孟子曾经说:"鱼,我所欲也;熊掌,亦我所欲也。二者不可得兼,舍鱼而取熊掌者也。生,亦我所欲也;义,亦我所欲也。二者不可得兼,舍生而取义者也。"(《孟子·告子上》)他又说:"可以取,可以无取,取伤廉。可以与,可以无与,与伤惠。可以死,可以无死,死伤勇。"(《孟子·离娄下》)人的生命历程之中,会面临着各种各样的选择,既有不同道德准则或角色义务之间的选择,也有遵循道德要求与追求利益满足之间的选择。而每一种选择,不但反映了主体的道德意识和价值观念,而且最终的选择结果也与主体的需要和境遇有着直接的关联。比如在生死关头,当生与义面临着激烈的冲突且"二者不可得兼"的情境之下,舍生取义、从容赴死是具有高尚道德情操的体现。但是,如果冲突没有剧烈到必须"舍生"才能"取义"的地步,贸然选择赴死,轻率放弃生命,则是不恰当的。因此,即使对于持有确定的道德观念的人来说,情境上的微小差异或具体需要上的不同,便可能对应着不同的恰当的行为方式,封建社会晚期,许多"愚忠""愚孝""愚节"的案例中,当事人往往遵从所谓的圣贤教训或者援引古人的故事,选择殉节、殉难或者其他极端的处理方式。之所以称其为"愚",就是因为其中大多数情况,都属于孟子所说的"可以死,可以无死"的情境,而当事人却没有对自己所处的境遇做必要的分析和权衡。这种现象,戴震称之为"执理无权"。"人伦日用,圣人以通天下之情,遂天下之欲,权之而分理不爽,是谓理。宋儒乃曰'人欲所蔽',故不出于欲,则自信无蔽。古今不乏严气正性、疾恶如仇之人,是其所是,非其所非;执显然共见之重轻,实不知有时权之而重者于是乎轻,轻者于是乎重。其是非轻重一误,天下受其祸而不可救。岂人欲蔽之也哉?自信之理非理也。然则孟子言'执中无权',至后儒又增一'执理无权'者矣。"① 所谓"执理无权",就是在道德实践过程中只知道将体现着共性和普遍性的"理"作为选择的唯一标准,而完全没有对个体所处的情境的分析和判断。

情境意味着主体在进行道德实践时所面对的客观环境和条件,之所以在不同的情境中应当做出不同的选择,除了客观因素的考量之外,还包括主体需要上相对于一般情境下所发生的变化。《孟子》中所讨论的舜"不告而娶"便是这方面典型的事例。根据礼制的规定,男女婚姻必须通过"父母之命,媒妁之言"。但是,舜违背了这一礼制的要求,没有征得父母的同意而在婚姻上擅作主张,这一做法却得到了孟子的肯定。这是因为,一般情况之下礼制规定的"父母之命,媒妁之言",对于婚姻的当事人来说,要解决的是与谁结婚的问题;而在舜所处的情境之下,最紧迫的需要不是与谁结婚,而是能否结婚以确保有后的问题。"不孝有三,无后为大。"结婚的需要无疑是重于与谁结婚的需要的,因此,舜的婚姻虽然没有得到父母的认可,但仍然得到了孟子的肯定。道德准则总是具有一定的抽象性的,如果脱离了主体的具体的需要,则很容易与结果上的"有善"发生背离。"权"正是为了赋予主体在其所处的具体情境之中,在尊重既有规则的前提下,综合判断各种主客观因素而做出"有善"的行为选择的权利。

总之,中国传统的经权理论,既尊重了同人类的群体经验和共同需要相一致的普遍性道德准则的价值,又考虑了道德主体在具体的道德实践中的特殊性和差异性,从而以一种审慎而灵活的态度,以求实现道德生活的稳定性和良善性。

---

① (清)戴震:《孟子字义疏证》,何文光整理,中华书局1982年版,第54页。

第七章　中国传统经权观的总体评价与现代启示

经权观是中国传统伦理思想的一个有机组成部分，它体现了中国传统伦理思想重"行"的特征，反映了中华民族在道德生活中的实践智慧。对中国传统经权观的研究，不仅是为了还原中国古代伦理思想的真实面貌，更是为了给今天的道德实践和伦理学研究提供理论借鉴。

第一节　中国传统经权观的发展逻辑

中国传统伦理思想中的经权学说，源于古代的思想家对复杂的道德生活中的道德规范或准则的普遍性与道德实践主体的能动性以及所面对的情境的多样性的辩证关系的思考，并随着时代的发展和思考的深化而不断进行着校正和完善。它的理论进展中的每一个环节，都体现了社会发展中道德生活上的历史变化和时代特征，同时又对人们的道德生活起着引领和指导的作用。

一　道德生活：中国传统经权观发展的逻辑依据

赵纪彬在对中国古代的"权"说进行评价时，有这样一段论述："汉宋清三代的权说，持论相反，而皆以注解《论语·可与共学》章的形式表达出来……自汉以降，所谓'以权言道'的学派异同，实乃'经学'内部的方法论之争。这个争论，有自己不能超越的历史命运。至民主革命兴起，开创了一个新的历史阶段，'经学时代'终结，祖述孔子'以权言道'形式的方法论，也随之化为历史的陈迹。"[①] 汉代之后的"以权言道"的"权"说，其实就是以经权关系为核心展开的经权学说。从汉代在经权关系问题上初次提出

[①] 赵纪彬：《困知二录》，中华书局1991年版，第261页。

"反经合道为权"的观点,到宋明时期的各种经权统一理论,再到清代学者对宋明理学经权观的反思和批判,不同时期学者们在具体观点上虽然存在分歧,但理论阐述的基本方式,却大多是围绕着对《论语》《孟子》《春秋》《周易》等儒家最重要的经典中的相关论述或事例的分析和阐释展开的。从这一意义上说,认为中国传统经权观中体现着不同学者对于经典诠释的基本理念和方法的不同,并无不妥之处。但是,理论的产生和发展,学术方法的革新,不能完全看作某种学术传统"内部"争论的结果,它们还必然有着现实实践需要的推动,是一定的时代生活在学术上的反映。因此,如果脱离了社会历史发展进程和道德生活实践的分析,将中国传统的经权观仅仅视为"经学"内部的方法论之争,不但不能从根本上认识其展开的历史逻辑,同时也会忽视这一理论对于现实的指导意义,而将其仅仅视为一种"历史的陈迹"。

相对于西方伦理学,中国传统伦理思想有着自身显著的特征。它虽然是以具有抽象性、原则性的"道"作为道德生活中的最高价值目标,将其作为善恶判断的最终依据,但是,中国传统伦理思想中的这个"道",却不是存在于与人们的经验世界或者生活世界相对的理念世界或者彼岸世界之中的,它不是某种"纯粹的"或"绝对的"理念或者精神,也不是某种凌驾于人类之上的超自然的主宰的意志或者命令的表达。"道不远人,人之为道而远人,不可以为道。"(《礼记·中庸》)"道"是宇宙存在的"第一原理",更是"人的内在生命的呼声",存在于人伦日用之中。因此,彻底地认识"道"、把握"道",并不需要超绝于人的生命过程和生活世界,而仅仅通过"好问而好察迩言,隐恶而扬善"就可以做到;达到"至善"的途径,就存在于"明明德"和"亲民"的生活和实践过程之中。因此,在中国传统伦理思想中,所谓的"善",归根结底是以人们生活的需要作为根本依据的。这就使得中国古代的学者们对于道德生活中的规范或准则保持着一种更为客观和审慎的态度。

如果认为道德上的"善"或者道德的最高原则的根源或依据是存在于与人类的日常生活世界相对并且高于人类的日常生活世界的另外一个世界中的,那么,在这样一种道德理论中的规范或准则便很容易被赋予神秘性、权威性;对于道德主体来说,它们应被当作具有不容变更性的绝对的命令或普遍的法则。在中国传统伦理思想中,从西周时期起,虽然作为命运的主宰和道德上的"仪轨"的"天"在人们的观念中依然存在,但是,"天视自我民视,天听自我民听"观点的流行,使得人的现实生活在道德行为上的应当或不应当的判断中具有了根本性的意义。"王官失守,学术下移"之后,道德观念上的这一基本立场在诸子百家的思想中都有所体现,尤以儒家学说中最为鲜明。当以"人"为中心,尤其是立足于人的现实生活本身来思考伦理道德问题时,日常生活中对行为起着直接的指导作用或作为道德评价的直接标准的道德规范或准则就不可能被当作凌驾于人的生活需要和生命过程之上的不容变更的绝对的命令,对于它的普遍的约束力的理解上也具有了更多的灵活性。这样,当一个人追求成为真正有道德的人时,就不仅仅需要有对道德规范或者准则的拳拳服膺,而且需要有对"道"的精神实质和内涵的准确认识,以及能够摆脱流俗的看法和固定的教条而追求具有根本意义的"道"的坚定意志和信念;当对一个行为进行善恶价值的判断时,也不仅仅是看它是否符合某一被视为共识的通行的规则,更根本的,还要看它是否从整体上更有利于人的"好生活"的实现。因此,先秦时期的诸子,在特殊的时代背景之下,虽然对作为普遍性道德准则的"礼"的价值的评价不同,但大多对"权"这一通过主体能动性和自觉性的发挥,来做出与道德上具有最高价值的原则更加符合的选择的能力和意识,表现出极大的兴趣。同时,尽管不同学派对其最高原则的内涵的理解不一致,但大多都对其冠以"道"的名义。

由此可见,"权"说的兴起,在中国伦理思想史上有其必然性。秦汉之后,儒家学者将"经"引入这一问题的讨论中而使这一学说得到继续发展和演化,并形成了丰富多彩的经权观。经权观上的每一次重大转变,都同中国传统伦理思想演进的整体历程和道德生活上的变革存在着紧密的联系。

在对中国传统经权观发展的逻辑进程所进行的概括中,有两种比较常见的观点,一种是将从汉儒提出"反经合道为权",到宋明儒在批判汉儒观点基础上提出经权统一,再到清儒"复活"汉儒"反经合道"的理论,看作一个"否定之否定"的辩证发展过程。[①] 另一种观点认为,从汉儒"经权对待的反

[①] 参见赵纪彬《困知二录》,中华书局1991年版,第261页;葛荣晋《中国哲学范畴通论》,首都师范大学出版社2001年版,第634—635页。

经合道"，到程颐主张的"经权统一的经即权"（实际上应为"权即经"），再到朱熹"经权既对待又统一"，表现为一个"正、反、合的逻辑展开"过程。程朱之后的经权观，大致不出这三种观点。① 从发展的总体趋势上看，这两种观点都有一定道理，但是，无论是"否定之否定"的过程，还是"正、反、合"的逻辑展开次序，都不仅仅是形式上的改变。每一次变化背后，都有其深刻的社会历史根源和伦理道德思想发展上的必然性。

正如本书的第二章和第三章中所分析，无论是先秦时期"权"说的兴起，还是汉代经权理论的正式提出，都不仅是中国传统伦理思想的特色的体现，而且还有其现实的社会背景和文化背景。同时，汉代之后在经权观上的每一种观点，从伦理学的角度来看，都是社会道德生活的发展在理论上的反映。

二 "反经合道为权"与封建伦理秩序的建立

秦统一六国之后，大一统封建秩序的形成，不仅需要法律作为秩序维护的外在保障，秦朝二世而亡的教训证明，伦理道德约束对于有序的社会秩序维护来说也是不可缺少的。先秦时期，对伦理道德在社会治理和人生实践中的意义最为看重的莫过于儒家，但是，孔子、孟子等早期儒家以德性为核心，以人格完善为目标，重视主体的自主、自决的伦理思想同统一的封建国家的利益需要之间并非完全契合。可以说，西汉时期儒家思想重新崛起，乃至"独尊儒术"局面的形成，既是汉初统治阶层对社会治理方式进行反思和选择的结果，也是以叔孙通、董仲舒等为代表的儒家学者通过改造儒家学说以迎合封建国家的秩序维护需要的结果。在伦理思想方面，这种改造最突出的表现，就是德性、人格的意义明显被削弱，而规范、服从等内容和要求越来越被强化，以"三纲"为中心的秩序要求和以忠、孝为核心的规范体系在伦理思想中逐渐占据了核心的位置。在道德生活中，一方面，为了使社会成员认同并自觉维护封建秩序，道德教化就不能只是面向"君子"或者潜在的"君子"，满足于"君子喻于义，小人喻于利"的目标。无论是作为精英和社会管理者的"君子"，还是作为普通劳动者和被管理者的"小人"，都需要"正其

---

① 参见张立文《中国哲学范畴发展史：人道篇》，中国人民大学出版社1995年版，第740—741页。

谊不谋其利"，将行为正当性判断的标准主动地聚集到与封建秩序维护的要求相一致并被认为"可求于天"的道义要求上来。否则，可能往往只是因为少量不守本分的"小人"的存在，就会使社会秩序被彻底地破坏。另一方面，在主体的道德实践中，高尚的德性尽管可以成为道德行为的可靠的内在保障，但是，稳定的社会秩序需要人们在日常生活中必须无条件地服从和维护与这一秩序相一致的规范，而如果过分强调德性来统御规范（如孔子的"人而不仁，如礼何"）的意识，将无法充分保障规范的外在权威性和普遍约束力。因此，与封建社会秩序的建立和维护的要求相一致的道德规范或准则，不但要求具有强大的约束力，而且还要被赋予权威性甚至神圣性，以作为其得到普遍遵循的基本保障。这种被强化了约束力和权威性的道德规范，在汉代人的伦理思想中，便被称为"经"，对于大部分社会成员来说，在一般情况之下，它们都应被视为"天经地义"的、不容置疑的教条。

汉儒将道德规范称为"经"，道德教化的重点，随之由孔、孟等早期儒家所强调的主体在道德生活中需要不断体悟道德要求、培养道德意识、提升道德境界的意识，转化为对具有普遍性和先在性的道德准则的理解和服从。然而，人类生活毕竟是丰富多彩、生动活泼的，被教条化的"经"肯定无法涵盖所有的道德情境的可能。如果将"经"视为具有绝对普遍性的不可变更的戒律，很有可能使得所谓"道德行为"变得如胶柱守株般的死板僵化，从而在某些特殊的情境中产生"恶"的结果，或者背离人们对通常意义上的"道"或"善"的理解。而要对这一不良后果施以救济，从先秦思想家们的"权"说中，无疑可以找到对症之方。因此，对"经"的普遍性和权威性价值的强调，不仅没有抹杀"权"在道德生活和伦理思想中的意义，反而突出了通过"权"的方式以确保行为不偏离正当的轨道的必要性。同时，作为对"经"的教条化倾向所导致的不良后果的救济之策，汉儒的"权"所使用的，不是主体在德性修养基础上进行权衡变通的能力方面的意义，也不是主体应在道德生活中随时"权衡"的意义，而是在特殊情境下的"权变"的含义。这种权变，从目的上看，是为了追求使行为本身能够具有道德上的合理性；从形式上看，则是对一般情境下应普遍遵循的"经"的偏离甚至背离。因此，这种"权"并非一种具有普遍意义的行为方式或方法，而仅仅是与特定的情境相联系，并且只有在这一特殊的情境中才具有正当性的权宜之计。尽管"权"意味着"反经"，但对于特殊情境中"权"的积极价值的肯定，并不是要否定"经"在一般情境下的普遍约束力和权威性。

总之，汉儒"反经合道为权"的观点的产生，首先是源于在大一统的秩序需求下对具有普遍约束力的道德规范（即"经"）的现实需要。但是，作为普遍的"当然之则"的规范一旦形成，便具有稳定性的特征，在现实的道德生活中缺乏应变的灵活性，而生活总是丰富多彩、瞬息万变的，如果仅仅试图按照约定俗成的规范去应对可能出现的各种道德情境，有时候会出现事与愿违的结果。这时候，权变的意义便凸显出来。权变是偶然的境遇中遵循常规的准则或规范可能会导致不良后果时的不得已的应变之举，它虽然是对一般情境下具有普遍约束力的道德规范的暂时的违背，但是可以确保总体的道德生活最大可能地保持道德上的合理性和正当性。如果没有"权"作为补充，被视为"经"的道德规范易于僵化、教条化的缺陷，便很容易使得严格遵循"经"的生活方式下会出现各种与人们的道德理想相悖的后果。因此，"权"虽然在形式上"反经"，但承认"权"的积极意义，以"权"来化解"经"的普遍约束力的绝对化所产生的弊端，却是保障"经"具有最大的合理性和得到最大限度的认同的必然要求。

因为伦理道德领域最重要的任务是建立起一套与封建大一统的社会秩序相一致的道德规范体系，并使这套道德规范体系能够真正深入人心，发挥约束和调节人们的行为的功能，因此，汉儒虽然明确提出了经权理论，但其核心和关注点，是在"经"上的，"权"的意义和适用范围都被大大缩小。在孔子和孟子的伦理思想中，"权"不仅在道德实践中具有权衡和权变两种含义，而且还被视为一种在道德修养中人人都应当追求的高超的实践能力和境界目标。但在汉儒的经权观中，首先，"权"是"反经合道"，这种"权"，仅仅是在特殊情境中的权变意义上说的，既不是具有普遍意义的道德实践全过程之中对各种主客观因素的综合权衡，也不是指道德能力素质结构中的有机组成部分。其次，相对于"经"是普遍适用的"常"道，现实的道德实践中需要使用"权"的特殊情境是极少数的，不到迫不得已时不可轻易言"权"、用"权"。再次，就"经""权"地位上来说，"经"被视为道德生活中的主导，"权"则处于从属、次要的地位，即董仲舒在《春秋繁露·阳尊阴卑》中用阴阳学说所论证的："天以阴为权，以阳为经。……经用于盛，权用于末"，所以在现实的道德实践中应当"先经而后权"。除了儒家学者在词义上的缩小和实践上的限制之外，汉代的黄老道家在关于"权"的学说中明确将其视为"圣人之所独见"。这也就意味着，对于普通人来说，道德上的要求就是"守经"，任何情势之下都不可轻易动用"权"这一"圣人"的专利。

尽管汉儒强调"行权有道"，尤其反对打着"权"的幌子损人利己的行为，但是，在现实的利益纷争和矛盾冲突之中，这些道义上的限制很容易变得松弛甚至被刻意无视，从而对道德规范的普遍约束力和权威性造成威胁。特别是在魏晋南北朝长达几百年政治动荡、世事险恶的"无道"时代背景之下，一方面，激烈的政治斗争和军事斗争使得轮番出场的统治者们无暇顾及道德教化问题，道德规范的约束力和权威性被严重削弱。另一方面，各种尔虞我诈、背信弃义、以下犯上等违背封建伦理纲常和基本道德观念的行为，往往被披上"行权"的外衣，并以孔、孟等先贤的学说和汉儒的"反经合道为权"理论，为这些悖逆道义的行为进行合理化论证。隋唐之后，分裂局面的结束使得中央集权统一的社会秩序得以重新确立。因此，从唐代开始，陆贽、柳宗元等人便开始对汉儒以"反经"为"权"的思想的流弊和理论缺陷进行反思，并在经权关系上表现出经权统一的倾向。这一新的经权理论，最终在宋明理学中得到系统的展开和充分的讨论和论证。

三 经权统一与封建伦理规范体系的绝对化

冯友兰在谈及"道学"（即广义上的宋明理学）的历史作用时，曾认为它的出现和作用同董仲舒为代表的汉代儒家哲学的产生具有相似之处。他说："同汉朝的政治统一和民族融合相配合，董仲舒以'公羊春秋'为基础，建立了一个包括自然、社会和个人生活各方面的广泛的哲学体系，作为当时统一的理论根据，同时也是这个统一在人的思想中的反映。……唐朝的统一，不仅恢复了专制主义的中央集权的政权，也恢复了民族之间的融合……在巩固专制主义的中央集权的政权和融合民族方面，宋朝继续了唐朝的事业，并且补做了唐朝所没有做的事。那就是在上层建筑中，出现了包括自然、社会和

第七章　中国传统经权观的总体评价与现代启示

个人生活各方面的广泛哲学体系——道学。道学批判而又融合了佛教、道教，继承而且发展了儒学，是中国封建哲学发展的一个高峰。它的出现和作用与董仲舒哲学的出现和作用，有许多类似之处。"[1] 与统一的社会秩序和政治秩序的要求相适应，宋代出现的理学在伦理思想方面一个最重要的任务，便是恢复并且强化封建伦理纲常的权威性和普遍约束力。这一历史使命，从构建其思想体系的核心概念"天理"中，便可清晰体现出来。

虽然都是以论证和宣扬与封建秩序相适应的道德规范作为伦理思想的中心，但是，宋儒在经权观上并没有直接复活"反经合道为权"的理论，而是总体上对其进行了"否定"，提出了经权统一的观点。这既是对汉儒经权观进行反思的结果，也是时代的特殊性的反映。

首先，经过了几百年社会动荡的检验，汉儒"反经合道为权"理论的流弊得以充分展现，打着"行权"的幌子所做出的权术、变诈行为对于社会秩序以及道德风气的消极影响，使得理学家们对这一理论观点深感失望。同时，孔子、孟子等早期儒家思想中"权"的内涵的丰富性，也对程颐等宋代之后的学者反对仅仅将"权"理解为权变并以"反经"释"权"的汉儒的经权观提供了理论上的依据，从而将其经权观建立在"自汉以下，无人识权字"的判断之上。

其次，尽管如冯友兰所说，宋明理学作为一种哲学体系的出现和作用与董仲舒哲学的出现和作用有许多类似之处，但是，隋唐之后重新恢复的统一秩序与汉代刚刚建立不久的"大一统"的秩序之间还是有着显著的不同。汉代处于封建社会的上升期，这时候，不但政治制度和治理方式还需要不断摸索和完善，与统一的封建秩序要求相符合的道德规范体系也正处于探索和形成的时期，其稳定性和确定性都没有得到充分的确认。因此，承认具体的道德规范的普遍约束力的相对性，以及特殊情境下违背普遍适用的道德规范的权变行为的正当性，不仅在理论上没有太大的障碍，而且可以说是在封建道德规范体系尚未完全成熟的阶段上对于经和权的关系处理上的一种最恰当和最容易为人所接受的理论。但是，理学产生的时代，社会历史条件已经发生

---

[1] 冯友兰：《中国哲学史新编》下卷，人民出版社 2007 年版，第 27—28 页。

了重大变化。一般认为，唐朝晚期，中国封建社会就已经开始向后期转化。后期封建社会中，封建制度逐渐由一种相对于奴隶制度来说促进生产力发展的先进的制度，变成了对生产力的阻碍，社会矛盾越发尖锐，人们对于封建秩序以及与其相适应的伦理纲常的弊端的认识日益深刻和清晰。在这样的背景下，为了挽救封建秩序的颓势，对封建的道德规范体系的普遍约束力和权威性需要更为有效地进行强化。这样，对于以维护既有的社会秩序为己任的学者们来说，"反经"或者"经外之权"，就被视为对伦理纲常和道德秩序在理论上的巨大威胁，因而必然促使他们对经权关系进行重新定位。

宋明理学的经权统一理论，是以程颐的"权即是经"这一试图将"权"纳入"经"的"极端"的观点开始的。这一观点毫不掩饰对于"经"的普遍约束力的绝对性的追求，然而，经权关系处理上简单粗暴的做法却无法使朱熹等理学的后继者们完全接受。朱熹的经权观中为汉儒的"反经合道"理论保留了一定的空间，但从其基本的立场上来说，他仍然坚持了程颐为封建道德规范体系的普遍性和权威性进行辩护和强化的初衷，依旧以常、变区分经、权。只不过，为了避免程颐的"权即是经"的观点可能导致的对经和权两个概念的理解上的混乱，朱熹刻意对二者进行了区分，并以"经是已定之权，权是未定之经"的论断，来弥补程颐将经和权简单同一的理论不足。相对于程朱将道德规范看作与客观规律一样的"定理"的学说，陆九渊和王阳明为代表的心学一派则以"心即理"为理论基础，将道德准则的普遍性建立在"此心同，此理同"的理解之上。这种观点，对主体在道德修养和道德实践上的自主性和能动性以突出的强调，但同时因其对于封建伦理纲常的神圣性和外在权威性的消解而受到程朱的信奉者的抨击。明朝中期之后，随着封建秩序和纲常礼教遭受到的理论上和现实中的挑战日益严峻，用体用关系来统一经权的学说在经权观中越来越得到认同和倡导。根据这种观点，权以经为体，经以权为用；经如果离了权就无法真正付诸实践，同时也不会有经之外的权。这一观点，强调了道德实践中主体自觉的权衡判断的必要性，但是，又明确地表明任何的权衡判断都不能使行为选择脱离既有的道德规范的限制，道德选择的情境无所谓常和变，正当合理的道德实践都必须在伦理纲常的范围之内。

四 封建伦理的没落与清代学者对经权观的总结

陆九渊、王阳明、高拱、王夫之等学者在经权观上虽然与程颐和朱熹有着不同的理解和解释，但是，他们都没有重新回到汉儒"反经合道为权"的经权对立的理论道路上去。真正在对程朱理学的经权观进行批判的同时又"复活"了汉儒的经权观的，是清代的考据学家们。然而，这次"否定"，无论从深度、意义还是影响方面来说，都远远不及程朱否定汉儒的经权对立理论从而提出经权统一观点的那次变革。这是因为，由于封建的伦理纲常和道德观念发展到清代，已经很难有实质性的突破和提升，这一时期学者们有创见的思想，基本都是以批判的方式呈现的。但是，随着清朝统治者政治权力的稳固，思想控制变得极端严厉，对旧秩序的批判受到严厉的打压。在进入近代之前，"万马齐喑"，新思想的出现几乎变得不可能。因此，清儒对于经权问题的讨论，基本都是故纸堆里的学问，对于现实的道德实践，很难产生正面的、直接的影响。正如劳思光在评价乾嘉学派时所说："乾嘉之学初兴时，重要人物如戴震等，尚未忘学问对人生及世界之'实际指涉'（Real Reference）。然此种学风大盛后，从风之学人大抵只以追求此种知识所带来之荣誉为治学之目标。盖在此种风气下，凡精于考订，或在文字训诂一面有某种研究成绩者，即为当世所推崇。至于所治之学之确切意义或重要性所在，则人不追问，自己亦不再关心。久之，内而身心性命，外而家国天下，皆置诸不问，唯与二三同好闭门作'智力之游戏'而已。"① 在这种学术环境和治学思路之下，首先，学者们所做之学问，已基本不涉及价值判断。从道德规范的意义上说，已经没有人再去从根本上追问什么样的准则才是合理的、什么样的行为才是正当的之类的问题，但求大家都遵守既有的伦理纲常就好。其次，学者们"为学问而学问"，"学问即目的"②，促进人们的德性修养，为道德实践提供理论指导，已经不是他们学术研究和思考中追求的直接目标。因此，清代学者对汉儒"反经合道为权"观点的所谓"复活"，与其说是想在

---

① 劳思光：《新编中国哲学史》第3卷下，广西师范大学出版社2005年版，第611页。
② 梁启超：《清代学术概论》，上海古籍出版社2005年版，第41页。

经权问题上表达自己的看法,不如说是通过文字、训诂、考订等方式对前人经权观所做的纯知识意义上的评判。

当然,清代学者对于经权问题的讨论也并非全无意义。在封建制度已经走入穷途末路,即将迎来革故鼎新的社会变革之前,他们这种纯粹的从学问意义上回归问题本身的研究,对于排除历史上的各种师心臆断、伪托谬解,深化对于经权问题的准确内涵和本质的理解,以便我们能够认识这一问题的精髓,更好地继承和发展,还是具有积极的理论价值的。同时,考据学家们虽然无意在封建伦理纲常的现实价值和社会功能等问题上表达自己的明确态度,但是,他们以考据的方式对宋儒维护封建道德规范体系的普遍性和权威性的思想进行了批判,并且回归到汉儒赞同道德实践中的权变甚至道德观念上的变革的立场上来,客观上对于近代之后的社会革命和道德革命,也起到了一定的启蒙作用。清朝末期,随着社会变革局势日趋明朗,借助经权理论为社会变革张目,由自发逐渐转为自觉。"有清一代学术,初期为程朱陆王之争,次期为汉宋之争,末期为新旧之争。"[①] 晚清时期,在内忧外患的局面之下,肇始于孔子"权"说的经权理论,成了变法革新的重要理论依据。考据学家们恢复了"反经合道为权"的思想在经权观中的主导地位,由此又具有了新的时代意义。

总之,作为中国传统伦理思想的一个有机组成部分,经权观的产生和发展是深深地扎根于中国人的社会实践和道德生活之中的。它的每一次理论上的演变,都有深刻的社会历史背景,同时,它的发展变化的过程,也是中国传统伦理思想和中国社会道德生活发展基本规律的直接体现。

第二节 经权观对中国传统伦理思想理论特色的彰示

"经"和"权"是中国传统伦理思想中一对特有的范畴。虽然在不同时期、不同学者的思想体系中,对于经权之间的关系、"经"与"权"在道德生活中的意义等具体问题上的理解和阐述存在着或多或少的差异,但是,对

[①] 梁启超:《中国近三百年学术史》,东方出版社1996年版,第120页。

于经权问题的关注本身,反映了中国传统伦理思想独特的关注视域、思维方式和精神气质,体现了中国人在对道德问题的思考中追求务实、立足人本、辩证综合的特征。

一 中国传统经权观中的务实性特征

在古今中外各种各样的伦理学理论中,对于这门学科及其研究对象的理解见仁见智,但是,一个基本的共识是,无论何种类型的伦理学理论,总离不开对于"善"这一"最古老最朴实的字眼"[①]的思考。善同真和美一样,都是人类永恒的追求。同时,在人类的现实生活之中,善又直接同人的生命需要联系在一起,是直接建立在对"好生活"的理解之上的。伦理学的目的和使命,就是对与人类现实生活息息相关的"善"从不同的视角进行揭示。

但是,在迄今为止可以见到的各种伦理学理论中,对于什么是"善"和什么是"善的",同伦理学中的绝大部分问题一样,却难以达成一种统一的认识。作为对现实的道德生活进行思考的理论化的成果,伦理学对于任何道德问题的分析和阐述,都不能局限于对事实的描述,而是具有一定的抽象性。伦理学的研究中,在其视阈之内,既需要从现实世界中存在的各种具体的事物中找到所要讨论的对象的本质和共性,又要为现存的事物或对象寻找到起始或来源,还要努力去论证它们的意义和目的。从最直接、最简单的意义上理解,伦理学上的善,就是道德上的好。但是,这种"好"的本质是什么?它的依据是什么?对于它的判断标准来源于哪里?它为什么值得追求?人们应当通过什么途径或者从哪里起步去认识它、追求它?当涉及诸如此类问题时,伦理道德问题的讨论中的分歧便产生了。对于"善"这一伦理学的最基础的概念的理解上的分歧,往往成为不同性质的伦理学理论分道扬镳的十字路口。

中国传统伦理思想的基本特征,也直接体现于其对善的理解之中。在早期儒家对于"善"的定义中,表达最为清楚、最为直接的当属《孟子·尽心下》篇中的"可欲之谓善"。这里所谓的"可欲"之"欲",用今天的话说,

---

① [德]莫里茨·石里克:《伦理学问题》,孙美堂译,华夏出版社2001年版,第5页。

就是值得追求的，而并非仅指人的物质欲望或者情欲。同时，在孟子的思想中，相对来说，真正值得人去追求的，并不是处于高位的王公贵族等所授予的"人爵"，而是仁义、忠信等具有道德意义的"天爵"。只有后者，才可称为"良贵"，即最可贵的，最值得追求的。正如张载在解释孟子这一论述时所说："'可欲之谓善'，凡世俗之所谓善事可欲者，未尽可欲之理，圣贤之所愿乃为可欲也。"① 当然，孟子这里所说的"可欲之谓善"对于理解儒家伦理思想的性质的意义，不只是体现在关于"可欲"的对象的指示上。从这一界定本身来说，以"可欲"来定义"善"，表明了他对于"善"的来源、性质、意义等基本问题的看法。首先，根据这一定义，"善"不是来源于现实世界之外的某一完善世界。它不是抽象地独立于人类的生活世界之外，而是存在于日常生活之中。现实生活中最有价值的，最值得追求的，也就是对于"好生活"的实现最为需要的。所以，"善"的依据和来源，并不需要到现实的生活世界之外去寻找。其次，从性质上来说，"善"不是某种外在于具体生活的理念或者神的命令在现实世界中的落实，而是直接植根于人类生活之中。换句话说，中国传统伦理中对于"善"的理解，不是从某种理论假设出发，而是对于人的生命过程和生活体验"觉解"的结果。最后，从意义角度来说，"善"不但是立足于现实生活的，而且是为了使人的现实生活更美好提供价值指引的。对"善"的追求既不是为了遵循神的命令，也不是为了使人的生活符合某种范型，而是为了引导人的生命过程的展开和崇高境界的实现。

中国传统经权观的产生和发展，同这种对于"善"的务实理解是紧密相关的。在中国思想史上最早明确对经权关系进行表述的《春秋公羊传》中，对"权"这一概念进行解释时就说："权者反于经，然后有善者也。"在经权关系理论提出者看来，"权"尽管在形式上"反于经"，但它最终与"经"一样，都是基于人们对于"善"的理解，是实现"善"的价值目标的一种手段。在承认"经"作为"常"态下具有普遍约束力的规范的必要性的同时，又承认对"经"本身在现实生活中的适应性和具体情境中的合理性进行反思甚至变通的正当性，这种对"善"的追求，是直接以人的生活需要为基础的。

---

① （宋）张载：《张载集》，章锡琛点校，中华书局1978年版，第324页。

第七章　中国传统经权观的总体评价与现代启示

在对待道德规范体系的态度上，它既不因迷恋于规范或者准则的权威性和绝对性而忘记了"好生活"这一规范或准则赖以成立的基础，也不因苟且于现实生活中实然的状态而否定了遵循经过验证了的具有共识性的规范或准则对于一种具有长远性、整体性的"好生活"的实现所具有的意义。冯友兰将中国哲学的特征概括为"即世间而出世间"的，并且认为这种哲学是最理想主义的，也是最现实主义的，是最实用的，也是最积极的，"极高明而道中庸"是对它最好的概括。程颐则明确地说："欲知中庸，无如权。""权"之所以能够成为理解中国传统中庸之道的门径，正是在于它将对崇高的道德境界和理想的道德秩序的追求，始终寓于看似平常的生活实践之中。

因此，虽然汉儒对于经权关系的解释并不为其后的所有人所认同，但是，在道德生活中"经"和"权"都各有其意义，却是中国历史上的思想家们的一个基本的共识。这种共识，是与中国传统伦理思想中对于道德生活的性质以及"善"的来源和本质的理解相一致的。在中国人的生活中，一直有着对于道德原则、道德规范的尊重，把对"道"的追求看作人生的使命。但是，一方面，中国传统伦理思想中并没有把应当严肃对待的道德原则和规范当成僵死的教条。无论是作为最高原则的"道"还是直接体现着"好生活"的理想的"善"，都是流动的，随着现实生活和客观条件而变化。"逝者如斯夫！""上善若水。"在中国哲学中，作为抽象概念的"道"和"善"都可以以水为喻，原因之一，就在于水善利万物而又无常形。因此，一个真正具有道德的人，不但要能够"适道"，能够"立"，还要能够"权"；一个人在"适道"和"立"的前提下做到能"权"，不但表明他对于一定社会中的道德规范体系的内容已经有了熟练的掌握，而且对于"道"和"善"灵活、生动的性质也有了深刻的认识。另一方面，在道德规范与人类生活之间的关系上，道德规范的来源和依据往往被认为在日常生活之中，而不是完全建立在某种抽象的理念之上，或者凌驾于人类之上的神或上帝的意志的体现。程颐在论述"权即是经"的观点时，曾经说："权只是经所不及者，权量轻重，使之合义，才合义，便是经也。"[①] 这一论述不但表达了程颐对于经权关系的基本理解，

[①] （宋）程颢、程颐：《二程集》，王孝鱼点校，中华书局1981年版，上册，第234页。

从中也可以发现,在关于"经"的来源问题上,现实生活中作为普遍性准则的"经",是通过"权量轻重,使之合义"而产生的;而所谓"权量轻重",也就是主体在现实生活中综合各种因素对不同行为方式的合理性所做的权衡判断。由此可见,不但"权"的观念体现了中国传统伦理思想务实性的特征,"经"的观念同样立足于现实的人类生活,同样具有鲜明的务实性的色彩。

二 中国传统经权观中的人本性特征

对现实世界的关注,其实也就是对人的生活的关注,对人本身的关注。因此与务实性相联系,中国传统伦理思想的另一个特征,是它的人本性。"从孔子始,中国伦理学关注的不再是虚无缥缈的'天'或'神',也不是人死后的'鬼',而是把自己关注的焦点定位在人自身。用人自身的原因来解释人事,以人为中心而又不妨害天地自然的化用流行,在人世中求得精神的超脱,在平凡中达到高妙,极高明而道中庸,可以说就是中国伦理学的品格。"[1] 务实性的特征表明中国传统伦理思想不是从某种抽象的理念或者神秘的超自然存在出发,而是立足于具体的生活世界之中;人本性的特征则表明中国传统伦理思想不是将道德行为者视为某种具有神圣性的规则或者秩序的奴隶,而是以人自身作为关注的焦点。

美国学者库尔兹说:"在我们社会中,至少有两条趋向道德的路。一条是宗教道德之路,这条路旨在从神的命令中推导出道德法则,神的命令显示在《圣经》、《摩门经》、《古兰经》或玛丽·贝克·埃迪等的训诫中。宗教道德的最首要义务是服从神律,这些神律常常被视为绝对至上的。……另一条通向道德的路有着悠久的历史传统,它的基本前提恰恰是把伦理选择建立在吃下涉及善恶的智慧树和生命树上的禁果。"[2] 同时,他还认为,"中国的圣人孔子"是后一条道路的肇始者之一。不同于宗教道德之路,这条道路最核心的观念,就是从人自身这里寻找道德的来源和依据。这种人本性的特征,正是中国传统伦理思想最重要的特征之一。

---

[1] 焦国成:《中国伦理学通论》,山西教育出版社1997年版,上册,第19页。
[2] [美]保罗·库尔兹:《人道主义伦理学》,载《21世纪的人道主义》,肖峰等译,东方出版社1998年版,第165—166页。

第七章　中国传统经权观的总体评价与现代启示

在人类社会的早期，随着社会关系的复杂化和认识能力的不断发展，规则意识也逐渐形成。不可否认，为了使共识性的或与一定的社会秩序要求相一致的规则能够被社会成员普遍认同和遵守，东西方的不同文化传统都曾试图借助神或上帝等超自然的力量，来增强人类社会中的准则或规范的神圣性和权威性。但是，在中国文化之中，从西周时期起，神或上帝在道德生活中的支配性地位，就逐渐被人取代。梁漱溟认为，中国文化是早熟的文化，并且分析说："在人类文化历史上，道德比之宗教，远为后出。盖人类虽为理性的动物，而理性之在人，却必渐次以开发。在个体生命上，要随着年龄及身体发育成长而后显。在社会生命上，则须待社会经济文化之进步为其基础，乃得透达而开展。不料古代中国竟要提早一步，而实现此至难之事。我说中国文化是人类文化的早熟，正指此。"① 梁漱溟这里所说的"道德"，专指从人自身出发、建立在人的理性基础上的道德。他认为，中国从孔子时代开始，就已经走上了以道德代宗教之路，道德成了主体自律自觉的道德。

"发现道德意志的自由，并自觉到它的重要性，中国自孔子已然。这在中国史上，的确是一次极重大的发现。"② 中国伦理思想史上的"权"说及经权理论，正是这一"极重大的发现"的必然理论结果，也是它的具体体现。如果没有"道德意志的自由"的"发现"，就不可能有对在道德准则面前可以灵活地权衡和应变的"权"的合理性的承认甚至青睐，同时，也就不可能有作为道德准则的"经"只是具有相对的普遍约束力甚至可以暂时违背的认识的产生。换句话说，经权理论在中国传统伦理思想中的存在，正体现了这种伦理思想传统重视人的理性和自由，将主体的能动性和自觉性作为道德实践的必要前提的人本性的特征。

具体来说，中国传统经权观中所体现的人本性的特征，主要表现在以下方面。首先，道德原则和规范的基础在人以及人的生活之中。"率性之谓道"，中国传统思想中虽然承认具有主宰意义的"天"的存在，但"天"在有些学者的伦理思想中即使被视为道德标准的来源，也仅仅是一种远因，而作为道

---

① 梁漱溟：《中国文化要义》，上海人民出版社2005年版，第96页。
② 韦政通：《儒家与现代中国》，上海人民出版社1990年版，第83页。

德判断和道德选择的依据的道德准则,却直接来自人的生命过程和生活需要。正如王船山所说:"孟子曰'万物皆备于我矣',则物之所自格者,即吾德之本明者也。以尽吾心皆备之物,而天下之是非得失,无不待我以为权衡,此孔子所谓'可与权'者。"①

其次,道德实践的目的是人的好生活的实现,而不是迎合神的意志,讨得神的欢心。"天道远,人道迩",中国古代的大部分学派,在道德价值的判断中都以人为目的。儒家的"仁者,爱人","道不远人"的观点,墨家的"兼爱"的理想,道家的"圣人无常心,以百姓心为心"的理念,无不体现着对人和人类生活的关心。既然人是道德实践的目的,那么,自然也就没有必要将道德规范看作不容变通的神律。为了获得一种从人出发的最好的结果,不但需要在现实的情境中通过权衡对道德规范的适用性进行评判,某些特殊的情况下甚至可以暂时违背一般情境下通行的道德准则。

最后,从道德实践的过程角度来说,行为的道德合理性的实现,并不在于对某种神圣性准则的遵循,而是需要经过主体自身理性的判断。"权,然后知轻重;度,然后知长短。"(《孟子·梁惠王上》)如果没有主体的能动、自觉的权度,只是被动地将道德规范视为神圣的戒律的人,是不可能成为在现实生活中始终使行为保持合宜、得体的真正的道德的人的。"权度"的过程,实际上就是将人"心"中的道德观念和道德准则运用于实践活动所面对的对象之中,从而选择一个合理的行为方案的过程。"权度者,数也,理也;而为此合理之数者,人心之义也。"② 从对应的情境上来说,"权度"既可以是一般情境中,即"常"意义上的,也可以是特殊情境中,即"变"意义上的,最终的目的,都是使行为符合道义的标准,也就是选择合理的行为方式。

三 中国传统经权观中的辩证性特征

在中国的文化传统中,复杂多变的现实世界既是人的道德实践的舞台,

---

① (明)王夫之撰:《读四书大全说》卷8,《船山全书》,岳麓书社2011年版,第6册,第941页。

② (明)王夫之撰:《读四书大全说》卷10,《船山全书》,岳麓书社2011年版,第6册,第1065页。

第七章　中国传统经权观的总体评价与现代启示

也是对伦理道德问题进行理论思考的根基。由于现实世界和人类的现实生活的复杂性和变动性，以此为基础的中国传统伦理思想不但反对脱离日常生活的索隐行怪的做法，而且反对偏执一端而不知变通的思想和行为。因此，辩证性是中国传统伦理思想的特征之一，经权观便是这种伦理思想体系辩证性的直接体现。

"经"和"权"本身就是一对对立统一的范畴。张立文在对经与权在中国哲学范畴系统中所具有的意义的概括中认为，这对范畴大约具有四个方面的含义：一是指常规性与变动性；二是指原则性与灵活性；三是指处理事件的一般性和特殊性措施；四是指社会政治、经济、道德等的守常和改革。① 这里所列举的四个方面中的每一个方面，都是一种辩证统一的关系。中国历史上的每一种经权学说，其实都是试图为这些关系或者其中的某些关系的恰当处理提供理论上的思路。如果单纯从伦理学理论的角度来说，中国传统经权观中所反映的辩证统一关系，除了上述基本含义上的体现之外，还包括道德生活中的主体性与客观性、自由与必然、共性与殊性以及道义与功利、动机与结果等方面的内容。因此，中国传统经权观的探讨和研究，对于从整体上认识中国传统伦理思想的辩证性特征，是一个非常重要的切入点。

首先，中国传统的经权观，追求的是一种"周全之道"。所谓"周全"，是对道德生活的一种整体性的把握。在现实的道德生活中，将与人们对于善的理解相一致的具有共性的行为方式确定下来作为指导实践的普遍性规则是必要的，但是，作为普遍性规则的"经"的合理性往往与一定的客观条件相联系。如果无视这种条件限制，只是将"经"视为抽象的"当然之则"，那么就很容易使行为陷入极端，导致虽遵经但行为却不能"有善"的情形发生。因此孟子说："执中无权，犹执一也。""执一"即偏执一端，固然是不可取的；僵死地"执中"，由于不能对道德实践所面对的各种因素进行综合的权衡，也是不可取的。即使对于一个想要达到高尚道德境界的人来说，如果他不能够综合地对道德生活进行整体性的把握，而只是对某种道德准则的偏执，则往往意味着对其他方面的道德责任或者道德要求的放弃。正如冯友兰在评

---

① 参见张立文《中国哲学范畴发展史：人道篇》，中国人民大学出版社1995年版，第710—712页。

价《吕氏春秋》中"割肉啖友"的二侠士时所说:"此二人各割其身之肉,以奉其友。专就待朋友这一方面看,可以说是'仁至义尽'了。专就此方面说,他们的行为是'至',但此二人各有其在别方面应做底事,应负底责任,他们均不顾及。兼就别方面说,他们的行为是'偏'。"① 为了使追求道义的行为不至于沦为"偏至之端",道德实践的主体在对社会道德规范体系有着深刻领会的同时,自觉的"权"的意识和高超的"权"的能力也是非常必要的,这正是从孔子起,"权"就被视为学者所追求的最高的目标的原因。况且,在现实的道德生活之中,同一道德规范体系中的不同道德准则在某些情境中也往往存在发生冲突的可能,这时候,主体如果只有对道德准则的虔诚恪守而没有"权"的意识和能力,将会一筹莫展。因此,在中国传统伦理思想中,即使是将道德准则视为"天理"的思想体系,也仍然给"权"留下了一定的空间。

其次,在道德实践的方法上,对于经权问题的重视,表现出中国传统伦理思维的圆融通达的态度。"圆融"一词本是佛教用语,但在中国传统文化中,向来不缺乏圆融的精神。庞朴认为,在先秦时期儒家和道家的思想中,圆融便被推为"各自学说的最后一言和人格的最高境界"。佛教天台宗的中观将"中"分为"隔历之中"与"圆融之中"。"这两种'中'的不同,也就是孟子的'和'与'时'的不同,庄子的'太冲莫朕'与'环中'的不同。"② 方法上的圆融,是实践上破除拘执,实现通达的前提。高拱在谈到"权"的特征时,说:"夫权也者,圆而通者也。是圣人之事,而学之仪的也……夫学不至于圣人,非成也;不能权,非圣人也;非圆非通,不可以与权也。"③ 中国传统文化重视伦理道德,这种对伦理道德的重视与西方宗教伦理中将道德规范视为具有绝对权威性的神律不同,同时又要兼顾道德生活本身所具有的复杂性和变动性。"知权则知圣人矣。夫圣人之所以用权者何也?试观之《易》,夫奇之为阳,偶之为阴,阳以健施,阴以顺受,人所知也。然

---

① 冯友兰:《贞元六书》,中华书局2014年版,上册,第472页。
② 庞朴:《一分为三——中国传统思想考释》,海天出版社1995年版,第320—321页。
③ (明)高拱:《高拱论著四种》,流水点校,中华书局1993年版,第162页。

阳或变而之阴，阴或化而之阳，刚或摧而为柔，柔或往而从刚，其理不可定也。"① 正是客观世界的"变动不居，周流六虚，上下无常，刚柔相易"（《周易·系辞下传》）的性质，决定了实践中应当采取"不可为典要，唯变所适"（《周易·系辞下传》）的方法和态度。作为一种道德实践的态度和方法，圆融通达体现的是原则性与灵活性的统一，它并不是一味地屈从于流俗或者没有原则的见机而作，而是在生动、复杂的生活情境中，依据特定的道德理想和道德观念，通过主体智慧和能动性的发挥，对具有一定的必然性、规律性的原理或原则的审慎把握和始终遵循。这也就是《中庸》中所说的"时中"，是一种"合外内之道"的"时措之宜"。在这样的实践方式之中，经与权始终是辩证统一的关系；即使承认"反经"的"权"的合理性，这样的"权"也仅仅是非常情境中的应变之举，不会因此而否定"经"在道德生活中作为普遍性法则的地位。

最后，在经权问题的讨论中，还体现着中国传统伦理思想与时革新的观念。道德规范与一定的社会秩序的需要相联系，随着时代的变革，必然会有所因革损益。根据社会发展而不断革新，与时俱进，是"经"能够始终保持其有效性和约束力的必然要求。"帝王治世，圣人教人，所以因之、革之、文之、质之，退则进之，兼人则退之，皆权也。故孔子言'可与立，未可与权'，孟子言'子莫执中'，执中无权犹执一也。伏羲以前，人道未定，患在不知，既知之后，患又在知，故偏于刚，偏于柔，皆足使民怠玩而不可以久。必本之以德礼而随时左右之。自知其故，民莫能窥，乃可一德远害、兴利而寡怨，而归之于辨义行权。"②《易传》中说："变则通，通则久。"（《系辞下传》）经权观作为实践智慧，反映了中国传统伦理思想中对待"常"与"变"的基本态度。这里所谓的"变"，既包括在不同情境之间的灵活变通，也包括道德观念和伦理思想的与时变化。只有随着时代的变迁随时调适，善恶观念和道德准则才能与人们的生活需要保持一致，否则，道德规范一旦变成僵死的教条，必将成为社会发展进步和个人幸福实现的桎梏，与"好生活"的期

---

① （明）高拱：《高拱论著四种》，流水点校，中华书局1993年版，第162页。
② （清）焦循：《雕菰楼易学五种》，陈居渊校点，凤凰出版社2012年版，上册，第192—193页。

望背道而驰。

第三节　中国传统经权观的理论缺陷

"传统是我们成为文化人的主要依据，每个人都借着传统在社会里成长。……所以传统对人不可能没有意义，它是人类赖以生存和追求理想的工具，传统究竟是导致社会的进步抑或是退步，完全靠人自己。我们最大的问题不在于传统，而在于没有把创造力充分激发出来。"[①] 继承传统不等于死守教条。创造性转化，创新性发展，是文化传统保持恒久的生命力，持久地发挥其积极价值的必由之路。而要有所创造，有所创新，首先必须承认传统中有需要转化、需要发展的部分，这就要求对传统思想进行辩证的分析和理解。

一　超越性动力不足

中国传统经权观强调道德观念应当立足于现实生活，主张以道义原则作为行为正当性判断的最终的依据。这种观念突出了道德生活务实性、人本性和辩证性的特征，但是，传统社会的秩序需求和伦理思维习惯上的局限性，也造成了经权观中存在的一些理论缺陷或不足，其中最突出的，就是对一般的道德主体来说，在超越性、整体性的善的生活的引领方面，相对较为乏力。

中国传统伦理思想中虽然突出了道义原则对于价值判断的绝对意义，但是无论是"道"还是"义"，都是抽象的、形式化的观念，并没有为人们提供具体的行为的标准，它们需要道德主体在生活情境中去能动地把握。因此，从整个社会的角度来说，它们更多的是作为价值理想，而不是行为的具体指导；而对于认知能力和思想境界不同的个体来说，这种仅具有价值理想意义的道德观念对于普通人则很难起到有效地提升内在素质和价值追求的作用。一般人在现实生活中行为与道义原则的符合，只是停留在自发的层面上。这就是《中庸》中所说的："人莫不饮食也，鲜能知味也。"真正的道德境界，是需要以主体自觉为前提的。而在具体的道德实践中能够将道义原则灵活地

[①] 韦政通：《伦理思想的突破》，中国人民大学出版社2005年版，第4—5页。

运用于各种情境，做到"从心所欲不逾矩"，则不仅需要对道义原则的精确理解和深刻认同，而且需要高超的智慧和能力。对于普通人来说，对这样的境界和能力只能望而兴叹，从而丧失主动追求的动力。因此孔子也不得不慨叹："道其不行矣夫！""中庸其至矣乎！民鲜能久矣！"（《礼记·中庸》）而在孔子的思想体系之中，他对于道行于天下的热切期待，转化为实践行动，只能是自己努力地以身作则，以及苦口婆心地劝诫人们能够自觉地、努力地去理解"道"、践行"道"。

不仅"道"作为道德原则具有高度的抽象性，作为德性的"仁""义"与具体的行为规范之间也存在着一定的距离。冯友兰在谈到这两种德性时，曾经说，义的观念是形式的，而仁相对就具体多了。但是，即使是在冯友兰看来相对具体的"仁"的观念，其实也一定程度上具有形式化的特征。费孝通在《乡土中国》中说："仁这个观念只是逻辑上的总合，一切私人关系中道德要素的共相……凡是要具体说明时，还得回到'孝悌忠信'那一类的道德要素。"[①] 韦政通也认为，仁"不是普通的行为规范，在实际行为中并不能发生什么作用，'仁者爱人'只是一伦理原则，在一对一的关系中究竟要如何表现爱，还是要落到孝、忠、敬、信等具体的规范上来"[②]。"仁"虽然有"爱人"作为道德上的要求，但在中国传统的以人伦关系为基础的道德规范体系中，依然很难直接作为具体的行为规范，而只是作为"统体"，贯彻于各种具体的道德规范之中。所以，总体来说，无论是"反经合道"也好，还是"惟义所在"也好，如果真正落实到现实的道德实践之中，都不但需要有对社会道德生活和道德观念的深刻领悟，还需要高度的理性和运用理性能力的意识和自觉。

由于对道义原则的理解和领悟需要极高的能力和素质要求，因此，根据是否具备相应的资质和水平，人自然地被区分出了不同的层次："圣贤"可以行权，即发挥自己的主动性和能动性在道义原则的范围内自主地选择道德的行为方式；一般人只能被动地遵循社会需要他们去遵守的道德规范。在中国

[①] 费孝通：《乡土中国·生育制度·乡土重建》，商务印书馆2011年版，第37页。
[②] 韦政通：《伦理思想的突破》，中国人民大学出版社2005年版，第8页。

传统社会生活中,"圣贤"被认为发挥着道德榜样和价值引领的作用。可是事实上,道义原则上的"仁精义熟"的理想状态似乎超出了现实的人的能力范围,没有人在有限的生命中真正达到先哲们曾经设想的"圣人"的境界;即使"贤人"的境界,也不是普通人可以轻易企望的。所以在现实的道德生活中,几乎没有人敢轻许自己为"贤人",更不用说作为最理想的境界的"圣人"。这些高尚的人格标准最主要的意义是作为一种道德教化和修养上的理想境界,或者是作为对留存在典籍中的人物的一种赞许性的评价。因此,不乏儒家的读书人以学"圣贤"作为自己的人生追求,但能够达到理想境界的真正的"圣贤"似乎从来都不是生活在当下的道德榜样,而在进行道德教化时只能求助于历史甚至传说。既然现实的道德生活中的主体几乎不可能把自己视为"圣贤",那么,在道德实践中按照"经"的要求去做,就是最为恰当合理的行为方式,即程颐所说的"由经以求道"。同时,在封建社会里,尤其是到了封建社会晚期之后,虽然偶尔会有人喊出"为天地立心,为生民立命,为往圣继绝学,为万世开太平"之类激昂的口号,以"圣贤"作为自己的人格理想,但在大部分人的理解中,"往圣"的"绝学"只是一种毋庸置疑的教条,为"万世"所开的"太平",也仅仅是对封建秩序能够天长地久的一种期待。既然没有人达到"圣人"那样的境界,那么自然也没有人可以像"圣人"那样在道德生活中"从心所欲";既然连"贤人"都很难达到,那么为了减少道德实践中违背道义原则的风险,要求大家普遍遵经就是最稳妥的选择。再加上随着历史的发展,封建的社会结构走过巅峰之后的日趋僵化、保守,使其渐渐不能适应时代的进步步伐,通过伦理纲常维护封建秩序的要求越来越迫切,对与其相应的道德规范体系的普遍约束力的强调也越来越严格。这样,体现着主体的能动性和自觉性的"权"就被完全限制在了封建伦理纲常的限度之内,即所谓"经体权用","经外无权"。

在对历史和传说中的"圣贤"的景仰和崇拜的另一面,是对当下的普通人在道德生活中的自由的不信任。在中国传统伦理思想中,对于普通的男男女女,历来没有期望他们有领悟道义原则并依此而行的意识和能力;"君子喻于义",道义原则的维护和弘扬被认为是"君子"的事情。但是,社会秩序的稳定和谐是需要所有人参与的,尤其在封建大一统的秩序形成之后,每个人都能够循"规"蹈"矩",对于这种秩序的稳固至关重要。为了最大限度地维护既定的社会秩序,对于普通人来说,就只能期待他们被动地遵循与这一秩序要求相一致的"经"。因此,在传统经权观中,对于一般人用"权",汉代之后的每一种理论都保持着高度的警惕,甚至明确主张将"权"作为圣人的专利,一般人只要遵经即可。由于"圣人"是现实中的道德主体根本不可能完全达到的境界,将行权的权利只是赋予"圣人"的观点,无疑取消了"权"的现实意义。即使在"经体权用"的理论中承认道德生活中离不开"权",但由于将"经"作为"权"的前提或者标准,所以行权也仅仅是以遵经为目的的行权。

总之,在中国传统经权观的发展过程中,随着对"经"的要求越来越严格,即使行权的合理性依然被承认,但由于伦理观念和道德规范体系的开放性和发展性日益丧失,"权"很难在现实的道德实践中真正充分体现其积极价值。在这种观念之下的道德主体,境界的提升只能是与既有伦理观念的无限趋同,这就使得中国传统社会中的道德生活有着明显的保守性的特征,道德观念难以引导人们进入一种具有超越性的善的生活。这种观念体现在道德的历史发展中,就是道德变革动力的不足。事实上,在道德生活中具有共识性的"经"本身就代表着一种传统,它是一代代人在道德实践中所总结出的被认为具有合理性和正当性的行为方式的概括和提炼。尽管在中国传统的经权观中,不但包含着在具体的道德情境中的权衡和权变的问题,而且还有人从中开发出道德标准和道德规范应当与时革新的观念。但是,在传统社会之中,所谓的革新,也只能是在既定的社会秩序需求与固有伦理思维习惯之下的革新。

二 公共道德欠缺

中国传统伦理思想的一个显著特征就是其与血缘宗法制度之间的紧密联系。费孝通曾经说:"中国的道德和法律,都因之得看所施的对象和'自己'的关系而加以程度上的伸缩……在这种社会中,一切普遍的标准并不发生作用,一定要问清了,对象是谁,和自己是什么关系之后,才能决定拿出什么标准来。"① 在这样的伦理氛围之下，真正适用于一切人、一切情境的普遍的道德规范当然是不可能的。由于对宗法秩序、血缘关系的强调，使得根据不同情境下对道义原则的灵活运用往往同个人亲情或者亲疏关系直接联系起来。通过"权"的方式对"经"的分析和取舍，很多情况下，其实都是在公私之间、尊卑之间或者亲疏远近之间所做的权衡；权衡的结果，则往往是地位卑下者服从尊长者的意志，私人间的感情战胜社会公义。

《孟子·尽心上》篇记载的孟子与桃应的对话中，孟子给父亲瞽瞍杀了人的舜的建议是："舜视弃天下，犹弃敝蹝也。窃负而逃，遵海滨而处，终身欣然，乐而忘天下。"瞽瞍杀人，未必真有其事，桃应以此设问，一般认为，是为了"以观圣人处事之变何如耳"②。也就是说，桃应之问，是为了考察孟子对于特殊情境下恰当的权衡变通方式的理解。针对这一问题，孟子认为舜在此情境之下最终应当选择"窃负而逃"。对于孟子的这一回答，不同的评论者见仁见智。宋代的司马光对《孟子》中的这一记载的真实性予以怀疑，他认为孟子不可能有这样的言论。他说，如果舜不能制止父亲瞽瞍杀人，"若不能止其未然，使至于杀人，执于有司，乃弃天下，窃之以逃，狂夫且犹不为，而谓舜为之乎？是特委巷之言也，殆非孟子之言也。且瞽瞍既执于皋陶矣，舜恶得而窃之？虽负而逃于海滨，皋陶犹可执也。若曰皋陶外虽执之以正其法，而内实纵之以予舜，是君臣相与为伪以欺天下也，恶得为舜与皋陶哉！"③ 在他看来，"窃负而逃"的做法既不符合常理，也不符合一般人的思维方式，因此"殆非孟子之言"。

然而，在中国传统社会中，人们对孟子的这一建议的态度更多的是同情与理解，认为在舜当时所处的情境之中，"窃负而逃"既是合乎人之常情的，也是符合儒家"权"的精神的。有一种观点认为，舜的做法仅仅是在个人权力与道德情感之间的选择，因此因后者而放弃前者是完全合理的行为。比如，邵雍曾经说："瞽瞍杀人，舜视弃天下犹弃敝蹝也，窃负而逃，遵海滨而处，

---

① 费孝通：《乡土中国·生育制度·乡土重建》，商务印书馆 2011 年版，第 38 页。
② （宋）张栻：《张栻集》，杨世文点校，中华书局 2015 年版，第 2 册，第 611 页。
③ （宋）司马光撰：《司马光集》，李文泽、霞绍晖校点整理，四川大学出版社 2010 年版，第 3 册，第 1493—1494 页。

终身欣然，乐而忘天下。圣人虽天下之大，不能易天性之爱。"[1] 他认为，舜所做的，其实是放弃了"天下之大"而选择"天性之爱"的结果，无疑是一种难能可贵的行为。南宋的余允文也持类似的观点，在对司马光《疑孟》中相关的观点进行反驳时，他说："孟子之意，谓天下之富，天子之贵，不能易事父之孝，遂答以天下可忘，而父不可暂舍，所以明父子之道也，其于名教岂曰小补之哉！"[2] 这种观点，显然回避了舜在特殊境遇下所面对的道德要求或者道德义务之间的冲突，而完全变成了道德与利益之间的矛盾；对于被视为道德楷模的"圣人"舜来说，在这两者之间自然要选择前者。但是，从道德的角度来看，舜（包括皋陶）在这一事件中真正构成困境的，是在公与私、对天下的责任与对亲人的义务之间的抉择。舜"视弃天下犹弃敝屣"，他所放弃的，不只是作为"天子"所拥有的权力与财富，还有对天下的道德义务。

在个人利益与亲情之间做出选择时，选择亲情，履行道德义务，是合乎道德的行为。但在对亲人的义务，尤其是对父母的孝的义务，与家族关系之外的其他义务，即使是对天下的义务，发生冲突时，在以血缘亲情为基础，以家族伦理为重心的伦理思想体系中，仍然是私人间的道德义务占据了上风。古人认为，亲情是无所逃于天地之间的，作为儿女，与父母之间的伦理关系不是自觉选择的结果，也无法主动放弃，而由于职责所产生的身份和地位则是可以放弃的。因此，当二者之间的义务发生冲突的时候，放弃可以放弃的其他身份，全心全意地履行对父母的亲情义务，则被认为是可以接受的恰当的行为方式。南宋理学家张栻在对孟子和桃应之间的这段对话进行分析时，说："舜之有天下，初不以天下与于已也，循天理之当然者而已，舜何有哉？故为瞽瞍杀人而枉其法，则失君道之公；若致辟于瞽瞍，则废父子之伦。是皆虽有天下，不可一朝居者也。舜宁去天下而存此义矣。故曰'舜视弃天下犹弃敝蹝也'。舜非轻天下，而易言之也。义所当去，视天下犹敝蹝耳。"[3] 舜德为圣人，尊为天子，当然不能"轻天下"，更不能凭着天子的身份"枉其法"而"失君道之公"，但是，当舜因身为天子而需要履行天子的职责和义

---

[1] （宋）邵雍：《邵雍集》，郭彧整理，中华书局2010年版，第165页。
[2] （宋）余允文撰：《尊孟辨（附续辨别录）》，中华书局1985年版，第11页。
[3] （宋）张栻：《张栻集》，杨世文点校，中华书局2015年版，第2册，第611—612页。

务，并因此而威胁到"父子之伦"时，他可以选择放弃天子的位置，并相应地不必再履行天子的职责和义务，而化解这一道德义务上的冲突。① 因此，孟子所说的"窃负而逃"之"逃"，重点并不在于身体上的逃脱、躲避，而是逃避了作为天子的身份和义务，从而可以专心致志地享受父子之间的天伦之乐，"乐而忘天下"。换句话说，作为"天子"，履行天子的职责和义务是"天理之当然"；作为儿子，履行儿子的责任和义务也是"天理之当然"。因儿子的责任和义务逃无所逃，而放弃了天子这一可选择的身份之后就可以逃避天子的职责和义务，所以当两种"天理之当然"的义务发生冲突，不允许同时兼顾之时，放弃其中一种可以放弃的，不但不违背"天理"，而且是顺应"天理"的表现。"方其居深山之中，饭糗茹草，若将终身焉者，此心也。及其受尧之天下，垂衣裳而治者，此心也。至于义所当去，弃天下而遵海滨，则亦此心而已矣。无往而非天理也。然则善发明舜之心者，其惟孟子乎！若后世以利害之见论之，则谓天下方归戴于舜而赖其治，舜乃舍而去之，得无废已成之业，而孤天下之望乎？此曾不知天命之大也。圣人之所以为治者，奉天命而已。若泥于利害，而失夫天理之所存，则虽舜亦何以治天下哉？"② 在张栻看来，道德上具有正当性的行为，不在于利益大小的比较，虽然"天下"之"利害"更大，但在"天理"面前，也是不能作为抉择的依据的。因此在他看来，"桃应特设是问，以观圣人处事之变何如耳。孟子因其问而告之以所宜处者，于御变之权可谓尽之矣"③。

孟子为舜所设计的"窃负而逃"的做法，不失为在当时的处境之下的一种巧妙的应对之策。"盖以法者先王之制，与天下公共为之；士者受法于先王，非可为一人而私之。舜不得私其父，将置之于法，则失为人子之道，将置而不问，则废天下之法。宁并弃天下，愿得窃负而逃，处于海滨，乐以终其身焉，更忘其为天子之贵也。"④ "法"作为具有公共性的、普遍性的规则，

---

① 放弃职责身份之后，便仅剩下了作为儿子的角色，这时候，便可对犯了罪的父亲进行包庇。"子为父隐"，在中国传统社会中不但是道德上认同的，而且是法律上许可的。因此古人不但往往将其视为正当的、合理的行为，而且被认为是道德上应当的行为。
② （宋）张栻：《张栻集》，杨世文点校，中华书局2015年版，第2册，第612页。
③ （宋）张栻：《张栻集》，杨世文点校，中华书局2015年版，第2册，第611页。
④ （宋）余允文撰：《尊孟辨（附续辨别录）》，中华书局1985年版，第11页。

是不能轻易去破坏和违背的；舜如果继续做天子，就不能故意因私情而枉法。但是，如果舜"忘其为天子之贵"，放弃了天子的身份，"不在其位不谋其政"，只是从作为儿子的角度来说，就可以心安理得地"窃负而逃"，"子为父隐"。这样似乎是既没有破坏作为普遍性规则的"法"，也没有违背父子之间的亲情。但是，如果仅仅将为舜所设定的这个处境视为道德准则或角色义务的冲突，可以发现最终的结果还是私人间的义务战胜了公共生活中的义务。舜的父亲瞽瞍杀人，孟子认为作为天子的舜应选择的正确做法是"窃负而逃"；舜的弟弟象"日以杀舜为事"，孟子认为舜应将其"封之有库"。在血缘亲情面前，同样的行为"在他人则诛之，在弟则封之"被认为是完全合理的事情。

这样，虽然中国传统的士人有着"兼济天下"的崇高理想，但是，当这一崇高理想与个人的亲情发生矛盾时，权衡的结果，往往是私情最终成为行动的依据。而对于道德意识本来就不强的人来说，打着"权"的旗号谋取一家一姓的利益就更加成了顺理成章的事情。不容否认，中国传统这种建立在血缘亲情关系上的伦理思想对于社会秩序的稳固曾经起到积极的作用，但这种观念之下，的确也广泛存在着像费孝通所说的尽管许多人对贪污深恶痛绝，但当自己的父亲贪污时却要刻意进行隐讳的现象。"差序格局"下"私人间的道德"的至上性，导致在中国传统伦理思想中，"团体道德"、公共道德始终难以建立起来，这是近代之后有识之士在对中国传统伦理思想进行反思中的一个基本共识。

三 知识系统薄弱

不仅道德原则和规范层面上的局限性限制了经权观念在道德生活中的积极意义的发挥，对于"权"的态度在理论和实践上的矛盾，也使其在现实的道德生活之中难以发挥应有的作用。道德意义上的"权"是仁与智的统一，它不但要求主体对道德原则和规范的深刻理解和服膺，而且还需要高超的分析和判断能力。但是，进入封建时代之后，出于对封建秩序维护的需要，先秦时期曾经一度被高度重视的"智"的德性，在中国传统伦理思想体系中日趋没落。为了培养人们在宗法等级的秩序中的服从意识，统治者在实践中甚至刻意愚民,打压普通人用智的意识和能力。因此,近代之后学者在对中国所处的积贫积弱的局面进行反思时,中国老百姓的"愚"被视为最重要的原因之一,并提出了"开民智"的主张。没有相应的知识、理性自觉和意志自由,"权"只能成为一个空洞的概念。尤其是知识系统的欠缺,难以对人们的道德实践能力形成有效的支撑。

一般来说,道德生活中的知识主要有两种:形成道德观念的知识和指导道德实践的知识。关于前者,孔子、孟子等儒家的早期思想家们都将仁和智看成德性系统中最重要的部分。"经"的观念形成之后,规范取代德性成了道德体系的核心,对既有道德体系的认同被视为道德生活的基础。对于普通的道德主体来说,道德规范是先验的,"智"在道德规范的形成和变革中已经失去了其创造性的意义。尽管如此,中国传统伦理思想中,在对道德规范的认识和认同方面,智——尤其是在知识的意义上——仍然在一些理论体系中具有一定的位置。如朱熹以"格物穷理"解释《大学》中的"格物""致知",他所谓的"格物",就是一种在日常生活之中寻求关于"天理"的知识的过程。在"道问学"的路上,当然离不开智识功能的发挥。但是,如反对朱熹理学的陆九渊、王阳明所意识到的,即使通过"格"外物获得了知识,它也不具有转化为主体的德性的必然。退一步讲,即使通过"格物"能够发现作为道德规范和准则的"理",这些"理"也只不过是一些"定理",即依照封建秩序的要求所设计好的纲常礼教,而不可能在此之外获取更多的知识和认识。换句话说,对"理"的探求并不能使人们获得更多的道德生活方式的可能,而只是通往认同某种具体道德观念的途径。

关于后者,即指导道德实践的知识,在中国传统伦理思想中,则显得更为缺乏。在将一定的道德观念转化为行为的道德实践的过程中,离不开对各种主客观因素的判断。而要对各种因素,尤其是客观因素做出准确的判断,则需要充足的相关知识才有可能。但是,在中国传统文化中,崇尚以"修身为本"的学术传统,由于"德性所知,不萌于见闻"[①],因此对与德性之知的形成无直接关系的客观知识,却并不重视,甚至刻意排斥。虽然在历代的思

---

① (宋)张载:《张载集》,章锡琛点校,中华书局1978年版,第24页。

想中都不乏知行统一甚至知行合一的理论，但这里所说的"知"，基本都是德性之知。"两耳不闻窗外事，一心只读圣贤书"的结果，最终只能是"无事袖手谈心性，临危一死报君王"。缺乏客观知识，实践能力便无从谈起。因此，在中国传统伦理思想中，对于"权"在道德实践中的意义的强调，往往仅仅停留在理论层面，而对于恰当的实践所需要的知识和能力的培养，则相对薄弱。由于缺乏道德实践相关的知识的培养以及权衡、权变能力的养成，即使承认"权"在道德生活中的重要性，也只是一种空谈。

在以儒家思想为主干的中国传统文化中，"虽在源头处，在孔子那里具备一个'仁智双彰'的线索，但其发展的实际形态却基本上是一个'仁的系统'（道德的系统），'智的系统'（知识的系统）并未形成"[①]。"知识的系统"的欠缺，使得中国传统伦理思想中虽发展出了丰富、系统的心性之学，但在道德实践的方面，却难有大的作为。关于这一点，即使对中国传统思想怀有深深的同情和敬意的有识学者，也不会否认。1958年，牟宗三、徐复观、张君劢和唐君毅联名发表了《为中国文化敬告世界人士宣言》。宣言中提道，"科学之精神，毕竟为中国先哲之所缺"，并且分析说，"中国人之缺此种科学精神，其根本上之症结所在，则中国思想之过重道德的实践，恒使其不能暂保留对于客观世界之价值的判断，于是由此判断，即直接的过渡至内在的道德修养，与外在的实际的实用活动。此即由'正德'，直接过渡至'利用厚生'。正德与利用厚生之间，少了一个理论科学知识之扩充，以为其媒介；则正德之事，亦不能通到广大的利用厚生之事，或只退却为个人之内在的道德修养。由此退却，虽能使人更体悟到此内在的道德主体之尊严，此心此性之通天德天理——此即宋明理学之成就——然而亦同时闭塞了此道德主体向外通的门路，而趋于此主体自身之寂寞与干枯。"因此，宣言中建议："中国文化中，必当建立一纯理论的科学知识之世界，或独立之科学的文化领域；在中国传统之道德性的道统观念之外，兼须建立一学统，即科学知识之传承不断之统。而此事，正为中国文化中之道德精神，求其自身之完成与升进所应

[①] 彭国翔：《儒家传统与中国哲学：新世纪的回顾与前瞻》，河北人民出版社2009年版，第189页。

有之事。"① 中国传统伦理思想中，由于德性缺乏知识的有力支撑，完善的道德主体很难真正出现。这一方面体现在对"经"的理解上的拘执，无法理解道义原则的真正实质，不能找到个人境界提升的有效途径；另一方面也体现在对"权"的理解上的僵化，往往体现为虽然根据经典中的论述不得不承认"权"的价值，但自身对于如何行权并没有实际的思路，所以干脆将"权"只是看作圣贤们的专利，使其变成了与己身的实践完全无干的空头理论。这样，经权观对于现实道德实践的指导意义便不复存在。

总之，虽然孔子等早期思想家们提出"权"等概念试图突出主体的意志自由和能动自觉在道德实践中的意义，但是，这种自由和自觉的意识却没有在中国传统道德生活中得到充分的生长。正如韦政通所说，自孔子就已然发现并自觉到它的重要性的道德意志的自由，"不幸后来因得不到社会文化方面诸条件的配合，使得这一伟大的发现，一直停在消极表现的状态，而日趋萎缩、僵化"②。尤其到封建社会晚期，对"经"的普遍约束力和权威性的无限强化导致道德生活彻底丧失了活力，不但伦理纲常沦为了奴化人、束缚人、钳制人、压制人的工具，而且道德规范本身所应具有的与时俱进的色彩被完全抹杀，经权观中所体现的原则性与灵活性统一、客观性与主体性统一等道德实践智慧，在现实的道德生活中已基本难觅其踪。因此，中国传统经权观的创新和发展，既需要社会道德规范体系的健全和完善作为前提，也需要主体道德意识和实践能力的综合培养作为支撑。

第四节　中国传统经权观的现代启示

中国传统伦理思想中关于"权"的学说以及经权问题的讨论，源于古人对道德生活的思考，目标是使道德实践能够最大限度地保持与"善"的理想的一致。它不仅体现了中国传统伦理思想重"行"的特征，在古代社会中对于人们的道德选择、道德评价、道德修养等实践活动起到过理论指导作用，

---

① 封祖盛编：《当代新儒家》，生活·读书·新知三联书店1989年版，第28—30页。
② 韦政通：《儒家与现代中国》，上海人民出版社1990年版，第83页。

而且对于今天的道德建设、道德实践以及中国特色伦理学体系的建构，仍然具有一定的启发意义。

一 以生活为导向完善社会道德规范体系

在伦理学中，存在着出于各种不同原因的对具有普遍约束力的道德规范在道德生活中的可能性和价值的怀疑，从而表现为各式各样的道德相对主义、道德主观主义甚至是道德虚无主义。但是，如果不是将作为道德主体的人抽象化，而是考虑到道德实践所面对的情境的复杂性、多变性，以及道德主体在认识水平和实践能力等方面的差异，在现实的道德生活之中，具有共识性和普遍性的道德规范体系的存在，对于人们有效应对各种道德问题和进行社会道德教化，都是有必要的。任何时代的道德规范体系可能都不会是完美的，甚至某些社会历史时期会由于经济、政治或宗教等原因而使得被广泛宣扬的所谓道德规范和要求偏离或者背离人们"善"的理想和大部分人的幸福生活的需要，但是，这种不完美性并不能成为阻止我们追求完善的道德规范体系的努力，也不能成为完全否定道德规范的积极意义的理由。

同时，还应当意识到，如果想要使一个社会中的道德规范体系充分发挥其积极意义，就必须使其与人们关于"善"的理解和对于好生活的追求相一致，这是道德规范和要求能够获得人们的普遍认同和遵循的前提。在中国传统社会中，"权"的观念的产生以及经权观的形成与发展，都与对作为道德准则或规范的"礼"或者"经"的普遍约束力的认同存在着直接或者间接的关系。"礼"和"经"只有具备了普遍约束力，才能够真正发挥它们应有的作用，因此，对于其普遍性和权威性的承认和维护是必要的。但是，作为具有确定性的行为方式或标准，"礼"和"经"的普遍约束力如果被绝对化，则极有可能在现实的道德生活中被教条式地理解，从而使其成为凌驾于人类社会生活之上的戒律，不但不能再作为人们好生活的指导，反而会成为追求"善"的理想的羁绊。为了最大限度地避免这种可能，中国传统伦理思想中通过经权理论，对现实道德生活中的规范和准则进行了一种务实、人本、辩证的理解。一方面，承认"礼"和"经"在一般情境下约束力的普遍性；另一方面，又主张这种普遍性在现实实践中的理解必须与情境的复杂性和主体的能动性结合起来,要求人们在道德实践中不能被动、死板地遵循规则,而应当谨慎、戒惧,自觉地对规则在具体的情境中是否仍然与道义原则相契合随时进行检视。

中国传统经权观中对道德规范的这种理解,在今天的道德建设中,可以为我们思考如何通过完善道德规范体系以增强其对现实道德生活进行引导和调节的有效性提供一些有益的启示。

首先,道德规范体系的建设,应该突出美好生活的实现这一实质性的追求。归根到底,道德是好生活的追求的体现,它应当与人们对于善、幸福的理解保持一致;作为道德理想在一定的社会生活条件下的具体化,道德规范不能偏离甚至背离好生活的目标,沦为维护某种僵化的既有秩序或者利益关系的工具。因此,道德规范体系不是在庙堂之上或者书斋之中冥想出来的,而是应当以人民美好生活实现的需要为其现实基础。"夫礼之初,顺人之性欲而为之节文者也。"[①] "循礼之经,行礼之权,王道本乎人情,以因民而治,亦此而已矣。"[②] 从社会治理的角度来说,"人情",即人民的需要和愿望,是对行为或举措进行道德上的正当性判断的根本依据,也是道德规范体系建设的基础。"道德作为一种实践理性,其作用与功能就在于对民众的庸常生活有所指导,换句话说,它的真理性与合理性也正是从日常生活中形成的,并在日常生活中得以强化……离开了民众的生活实践,道德将会成为无源之水,将会枯竭和衰亡,一种道德如果已经和民众的生活实践没有关联,那必将成为一种伪善。"[③]

从中国传统伦理思想的发展过程来看,"道不远人",因人情而制礼,是儒家思想能够得到普遍认同并对中国古代社会的稳定曾经发挥了积极的促进作用的原因之一;到了封建社会晚期,学者们汲汲于"辨乎理欲之分",将意味着道德正当性的"天理"与人的需要和欲望对立起来,"虽视人之饥寒号呼,男女哀怨,以致垂死冀生,无非人欲,空指一绝情欲之感者为天理之本

[①] (宋)李觏:《李觏集》,王国轩点校,中华书局2011年版,第6页。
[②] (明)王夫之撰:《四书训义》卷34,《船山全书》,岳麓书社2011年版,第8册,第650页。
[③] 肖群忠:《伦理与传统》,人民出版社2006年版,第35—36页。

然，存之于心"，最终的结果，"未有不以意见为理而祸天下者也"①，对道德的追求演变成了"执理无权""以理杀人"。无论是对"经"的普遍性限度的理解，还是对"权"的必要性的坚持，都在一定程度上体现了中国传统伦理思想对日常生活的关注，反映了人们对于"善"的理想的追求；而封建社会的道德秩序走向没落的过程中，对于道德规范的教条化理解和对"权"在道德生活中的适用空间的压缩，则加速了道德对美好生活理想的背离，使其成为阻挡社会发展和人们幸福实现的障碍。这些经验和教训，都是在今天的道德规范体系建设中应当汲取的。

其次，道德规范体系建设中，要注重不同层次间道德准则普遍性限度上的差异。在现实的道德生活中，究竟该不该将道德准则视为严格意义上的不容违背的行为依据或标准，是一个常常让人们感到困惑的问题。对这一问题的肯定回答，可以保障道德准则的普遍约束力的实现，但会限制主体意志自由的发挥，甚至会使道德脱离人的生活需要，变成凌驾于人们生活之上的神圣的戒律。而对这一问题的否定回答，则会消解道德准则的约束力，让行为主体可以随意脱离道德的指导和约束而只是将目光聚集于自身所处的当下的情境，从而使人们在道德生活中失去善与恶、正当与不正当判断的共识性的标准。

为了应对这一问题，中国传统经权观在道德准则的约束力的普遍性限度上采取了一种既具有明确的原则性又具有一定的灵活性的处理方式。一方面，体现着人的普遍本性，反映着人类生活的规律性和客观必然性的道义原则是绝对不容违背的，而现实生活中对行为起着直接的指导或规范作用的具体的道德规范则允许根据情境的变化而在一定限度内（"可以然之域"）灵活掌握。另一方面，道义原则，尤其是作为最高原则的"道"，被认为具有恒久性的特征，而具体的行为规范则是可以随着时代的发展而有所因革损益的。原因在于，道义原则虽然归根结底是与人的日常生活的需要和生命过程展开的需要一致的，但它具有高度的抽象性；只有这样，它才能够"体物而不可遗"，成为真正能够贯彻于事事物物之中的原则。而具体的道德规范之所以能

---

① （清）戴震：《孟子字义疏证》，何文光整理，中华书局 1982 年版，第 53 页。

够对人们的生活实践起着直接的指导作用,就在于它一端连着道义原则,与人们关于"善"的理想是一致的,一端则连着具体生动的日常生活,为人们的行为方式的选择和判断提供了直接的标准。因此,道义原则的普遍约束力是绝对的,而具体的道德规范的普遍约束力则具有相对性,由于生活本身是复杂多变的,所以它不应成为僵死的教条,否则极容易"举一而废百"。同时,道德规范被允许在道德实践中进行权衡变通,但既不能因此否定它在一般情境下的普遍适用性,也不能使行为选择脱离道义原则所许可的范围。通过这种原则性和灵活性兼顾的处理方式,就能够最大限度地保持道德准则与现实生活之间的协调性,避免道德准则因异化而走到好生活的理想的对面。

事实上,任何社会之中,道德规范体系都会呈现出一个层次错落的立体结构,除了作为骨架的若干具体道德规范之外,还包括相对宏观和抽象的道德原则,以及适用于不同社会生活领域的更为具体的道德要求。在这个结构之中,越是处于顶端的准则(一般称为道德原则)原则性越强,普遍性程度越高,而越是基础的部分随着社会生活的变动而变化的可能性就越大,灵活性程度越高。在道德规范体系的建设中,区分不同层次的道德准则在约束力的普遍性限度上的差异,注重原则性和灵活性的统一,使道德准则与道德生活之间始终保持必要的张力,将有利于道德规范体系最大限度地得到社会成员的认同,更好地发挥其在社会价值引领和社会生活调节上的功能优势。

最后,在建立健全道德规范体系的过程中,还应当处理好其中所涉及的各种矛盾关系。道德准则不是来自上帝的命令,也不是某种抽象的理念或者精神在人类社会中的体现,而是在人类社会发展的过程中,在人们对于各种复杂的矛盾和关系进行应对的过程中逐渐形成和积累下来的。因此,道德规范体系的建立和完善,需要对人类道德生活中所要面对的各种矛盾关系进行客观的认识和恰当的处理。中国传统经权观在这方面也可以带给我们一些有益的启示。

比如,道德规范体系的建立不可能割断与历史之间的联系,同时又要立足于现实的生活实践的需要,这就需要处理好传统与当下之间的关系。在经权观中,"经"是人们在长期的社会生活中概括和总结出来的具有普遍性和共识性的规则。它一方面体现着道德生活中的共性的规律,另一方面又具有历史性的特征。一定意义上说，对于"经"的遵循，意味着对于传统生活方式中形成的历史经验的尊重。但是，如果只有遵循而没有变通和变革，对守经意识的强调就会导致保守甚至复古的思潮。在中国传统伦理思想中，不但承认具有变通、变革的意义的"权"与"经"之间的辩证统一关系，而且还将对当下的社会生活中或新的道德情境下出现的道德问题的处理，作为对"经"进行完善补充的途径。例如，朱熹在程颐"权即是经"的观点基础上，提出了"经是已定之权，权是未定之经"的经权统一理论。这表明，在朱熹看来，在以前没有经历过的特殊情境中通过"权"找到了符合道义原则的行为方式并将其确定下来，这一行为方式就变成了新的"经"。这种新的"经"的现实依据，便是当下面对的道德情境；而对于未来的道德实践来说，它也会变为传统和经验。由此可见，任何一个具体的时间点上存在的道德规范体系，都应该是传统与当下的辩证统一，既需要将历史上总结出来的宝贵经验作为道德规范体系建设的重要资源，又不可将既有的道德准则作为不变的教条而忽视了社会生活本身的变化。

再比如，在道德规范体系的建设中，还需要处理好规范与德性之间的关系。根据马克思主义的观点，任何时代，无论是道德规范还是个体德性，都是主体性和客观性的统一。但是，就其具体内容上来说，德性更多地体现为主体内在的品性与禀赋，而规范则与外在的客观历史条件有着更紧密的联系。由于着眼点的不同，在西方伦理学中存在着德性伦理学（或称"美德伦理学"）和规范伦理学（或称"规则伦理学"）的区分，前者着眼于个体德性的养成或幸福的实现，后者则侧重于围绕义务、应当等概念对行为正当性进行论证。道德所追求的"善"的理想是社会完善和个人完善的统一，如果在社会道德生活中割裂规范和德性之间的关系，就会使道德在人类生活中的意义和价值被片面地理解。中国传统伦理思想认为，规范和德性本身是统一的，一方面，"人而不仁，如礼何"，规范（"礼"）应当以德性（"仁"）为精神实质和内在依据；另一方面，"克己复礼为仁"，遵循规范是形成德性的途径。对于一般人来说，为了维护社会的和谐和稳定，需要规范作用的发挥。但是，达到至善境界的德性完备的人，是可以完全按照德性的指引而行动的，而不必刻意遵守规范，"即心即权"，就可以"从心所欲不逾矩"，使得行为与社会的道德规范要求完全一致。规范是在人类社会生活之中形成的,是与人的"善"的追求相一致的行为方式的总结,归根结底是人的本性和需要的反映;在个体社会化的过程中,规范意识不断提升,来自社会的规范经过主体自觉的修养工夫完全内化之后,又变成个体德性的基本内容。因此,在道德规范体系的建立过程中,既要考虑到道德规范对于社会秩序的和谐稳定和社会文明进步的维护和引领作用,又要能够在其中体现道德规范对于个体的人格完善和境界提升的引导和规约作用,在内容上将二者沟通起来,尽量避免将道德规范变成冷冰冰的戒律或教条,这不但有利于道德维护社会秩序、促进社会文明的作用的实现,而且有助于培育具有崇高境界的道德主体。

二　塑造健全的道德主体

一个时代或者一个社会的道德状况的好坏,除了完善、合理的道德规范体系之外,还取决于社会成员的道德意识和道德实践能力。孔子说"可与立,未可与权",就是对道德实践能力在道德生活中的意义的肯定。在社会道德建设中,除了通过有效的手段引导社会成员养成良好的道德观和价值观之外,培养社会成员坚定的道德意志、高超的道德智慧,也是形成积极、健康、向上的道德风气的必然要求。换句话说,道德建设不仅仅是向社会成员传达正确的道德观和价值观的过程,而且还要着力塑造健全的道德主体。

一个有道德的人,应当是一个有着强烈的道德责任感和自律意识,能够认真地恪守道德规范、坚定地履行道德义务的人,这是一个人进入道德生活领域并使行为符合道德要求的基本前提。但是,对道德规范的恪守和道德义务的履行不是被动地服从,而是一种在自觉的意识指导下的能动的实践。在冯友兰的人生境界理论中,有一个非常重要的概念,叫作"觉解"。简单地说,"觉"就是自觉,"解"就是了解。冯友兰认为,真正的道德的行为,是必须建立在"觉解"的基础之上的。他说:"我们若与道德底行为,下一定义,以为必须对于道德价值有觉解,为道德而行底行为,方是道德行为;则自发底合乎道德底行为,当然不能说是道德行为。"[①] 不以"觉解"作为基础

[①]　冯友兰:《贞元六书》,中华书局2014年版,下册,第631页。

的"自发底合乎道德底行为",不但容易失之偏至或极端,像中国古代的愚忠愚孝一样,而且往往是单调的、不能持久的。根据冯友兰的这种理解,道德行为的发生,必须以主体内在的自觉意识、自由意志和认识能力为前提,如果没有具备相应的意识和能力,就不可能有真正健全的道德主体;道德主体没有健全的素质,就不可能在道德生活中通权达变,使行为符合"时中"的要求。这时候,人只能称为道德规范的奴隶,而不是道德生活的主人,当然也就不可能有真正的道德行为。

一般来说,一个健全的道德主体至少应具备以下素质:对善恶标准和道德准则的深刻理解和服膺,高超的实践智慧和道德自觉,坚定的道德意志与道德信念。

首先,塑造健全的道德主体,需要引导社会成员形成积极向上的价值观和道德观,清楚掌握是非善恶的标准和界限。在中国传统经权观中,无论在经权关系上持何种主张,学者们都是将对"道"的深刻领悟、对"经"的普遍价值的理解和认同作为主体在道德实践中进行权衡和权变的基础;如果脱离了这一基础,"权"必然会变成权谋或权诈。孔子将"权"视为"可与立"之后的为学境界,从为学阶程上来说,便是认为"权"是只有对道义原则熟练掌握之后才有可能真正实现的。朱熹说:"权是仁精义熟,于事能优游以入之意。"[①] 所谓的"仁精义熟",也是指对善恶标准和道德准则的深刻理解。如果没有内在的价值观和道德观作为支撑,没有对善恶标准和道德准则的深刻认识和理解,而是一味地强调行为者在现实生活中灵活变通,"自由"将极有可能成为破坏社会道德秩序、败坏社会道德风气的借口,或者沦为个人肆无忌惮地满足个人私欲的幌子。中国传统社会中所产生的"借权以自饰"的经权理论的流弊,正是因为行为者只知有"权"而不知有"经"、只知行权而不知合道的结果。"道德认识是社会的道德要求转化为个人内在品质的首要环节,是整个道德品质形成的基础。"[②] 从这个意义上说,通过多样化的手段和途径,引导社会成员在内心中形成是非、善恶、荣辱等道德观和价值观,

---

[①] (宋)黎靖德编:《朱子语类》,王星贤点校,中华书局1986年版,第5册,第1954页。
[②] 罗国杰主编:《伦理学(修订本)》,人民出版社2014年版,第398页。

也是健全的道德主体塑造的首要环节。

其次,塑造健全的道德主体,还要注重对社会成员认识能力和实践能力的培养,提高人们在复杂多变的道德生活中的分析、辨别和选择的能力。经权问题的讨论反映了古人道德实践的智慧。之所以称其为"智慧",就是因为它重视道德对人的生活的指导、约束和调节作用,但又不是局限于对道德规范的虔诚恪守。"能够在各种特殊的情况下做出正确的是非判断和行动决断才是智慧。那种一味按照普遍性的条条框框办事的人不是智慧的人而是书呆子和教条主义者。适当、得当、中庸、时中才是智慧。"[①] 道德规范是确定的,而道德生活则是变动不居的。如果没有自主、自觉的意识和清晰的判断能力、理性的分析能力,即使行为主体将道德规范体系烂熟于心,也可能会在具体的道德情境中束手无策,或者做出不合时宜的选择。因此,智慧不只是一种重要的德性,而且是道德实践的重要基础。封建社会晚期,智慧德性逐渐在道德观念中被边缘化,甚至刻意被排斥,道德教化中片面强调服从,导致人们的道德品质结构畸形,愚忠、愚孝、愚节现象层出不穷,不但难以发挥道德引导社会文明进步的功能,而且成了社会发展和人格完善的障碍。因此近代之后,在对当时社会积贫积弱、死气沉沉的局面进行反思的过程中,都将"治愚","开民智",提升人们的智识水平,恢复智德在德性中的应有地位,作为改变中国落后面貌的根本之策。这既是解决彼时的时代问题的应时之举,也是培养社会成员的健全人格以形成积极向上的社会风气的必然要求。总之,如果没有健全的道德主体,就不可能有真正的道德生活。为了避免将道德作为"吃人""杀人"的工具的历史悲剧重演,就必须在道德建设的过程中将开发社会成员的智识水平、提升社会成员的实践能力、造就社会成员的独立人格,作为最重要的内容之一。

最后,塑造健全的道德主体,还应当着力培养社会成员坚定的道德意志与道德信念,以确保其能够在各种复杂的情境之中将道德观念转化为道德实践。现实生活中,行为选择的依据不只是善恶标准或道德准则,还可能是出于行为者自身的利害考虑。一般情况下,依据个人利害做出的选择不一定是

[①] 肖群忠:《传统道德与中华人文精神》,中国人民大学出版社2019年版,第11页。

不道德的,但是,当个人利益与道德原则发生冲突时,行为者依据自身私利或者安危的考虑所做出的选择就有可能与道德要求相悖。因此,"居天下之广居,立天下之正位,行天下之大道;得志与民由之,不得志,独行其道;富贵不能淫,贫贱不能移,威武不能屈"(《孟子·滕文公下》)。这是需要坚定的道德意志和道德信念才有可能做到的。有时候,一个行为者经过权衡之后依然不能按照道德准则做出正确的选择,并不是因为他不了解是非善恶的标准,也不是因为他不具备必要的分析判断能力,而仅仅是因为他的道德意志和道德信念不够坚定,在威逼或者利诱之下放弃了原则。因此,在古代对于经权问题的讨论中,始终将主体具有克服利益诱惑和外在压力的能力作为行权正当性的前提。《公羊传》中说:"杀人以自生,亡人以自存,君子不为也。"合理的权变对具有共识性和普遍性的道德规范的违背并不是出于自身利益的诱惑或者个人安危的考虑,而是在坚持道义原则的前提之下所做的选择。如果没有坚定的道德意志和道德信念,不用说生死存亡的紧急关头,在一般的义利冲突的情境之下,就有可能见利而忘义。因此,在健全的道德主体的塑造过程中,在进行理性自觉和意志自由培养的同时,必然要伴随着道德意志和道德信念的锻炼和强化。

《中庸》中说:"知(智)、仁、勇三者,天下之达德也。"所谓"达德",不同于仅仅适用于某些具体的领域或者人伦关系的德性,它们是贯穿于人类的道德生活之中的。这里所说的"知(智)、仁、勇",用今天的话说,近似于道德智慧、道德准则和道德意志。之所以称它们是"达德",就在于它们是健全的道德主体的三种最基本的素质要求。分析中国传统的经权观,可以发现,恰当地遵经行权,避免权变可能会产生的流弊,往往也被认为有赖于三种德性。尤其是在现代社会中,社会生活变得更加复杂,自由、平等的观念已深入人心,塑造社会成员对善恶标准和道德准则的深刻理解和服膺、高超的实践智慧和道德自觉、坚定的道德意志与道德信念有机统一的道德素质,应当成为道德建设中一项重要的任务,也是社会保持文明进步的不竭动力,每个个体都能够自由而全面发展的必然要求。

三 构建面向实践的伦理学理论

"就中国学术而言,伦理学有一个漫长的过去,却只有一段短暂的历史。所谓'漫长的过去',是就伦理思想与儒学的渊源而言。两三千年以来,儒学即不断从事对人性与心灵运作的思考;所谓'短暂的历史',则是伦理学作为新兴现代的学科,其为时甚为短暂。"[1] 中国人对伦理道德问题的思考历史悠久,并在这一领域积累下了丰富的思想资源,但是,学科形态的现代伦理学在中国的产生却只有100多年的时间。19世纪末20世纪初,起源于2000多年前的古希腊的伦理学学科才借着中西文化交流和学制改革的契机来到中国,并逐渐落地生根,开花结果。从兼容并包的传统学术和知识系统到专门、独立的学科化学术和知识系统的转变,对于推动近代之后的道德革命,塑造现代中国人的道德生活,起到了重要的作用。然而,由于新的学术和知识系统是在借鉴西方的基础上形成的,因此在学科化的伦理学体系形成的早期,在研究对象和研究目标的确定、知识体系的组织、研究方法的选取等方面,往往以模仿和借鉴为主。一方面,由于短期内很难找到一个合适的切入点和一种有效的机制,将中国传统丰富的伦理思想资源融入这一新的系统之中,因此使得中国传统伦理思想的研究长期游离于伦理学原理的知识系统之外。另一方面,向国外学习和借鉴的过程中,出于"学徒"的心态,产生于西方的道德准则和价值观念在很多研究者那里也被当成了普世的标准或唯一的真理,使得伦理学理论在不同程度上脱离了中国人的生活。

中国伦理学发展到今天,建立独具自身特色的学科体系、学术体系和话语体系已成大势所趋。近年来,构建中国特色伦理学已经日益成为学界的共识,这既是文化自信、学术自信的体现,也是中国伦理学学科体系、学术体系和话语体系发展的必然。而在中国特色伦理学的构建过程中,中国传统伦理思想不但具有资源性的价值,同时在方法论上也能够提供一些有益的启示。经权观所体现出来的中国传统伦理思想的特质,对于这一具有民族特色和时

---

[1] 黄进兴:《从理学到伦理学:清末民初道德意识的转化》,台北:允晨文化实业股份有限公司2013年版,第151页。

代特色的伦理学理论体系的构建，在内容和思路上，都可以提供重要的思想资源和启发意义。

中国特色伦理学的构建，需要立足中国的文化传统和关注中国人的生活实践，需要直面体现中国人美好生活理想的价值观念体系和道德规范体系的建立以及自由而全面发展的健全的道德主体的塑造等现实任务。当然，立足文化传统不是回归过往，守旧复古，而是必须使中国的伦理学理论与中华民族在几千年的发展历程中积淀下来的理想信念、精神气质、民族心理和优秀的道德观念实现有机地衔接；关注生活实践不是顺应流俗，更不是放弃崇高的境界追求，或者排斥对其他文化中的优良成分的借鉴，而是要求将生活实践作为伦理学理论的活力之源和目标归宿。注重传统和现实的统一，正是中国传统经权观所体现出的道德思维方式。人们应当尊重"经"，尊重的其实就是历史上所流传下来的具有共识性的道德准则，但这种尊重并不是死板、僵化地服从，而是不仅应当时时谨慎，警惕由于当下情境的具体性和特殊性而可能导致的老规矩不能解决新问题的情况，避免遵经则不能"有善"的消极后果的发生，而且还要求随着时代的演变和认识的提高，对"经"本身进行适时的调整。人们在道德实践中应当知权达变，应当追求"时中"，意味着意识到了当下的生活情境对于道德实践的基础性意义，但它绝不是要求人们追求一种脱离道德准则的约束和指导的"从心所欲"的生活，而是同时强调"权"这一体现着主体性的行为方式不是对"经"的否定，不能违背长期的生活经验中所沉淀下来的价值理想和道义原则。这一原则性与灵活性、历史性和时代性相统一的理念贯穿于中国传统的伦理道德思想之中，在今天的伦理学研究中依然具有重要的方法论意义。

对文化传统的尊重和继承并不是对现实生活实践的否定，伦理学中的传统思想，正是千百年来人们在生活实践中积累和沉淀下来的，是人们对在道德生活中所形成认识和经验的提炼和概括。这些体现为传统思想的知识，之所以具有跨时代的价值，正在于它们反映了生活实践中的普遍性的规律和共性的认识。但是，历史上的实践经验一旦被概括为知识，上升为理论，它与现实的实践之间就会产生脱节。由于实践情境的复杂性和多变性，在现实生活中合理地应对各种具体的道德问题永远都比熟记道德戒律或者道德知识困难得多。因此，在中国传统伦理思想中，都是将"权"视为一种高超的道德实践能力，并且是人在道德生活中应当努力去实现的一种道德素质要求；而这种素质要求实现的主体性基础，便是以智、仁、勇为基本内容的内在德性。因此，从基本性质上看，中国传统伦理思想既不同于西方的规范伦理学，也与西方任何形式的德性伦理学有所区别。它既强调"礼"或"经"等在行为正当性判断中的价值，又重视德性在道德生活中的基础性意义。而二者统一的基础，正是在中国古人所重视的"行"（用今天的话说，即道德实践。）上。罗国杰先生晚年在总结自己的伦理学研究时曾经说："我认为，伦理学绝不是一门纯理论的学科，而是一门强调实践的学科，在各种学科之中，伦理学是对人的道德品质和思想素质的塑造最为重要的学科。伦理学的功能，绝不在于使人们获得关于伦理学理论体系的知识和讲授伦理学的能力，而在于它的形成、教育、塑造和升华人的道德人格的力量。在这一总的要求下，我们可以说，伦理学有两个方面的任务：一是培育和决定人生目的是什么，即关涉一个人的'人生观'或者'人生意义'这一重要问题；二是实现和达到人生目的之方式和手段，即探讨和追求达到'圣人'和'贤人'境界的途径。从一定的意义上看，'圣人'和'贤人'只是'未能实现的崇高目标'，而'所以实现的途径'才是更加重要的关键。"[①]这一论述，不仅是罗国杰先生半个多世纪伦理学研究的感悟，也是在对中西伦理思想进行整体把握下对中国现代伦理学的研究对象和研究任务进行思考的结果。在以往的伦理学研究中，对"应当如何"的道德义务或者规范的论证往往被视为伦理学研究的重心，而对于德性养成的关注则相对薄弱。着眼于道德主体的社会实践和人生实践，不但深化对道德准则的论证，而且致力于社会成员道德实践能力的培养，应当成为中国特色伦理学的"特色"之所在。

同时，在中国特色伦理学的构建过程中，还应意识到，作为其理论的出发点和归宿的实践，不是抽象的，而是具体的生活实践，存在于人类的社会关系之中；它不是片面的，而是涉及人类生活的全部内容。在西方伦理学的发展历程中，虽然伦理学也被视为一种"实践哲学"，但是，对于人类实践的

[①] 罗国杰：《罗国杰生平自述》，中国人民大学出版社2016年版，第261页。

抽象的、片面的理解，往往使伦理学理论脱离人类的生活实践，善恶标准的最终来源被置于某个人类生活之外的世界之中，或者被视为某种神秘的精神力量在人类生活中的体现。中国传统伦理思想则反对将伦理思想神秘化的做法，"道不远人"，作为善恶判断的最高原则的"道"，永远都应当植根于人类生活之中；即使有些学者或者学派用"天"或"天理"来解释道德的来源问题，但"'天'这一概念在中国是指与'人'有着内在联系的生生不息的、有道理的有机体"①，对"天道"或者"天理"的认识，也是从人伦日用中的事事物物中开始的。由于善恶标准的最高原则是扎根于"人"的生活的，所以，在中国传统伦理思想中，人的德性与天道或"天理"本身就是一致的，道德准则与主体的德性有着共同的根源。道德准则即使被称为"经"，形式上具有神圣性和权威性，但是它不仅是可以诉诸人的德性，通过"尊德性而道问学"的途径进行认识和体悟的，而且可以通过基于德性的反思而对道德规范在具体的道德情境之中是否仍然与作为最高原则的"道"的要求相一致，从而对一般情境之下具有普遍约束力的"经"在这一具体情境中是否适用做出判断，进而决定是继续遵循它还是暂时违背它。主体德性和道德规范可以在能动性的实践活动中达到协调一致，即使它们之间偶尔产生偏离，主体也可以通过诉诸"道"这一二者共同根源的方式，使其矛盾得到化解，从而避免了西方伦理学中"美德伦理认为不存在独立于美德的行为判断，正确的行为由美德来界定，而规则伦理坚持强调美德是对道德原则相关行为的意见或欲望"②的理论争讼，使得规范和德性以实践为基础实现了理论上的辩证统一。尽管现代伦理学理论的构建不会再简单地建立在古人认为具有不言自明的正当性的"道"这一最高原则之上，"人的内在生命的呼声"需要用现代伦理学的语言和逻辑进行表达和解释，但中国传统伦理思想中以"道"为依据统一规范与德性，从而从整体的、联系的意义上理解人类道德生活的理论建构方式，对于今天中国特色伦理学理论的建构，仍然是具有重要的启发意义的。

---

① 汤一介：《寻找溪水的源头》，海天出版社2016年版，第167页。
② 刘余莉：《儒家伦理学：规则与美德的统一》，中国社会科学出版社2011年版，第166页。

中国特色伦理学的构建应当立足生活、面向实践，不仅是重视经权问题的中国传统伦理思想带给我们的启示，同时，如果回顾西方伦理学的发展历程，尤其是最近一百多年的宫移羽换，可以发现，伦理学理论立足生活、面向实践，也是伦理学发展的大势所趋。

近代之后的规范伦理学从神的阴影下摆脱出来，将伦理问题思考的出发点回归到人本身。但是，无论是康德伦理学为代表的义务论还是边沁、密尔等人的功利主义思想，都是寄希望于从剥离了具体的人的其他方面的性质或因素的单一的人类禀赋或属性中找到一种可普遍化的道德准则基础，并以此作为行为正当性判断的不偏不倚的依据。这些建立在抽象的人性理论之上的伦理学，道德准则的可普遍化的愿望注定无法真正转化为现实道德生活中的普遍约束力。进入20世纪之后，西方伦理学领域发生了重大变革，首先就是世纪初在研究方法和研究内容上均不同于传统伦理学的元伦理学在英美的出现与崛起。元伦理学的出现，固然是西方哲学的语言学转向在伦理学领域的体现，但也与伦理学者对近代伦理学所陷入的困境的反思直接相关。元伦理学家不再执着于对善恶准则或行为的正当性的论证，而是采用语言分析和逻辑分析的方法，对伦理学中的概念和判断进行理论基础的清理。这些工作并非没有意义，但是，"当代哲学家并不把为世人提供道德指导视为己任。他们的职责是进行所谓的第二类哲学研究，即关于道德判断如何运用；如何为这些道德判断辩护；道德判断在哪些方面相同或不同于各种陈述、命令、情感表达等等问题"[①]。元伦理学的研究者所秉持的"道德哲学理论研究与道德行为本身之间不存在明显的直接联系"的观念，导致了伦理学理论对现实生活直接指导作用的丧失。与此同时，20世纪又是人类历史上道德问题最为突出的一个世纪，经济、政治、科技的发展，都对人们的道德观念和社会的伦理秩序造成了巨大的冲击。元伦理学在道德实践上的无能为力以及现实生活对道德指导的迫切需要，在20世纪中期之后催生了直接关注各个具体生活领域中的道德问题的应用伦理学的产生。应用伦理学的产生和发展表明伦理学界

---

① ［美］路德·宾克莱：《二十世纪伦理学》，孙彤、孙南桦译，河北人民出版社1988年版，第213页。

对时代所提出的各种重大的道德问题进行理论回应和实践指引的使命感和责任感，也是对伦理学重视实践立场的回归。但是，如果说元伦理学"把伦理学作为伦理语言的分析对待，其后果之一是导致这个学科愈趋琐碎"[①]，那么，至少目前还是作为一个庞大的学科群而存在的应用伦理学则由于专注于将社会生活分割为若干独立的领域进行讨论而使伦理学研究呈现出另外一种形式的碎片化。人的生活世界是统一的，任何一个道德主体的道德观和价值观也是具有整体性的，对于各个具体领域中道德问题的研究如果不能从整体上和宏观上对社会道德生活进行把握，不能塑造具有完善人格的道德主体，对某一领域中道德问题的孤立分析所得出的理论成果对于现实道德实践的指导价值也会大打折扣。因此，应用伦理学的健康发展及其现实意义的充分实现，必然需要有建立在对人类实践与道德生活进行完整、科学理解之上的理论伦理学作为基础。

因此，发扬中国伦理思想立足生活、重视实践的传统，从包括经权观在内的中国传统文化中汲取智慧，构建中国特色的伦理学体系，不仅可以更好地实现伦理学"通过对道德问题的研究（认知）而改善人类社会的道德生活，为社会的文明进步、个体的自由而全面发展提供理论指导"[②]的根本使命，而且也是解决现代伦理学研究所面对的世界性难题，建立科学的伦理学体系的有益尝试。

[①] ［英］玛丽·沃诺克：《一九〇〇年以来的伦理学》，陆晓禾译，商务印书馆1987年版，第136页。

[②] 《伦理学》编写组编：《伦理学》，高等教育出版社、人民出版社2012年版，第9页。

参考文献

一　古代典籍

（汉）班固撰：《汉书》，中华书局1962年版。

（汉）韩婴撰：《韩诗外传集释》，许维遹校释，中华书局1980年版。

（汉）刘向撰：《说苑校证》，向宗鲁校证，中华书局1987年版。

（汉）司马迁撰：《史记》，中华书局1959年版。

（汉）王符著，（清）汪继培笺：《潜夫论笺校正》，彭铎校正，中华书局1985年版。

（汉）徐干撰：《中论》，《影印文渊阁四库全书》，北京出版社2012年影印本，第696册。

（汉）许慎撰，（清）段玉裁注：《说文解字注》，上海古籍出版社1981年影印本。

（南朝宋）范晔撰：《后汉书》，中华书局1965年版。

（南朝梁）皇侃撰：《论语义疏》，高尚榘校点，中华书局2013年版。

（南朝梁）刘勰撰：《文心雕龙》，王志彬译注，中华书局2012年版。

（南朝梁）僧祐撰：《弘明集》，刘立夫等译注，中华书局2013年版。

（唐）韩愈、李翱撰：《论语笔解》，《影印文渊阁四库全书》，北京出版社2012年影印本，第196册。

（唐）李隆基撰：《唐玄宗御注道德真经》，《中华道藏》，华夏出版社2004年版，第9册。

（唐）柳宗元：《柳宗元集》，中华书局1979年版。

（唐）陆希声撰：《道德真经传》，《中华道藏》，华夏出版社2004年版，第

9 册。

（唐）陆贽：《陆贽集》，刘泽民点校，浙江古籍出版社 2013 年版。

（唐）权德舆撰：《权德舆诗文集》，郭广伟校点，上海古籍出版社 2008 年版。

（唐）释慧琳撰：《一切经音义》，《续修四库全书》，上海古籍出版社 1996 年影印本，第 196 册。

（唐）释玄应撰，（清）庄炘、钱坫、孙星衍校正：《一切经音义》，《续修四库全书》，上海古籍出版社 1996 年影印本，第 198 册。

（唐）张参撰：《五经文字》，《影印文渊阁四库全书》，北京出版社 2012 年影印本，第 224 册。

（宋）蔡沈撰：《书集传》，钱宗武、钱忠弼整理，凤凰出版社 2010 年版。

（宋）陈淳撰：《北溪大全集》，《影印文渊阁四库全书》，北京出版社 2012 年影印本，第 1168 册。

（宋）陈淳：《北溪字义》，熊国祯、高流水点校，中华书局 1983 年版。

（宋）陈祥道撰：《论语全解》，《影印文渊阁四库全书》，北京出版社 2012 年影印本，第 196 册。

（宋）程颢、程颐：《二程集》，王孝鱼点校，中华书局 1981 年版。

（宋）戴侗撰：《六书故》，上海社会科学院出版社 2006 年影印本。

（宋）黎靖德编：《朱子语类》，王星贤点校，中华书局 1986 年版。

（宋）李觏：《李觏集》，王国轩点校，中华书局 2011 年版。

（宋）李过撰：《西溪易说》，《影印文渊阁四库全书》，北京出版社 2012 年影印本，第 17 册。

（宋）陆佃撰：《尔雅新义》，《续修四库全书》，上海古籍出版社 1996 年影印本，第 185 册。

（宋）陆九渊：《陆九渊集》，钟哲点校，中华书局 1980 年版。

（宋）邵雍：《邵雍集》，郭彧整理，中华书局 2010 年版。

（宋）司马光撰：《司马光集》，李文泽、霞绍晖校点整理，四川大学出版社 2010 年版。

（宋）王安石撰：《王安石全集》，张鹤鸣整理，崇文书局 2020 年版。

（宋）王钦臣撰：《王氏谈录》，《影印文渊阁四库全书》，北京出版社 2012 年影印本，第 862 册。

（宋）王宗传撰：《童溪易传》，上海古籍出版社 1990 年影印本。

（宋）谢良佐撰：《上蔡语录》，《影印文渊阁四库全书》，北京出版社 2012 年影印本，第 698 册。

（宋）杨时撰：《杨时集》，林海权校理，中华书局 2018 年版。

（宋）姚铉编：《唐文粹》，浙江人民出版社 1986 年影印本。

（宋）叶适：《习学记言序目》，中华书局 1977 年版。

（宋）余允文撰：《尊孟辨（附续辨别录）》，中华书局 1985 年版。

（宋）俞德邻撰：《佩韦斋集》，《影印文渊阁四库全书》，北京出版社 2012 年影印本，第 1189 册。

（宋）张栻：《张栻集》，杨世文点校，中华书局 2015 年版。

（宋）张载：《张载集》，章锡琛点校，中华书局 1978 年版。

（宋）赵顺孙撰：《四书纂疏》，《影印文渊阁四库全书》，北京出版社 2012 年影印本，第 201 册。

（宋）郑樵撰：《尔雅注》，《影印文渊阁四库全书》，北京出版社 2012 年影印本，第 221 册。

（宋）朱熹撰：《论孟精义》，《影印文渊阁四库全书》，北京出版社 2012 年影印本，第 198 册。

（宋）朱熹撰：《四书章句集注》，中华书局 1983 年版。

（宋）朱熹：《朱熹集》，郭齐、尹波点校，四川教育出版社 1996 年版。

（元）胡炳文撰：《四书通》，《影印文渊阁四库全书》，北京出版社 2012 年影印本，第 203 册。

（元）苏天爵编：《元文类》，商务印书馆 1958 年版。

（元）王充耘撰：《四书经疑贯通》，《影印文渊阁四库全书》，北京出版社 2012 年影印本，第 203 册。

（元）许谦：《许谦集》，蒋金德点校，浙江古籍出版社 2015 年版。

（元）袁俊翁撰：《四书疑节》，《影印文渊阁四库全书》，北京出版社 2012 年影印本，第 203 册。

（元）朱公迁撰：《四书通旨》，《影印文渊阁四库全书》，北京出版社 2012 年影印本，第 204 册。

（明）蔡清：《易经蒙引》，刘建萍等点校，商务印书馆 2017 年版。

（明）方孝孺：《方孝孺集》，徐光大点校，浙江古籍出版社 2013 年版。

（明）高拱：《高拱论著四种》，流水点校，中华书局 1993 年版。

（明）刘宗周：《刘宗周全集》，浙江古籍出版社 2012 年版。

（明）吕柟撰：《泾野子内篇》，赵瑞民点校，中华书局 1992 年版。

（明）吕坤撰：《吕坤全集》，王国轩、王秀梅整理，中华书局 2008 年版。

（明）汪应蛟撰：《汪子中诠》，《续修四库全书》，上海古籍出版社 1996 年影印本，第 941 册。

（明）王夫之撰：《船山全书》，岳麓书社 2011 年版。

（明）王守仁撰：《王阳明全集》，吴光等编校，上海古籍出版社 2011 年版。

（明）杨起元撰：《证学编》，谢群洋点校，上海古籍出版社 2016 年版。

（明）张自烈、（清）廖文英编：《正字通》，董琨整理，中国工人出版社 1996 年影印本。

（明）赵本学撰：《孙子书校解引类》，《中国兵书集成》，解放军出版社、辽沈书社 1990 年影印本，第 12 册。

（清）陈立撰：《白虎通疏证》，吴则虞点校，中华书局 1994 年版。

（清）戴震：《孟子字义疏证》，何文光整理，中华书局 1982 年版。

（清）郝懿行：《郝懿行集》，齐鲁书社 2010 年版。

（清）黄宗羲原著，（清）全祖望补修：《宋元学案》，陈金生、梁运华点校，中华书局 1986 年版。

（清）江声撰：《尚书集注音疏》，《续修四库全书》，上海古籍出版社 1996 年影印本，第 44 册。

（清）焦循：《雕菰楼易学五种》，陈居渊校点，凤凰出版社 2012 年版。

（清）焦循：《焦循诗文集》，刘建臻点校，广陵书社 2009 年版。

（清）焦循撰：《孟子正义》，沈文倬点校，中华书局 1987 年版。

（清）李慈铭：《越缦堂读书记》，由云龙辑，上海书店出版社 2015 年版。

（清）陆世仪撰：《思辨录辑要》，《影印文渊阁四库全书》，北京出版社 2012 年影印本，第 724 册。

319

（清）马瑞辰撰：《毛诗传笺通释》，陈金生点校，中华书局1989年版。

（清）毛奇龄撰：《论语稽求篇》，《影印文渊阁四库全书》，北京出版社2012年影印本，第210册。

（清）钱大昭撰：《广雅疏义》，上海古籍出版社2018年影印本。

（清）阮元校刻：《十三经注疏》，中华书局1980年影印本。

（清）沈涛撰：《说文古本考》，《续修四库全书》，上海古籍出版社1996年影印本，第222册。

（清）苏舆撰：《春秋繁露义证》，钟哲点校，中华书局1992年版。

（清）王筠撰：《说文解字句读》，上海：商务印书馆1936年影印本。

（清）王鸣盛：《蛾术编》，顾美华整理标校，上海书店出版社2012年版。

（清）王念孙：《广雅疏证》，钟宇讯点校，中华书局1983年版。

（清）王先谦撰集：《释名疏证补》，上海古籍出版社1984年影印本。

（清）吴大澂等撰：《说文古籀补·补补·三补·疏证》，中国书店1990年影印本。

（清）徐灏撰：《说文解字注笺》，《续修四库全书》，上海古籍出版社1996年影印本，第226册。

（清）严章福撰：《说文校议议》，《续修四库全书》，上海古籍出版社1996年影印本，第214册。

（清）严可均、姚文田撰：《说文校议》，《续修四库全书》，上海古籍出版社1996年影印本，第213册。

（清）俞正燮撰：《癸巳存稿》，商务印书馆1937年版。

国学整理社编：《诸子集成》，中华书局2006年影印本。

黄晖撰：《论衡校释》，中华书局1990年版。

刘文典撰：《淮南鸿烈集解》，冯逸、乔华点校，中华书局2013年版。

王叔岷：《刘子集证》，中华书局2007年版。

徐元诰撰：《国语集解》，王树民、沈长云点校，中华书局2002年版。

张建业主编：《李贽文集》，社会科学文献出版社2000年版。

张沛撰：《中说校注》，中华书局2013年版。

二 现代著作

蔡仁厚：《孔孟荀哲学》，台北：台湾学生书局1984年版。

蔡仁厚：《儒学传统与时代》，河北人民出版社2010年版。

蔡元培：《中国伦理学史》，商务印书馆2010年版。

陈鼓应：《老庄新论》，上海古籍出版社1992年版。

陈徽：《性与天道——戴东原哲学研究》，中国文史出版社2005年版。

陈明恩：《诠释与建构：董仲舒春秋学的形成与开展》，台北：秀威资讯科技股份有限公司2011年版。

陈柱撰：《公羊家哲学》，台北：力行书局1970年影印本。

杜维明：《中庸：论儒学的宗教性》，段德智译，生活·读书·新知三联书店2013年版。

费孝通：《乡土中国·生育制度·乡土重建》，商务印书馆2011年版。

封祖盛编：《当代新儒家》，生活·读书·新知三联书店1989年版。

冯友兰：《三松堂全集》，郑州：河南人民出版社1991年版。

冯友兰：《中国哲学史新编》，人民出版社2007年版。

冯友兰：《三松堂自序》，人民出版社2008年版。

冯友兰：《贞元六书》，中华书局2014年版。

冯友兰：《中国哲学简史》，涂又光译，中华书局2017年版。

傅永聚、任怀国：《儒家政治理论及其现代价值》，中华书局2011年版。

高亨：《文字形义学概论》，山东人民出版社1963年版。

葛荣晋：《中国哲学范畴通论》，首都师范大学出版社2001年版。

耿铭：《〈玄应音义〉文献与语言文字研究》，上海人民出版社2016年版。

谷衍奎编：《汉字源流字典》，语文出版社2008年版。

郭沫若：《金文丛考》，人民出版社1954年版。

郭沫若：《青铜时代》，科学出版社1965年版。

黄进兴：《从理学到伦理学：清末民初道德意识的转化》，台北：允晨文化实业股份有限公司2013年版。

嵇文甫：《王船山学术论丛》，中华书局1962年版。

姜宝昌:《墨经训释》,齐鲁书社1993年版。

焦国成:《中国伦理学通论》,山西教育出版社1997年版,上册。

金岳霖:《论道》,商务印书馆2015年版。

康有为撰:《康有为全集》,姜义华、张荣华编校,中国人民大学出版社2007年版。

劳思光:《新编中国哲学史》,广西师范大学出版社2005年版。

李大华:《自然与自由:庄子哲学研究》,商务印书馆2013年版。

李贤中:《墨学——理论与方法》,台北:扬智文化事业股份有限公司2003年版。

李新霖:《春秋公羊传要义》,台北:文津出版社1989年版。

李泽厚:《论语今读》,安徽文艺出版社1998年版。

梁启超:《中国近三百年学术史》,东方出版社1996年版。

梁启超:《清代学术概论》,上海古籍出版社2005年版。

梁漱溟:《中国文化要义》,上海人民出版社2005年版。

梁韦弦:《清人易学二种:惠栋〈易汉学〉王夫之〈周易大象解〉评解》,黑龙江人民出版社2010年版。

廖申白:《伦理学概论》,北京师范大学出版社2009年版。

林安弘:《儒家礼乐之道德思想》,台北:文津出版社1988年版。

林存光:《儒教中国的形成——早期儒学与中国政治文化的演进》,齐鲁书社2003年版。

林维杰:《朱熹与经典诠释》,台北:台湾大学出版中心2008年版。

林义光:《文源》,林志强标点,上海古籍出版社2017年版。

林义正:《春秋公羊传伦理思维与特质》,台北:台湾大学出版中心2003年版。

刘佳雯:《焦循之"权"论研究》,新北:花木兰文化出版社2011年版。

刘师培:《经学教科书》,陈居渊注,上海古籍出版社2006年版。

刘笑敢:《庄子哲学及其演变》,中国社会科学出版社1988年版。

刘余莉:《儒家伦理学:规则与美德的统一》,中国社会科学出版社2011年版。

卢瑞容：《中国古代"相对关系"思维探讨——"势""和""权""屈曲"概念溯源分析》，台北：商鼎文化出版社2004年版。

《伦理学》编写组编：《伦理学》，高等教育出版社、人民出版社2012年版。

罗国杰主编：《中国伦理思想史》，中国人民大学出版社2008年版。

罗国杰主编：《伦理学（修订本）》，人民出版社2014年版。

罗国杰：《罗国杰生平自述》，中国人民大学出版社2016年版。

罗国杰：《传统伦理与现代社会（增订本）》，中国人民大学出版社2016年版。

庞朴：《一分为三——中国传统思想考释》，海天出版社1995年版。

彭国翔：《儒家传统与中国哲学：新世纪的回顾与前瞻》，河北人民出版社2009年版。

钱钟书：《管锥编》，生活·读书·新知三联书店2001年版。

山西省文物局考古研究所编：《古文字研究》第10辑，中华书局1983年版。

沈善洪、王凤贤：《中国伦理思想史》，人民出版社2005年版。

宋希仁主编：《西方伦理思想史》，中国人民大学出版社2003年版。

孙长祥：《思维·语言·行动：现代学术视野中的墨辩》，台北：文津出版社2005年版。

谭戒甫撰：《墨辩发微》，中华书局1964年版。

谭宇权：《孟子学术思想评论》，台北：文津出版社1995年版。

汤一介：《寻找溪水的源头》，海天出版社2016年版。

韦政通：《传统与现代之间》，中华书局2011年版。

韦政通：《儒家与现代中国》，上海人民出版社1990年版。

韦政通主编：《中国哲学辞典大全》，世界图书出版公司1989年版。

韦政通：《伦理思想的突破》，中国人民大学出版社2005年版。

吴康：《周易大纲》，上海：商务印书馆1938年版。

萧美龄：《从儒家之"经权辩证"论道德冲突问题》，新北：花木兰文化出版社2015年版。

肖群忠：《伦理与传统》，人民出版社2006年版。

肖群忠：《传统道德与中华人文精神》，中国人民大学出版社2019年版。

谢扶雅：《生之回味》，香港：道声出版社1979年版。

谢维扬、房鑫亮主编：《王国维全集》，浙江教育出版社 2009 年版。

熊十力：《读经示要》，上海书店出版社 2009 年版。

徐复观：《中国人性论史·先秦篇》，上海三联书店 2001 年版。

徐时仪等编：《佛经音义研究——第二届佛经音义研究国际学术研讨会论文集》，凤凰出版社 2011 年版。

杨伯峻译注：《论语译注》，中华书局 1980 年版。

杨国荣：《庄子的思想世界》，北京大学出版社 2006 年版。

杨国荣：《善的历程：儒家价值体系研究》，上海人民出版社 2006 年版。

杨国荣：《理性与价值——智慧的历程》，上海三联书店 1998 年版。

杨树达：《积微居小学金石论丛（增订本）》，科学出版社 1955 年版。

张岱年：《中国伦理思想研究》，上海人民出版社 1989 年版。

张岱年：《中国哲学大纲》，江苏教育出版社 2005 年版。

张端穗：《西汉公羊学研究》，台北：文津出版社 2005 年版。

张立文：《中国哲学范畴发展史：人道篇》，中国人民大学出版社 1995 年版。

张涛：《经学与汉代社会》，石家庄：河北人民出版社 2001 年版。

章太炎：《章太炎全集》，上海人民出版社 2014 年版。

赵纪彬：《困知二录》，中华书局 1991 年版。

周桂钿：《董学探微》，北京师范大学出版社 2008 年版。

周桂钿：《中国传统哲学》，福建教育出版社 2017 年版。

宗福邦等主编：《故训汇纂》，商务印书馆 2003 年版。

［古希腊］亚里士多德：《尼各马可伦理学》，廖申白译，商务印书馆 2003 年版。

［德］弗里德里希·包尔生：《伦理学体系》，何怀宏、廖申白译，中国社会科学出版社 1988 年版。

［德］莫里茨·石里克：《伦理学问题》，孙美堂译，华夏出版社 2001 年版。

［法］巴莱西·帕斯卡：《致外省人信札》，姚蓓琴译，上海社会科学院出版社 2002 年版。

［韩］吴锡源：《韩国儒学的义理思想》，邢丽菊、赵甜甜译，复旦大学出版社 2014 年版。

［美］保罗·库尔兹编：《21世纪的人道主义》，肖峰等译，东方出版社1998年版。

［美］弗兰克·梯利：《伦理学导论》，何意译，广西师范大学出版社2002年版。

［美］路德·宾克莱：《二十世纪伦理学》，孙彤、孙南桦译，河北人民出版社1988年版。

［美］威廉·K·弗兰克纳：《伦理学》，关键译，生活·读书·新知三联书店1987年版。

［美］雅克·蒂洛、基思·克拉斯曼：《伦理学与生活》第9版，程立显、刘建等译，世界图书出版公司北京公司2008年版。

［美］约瑟夫·弗莱彻：《境遇伦理学——新道德论》，程立显译，中国社会科学出版社1989年版。

［美］詹姆斯·雷切尔斯、斯图亚特·雷切尔斯：《道德的理由》，杨宗元译，中国人民大学出版社2009年版。

［日］村濑裕也：《戴震的哲学：唯物主义与道德价值》，山东人民出版社1996年版。

［英］金伯莉·哈钦斯：《全球伦理》，杨彩霞译，中国青年出版社2013年版。

［英］玛丽·沃诺克：《一九〇〇年以来的伦理学》，陆晓禾译，商务印书馆1987年版。

［英］齐格蒙特·鲍曼：《流动的时代——生活于充满不确定性的年代》，谷蕾、武媛媛译，江苏人民出版社2012年版。

［英］乔治·爱德华·摩尔：《伦理学原理》，长河译，上海人民出版社2003年版。

三　研究论文

安会茹：《谈儒家道德伦理思想中的经与权》，《理论月刊》2012年第8期。

陈来：《论儒家的实践智慧》，《哲学研究》2014年第8期。

戴黍：《试析〈淮南子〉关于"权"的思想》，《孔子研究》2006年第4期。

樊智宁：《经权思想的汉宋之别及其规范性来源》，《烟台大学学报》（哲学社会科学版）2019 年第 6 期。

冯俊：《法行与类举：荀子礼学中的经权之道》，《邯郸学院学报》2016 年第 1 期。

冯琳：《王船山经权观中的实践智慧》，《哲学动态》2018 年第 1 期。

葛荣晋：《中国古代经权说的历史演变》，《孔子研究》1987 年第 2 期。

郭昕：《境遇与经权的不谋而合——弗莱彻境遇伦理和孔孟经权学说之比思》，《学术论坛》2009 年第 9 期。

韩中谊：《孔孟"权"观念的类型学分析》，《孔子研究》2010 年第 3 期。

何善蒙：《"道"、"因"、"权"、"义"与〈淮南子〉政治哲学的结构》，《江汉论坛》2017 年第 1 期。

侯彦杰、聂斌：《基于"经""权"思想的思想政治教育国际化研究》，《石家庄铁道大学学报》（社会科学版）2017 年第 3 期。

黄朴民：《试论董仲舒的"经权""平衡"观》，《烟台大学学报》（哲学社会科学版）1990 年第 3 期。

贾新奇：《论道德选择中的权变问题》，《北京师范大学学报》（社会科学版）2004 年第 2 期。

黎汉基：《权变的论证——以〈春秋〉祭仲废立事件为研究案例》，《中山大学学报》（社会科学版）2012 年第 5 期。

李晔：《从经权问题看孔孟伦理思想——兼与萨特比较》，《阴山学刊》2001 年第 2 期。

刘化兵：《陆九渊"六经注我，我注六经"本义辨析》，《中国文学研究》2008 年第 2 期。

刘小红：《"权"：孔子〈论语〉中的实践智慧——兼与余纪元先生商榷》，《华北电力大学学报》（社会科学版）2015 年第 5 期。

刘增光：《汉宋经权观比较析论——兼谈朱陈之辩》，《孔子研究》2011 年第 3 期。

马永庆：《孟子的权变伦理思想评析》，《哲学研究》2005 年第 5 期。

孟祥沛：《我国传统的经权观与现代审判实践》，《政治与法律》2007 年第 4 期。

苗敬刚、陈少峰：《论道德权变》，《西南民族大学学报》（人文社会科学版）2010年第4期。

平飞：《守经善道与行权合道：儒家经权思想的伦理意蕴》，《江海学刊》2011年第2期。

邱建硕：《墨家思想中的"权"》，《职大学报》2012年第2期。

宋惠昌：《论儒家政治哲学中的权变思想》，《中共中央党校学报》1997年第1期。

田丰：《从"春秋决狱"到"四书升格"——从"反经合道"为"权"透视汉宋学分野》，《山西师大学报》（社会科学版）2012年第3期。

田丰：《阳明"良知说"对儒家"经权之辩"的发展与反思》，《山西高等学校社会科学学报》2012年第10期。

田丰：《船山对阳明"经权"思想的扬弃》，《山西师大学报》（社会科学版）2013年第2期。

万勇华：《庄子经权思想探微——兼与儒家经权观比较》，《泰山学院学报》2009年第4期。

王剑：《论先秦儒家的"权"法思想——兼与亚里士多德比较》，《孔学堂》2005年第2期。

王剑：《论先秦儒家解决道德两难问题的经权智慧——中西比较的视域》，《孔子研究》2013年第3期。

王晋：《在"经"与"权"之间——学校德育课程内容的社会学分析》，《江苏教育研究》2011年第4期。

王明兵：《戴震反理学的"实学"方法论与其"权"论取向》，《求是学刊》2012年第6期。

王若菡：《论〈公羊传〉权变思想中的"反经合道"》，《南京大学学报》（哲学·人文科学·社会科学）2015年第5期。

王文亮：《守经与行权的智慧——兼论"保守的国民性"》，《学习与探索》1991年第2期。

吴付来：《试论儒学经权论的逻辑走向》，《安徽师大学报》（哲学社会科学版）1996年第1期。

吴付来：《儒墨经权论之比较》，《安徽师大学报》（哲学社会科学版）1997年第4期。

吴震：《从儒家经权观的演变看孔子"未可与权"说的意义》，《学术月刊》2016年第2期。

肖时钧：《儒家经权思想在现代企业管理中的应用》，《理论月刊》2013年第9期。

徐嘉：《论儒家"经权相济"的道德模式》，《学海》2004年第3期。

杨国荣：《儒家的经权学说及其内蕴》，《社会科学》1991年第12期。

杨海文：《激进权智与温和权慧：孟子经权观新论》，《中山大学学报》（社会科学版）2011年第4期。

杨太辛：《荀学的焦点：体常尽变》，《中共浙江省委党校学报》2002年第6期。

杨泽波：《孟子经权思想探微》，《学术论坛》1997年第6期。

岳天雷：《高拱的权变方法论及其实践价值》，《孔子研究》2001年第3期。

岳天雷、宋卫平：《程颐权说探略》，《郑州经济管理干部学院学报》2003年第4期。

岳天雷：《陈淳论"经权"》，《辽东学院学报》（社会科学版）2012年第3期。

郑晨寅：《论程朱之"权中"观》，《中国哲学史》2016年第3期。

周鸿雁、江畅：《中国传统价值观的"经权"观念检视》，《道德与文明》2019年第6期。

朱松美：《"权变"与〈公羊春秋〉在汉代的兴盛》，《孔子研究》2010年第6期。

后　记

"经"和"权"是中国传统伦理思想中一对重要而富有特色的范畴。然而，尽管从20世纪初专门化、学科化的伦理学在中国诞生之时起，对传统伦理思想进行发掘整理、阐发弘扬，就成为伦理学界的一种自觉的活动，但在很长的一段历史时期内，除了有些学者在对《论语》《孟子》《易传》《春秋公羊传》等经典的诠解中偶尔涉及经权问题之外，中国传统经权观却没有引起足够的关注和进行系统的研究。

关于经权观在中国传统伦理思想中的重要意义，最早是由以文学见长的钱锺书先生提出来的。在成书于20世纪六七十年代的《管锥编》中，在论及《左传·成公十五年》中的"圣达节，次守节，下失节"时，他说，这里所谓的"达节"，就是古人说的"权"，并且指出："'权'乃吾国古伦理学中一要义，今世考论者似未拈出。"钱先生对从先秦到清代不同学派的学者讨论"权"以及经权关系的主要论述进行了简要梳理和分析，但并没有做更为深入系统的研究。80年代初，赵纪彬先生晚年曾经计划撰写一部十多万字的《中国权说史略》，但到他1982年去世之前，只完成了《释权》《〈论语〉"权"字义疏》和《高拱权说辨证》三篇文章，这三篇遗稿后来被收入由其夫人李慎仪所整理的《困知二录》中。80年代中期之后，学界对于中国传统经权学说的关注日增。近年来，随着相关学科研究的日趋深入，中国传统经权观的研究成果也日渐丰富。

本书是作者所主持的国家社会科学基金项目"中国传统伦理思想中的经权观研究"的结项成果，试图站在前人的肩膀之上，对中国传统伦理思想中的经权观进行系统而深入的发掘，分析评价其历史意义与现实价值，以期能够拓展中国传统伦理思想和伦理学基本理论研究的广度和深度，对推进伦理学研究和中国特色伦理学体系的建构有所助益。同时，通过对中国传统经权观的伦理意义与价值的分析，期望能够为当前社会主义道德建设的有效性提升，以及社会成员个体道德品质的养成和道德践行能力的提高提供启发和借鉴，以实现传统思想的创造性转化和创新性发展。当然，由于学力不逮，上述目标实现了几成，自有读者去评判；内容和观点有不足或不当之处，也恳请方家赐正。

项目的顺利完成，本书的顺利出版，离不开来自各方面的关心。感谢我的同事赵玉玲和郑州澍青医学高等专科学校的刘伟霞，她们是我的项目团队的成员，在课题的论证、申报和研究过程中，提供了非常大的支持和帮助。感谢河南大学哲学与公共管理学院、洛学与宋学研究中心的各位同仁，和大家的每一次交流切磋，都让我受益匪浅，为我解决学术上的困惑提供了启发和思路。感谢中国社会科学出版社的郝玉明老师，正是由于她的积极推动和辛勤付出，才使本书能够高质量地呈现于大家面前。

还要特别感谢我的家人在我的学习和工作生涯中的一贯支持。我的爱人郭良春既是我生活上的坚强后盾，也是本项目研究的直接参与者。她不但承担了大部分家务，让我的读书和研究生活后顾无忧，而且经常在专业上给我提供一些有价值的建议。虽然具体观点或有出入，但共同学术话题上的志趣相投，在家庭生活中往往是可遇而不可求的。儿子赵嘉谦从小独立性强，纯真开朗，在单调的研究学习中为我增加了无穷的乐趣。

最后，特别要把这本书献给我的父亲。父亲一辈子没怎么上过学，认识的了几个字是年轻时在扫盲夜校中学到的。但是，对于我的学习，他却一直尽最大努力地去支持。虽然从我记事时起母亲身体就一直不好，家里生活拮据，但他并没有像其他一些乡亲一样，让我这个长子早早放弃读书，出去挣钱分担家里的负担。母亲去世之后，他一个人既当爹又当妈，生活的艰辛可想而知。我和弟弟都成家立业之后，他的生活才慢慢改善起来，并开始享受含饴弄孙的天伦之乐。每次打电话回家，他都是乐呵呵地说自己身体好得很，让我们不要担心。但是，2020年6月13清晨，这种简单而幸福的生活却在一场交通事故中戛然而止，父亲永远离开了我们。孔子说："四十而不惑，五十而知天命。"但这一突如其来的结果依然让我这个年近五十的儿子茫然无措，

后　记

那种"子欲养而亲不待"的遗憾因这样一种方式的意外到来而令人加倍痛心，两年多过去了，想起时仍然感觉难以接受。事已至此，纵有千般不愿，亦是无可奈何。无法膝下承欢，仅以这本小书聊以告慰我的父亲赵金柱，鲁南乡村的一位普通农民，但他永远是我的"天"。

赵清文

2022 年 11 月 20 日